혼자서도 합격하는
요양보호사
파이널 적중모의고사 10회분

혼자서도 합격하는
요양보호사
파이널 적중모의고사 10회분

혼 자 서 도 합 격 하 는

요양
보호사

파이널 적중모의고사 10회분

박종육 · 신지연 · 김명근 공저

주식회사 성안당
도서출판
www.cyber.co.kr

PROFILE

박 종 육

좋은이웃요양보호사 교육원 원장

평택대학교 사회복지학 박사과정 중

신 지 연

안중참사랑노인복지센터 센터장

강원관광대학교 간호과 전문학사

한국방송통신대학교 간호학사

김 명 근

재가노인복지시설 나눔케어 시설장

나눔요양보호사 교육원 강사

고려대학교 대학원 사회복지학 석사

동 대학원 사회복지학 박사과정 수료

교육원 강사진과 현장 전문가가 함께 만든 현장 중심의 문제집!

요양보호사 자격시험 안내

1. 응시 자격

노인복지법 시행규칙 제29조의2에 따라 시·도지사로부터 지정받은 요양보호사 교육기관에서 표준교육과정은 240시간, 국가자격(면허)소지자(간호사, 간호조무사, 물리치료사, 사회복지사, 작업치료사)는 40~50시간, 경력자(경력인 정기관에 따라 이수시간 다름)의 교육과정을 이수하시면 요양보호사 자격시험에 응시하실 수 있습니다. 단, 다음에 해당하는 자는 응시할 수 없습니다.

(1) 정신건강증진 및 정신질환자 복지서비스 지원에 관한 법률(약칭 : 정신건강복지법) 제3조제1호에 따른 정신질환자. 다만, 전문의가 요양보호사로서 적합하다고 인정하는 사람은 그러하지 아니하다.

(2) 마약 · 대마 또는 향정신성의약품 중독자

(3) 피성년후견인

(4) 금고 이상의 형을 선고받고 그 형의 집행이 종료되지 아니하였거나 그 집행을 받지 아니하기로 확정되지 아니한 사람

(5) 법원의 판결에 따라 자격이 정지 또는 상실된 사람

(6) 요양보호사로서 자격이 취소된 날부터 1년이 경과 되지 아니한 사람

2. 시험 시간표

구분	시험과목(문제수)	시험형식	배점	총점	입장시간	시험시간
1교시	1. 필기시험(35) • 요양보호개론 • 요양보호관련 기초지식 • 요양보호각론	객관식 5지선다형	1점/ 1문제	35점	~9:30	10:00~10:40 (40분)
2교시	1. 실기시험(45)	객관식 5지선다형	1점/ 1문제	45점	~11:05	11:20~12:10 (50분)

3. 합격자 결정방법

필기시험과 실기시험에서 각각 만점의 60% 이상을 득점한 자로 합니다.

4. 합격자 발표

* 국시원 홈페이지 [합격자조회]메뉴 접속

* 국시원 모바일 홈페이지 접속

* ARS 060-700-2353 이용(ARS 이용기간 : 합격자 발표일부터 7일간)

* 휴대전화번호가 기입된 경우에 한하여 SMS로 합격여부 통보

CONTENT

제**3**장 실전처럼 풀어보는 적중모의고사 **정답 및 해설**

시험에 꼭 나오는 핵심이론

1. 요양보호 개론

01 요양보호 대상자 이해

1 노년기 특성

1. **신체적 특성** : 세포의 노화, 면역능력의 저하, 잔존능력의 저하, 회복능력의 저하, 비가역적 진행

2. **심리적 특성** : 우울증 경향 증가, 내향성의 증가, 조심성의 증가, 경직성의 증가, 생에 대한 회고의 경향, 친근한 물건에 대한 애착심, 유산을 남기려는 경향, 의존성의 증가

3. **사회적 특성** : 역할 상실, 경제적 빈곤, 유대감의 상실, 사회적 관계 위축

2 가족관계 변화와 노인 부양

1. **가족관계의 변화** : 혼자 살거나 노부부만 사는 경향증가

　1) 부부관계

　　① 배우자 사별에 대한 적응

　　　• 1단계 : 상실감, 우울감 비탄의 시기

　　　• 2단계 : 배우자 없는 생활을 받아들이고 정체감을 지님

　　　• 3단계 : 혼자 사는 삶 개척

　2) 부모 - 자녀 관계

　　① 빈둥지증후군 : 자녀가 독립하여 집을 떠난 뒤에 부모가 경험하게 되는 슬픔, 외로움과 상실감을 느낌

　　② 수정확대가족 : 부모와 따로 살지만 자주 상호 작용하면서 각자의 사생활을 지킬 수 있음

　3) 조부모 - 손자녀 관계

　　① 손자녀에 대한 책임이 비교적 적고 순수하게 애정으로만 감싸 줄 수 있음

　　② 손자녀는 노인이게 활기와 탄력을 제공하고 노인은 손자녀의 긍정적인 자아 형성에 기여

　4) 형제자매 관계

　　① 과거에 존재했던 경쟁심이나 갈등이 줄어들고 상호이해와 동조성이 강화

　　② 어린 시절의 생활 경험 공유는 심리적 안정감을 줌

　　③ 배우자나 자녀의 지원이 충분하지 못할 경우, 중요한 사회적 지지가 됨

2. **노인부양 문제와 해결 방안**

　1) 노인부양 문제

　　① **노인의 4고**苦 : 빈곤, 질병, 고독, 무위역할 상실

② 개인, 가족의 부담을 넘어 사회적 문제로 인식해야 한다.

③ 가족이 부양해야 한다는 비중은 낮아지고 사회가 부양해야 한다는 비중은 증가하는 추세이다.

2) 노인부양 해결방안

① 사회와 가족의 협력

② 세대 간의 갈등 조절

③ 노인의 개인적 대처

④ 노인복지정책 강화

02 요양보호관련 제도 및 서비스

1 사회복지와 노인복지

1. 노인복지의 개념과 유형

1) 노인복지

노인이 인간다운 생활을 영위하면서 자기가 속한 가족과 사회에 적응하고 통합될 수 있도록 인적·물적 자원을 지원하는 것

2) 인구고령화

고령화 사회	전체인구 대비 65세 이상 노인인구가 7% 이상 14% 미만인 사회
고령 사회	전체인구 대비 65세 이상 노인인구가 14% 이상 20% 미만인 사회
초고령 사회	전체인구 대비 65세 이상 노인인구가 20% 이상인 사회

2. 노인복지사업 유형

1) 종류

노인돌봄 및 지원서비스	치매 사업 및 건강보장 사업	노인 사회활동 및 여가활동 지원
• 독거노인 보호 사업 • 독거노인 공동생활홈 서비스 • 노인돌봄종합서비스 • 노인보호전문기관 • 결식 우려 노인 무료 급식 지원	• 치매안심센터 • 노인실명 예방 사업 • 노인 무릎인공관절 수술 지원 • 노인 건강진단	• 노인일자리 및 사회활동 • 노인자원봉사 • 경로당 • 노인복지관

2) 노인복지시설

① 주거복지시설 : 양로시설, 노인공동생활가정, 노인복지주택

② 의료복지시설 : 노인요양시설 10인 이상, 노인요양공동생활가정 9인 이내

③ 여가복지시설 : 노인복지관, 경로당, 노인교실

④ 노인보호전문기관 : 중앙노인보호전문기관, 지역노인보호전문기관

⑤ 노인일자리지원기관 : 노인인력개발기관, 노인일자리지원기관, 노인취업알선기관

⑥ 그 외 : 학대피해노인 전용쉼터

2 노인장기요양보험제도

고령이나 노인성 질병 등의 사유로 일상생활을 혼자서 수행하기 어려운 노인 등에게 **장기요양급여를 제공**하여 노후의 건강증진 및 생활안정을 도모, 가족 부담을 덜어 국민 삶의 질 향상을 목적으로 함

1. 사업의 보험자 및 가입자

① **보험자** : 국민건강보험공단

② **가입자** : 국내에 거주하는 국민, 국내에 체류하는 재외국민 또는 외국인으로서 대통령령으로 정하는 사람

2. 장기요양급여 대상자

① 65세 이상인 자 : 일상생활을 수행하기 어려움 + 거동이 불편함

② 65세 미만인 자 : 일상생활을 수행하기 어려움 + 거동이 불편함 + 노인성 질병

③ **대표적인 노인성 질병** : 알츠하이머병에서의 치매, 혈관성 치매, 달리 분류된 기타 질환에서의 치매, 상세불명의 치매, 알츠하이머병, 지주막하출혈, 뇌내출혈, 뇌경색증, 출혈 또는 경색증으로 명시되지 않은 뇌졸중, 파킨슨병, 이차성 파킨슨병 등

3. 장기요양인정 절차

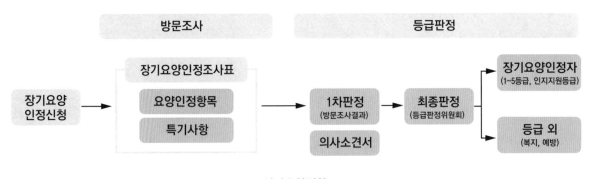

장기요양절차

4. 장기요양 판정 등급

등급	상태	장기요양인정 점수
장기요양 1등급	심신 기능 상태 장애로 일상생활에서 전적으로 다른 사람의 도움이 필요한 자	95점 이상
장기요양 2등급	심신 기능 상태 장애로 일상생활에서 상당 부분 다른 사람의 도움이 필요한 자	75점 이상 95점 미만
장기요양 3등급	심신 기능 상태 장애로 일상생활에서 부분적으로 다른 사람의 도움이 필요한 자	60점 이상 75점 미만
장기요양 4등급	심신 기능 상태 장애로 일상생활에서 일정 부분 다른 사람의 도움이 필요한 자	51점 이상 60점 미만
장기요양 5등급	치매대상자(노인장기요양보험법 시행령 제2조에 따른 노인성 질병으로 한정함)	45점 이상 51점 미만
인지지원 등급	치매대상자(노인장기요양보험법 시행령 제2조에 따른 노인성 질병으로 한정)	45점 미만

5. 판정 결과 통보

① 공단은 **장기요양인정서**와 **표준장기요양 이용계획서**를 수급자나 보호자에게 제공하고 서비스 이용에 대해 교육

② 장기요양인정 유효기간 : <u>최소 1년 이상</u>

③ 갱신 직전 등급과 같은 등급으로 판정을 받은 경우의 유효기간
- 1등급의 경우 : 4년
- 2등급~4등급의 경우 : 3년
- 5등급, 인지지원등급 : 2년

6. 장기요양 급여 내용

1) 재가급여

가정에서 생활하며 장기요양기관이 운영하는 방문요양, 방문목욕, 방문간호, 주·야간보호, 단기보호 등 신체활동 및 심신기능의 유지·향상을 위한 서비스를 제공받는다.

2) 재가급여의 장단점

① 장점
- 평소에 생활하는 친숙한 환경에서 지낼 수 있음
- 사생활이 존중되고 개인 중심 생활이 가능함

② 단점
- 의료, 간호, 요양서비스가 단편적으로 진행되기 쉬움
- 긴급한 상황에 신속하게 대응하기 어려움

3) 시설급여

노인요양시설 10인 이상, 노인요양공동생활가정 9인 이하 등에 입소하여 신체활동 지원 및 심신기능의 유지·향상을 위한 서비스를 제공받는다.

4) 시설급여의 장단점

① 장점
- 의료, 간호, 요양서비스를 종합적으로 제공받을 수 있음

② 단점
- 지역사회 가족, 형제, 이웃와 떨어져 지내며 소외되기 쉬움
- 개인 중심의 생활이 어려움

5) 특별현금급여

① 재가급여와 시설급여를 받을 수 없을 때 지급함
② 가족요양비 : 장기요양기관이 현저히 부족한 지역, 천재지변, 수급자의 신체·정신 또는 성격상의 사유 등으로 인해 가족 등으로 부터 방문요양에 상당한 장기요양급여를 받은 경우 지급되는 현금급여
③ 특례요양비 : 수급자가 노인요양시설 등의 기관 또는 시설에서 재가급여 또는 시설급여에 상당한 장기요양급여를 받은 경우 수급자에게 지급되는 현금급여
④ 요양병원간병비 : 수급자가 요양병원에 입원했을 때 장기요양에 사용되는 비용의 일부가 지급되는 현금급여

7. 장기요양요원 자격

① **방문요양이 가능한 장기요양요원** : 요양보호사, 사회복지사
② **방문목욕이 가능한 장기요양요원** : 요양보호사
③ 방문간호가 가능한 장기요양요원
- 2년 이상의 간호 업무 경력이 간호사
- 3년 이상의 간호보조 업무 경력이 간호조무사
- 치과 위생사

8. 재원조달

① 보험료 예상 수입액의 20%를 국고에서 부담
② 급여대상자가 시설급여를 이용하면 20%를 본인이 부담
③ 급여대상자가 재가급여를 이용하면 15%를 본인이 부담
④ 저소득층, 의료급여수급권자 등은 법정 본인부담금의 40~60% 경감
⑤ 국민기초생활수급권자는 본인부담금이 없음
⑥ **단**, 비급여 항목은 전액 본인 부담

9. 장기요양서비스 이용 지원순서

서비스 신청 및 상담 장기요양대상자, 보호자 → 서비스 제공 계획 수립 기관과 대상자, 보호자 → 서비스 이용 계약 체결 기관과 대상자, 보호자 → 서비스 제공 기관 → 모니터링 기관, 건강보험공단 → 서비스 종료 대상자, 보호자

3 요양보호 업무

1. 유형별 대처방안 사례

세면을 거부	• 즐겁게 하기 위한 방법 시도 • 수건으로 닦아주기 • 거부감 없는 다른 방법 강구
양치질 거부	• 양치습관 파악 후 방법 적용 • 입안 헹구기 등 방법 바꾸기
기저귀 안으로 자꾸 손을 넣을 때	• 음부 습진, 발진 살피기, 의료진에게 보고 • 손발톱관리, 손청결, 기저귀 착용 확인
목욕거부	• 무리하게 목욕 시키지 않음 • 목욕의 중요성 설명, 가족과 설득
계절, 장소에 맞지 않는 옷을 고집	• 요구 수용, 강요하지 않음 • 입고 싶어하는 옷을 안에 입히고 겉옷을 상황에 맞게 입힌다.

2. 요양보호사 역할

① 숙련된 수발자 : 숙련된 요양보호서비스에 대한 지식과 기술로 대상자의 불편함을 경감하기 위해 필요한 서비스를 지원하여 대상자를 도와준다.

② 정보 전달자
   • 대상자의 신체, 심리에 관한 정보를 가족, 시설장 또는 관리책임자, 간호사, 의료기관의 의료진에게 전달, 필요시 이들의 지시 사항을 대상자와 그의 가족에게 전달한다.
   • 노인장기요양보험 급여서비스 제공계획서 내용을 숙지하고, 서비스 내용 변경이 필요할 때 기관에 보고하는 역할을 수행한다.

③ 관찰자 : 맥박, 호흡, 체온, 혈압 등의 변화와 투약 여부, 질병의 변화에 대한 증상뿐만 아니라 심리적인 변화까지 관찰한다.

④ 말벗과 상담자 : 효율적인 의사소통 기법을 활용하여 대상자와 관계를 형성하고 필요한 서비스를 제공, 대상자의 신체적, 정신적, 심리적 안위를 도모한다.

⑤ 동기 유발자 : 신체활동지원서비스나 일상생활지원서비스 등을 제공하는 것에 그치지 않고 대상자가 능력을 최대한 발휘하도록 동기를 유발하며 지지한다.

⑥ 옹호자 : 가정이나 시설, 지역사회에서 학대를 당하거나 소외되고 차별받는 대상자를 위해 대상자의 입장에서 편들어 주고 지켜준다.

03 인권과 직업윤리

1 노인의 인권 보호

1. 노인의 인권

건강	진단과 치료, 다양한 예방조치로 노화에 따른 질병과 장애를 감소시킬 수 있도록 지원
소비자로서의 노인	안전한 음식, 가정용품이나 가구, 약품 등을 사용하고, 보청기나 돋보기, 의치 등에 대한 접근 기회도 확보
주거와 환경	• 독립적인 생활을 오래 유지할 수 있도록 적합한 주거공간을 개발, 제공 • 빈곤노인이나 요양원 입소노인을 위한 충분한 공적 지원
가족	노인의 존엄성과 지위, 안전이 가족 내에서 보장될 수 있도록 가족을 지원하고 보호
사회복지	적극적으로 사회에 참여할 수 있도록 사회보장정책을 마련
소득보장과 교육	• 독립적인 생활을 보장하는 최소한의 소득 지원 • 필요에 따라 고용에도 참여
교육	노인들이 보유한 지식과 문화, 정신적 가치를 전수할 수 있는 프로그램 개발

2 노인학대 예방

1. 노인학대 현황

① **성별** : 여성 노인 〉 남성 노인
② **유형별** : 정서적 학대 〉 신체적 학대 〉 방임 〉 경제적 학대 〉 자기방임
③ **연령대별** : 70대 〉 80대 〉 60대
⑤ **가정 내** : 아들 〉 배우자 〉 딸
⑥ **생활시설** : 기관 종사자에 의한 학대 발생
⑦ **이용시설** : 타인에 의한 학대 발생

2. 노인학대 유형

신체적 학대	• 노인을 폭행한다. • 노인을 제한된 공간에 강제로 가두거나 노인의 거주지 출입을 통제한다. • 노인의 신체를 강제로 억압한다.
정서적 학대	• 노인과의 접촉을 기피한다. • 노인의 사회관계 유지를 방해한다. • 노인을 위협·협박하는 언어적 표현이나 감정을 상하게 하는 행동을 한다.

성적 학대	• 노인에게 성폭력을 행한다. • 노인에게 성적 수치심을 주는 표현이나 행동을 한다.
경제적 학대	• 노인의 소득 및 재산, 임금을 가로채거나 임의로 사용한다. • 노인의 재산에 관한 법률적 권리를 침해하는 행위를 한다.
방임	• 거동이 불편한 노인의 의식주 등 일상생활 관련 보호를 제공하지 않는다. • 경제적 능력이 없는 노인의 생존을 위한 경제적인 보호를 제공하지 않는다.
자기방임	• 자신을 돌보지 않거나, 돌봄을 거부함으로써 노인의 생명이 위협받는다. • 건강에 치명적임에도 불구하고 노인이 약물이나 알코올 남용을 지속하는 행위도 이에 속한다.
유기	• 의존적인 노인을 유기한다. • 시설, 병원에 입소시키고 연락과 왕래를 두절하는 행위도 이에 속한다.

3. 노인학대 예방을 위한 법적·제도적 장치

① 요양보호사는 학대받는 노인을 보면 노인보호전문기관이나 경찰서에 신고해야 한다.

② 신고하지 않을 경우 : 500만 원 이하의 과태료 부과(노인복지법 제61조의2)

3 요양보호사의 인권 보호

1. 성희롱으로부터의 보호

1) 장기요양기관장의 대처

① 요양보호사들에게 성희롱 예방교육을 1년에 1번 이상 해야 한다.

② 성희롱으로 인한 피해가 있을 때 그 피해자에게 원하지 않는 업무배치 등의 **불이익한 조치를 해서는 안 된다.**

③ 직원들 사이에 성희롱이 발생하였을 경우에는 **행위자를 징계해야 한다.**

④ 성희롱을 한 서비스 이용자에게 재발 방지 약속이나 서비스 중단 등의 적절한 조치를 취해야 한다.

⑤ **성희롱 처리지침을 문서화**하여 기관 내에 두어야 한다.

⑥ 성희롱 시 가해자가 받을 수 있는 불이익과 향후 대처 계획을 명확히 설명한다.

⑦ 대상자 가족에게 사정을 말하고 시정해 줄 것을 요구한다.

⑧ 시정 요구에도 상습적으로 계속할 경우 녹취하거나 일지를 작성해 둔다.

2) 요양보호사의 대처

① 감정적인 대응은 삼가고, 단호히 거부의사를 표현한다.

② 모든 피해사실에 대하여 기관의 담당자에게 보고하여 기관에서 적절한 조치를 취하게 한다.

③ 심리적 치유상담 및 법적 대응이 필요하다고 판단될 경우 외부의 전문기관성폭력상담소, 여성노동상담소 등에 상담하여 도움을 받는다.

④ 평소 성폭력에 대한 충분한 예비지식과 대처방법을 숙지한다.

4 요양보호사의 직업윤리

1. 직업윤리 원칙

① 대상자를 차별대우하지 않는다.

② 대상자의 인권을 옹호하고 대상자의 자기결정을 최대한 존중한다.

③ 지시에 따라 업무와 보조를 성실히 수행한다.

④ 업무의 경과와 결과를 시설장 또는 관리책임자에게 보고한다.

⑤ 지속적으로 지식과 기술을 습득한다.

⑥ 건강관리, 복장 및 외모 관리 등 자기관리를 철저히 한다.

⑦ 업무 수행 시 항상 친절한 태도로 예의 바르게 행동한다.

⑧ 대상자의 사생활을 존중하고 업무상 알게 된 개인정보를 비밀로 유지한다.

⑨ 업무와 관련하여 대상자의 가족, 의사, 간호사, 사회복지사 등과 적극적으로 협력한다.

⑩ 대상자를 신체적, 언어적, 정서적 학대를 해서는 안 된다.

⑪ 학대를 발견하면 반드시 신고해야 한다.

⑫ 대상자로부터 서비스에 대한 물질적 보상을 받지 않는다.

⑬ 대상자와 함께하는 상호 대등한 관계임을 인식해야 한다.

2. 요양보호업무 윤리문제 사례 및 대처 방법

1) 요양보호사가 서비스 대상자를 선별하는 경우

① 요양보호사가 정당한 사유 없이 대상자의 서비스 신청을 거부하면 법적으로 처벌을 받게 된다. 대상자 및 가족으로부터 장기요양서비스에 대한 신청이 있을 경우 관리책임자에게 보고를 해야 한다.

2) 요양보호 대상자가 성적 행동을 하는 경우

① 단호하게 거부한 후 대상자의 가족과 관리책임자 혹은 시설장에게 이러한 사실을 알리겠다고 대상자에게 전한다.

② 반복적으로 같은 일이 일어날 때에는 서비스를 중단하겠다고 알린다.

③ 대상자의 가족에게 이러한 사실을 알릴 때에는 기관 차원에서 대상자의 가족과 면담하여 알린다.

3) 요양보호 대상자에게 해가 되는 활동을 가족(보호자)에게 강요받은 경우

① 해를 입힐 위험이 있는 행위는 하지 말아야 한다는 '무해성의 원칙'을 설명한다.

② 관리책임자와 다른 가족자녀 등들에게 이러한 상황에 대해 설명한다.

③ 기관 차원에서 요양보호서비스를 이어갈 수 없음을 알린다.

5 요양보호사의 건강 및 안전 관리

1. 근골격계 질환

1) 위험 요인

(1) 근골격계 질환

개인적, 사회·경제적 요인들이 복합적으로 작용하여 근육, 관절과 관절 주변 조직에 나타나는 질환으로 목, 어깨, 팔 등의 상지와 허리와 다리 등의 통증을 동반함

(2) 발생 상황

① 반복적으로 같은 동작을 하는 경우

② 불안정하거나 불편한 자세로 작업하는 경우

③ 무거운 물건을 들거나 이동하는 경우

④ 갑자기 무리한 힘을 주게 되는 경우

⑤ 근무시간 중 자주 대상자를 들어 옮겨야 하는 경우

⑥ 피곤하고 지친 상태에서 작업하는 경우

(3) 발생 환경

① 미끄럽거나 물기가 있는 바닥

② 평평하지 않은 바닥

③ 매우 어지럽혀져 있거나 물체가 바닥에 많이 있는 작업장이나 통로

④ 정비·수리가 되지 않은 보행로 또는 고장난 장비

⑤ 적절하지 않은 계단높이

⑥ 밤 근무 시 어두운 조명

2) 근골격계 질환 관리법

(1) 어깨 통증 증상

① 외상을 동반하지 않는 어깨 전체에 걸친 통증

② 움직임이 많았던 날 밤에 통증이 심하고 관절이 뻣뻣해짐

③ 통증이 어깨주변에서 시작하여 팔로 방사됨

④ 팔을 움직일 때 어깨에서 소리가 남

⑤ 팔을 들고 내릴 때 특히 통증이 심함

⑥ 손과 팔을 등 뒤로 돌릴 때 통증이 있음

(2) 손목 통증 증상

① 수근관 증후군 : 손목관절이 좁아지거나 내부 압력이 증가하여 신경이 자극되는 경우 손목에 나타나는 통증

② **자가진단법** : 손, 손목 부위의 근골격계질환은 양측의 손등을 맞대고 미는 동작을 유지한 채 최소한 1분 정도 손목을 구부릴 때 손바닥과 손가락의 저린 증상이 심해지는지로 확인

(3) 요통 증상 및 예방과 치료

① 대부분 잘못된 자세와 근력 및 유연성 부족으로 유발되는 경우가 많음

② 오래 시간 활동하거나 앉아 있는 경우에 통증이 악화됨

③ 요추 안정화 운동 : 척추의 안정성을 제공하여 다른 움직임을 할 때 척추를 잡아 주는 역할을 하여 요통 예방에 가장 좋은 운동

④ 요통을 예방하면서 물건을 이동하는 방법

- 물건을 양손으로 들어 올릴 때
  - 허리를 펴고 무릎을 굽혀 몸의 무게 중심을 낮추고 지지면을 넓힌다.
  - 무릎을 펴서 들어올린다.
  - 물건을 든 상태에서 방향을 바꿀 때 허리를 돌리지 않고 발을 움직여 조절한다.
  - 물체는 최대한 몸 가까이 위치하도록 하여 들어올린다.
  - 허리가 아닌 다리를 펴서 들어 올린다.
- 물건을 한 손으로 들어 올릴 때
  - 발을 앞뒤로 벌려 지지면을 넓힌 후 무릎을 굽혀 몸의 무게 중심을 낮춘다.
  - 무릎을 펴서 들어올린다.
- 침대 또는 높고 넓은 바닥에 있는 물체를 움직일 때
  - 한쪽 무릎을 위에 올리고 자세를 낮추어 움직인다.

2. 요양보호사의 감염 예방

1) 결핵

① 결핵 예방을 위해 술과 흡연은 금하고, 충분한 영양상태와 면역력을 유지한다.

② 결핵에 걸린 대상자와 접촉했을 경우, 2~3주 이상의 기침, 발열, 체중감소, 수면 중 식은땀 등의 증상이 나타날 경우 병원 또는 보건소를 방문하여 결핵감염에 대한 검사를 받는다.

③ 결핵이 의심되는 대상자를 돌볼 때는 보호장구마스크, 장갑 등를 착용한다.

④ 결핵에 걸린 대상자가 사용하는 물건을 함께 쓰는 것은 괜찮다.

⑤ 침구 등을 일광소독 한다.

2) 독감인플루엔자

① 독감예방접종은 10~12월 사이에 받는 것이 좋다.

② 병이 회복될 즈음에 다시 열이 나고 기침, 누런 가래가 생기면 폐렴이 의심되므로 반드시 병원에 방문한다.

③ 독감은 증상이 생기기 하루 전부터 감염이 시작되며, 증상이 생긴 후 5일 이상 병을 퍼뜨릴 수 있으므로 인플루엔자에 걸린 요양보호사는 1주일 정도 쉬어야 한다.

3) 노로바이러스 장염

① 요양보호사가 감염된 경우 증상이 약하더라도 2~3일간 요양보호 업무를 중단한다.

② 증상 회복 후에도 최소 2~3일간 음식을 조리해선 안 된다.

③ 철저한 개인위생, 어패류 등은 반드시 익혀서 먹는다.

4) 옴

① 옴진드기에 의한 피부 감염증으로 사람이나 동물을 물어 피하조직에 침입해 발생, 감염력이 매우 강하여 잘 옮긴다.

② 대상자는 물론, 대상자와 접촉을 한 사람은 증상 유무와 상관없이 함께 동시에 치료한다.

③ 내의 및 침구류를 뜨거운 물로 10~20분간 세탁한 후 건조하고, 세탁 후 3일 이상 사용하지 않는다.

④ 세탁이 어려운 것은 3일간 햇볕을 쬐도록 널거나 다리미로 다린 후 사용한다.

⑤ 병원에서 처방받은 도포용 약제린단 로션, 크로타마톤 크림 등를 목에서 발끝까지 온몸에 골고루 바르고 씻어낸다.

⑥ 머리나 얼굴, 마비로 인해 수축되거나 굴곡진 부위도 빠트리지 말고 바른다.

5) 머릿니

① 병의원에 방문하여 치료를 받으며 처방받은 살충성분이 포함된 샴푸제제로 치료한다.

② 안전하고 효과가 우수한 편이나 서캐를 없애지 못하므로 1주일 간격으로 재치료한다.

③ 감염 대상자를 돌본 후 귀가 시에는 옷을 꼭 세탁하고, 샤워나 목욕을 한다.

④ 감염자의 베개, 모자 등은 뜨거운 물에 세탁한 후 건조55℃ 이상에 5분 이상 노출 시 사멸하기

⑤ 모자, 스카프, 코트, 스포츠 유니폼, 머리 리본, 머리핀, 빗, 옷 솔, 수건, 옷 등을 공동으로 사용하지 않는다.

⑥ 감염 대상자가 치료하기 전에 2일 동안 착용한 의류, 침구나 사용된 다른 물품은 뜨거운 물로 세탁하거나 고온으로 기계 세탁하고 건조한다.

⑦ 감염된 대상자가 앉거나 누운 바닥과 가구는 진공청소기를 이용하여 청소한다.

2. 요양보호 관련 기초지식

01 노화에 따른 변화와 질환

1 노인성 질환의 특성

① 하나의 질병에 걸리면 다른 질병을 동반하기 쉽다. 복합적이다.

② 증상이 거의 없거나 애매하다.

③ 기능 이상으로만 나타나는 질병이 흔하다.

③ 원인이 불명확한 만성 퇴행성 질환이 대부분이다.

④ 경과가 길고, 재발이 빈번하다.

⑤ 노화에 따라 신장기능이 저하되어 수분과 전해질의 균형이 깨지기 쉽다.

⑥ 젊은 사람보다 약물에 더욱 민감하게 반응한다.

⑦ 위험 요인에 노출되었을 때 질병에 쉽게 걸리게 된다.

⑧ 가벼운 질환에도 의식장애를 일으키기 쉽다.

⑨ 혈액순환 저하로 욕창이 잘 발생한다.

⑩ 골격근의 수축력 감소로 관절이 쉽게 뻣뻣해진다.

2 노화에 따른 변화와 주요 질환

1. 노화에 따른 소화기계 특성

① 맛을 느끼는 세포수의 감소, 후각기능 저하로 미각이 둔화된다.

• 짠맛과 단맛에 둔해지고 쓴맛은 잘 느낀다.

② 타액과 위액분비 저하, 위액의 산도 저하로 소화능력이 저하된다.

③ 소화능력의 저하로 가스가 차고, 변비, 설사, 구토 등이 생긴다.

④ 섬유식이의 섭취 부족으로 변비가 발생하기 쉽다.

⑤ 소화효소 생산이 감소하여 지방의 흡수력이 떨어진다.

• 호르몬 분비 감소로 당내성 _{세포가 혈액으로부터 포도당을 흡수하는 능력}이 떨어져 당뇨병에 걸리기 쉽다.

⑥ 직장벽의 탄력성이 감소, 항문 괄약근의 긴장도가 떨어져 변실금이 발생한다.

⑦ **간 기능 저하** : 약물의 대사와 제거 능력 저하

3. 소화기계 주요질환

1) 위염

① 급성 위염의 경우 식사 후 위가 무겁거나 부푼 듯한 팽만감이 나타난다.

② 식사 후 3~4시간이 지나 배가 고프기 시작할 때 발생하는 명치 부위의 심한 통증이 있다.

③ 치료 및 예방

- 하루 정도 금식하여 위의 부담을 덜고 구토를 조절한다.
- 금식 시 물을 자주 마셔 탈수를 예방한다.
- 금식 후에는 미음 등의 유동식을 섭취한 후 된죽을 먹는다.
- 자극적인 음식을 피하고 규칙적으로 식사하여 위를 자극하지 않는다.

2) 위궤양

① 위벽의 점막뿐만 아니라 근육층까지 손상된 위장병이다.

② **관련 요인** : 잘못된 식습관으로 인한 위 점막 손상, 스트레스, 담배, 알코올, 커피로 인한 위 자극, 해열제·진통제·소염제의 잦은 사용으로 인한 위 자극, 위에서 분비되는 소화효소에 의한 위 점막 손상, 위 내 헬리코박터균에 의한 감염

③ **증상** : 속쓰림, 소화불량, 새벽 1~2시에 발생하는 속쓰림과 상복부 불편감, 심한 경우 위 출혈, 위 천공, 위 협착 발생

④ 치료 및 예방

- 약물요법과 함께 식이요법, 충분한 수면, 심신 안정이 중요하다.
- 규칙적인 식사를 한다.
- 절대적으로 금연하여야 한다.
- 진통제는 반드시 점막 보호제를 함께 복용해야 한다.
- 위 출혈, 위 천공, 위 협착 등의 증상이 발생한 경우는 병원치료를 받는다.

3) 위암

① **조기 위암** : 암세포가 점막 또는 점막하층에만 퍼져있는 상태

② **진행성 위암** : 점막하층을 지나 근육층 위로 뚫고 나온 상태

③ 증상

- 서서히 진행되어 증상이 잘 나타나지 않음
- 체중감소, 소화불량, 식욕감퇴, 속쓰림, 오심, 복부 통증이나 불편감
- 빈혈, 피로, 권태감, 출혈, 토혈, 혈변, 구토
- 진단 검사에서 복부 종양 덩어리, 간 비대

④ 치료 및 예방

- 수술, 화학요법, 방사선치료
- 재발 여부 확인을 위한 정기검진 : **치료 후 5년간**
- 헬리코박터균 치료
- 균형 잡힌 식사, 맵고 짠 음식, 태운 음식, 훈연한 음식 기피
- 금연, 스트레스 줄이기
- 조기진단을 통한 조기 발견이 중요

4) 대장암 : 맹장, 결장과 직장에 생기는 악성 종양으로 **대장의 가장 안쪽 표면인 점막에 발생**

① 관련 요인

- 대장 용종의 과거력, 대장암의 가족력, 장기간의 궤양성 대장염
- 매일 알코올 섭취, 고지방, 고칼로리, 저섬유소, 가공 정제된 저잔여식이의 섭취

② 증상

- 장습관의 변화와 장폐색, 설사, 변비
- 혈변, 직장 출혈, 점액 분비
- 허약감, 체중 감소
- 노인에서는 양성종양이나 치질, 변비 등에서도 위의 증상이 나타날 수 있으므로 주의 깊은 관찰이 필요함

5) 설사 : 변 속의 수분량이 증가하여 물같은 대변을 보는 상태로 배변량뿐 아니라 배변 횟수가 증가한다.

6) 변비

① **식물성 식이섬유, 유산균**이 포함된 음식물과 **다량의 물을 섭취**한다.

② **우유**는 장의 운동력을 높이고 변의를 느끼게 하므로 적극적으로 섭취한다.

③ **체조, 걷기 운동**을 함으로써 대장의 운동력을 높이고, **복부 마사지**로 배변을 돕는다.

④ 식사시간을 매일 일정하게 하고 규칙적인 배변습관을 갖는다.

⑤ 배변 시기를 놓치지 않는다.

⑥ 변비를 유발하는 약의 복용을 중단한다.

4. 노화에 따른 호흡기계 특성

① 신체조직 내 수분 함유량 감소, 콧속 점막 건조로 인해 공기를 효과적으로 흡입하지 못하게 된다.

② 폐포의 탄력성 저하, 폐 순환량 감소로 폐활량이 줄어들어 쉽게 숨이 찬다.

③ 호흡근육의 위축과 근력의 약화로 호흡증가 시 피로해지기 쉽다.

④ 기침반사와 섬모운동 저하로 미세 물질들을 걸러내지 못한다.

⑤ 기관지 내 분비물이 증가되어 호흡기계 감염이 쉽게 발생한다.

5. 호흡기계 주요 질환

1) **독감**인플루엔자

① 인플루엔자 바이러스에 의한 감염병으로 겨울철에 유행한다.

② 갑작스러운 발열38℃ 이상, 두통, 전신 쇠약감, 마른기침, 인후통, 코막힘, 근육통이 나타난다.

③ 안정을 취하고 충분한 수분을 섭취한다.

④ **매년 1회 예방접종**을 한다. 10월~12월

2) **만성 기관지염**

① 기관지의 만성적 염증으로 기도가 좁아져 숨쉬기가 힘든 질환이다.

① 관련 요인 : 흡연, 매연에의 노출, 세균성 혹은 바이러스성 감염

② 증상
- 심한 기침, 특히 이른 아침에 발생하는 가래 끓는 기침
- 점진적으로 호흡곤란 심화, 전신 쇠약감, 체중감소, 잦은 호흡기 감염, 흰색이나 회색 또는 점액성의 화농성 가래

③ 치료 및 예방
- 심호흡과 기침을 하여 기관지 내 가래를 배출한다.
- 처방받은 거담제와 기관지확장제를 사용하여 가래를 묽게 하고 좁아진 기도를 넓혀 준다.
- 지나치게 뜨겁거나 차가운 음식, 자극적인 음식은 기관지 경련을 일으킬 수 있으므로 피하고, 소화가 잘 되는 음식으로 여러 번으로 나누어 식사한다.
- 금연한다.
- 가능한 오염된 공기에 노출되지 않게 한다.
- 갑작스러운 온도 변화, 차가운 기후, 습기가 많은 기후에 노출되지 않게 한다.

3) 폐렴
① 세균, 바이러스, 곰팡이, 화학물질에 의해 폐 조직에 염증이 생겨 기관지가 두껍게 되고 섬유화되어 폐로 산소를 흡수하는 능력이 감소하는 질환
② 관련 요인 : 세균이나 바이러스
③ 증상
- 두통, 근육통, 감기 정도의 가벼운 증상
- 고열, 기침, 흉통, 호흡곤란, 화농성 가래
- 마른기침이나 짙은 가래를 뱉어내는 기침
- **흡인성 폐렴** : 음식물이나 이물질이 기도 내로 넘어가 기관지나 폐에 염증을 유발함

④ 치료 및 예방
- **세균성 폐렴** : 항생제 치료
- **바이러스성 폐렴** : 증상에 따라 치료방법이 다름
- 산소 공급, 체위 변경, 기침 및 심호흡으로 혈액의 산소 농도를 적절하게 유지
- 규칙적인 환기, 적절한 습도 및 온도 유지
- 충분한 영양과 수분 섭취로 감염의 전파를 예방
- 외출 후 손발 깨끗이 씻기
- 사람이 많은 장소에 출입하는 것을 제한하기
- 환절기 이전에 폐렴구균 예방접종 하기

4) 천식
① 기도의 만성 염증성 질환으로 기관지 벽의 부종과 기도 협착, 여러 가지 자극에 대해 기도가 과민 반응을 보이는 상태
② 관련 요인
감기, 비염 등과 같은 염증, 흥분이나 스트레스, 긴장감, 꽃가루, 집먼지진드기, 강아지나 고양이 털

및 배설물, 곰팡이, 대기오염, 황사, 매연, 먼지 등의 자극 물질, 자극적인 냄새, 담배연기, 갑작스러운 온도나 습도의 차이, 특히 차고 건조한 공기에 갑자기 노출되는 것, 기후 변화, 노화에 따른 폐기능 감소

③ 증상

기침, 숨을 내쉴 때 쌕쌕거리는 호흡음, 호흡 곤란, 점액 분비량의 증가, 가슴이 답답한 느낌이나 불쾌감, 기도 경련, 알레르기성 비염

④ 치료 및 예방

- 호흡곤란이 심한 경우, 운동하기 30분 전에 기관지확장제 투여하기
- 처방받은 약물을 정확하게 투여해야 하며, 처방받지 않은 약물은 사용하지 않기
- 담배, 벽난로, 먼지, 곰팡이 피하기
- 따뜻한 곳에서 추운 곳으로 가거나 갑작스러운 온도 변화 피하기
- 적당한 휴식과 수면 취하기
- 침구류는 먼지나 진드기를 없애기 위해 뜨거운 물로 세탁
- 천식이 있는 대상자는 미세먼지, 황사 등이 심하면 바깥활동 줄이기

5) 폐결핵

① 결핵균이 폐에 들어가 염증을 일으키는 질환

② 관련 요인

결핵균의 호흡기 감염, 알코올 또는 약물 중독, 영양 부족 등으로 인한 면역력 저하, 당뇨병, 악성 종양, 만성 신부전 등과 같은 만성 질병 악화, 스테로이드와 같은 면역 억제제 사용

③ 증상

초기에는 대부분 무증상이다가 흉부방사선 촬영X-ray에서 우연히 발견되는 경우가 많음, 2주 이상의 기침과 흉통, 오후에 고열이 있다가 늦은 밤에 식은땀과 함께 열이 내리는 증상이 반복됨, 피로감, 식욕부진, 체중 감소, 무기력감, 점액성, 화농성, 혈액성 가래농흉 및 객혈, 호흡 곤란과 흉막염 등의 합병증

④ 항결핵제

- 종류가 다양하고 약의 양이 많고 복용 기간도 비교적 김
- 자의로 중단하거나 줄여서 먹으면 안 됨
- 불규칙적으로 먹거나 임의로 중단하면 약제 효과가 미치지 않은 균들이 살아남아 몸에서 활발하게 증식하게 되어 치료가 실패로 돌아가고 결핵이 더욱 악화됨

⑤ 치료 및 예방

- 약물 투여로 인한 위장장애, 홍조, 피부 발진, 가려움증, 발열 같은 부작용 관찰
- 주기적으로 간 기능 검사와 객담 검사 실시
- 결핵은 감염성이 있으므로 흉부방사선 촬영 X-ray 검진, 가래검사를 해서 조기에 발견한다.
- 다른 사람에게 감염되지 않도록 기침 예절 지키기

6. 노화에 따른 심혈관계 특징

① 심장은 나이가 들면서 근육이 두꺼워져 탄력성이 떨어진다.

② 최대 심박출량과 심박동수가 감소된다.

③ 말초혈관으로부터 심장으로의 혈액순환이 감소된다.

④ 누워 있다가 갑자기 일어나거나, 소변을 보기 위해 앉았다 일어나는 등의 체위 변화에 따라 기립성 저혈압이 발생한다.

⑤ 정맥의 약화로 하지에 부종과 정맥류, 항문에 치질이 생긴다.

7. 심혈관계 주요 질환

1) 고혈압

본태성(일차성) 고혈압	속발성(이차성) 고혈압
• 여러 요인이 관련되어 있음 • 전체 고혈압의 90~95% 차지	• 심장병, 신장질환, 내분비 질환의 일부, 임신중독증과 같은 질병이 원인이 된 고혈압 • 원인이 되는 질병이 치료되면 혈압도 정상으로 돌아옴 • 전체 고혈압의 5~10% 차지

① 고혈압 완화에 좋은 운동

- 걷기, 빨리 걷기, 조깅, 자전거 타기, 계단 오르기, 등산, 수영 등
- 하루 30~60분, 일주일에 3~5일
- 속옷에 땀이 밸 정도, 약간 숨이 찰 정도

② 올바른 고혈압 약물 복용 방법

- 약을 오래 복용하는 것이 몸에 좋지는 않지만, 고혈압의 합병증을 발생시키는 것보다는 안전하다.
- 혈압이 조절되다가도 약을 안 먹으면 약효가 떨어지자마자 혈압이 다시 올라간다. 따라서 **의사의 처방이 있으면 계속 약을 먹어야 한다.**

2) 동맥경화증

① 동맥 혈관의 안쪽 벽에 지방이 축적되어 혈관 내부가 좁아지거나 막혀 혈액의 흐름에 장애가 생기고 혈관 벽이 굳어지면서 발생하는 질환이다.

② 고지혈증, 당뇨병, 고혈압이 원인이 되어 나타나기도 한다.

③ 혈액순환이 심각하게 감소되면서 **하지 조직의 괴사 발생, 머리가 무겁고 아프거나 뒷골이 당기며 현기증, 기억력 저하**가 일어난다.

④ 일산화탄소는 동맥 안쪽 벽을 손상하므로 금연한다.

⑤ 저염식이와 저지방식이를 한다.

3) 심부전

① 심장의 수축력이 저하되어 신체조직에 필요한 만큼의 충분한 혈액을 내보내지 못하는 상태이다.

② 관상동맥질환, 고혈압, 심장병이나 신장병이 원인이 되어 나타나기도 한다.

③ **매일 체중을 측정하여 부종 정도를 확인**한다.

④ 고혈압과 고지혈증을 치료한다.

⑤ 스트레스를 조절한다.

4) 빈혈

적혈구나 헤모글로빈이 부족하여 혈액이 몸에서 필요한 만큼의 산소를 공급하지 못하는 상태로 노인에게는 철분이 부족하여 생기는 빈혈이 흔하다.

> **빈혈 예방과 해소에 좋은 음식**
>
> • 굴 : 철분 이외에 구리와 타우린이 많아 콜레스테롤 수치를 낮춰 줌
> • 달걀노른자 : 철분 외에 다양한 영양소 풍부, 레시틴이 콜레스테롤을 낮춰 줌
> • 붉은 살코기 : 동물성 단백질 식품의 철이 식물성 단백질 식품의 철보다 흡수가 3배 더 잘됨
> • 콩류 : 고단백질의 영양가 많은 식품으로 빈혈에 좋음
> • 시금치 : 철분뿐 아니라 비타민 C가 많아 철분의 흡수를 도움

8. 노화에 따른 근골격계 특성

① 추간판이 오그라들어 키가 줄어든다.

② 등뼈가 굽어 머리를 낮추면서 가슴을 향하여 보게 된다.

③ 뼈의 질량 감소, 골격이 작아지고 약해져 작은 충격에도 골절되기 쉽다.

④ 하악골의 쇠약으로 치아를 상실한다.

⑤ 근긴장도와 근육량이 저하되어 신체적 활동과 운동 능력이 감소한다.

⑥ 근육경련, 근육피로가 심해진다.

⑦ 인대 등이 탄력을 잃는다.

⑧ 어깨는 좁아지고 골반은 커진다.

⑨ 관절면이 마모되어 염증, 통증, 기형이 초래된다.

9. 근골격계 주요 질환

1) 퇴행성 관절염

① 노화로 인해 뼈를 보호해 주는 끝부분의 연골물렁뼈이 닳아서 없어지거나 관절에 염증성 변화가 생긴 상태이다.

② 관절을 많이 사용할수록 통증이 심해질 수 있다. **예** 계단 오르내리기, 장거리 걷기, 등산 등

③ 관절에 부담되지 않는 규칙적인 운동이 좋다. **예** 수영, 평평한 흙길 걷기, 체조 등

2) 골다공증

① 뼈세포가 상실되고 골밀도가 낮아져 골절이 발생하기 쉬운 상태이다.

② **칼슘을 충분히 섭취**한다.

③ 근육과 뼈에 힘을 주는 **체중부하운동**을 한다.

④ **비타민 D**를 섭취한다.

3) 고관절 골절

① 강한 외부 힘이 작용해서 고관절 뼈가 부러지는 것이다.

② 골다공증이 있는 노인이 낙상할 경우 발생한다.

10. 노화에 따른 비뇨 · 생식기계 주요 질환

1) 요실금

① **복압성 요실금** : 기침, 웃음, 재채기, 달리기, 줄넘기 등 복부 내 압력 증가로 인해 소변이 나오는 것

② **절박성 요실금** : 소변을 보고 싶다고 느끼자마자 바로 소변이 나오는 것

③ **역류성 요실금** : 소변의 배출이 원활하지 않아 소변이 가득 찬 방광에서 소변이 조금씩 넘쳐 계속적으로 흘러나오는 것

④ **골반근육강화 운동**을 한다.

⑤ 충분한 수분 섭취로 방광의 기능을 유지한다.

⑥ 식이섬유소가 풍부한 채소와 과일 섭취로 변비를 예방한다.

⑦ 비만은 복부 내 압력을 증가시켜 복압성 요실금을 유발하기 때문에 체중을 조절한다.

2) 전립선비대증

① 전립선이 커져서 요도를 압박하는 상태이다.

② 비대된 전립선이 요도를 눌러 요도가 좁아져 소변줄기가 가늘어진다.

③ 배뇨 후 2시간 이내에 다시 소변이 마렵다 빈뇨.

④ 소변이 마려울 때 참기 힘들다 긴박뇨.

⑤ 소변을 보고 나서도 시원하지 않다 잔뇨감.

⑥ 밤에 자다가 소변을 보려고 자주 깬다 야뇨.

11. 노화에 따른 피부계 특성

① 피하지방이 감소한다.

② 탄력성이 저하되어 쉽게 손상된다.

③ 저체온, 오한, 압박에 대한 손상의 위험이 높다.

④ 건조해지고 주름살이 생기며 눈꺼풀이 늘어지고 이중 턱이 된다.

⑤ 발톱이나 손톱이 딱딱하고 두꺼워지며 세로줄이 생기고 잘 부서진다.

⑥ 피부가 회색으로 변하고 검버섯 등이 생긴다.

⑦ 노인성 반점 갈색 반점 이 생긴다.

⑧ **소양증**은 밤과 겨울철에 더욱 심해진다.

⑨ 상처회복이 지연되고 궤양이 생기기 쉽다.

12. 피부계 주요 질환

1) 욕창

① 장기간의 와상 상태 등으로 인해 바닥면과 접촉되는 피부가 혈액을 공급받지 못해서 괴사되는 상태이다.

② 특정부위에 압력이 집중되지 않도록 침대에서는 적어도 두 시간마다, 의자에서는 한 시간마다 자세를 바꾸어준다.

③ 대상자를 이동시킬 때 피부가 밀리지 않도록 주의한다.

④ 젖은 침대 시트는 바로 교체한다.

⑤ 시트에 주름이 있으면 욕창이 더 잘 생긴다.

⑥ 뼈 주위를 보호하고 무릎 사이에는 베개를 끼워 마찰을 방지한다.

⑦ 신체의 약한 부위에 압력이 가는 것을 덜어줄 특수 매트리스와 베개를 대어준다.

⑧ 천골부위 욕창 예방을 위해 도넛 모양의 베개를 사용하지 않는다. 오히려 압박을 받는 부위의 순환을 저해할 수 있다.

⑨ 파우더는 화학물질이 피부를 자극하거나 땀구멍을 막으므로 사용하지 않는다.

⑩ 몸에 꽉 끼는 옷과 단추 달린 스커트나 바지는 입지 않는다.

⑪ 단백질 등의 영양분을 충분히 공급한다.

⑫ 손톱에 긁히는 일이 없도록 손톱을 짧게 자른다.

> **욕창 초기 대처법**
>
> • 약간 미지근한 물수건으로 찜질하고 마른수건으로 물기를 닦아낸다.
> • 주위를 나선형을 그리듯 마사지하고 가볍게 두드려 혈액순환을 촉진한다.
> • 미지근한 바람으로 건조시킨다.
> • 춥지 않을 때는 30분 정도 햇볕을 쬔다.

2) 대상포진

① 수두를 일으키는 바이러스에 의하여 피부와 신경에 염증이 생기는 질환이다.

② 대상포진에 걸릴 위험성이 높은 사람

  • 면역이 저하된 사람이나 노인

  • 어렸을 때 수두를 앓았거나 과거 대상포진을 앓은 경험이 있는 사람

③ 작은 물집이 몸의 한쪽에 모여 전체적으로 띠모양으로 나타난다.

3) 옴 치료법

① 장갑과 가운을 착용하고 목에서 발끝까지 전신에 치료용 연고를 바른다.

  • 마비가 있는 노인의 경우 수축되거나 굴곡된 부위도 빠트리지 않고 발라야 한다.

  • **옴진드기가 가장 활동적인 밤에 약을 바르고 다음 날 아침에 씻어낸다.**

② 신체접촉이 있었던 모든 사람은 **증상 유무에 관계없이 동시에 함께 치료**한다.

③ 1주 후에 다시 바른다.

④ 완치 여부를 확인하기 위해 2주 후에 병원을 방문한다.

⑤ 옴진드기에 오염된 것으로 생각되는 사람이나 침구, 옷, 수건 등과의 접촉을 금한다.

⑥ 내복과 침구는 항옴진드기 약을 바르는 날은 같은 것을 사용한 후 뜨거운 물로 10~20분간 세탁하고 세탁 후 3일 이상 사용하지 않는다.

⑦ 세탁이 어려운 것은 3일간 햇볕에 널거나 다리미로 다린 후 사용한다.

⑧ 알레르기와 혼동하기 쉬우므로 심한 가려움증은 병원에 간다.

13. 노화에 따른 신경계의 특성

① 신경세포의 기능 저하

② 근육의 긴장과 자극 반응성의 저하

③ 감각 둔화

④ 불안정한 정서 조절

⑤ 운동 부족으로 인한 불면증, 수면장애

⑥ 단기기억의 감퇴

⑦ 장기기억은 대체로 유지

⑦ 앞으로 구부린 자세, 느리고 발을 끄는 걸음걸이

⑧ **주요 질환** : 치매, 뇌졸중, 파킨슨 질환

14. 감각기계 주요 질환

1) 녹내장과 백내장

	녹내장	백내장
증상	• 좁은 시야, 눈 이물감 • 어두움 적응 장애 • 색깔 변화 인식 어려움 • 뿌옇게 혼탁한 각막 • 안구 통증 • 두통, 구역질 • 심하면 실명됨	• 색 구별 능력 저하 • 동공의 백색 혼탁 • 불빛 주위에 무지개가 보임 • 밤과 밝은 불빛에서의 눈부심 • 통증이 없으면서 점차 흐려지는 시력 • 시력 감소

2) 노인성 난청

① '스, 츠, 트, 프, 크'와 같은 음에서 난청이 들린다.

② 난청을 악화시킬 수 있는 약물 복용을 피하고 보청기를 이용한다.

③ 감소한 청력을 근본적으로 복구하는 치료는 없다.

15. 노화에 따른 내분비계 특성

① 당대사 및 갑상선 분비호르몬, 에스트로겐 분비가 감소한다.

② 포도당 대사능력과 인슐린에 대한 민감성 감소로 쉽게 고혈당이 된다.

③ 췌장에서 인슐린의 분비가 느리고 분비량이 불충분하다.

④ 공복 시 혈당이 증가한다.

⑤ 갑상선 크기가 줄어들고 갑상선 호르몬 분비량도 약간 감소한다.

⑥ 근육질량이 감소하여 기초대사율도 감소한다.

16. 내분비계 주요 질환

1) 당뇨병

① 혈중 포도당 수치가 올라가서 소변에 당이 섞여 나오는 질환이다.

② **고혈당 증상** : 배뇨 증가, 체중감소, 피로감, 식욕 증가 등

③ **저혈당 증상** : 땀을 많이 흘림, 두통, 시야 몽롱, 배고픔, 어지럼 등

④ 반찬은 싱겁게 골고루 섭취한다.

⑤ 저콜레스테롤 식이를 기본으로 한다.

⑥ 육류보다는 곡류, 콩, 과일, 야채 등 고섬유질 음식을 섭취한다.

⑦ 단 음식과 술의 섭취를 제한한다.

⑧ 당뇨병은 완치가 어려우므로 합병증이 발생하지 않도록 돕는 것이 목표이다.

⑨ 당뇨병 대상자의 발을 주의해서 관리한다. 발 씻고 말리기, 발 건조 예방, 양말 착용, 발톱 일자로 자르기, 차갑거나 뜨거운 곳 노출 금지

17. 심리·정신계 주요 질환

1) 우울증

(1) 우울증과 치매의 비교

우울증	치매
급격히 발병함	서서히 발병함
짧은 기간	긴 기간
정신과적 병력 있음	과거 정신과적 병력 없음
기억력 장애를 호소함	기억력에 문제가 없다고 주장하는 경우가 많음
모른다고 대답하는 경우가 많음	근사치의 대답을 함
인지기능 저하 정도의 편차가 심함	일관된 인지기능의 저하
단기 기억과 장기 기억이 동등하게 저하됨	단기 기억이 심하게 저하됨
우울이 먼저 시작됨	기억력 저하가 먼저 시작됨

(2) 돕는 방법

① 주변의 긍정적인 지지가 필요하다.

② 대상자의 느낌, 분노를 인정하고 수용하며 언어로 표현하도록 돕는다.

③ 대상자에 대해 지속적으로 관심을 표현하고 신뢰관계를 형성한다.

④ 햇볕을 받으며 규칙적으로 운동한다.

2) 섬망

(1) 섬망과 치매의 비교

섬망	치매
갑자기 나타남	서서히 나타남
급성질환	만성질환
대체로 회복됨	대부분 만성으로 진행됨
초기에 사람을 못 알아봄	나중에 사람을 못 알아봄
신체 생리적 변화가 심함	신체 생리적 변화는 적음
의식의 변화가 있음	말기까지 의식의 변화는 적음
주의 집중이 매우 떨어짐	주의 집중은 별로 떨어지지 않음
수면 양상이 매우 불규칙함	수면양상은 개인별로 차이가 있음

(2) 야간섬망의 정의 및 대처 방법

① **정의** : 치매 대상자가 늦은 밤에 성격이 완전히 달라져서 흥분하거나 환각 증상을 보이는 것

② 대처 방법

- 가벼운 야간섬망인 경우, 방을 밝게 하고 따뜻하게 해주면 진정이 됨
- 심각한 수준이면 시설장이나 간호사 등에게 보고하여 전문가의 진료를 받게 해야 함에게 보고하여 전문가의 진료를 받게 해야 함

02 치매, 뇌졸중, 파킨슨 질환

1 치매

정상적이던 사람이 나이가 들어가면서 뇌에 발생한 여러 가지 질환으로 인하여 인지기능을 상실하여 일상생활을 수행할 수 없게 되는 상태

건망증	치매
생리적인 뇌의 현상	뇌의 질환
경험의 일부 중 사소하고 덜 중요한 일을 잊는다.	경험한 사건 전체나 중요한 일도 잊는다.
힌트를 주거나 시간이 지나 곰곰이 생각하면 기억이 난다.	힌트를 주거나 나중에 생각해도 거의 기억하지 못한다.
일상생활에 지장이 없다.	일상생활에 지장이 있고 수발이 필요하다.

치매 단계별 증상

단계	특징	증상
초기 (경도)	가족이나 동료들이 문제를 알아차리기 시작하나 혼자서 지낼 수 있는 수준	• 물건을 둔 장소를 기억하지 못하며 물건을 자주 잃어버린다. • 전화 통화 내용을 기억하지 못하고 반복해서 질문한다. • 자기 물건을 잃어버리고는 남이 훔쳐 갔다고 의심한다. • 공휴일, 납기일 등 연, 월, 일을 잊어버린다. • 요리, 빨래, 청소, 은행 가기, 병원 방문 등 하던 일의 수행기능이 뚜렷이 저하된다.
중기	최근 기억과 더불어 먼 과거 기억의 부분적 상실, 각종 정신행동 증상이 빈번히 나타나며, 도움 없이는 혼자 지낼 수 없는 수준	• 주소, 전화번호, 가까운 가족의 이름 등을 잊어버린다. • 집 주변에서도 길을 잃거나 월, 요일에 대한 시간개념이 저하된다. • 엉뚱한 대답을 하거나 말수가 줄어든다. • 옷을 입거나 외모를 가꾸는 위생 상태를 유지하지 못한다. • 쓸모없는 물건을 모아 두거나 쌌다 풀었다 하며 배회행동과 안절부절못하는 모습을 보인다. • 혼자서는 집안일과 외출을 하지 못한다.
말기 (중증)	독립적인 생활이 불가능한 수준	• 의사소통이 거의 불가능하다. • 판단을 하거나 지시를 따르지 못한다. • 소리를 지르거나 심하게 화를 내는 등의 증세와 대변을 만지는 등의 심한 문제행동이 나타난다. • 보행 장애와 대소변 실금, 욕창, 낙상 등이 반복되면서 와상상태가 된다.

2 뇌졸중

1. 정의

① 뇌에 혈액을 공급하는 혈관이 막히거나 터져서 뇌 손상이 오고 그에 따른 신체장애가 나타나는 뇌혈관질환

② 뇌경색 : 뇌혈관이 막힌 것

③ 뇌출혈 : 뇌혈관이 터진 것

④ 흔히 중풍이라 부름

2. 증상

① **반신마비** : 손상된 뇌의 반대쪽 팔다리, 안면하부에 갑작스러운 마비가 옴

② **전신마비** : 뇌간 손상 시 전신마비와 함께 의식이 저하

③ **반신감각장애** 감각이상·감각소실 : 손상된 뇌의 반대쪽의 시각, 촉각, 청각 등의 장애, 남의 살 같거나 저리고 불쾌한 느낌, 얼얼한 느낌 호소

④ 언어장애

- 좌측뇌가 손상된 경우 우측마비와 함께 말을 못하거나 남의 말을 이해하지 못하는 실어증 발생
- 뇌손상 부위에 따라 글을 못 쓰고 못 읽으며, 혀, 목구멍, 입술 등의 근육이 마비되어 발음이 부정확하고 마치 술 취한 사람처럼 어눌한 발음으로 말을 함

⑤ 극심한 두통과 반복적인 구토, 의식 소실 동반

⑥ 의식장애

- 뇌간 부위에 뇌졸중이 발생하면 의식이 저하됨
- 뇌졸중으로 인한 뇌손상 부위가 광범위할 때도 의식이 저하됨

⑦ **어지럼증** : 소뇌 손상 시 메스껍고 토하는 증상과 함께 몸의 불균형을 보임

⑧ 운동 실조증 : 소뇌에 뇌졸중이 발생하였을 때 술 취한 사람처럼 비틀거리고 한쪽으로 자꾸 쓰러지려 하고, 물건을 잡으려고 할 때 정확하게 잡지 못함

⑨ **시력장애** : 한 개의 물체를 보는데 두 개로 보이는 복시나 시야의 한 귀퉁이가 어둡게 보이는 시야장애가 발생한다.

⑩ **삼킴장애** : 음식이나 물을 삼키기 힘든 연하곤란이 옴

⑪ **치매** : 뇌졸중으로 인한 치매는 비교적 갑자기 발생함

⑫ 혈관성 치매 의심 증상

- 정상적으로 생활하던 사람이 갑자기 동작이 서툴러진다.
- 대소변을 못 가린다.
- 감정조절에 이상이 생긴다
- 기억력, 계산력, 판단력 등 지적능력이 감소한다.

3 파킨슨 질환

1. 정의

중추신경계에 서서히 진행되는 퇴행성 변화로 원인은 불명확하나 신경전달물질인 도파민을 만들어 내는 신경세포가 파괴되는 질환

2. 증상 및 치료

① 무표정, 동작이 느려짐, 근육경직 및 안정 시 떨림

② 굽은 자세, 얼어붙는 현상, 자세 반사의 소실로 자주 넘어짐, 균형감각의 소실

③ 원인불명의 통증

④ 피로, 수면 장애, 변비, 방광과 다른 자율 신경의 장애, 감각적 불편감

⑤ 우울, 근심, 감정의 변화, 무감정, 사고의 느림, 인지능력의 감소 등

⑥ 지속적인 약물 복용과 주변의 정신적인 지지가 필요

03 노인의 건강증진 및 질병예방

1 영양

1. 영양 관리

① 적절한 칼로리 섭취로 이상적인 체중 유지

② 균형 잡힌 영양소 섭취를 위한 규칙적인 하루 세 끼 식사

③ 1일 단백질 필요량 : 체중 1kg당 1g

④ 동물성 단백질 : 체중 1kg당 0.5~0.6g(1일 단백질 섭취량의 1/3~1/4은 동물성 단백질로 섭취하는 것이 좋음)

⑤ 식물성 위주로 단백질을 섭취할 때는 여러 음식과 함께 섭취(부족한 아미노산 보충)

⑥ 칼슘은 우유로 보충, 칼슘 흡수를 돕는 비타민 D 섭취

⑦ 고혈압, 심장병 등을 예방하기 위해 염분 섭취 줄이기

⑧ 물, 섬유소가 풍부한 야채나 과일 섭취로 변비 예방

⑨ 육류는 기름을 제거하여 동물성 지방 섭취 줄이기

⑩ 콩이나 유제품 매일 섭취하기

⑪ 무기질, 비타민, 항산화물질 섭취 : 해조류, 버섯류, 채소, 과일류 자주 먹기

⑫ 음식은 먹을 만큼만 준비하고, 만든 지 오래된 음식 먹지 않기

⑬ 금기가 아닐 시 물 충분히 마시기

2. 수분 섭취 방법

① 수분 섭취를 제한해야 하는 질병 : 간경화, 심부전, 신부전증, 부신기능저하증 갑상선기능저하증

② 수분을 충분히 마셔야 하는 질병 : 염증성 비뇨기 질환, 폐렴·기관지염, 고혈압·협심증, 신부전증 합병증이 없는 당뇨병

2 운동

1. 운동 문제

① 심장근육이 두꺼워져 탄력성이 떨어지고, 심장근육의 수축하는 힘이 감소하여 활동할 때 쉽게 피곤해진다.

② 폐조직의 탄력성 감소, 흉곽의 경직으로 폐활량이 줄어들어 운동할 때 쉽게 숨이 찬다.

③ 관절이 뻣뻣해지고 관절이 움직이는 범위가 줄어들어 관절 움직임에 제한이 생긴다.

④ 자극에 대한 반응이 줄어들고 균형 및 조정 능력이 떨어져 잘 넘어진다.

⑤ 시력이 감퇴되어 걸려 넘어질 위험이 있어 운동을 꺼리게 된다.

⑥ 시간과 비용 낭비라는 생각, 운동에 대한 두려움, 낙상에 대한 두려움, 우울, 외로움과 같은 심리적 상태가 활동이나 운동을 방해한다.

2. 운동 관리

① 운동 금기 질환 및 투약 상황을 확인한다.

② 즐거운 마음으로 운동을 하여 스트레스를 해소한다.

③ 시원하고 바람이 잘 통하고 땀을 흡수하는 옷을 입고 운동한다.

④ 낮은 수준으로 운동을 시작하여 상태를 보면서 점차 강도를 올린다.

⑤ 적어도 10분 이상 준비운동을 하여 유연성을 높이고 근육 손상을 방지한다.

⑥ 운동의 강도, 기간, 빈도를 서서히 증가시킨다.

⑦ 운동하는 중간중간에 충분히 휴식한다.

⑧ **빠르게 방향을 바꾸어야 하는 운동이나 동작은 금한다**(태권도, 농구, 탁구, 배드민턴, 스쿼시, 테니스).

3 수면

1. 수면 문제

① 수면 중에 자주 깸

② 수면량이 줄어듦

③ 잠들기까지 시간이 오래 걸림

④ 낮 시간 동안 졸림증이 많아짐

2. 수면 관리

① 규칙적으로 생활하기

② 커피 등 카페인이 함유된 음료를 줄이거나 오후에는 마시지 않기

③ 금주, 금연하기

④ 저녁에 과식하지 않기

⑤ 공복감으로 잠이 안 오는 경우 따뜻한 우유 마시기

⑥ 편한 잠옷 입고 자기

⑦ 침실의 온도와 소음 조절, 적합한 침구 마련 등으로 잠자리를 편안하게 하기

⑧ 늦게까지 텔레비전을 시청하는 등 지나치게 집중하는 일 하지 않기

⑨ 함께 자는 사람이 코를 골거나 수면에 방해가 될 정도로 뒤척임이 심하면 수면 문제가 해결될 때까지 다른 방 사용하기

⑩ 수면제나 진정제를 장기 복용하지 않기

⑪ 매일 규칙적으로 적절한 운동하기

⑫ 밤잠을 설치게 되므로 낮잠 자지 않기

4 성생활

1. 성생활 문제

① **당뇨병일 경우** : 발기부전을 경험할 수 있음

② 관절염일 경우

- 통증이 성적 활동에 방해가 될 수 있음
- 통증을 완화하기 위한 항염증성 약물이 성적 욕구를 감소시킬 수 있음

③ 심장질환일 경우

- 모든 노인이 성교 시 심장마비가 오는 것은 아님
- 심장마비를 경험한 노인은 주치의와 상의해야 함

④ **뇌졸중일 경우** : 성생활은 뇌졸중 재발과 관련이 없으므로 **뇌졸중 노인의 성생활을 막을 필요는 없음**

⑤ 자궁적출술과 유방절제술을 했을 경우

- 스스로 덜 여자 같다고 느끼거나 그렇게 보일까 봐 두려움을 느낌
- 실제 성기능이 변화되는 것은 아님

⑥ 전립선 절제술은 발기하는 데 문제를 유발하지 않음

5 약물사용

① 복용하던 약을 의사 처방 없이 중단하면 안 된다.

② 임의로 양을 조절하여 복용해서는 안 된다.

③ 약을 술과 함께 먹으면 효과가 떨어지거나 부작용이 있을 수 있다. 우유, 녹차, 커피 등 카페인 음료와 함께 복용하면 약의 흡수가 방해되므로 미지근한 물 한 컵과 함께 복용하는 것이 좋다.

④ 다른 사람에게 처방된 약을 먹거나 자기 약을 남에게 주면 안 된다.

⑤ 가급적 단골 병원과 약국을 지정하여 다니는 것이 좋다.

- 다른 병원이나 약국을 방문할 경우 처방전을 보관하였다가 제시하여 약물의 효능 중복이나 부작용을 막아야 한다.
- 진료 전에 복용 중인 약물과 약물 알레르기에 대하여 반드시 알린다.

⑥ 진료 후 이전 처방약을 이어서 복용하지 않는다.

- 질병 상태에 맞추어 약을 조절했을 가능성이 높으므로 반드시 가장 최근의 처방약을 복용해야 한다.
- 이전 처방약이 많이 남은 경우 복용할 수 있는지 의사에게 확인받는다.

⑥ 약 복용시간을 준수해야 한다.

- 식후 : 위장장애를 줄이는 대부분의 약제
- 식전 : 일부당뇨약, 위장관 운동 조절제, 갑상선호르몬제
- 식사 중 또는 식사 직후 : 칼슘제, 철분제

⑨ 약을 자몽주스와 함께 복용하면 고혈압, 고지혈증의 부작용이 증가한다.

⑩ 철분제는 오렌지주스와 함께 복용하면 흡수가 잘된다.

⑪ 약 삼키는 것이 힘들다고 쪼개서 복용하면 안 된다. 분할선이 있는 약만 쪼개서 복용할 수 있다.

⑫ 약 복용을 잊어버렸다고 그 다음 복용 시간에 2배로 복용하면 안 된다.

⑬ 건강기능식품도 의약품은 아니지만 의사, 약사와 충분히 상의한 후 복용한다.

⑭ 적합한 약, 정해진 양, 올바른 복용방법, 정해진 시간, 올바른 경로로 복용하는지 확인한다.

⑮ 편의점에서 구입가능한 비상약 : 해열진통제, 감기약, 소화제, 파스

6 금연과 적정 음주

1. 금연

금연 후 시간 경과에 따른 신체적 변화

2분 뒤	• 혈압 수준이 좋아진다. • 맥박과 손발 체온이 정상으로 돌아온다.
8시간 뒤	• 혈중 일산화탄소와 산소량이 정상으로 회복되기 시작한다.
24시간 뒤	• 심장발작 위험이 줄어든다.
48시간 뒤	• 후각과 미각이 향상된다. • 기도 점막의 감각 끝부분이 되살아나기 시작한다.
2주~3개월	• 폐 기능의 30%가 회복된다. • 혈액순환이 좋아진다.
3개월 이상	• 정자 수가 증가하고 성기능이 향상된다.
1년 뒤	• 심장병 발병 위험이 절반으로 줄어든다.
5~10년 뒤	• 폐암으로 사망할 확률이 흡연자의 절반으로 감소한다.
10년 이상	• 기대 수명이 금연 전보다 10~15년 늘어난다.

2. 적정 음주

① 음주량과 음주습관을 감안하여 자신과 타인에게 해가 되지 않는 수준으로 음주하는 것

② 건강 음주, 안전 음주, 저위험 음주, 조절 음주 등과 같은 용어와 혼용되어 사용됨

③ 기준

• 남자는 하루 40g약 소주 3잔 미만, 여자는 하루 20g약 소주 2잔 미만으로 섭취하는 것을 저위험 음주라고 제시WHO 기준

• 암 예방을 위하여 하루 한두 잔의 소량 음주도 피하기보건복지부 암 예방 지침

7 예방접종

예방접종 종류와 주기

대상 전염병	50~64세	65세 이상
파상풍 디프테리아 백일해	• 1차 기본접종 : 디프테리아, 파상풍, 백일해 • 이후 10년마다 파상풍, 디프테리아 추가 접종	
인플루엔자	매년 1회	
폐렴구균	위험군에 대해 1~2회 접종	1회
대상포진	1회	1회

권장사항
65세 이상 노인은 반드시 인플루엔자, 폐렴구균, 대상포진, 파상풍, 디프테리아 예방접종을 하도록 권장하고 있음

8 계절별 생활안전 수칙

1. 여름

① 노인은 땀샘의 감소로 땀 배출량이 적어 체온조절이나 탈수감지 능력이 떨어짐

② 만성질환을 가진 경우 무더위로 건강문제가 더 악화될 수 있음

③ 폭염특보 발령 기간(보통 6~8월)에는 사망자가 증가 → 과반수가 65세 이상 노인임

④ 가급적 야외 활동이나 야외 작업 자제하기

⑤ 부득이 외출할 때는 **헐렁한 옷차림에 챙이 넓은 모자와 물 휴대하기**

⑥ **식사는 가볍게, 물은 평소보다 자주 마시기**

⑦ 선풍기는 환기가 잘되는 상태에서 사용하기

2. 겨울

1) 뇌졸중 예방 안전수칙

　① 고혈압 등 뇌졸중의 선행 질환 철저히 관리하기

　② 실외 운동을 삼가고 **실내 운동하기**

　③ 새벽보다는 **낮에 운동하기**

　④ 운동 시 준비운동과 마무리운동을 평소보다 충분히 하기

　⑤ 술을 많이 마신 다음 날 아침에는 가급적 외출하지 않기

　⑥ **따뜻한 곳에 있다가 갑자기 찬 곳으로 나가지 말기**

　⑦ 따뜻한 곳에서 찬 곳으로 나갈 때는 양말과 신발, 장갑, 방한복, 방한모자, 마스크, 목도리 등을 착용해 몸을 따뜻하게 한 후 나가기

2) 낙상으로 인한 골절 예방 안전수칙

 ① 눈이나 비가 오는 날에는 가급적 외출하지 않기

 ② 손을 주머니에 넣고 걷지 않기

 ③ 움직임이 둔한 옷은 피하고, 가볍고 따뜻한 옷입기

 ④ 평소에 근력강화운동 하기

3. 요양보호 각론

01 신체활동 지원

1 대상자 중심 요양보호

1. 대상자를 대하는 원칙

 ① 무엇이든 강제로 하지 않는다.

 ② 수면을 방해하지 않는다.

 ③ 억제대는 하지 않는다.
- 자세변환이 힘들어 욕창이 잘 생긴다.
- 근육을 움직이지 않아 근력이 떨어진다. 관절이 굳는다.
- 심장 기능과 인지 기능이 저하된다.
- 골다공증이 생기거나 악화된다.

 ④ 겨드랑이를 잡아 올리지 않는다. 어깨 관절 탈구 위험

2. 대상자 대면하기

1) 옳은 방법

 ① 상대방과 가까운 거리의 정면에서 같은 눈높이로 최소 1초 이상 눈을 맞추며 상대를 본다.

 ② 눈을 맞추고 나서 2초 이내에 인사하거나 말을 건넨다.

 ③ 대상자가 벽 쪽으로 돌아누워 시선을 피하면 침대와 벽 사이에 틈을 만들어서라도 눈을 맞추며 "제 눈을 봐주세요"라고 요청한다.

2) 대상자에게 말하기

 ① 대상자가 졸고 있거나 아직 잠에서 덜 깨었을 때는 침대판을 두드리고, 대답이 없으면 약 3초간 잠시 기다렸다가 다시 한 번 두드려 대상자를 깨운 뒤 말을 시작한다.

 ② 아무 말도 안 하는 대상자에게도 말을 건다.

③ 항상 긍정형 문장으로 이야기한다.

④ 무언가 이야기를 한 후 최소 3초 이상 기다려 줘야 한다.

⑤ 봐야 할 것을 눈높이에서 보여주며 말을 한다.

3) 대상자 만지기

① 상냥하게 웃으며, 천천히, 쓰다듬듯이, 감싸듯하여 대상자의 피부와 넓은 면적이 닿게 만져야 함 → 대상자 피부에 가해지는 압력이 낮아짐 → 존중하고 도와주는 느낌을 줌

② 붙잡지 않고 천천히 밑에서부터 받쳐 살짝 힘을 주는 것이 좋음

③ 손끝이 아니라 손바닥 전체를 이용해 접촉해야 함

④ 절대 급격한 행동으로 붙잡거나 할퀴거나 꼬집거나 때리거나 하면 안 됨

⑤ 손가락으로만 잡지 않기 → 힘이 많이 들어감 → 억압하는 느낌을 줌

⑥ 인지를 자극하기 위해서는 손이나 얼굴을 만지는 것이 효과적임. 단, 놀랄 수 있으므로 주의가 필요

4) 대상자를 일어서게 하기

① '일어서기'의 장점

- 골격근의 근력 유지에 좋다.
- 뼈와 관절에 힘을 가해 골다공증에 도움이 된다.
- 순환기를 자극하여 혈액 순환에 도움이 된다.
- 호흡기를 자극하여 폐활량에 도움이 된다.

② 요양보호사 활동

- 최소 하루 20분 정도는 일부러라도 서있거나 일어서서 걷도록 도와야 한다.
- 걸을 수 있는 대상자를 낙상 위험이 있다는 이유로 휠체어에 태워서는 안 된다.
- 잠깐이라도 서 있는 시간이 대상자에게 중요한 시간임을 알아야 한다.
- 느리더라도 부축하지 말고 가급적 혼자 움직이게 해야 한다.
- 손이 닿을 수 있는 만큼만 떨어져서 대상자가 혼자 하는 것을 지켜보며 기다리는 것이 좋다.
- 서서 움직이고, 스스로 활동하는 동안 기분 좋은 이야기를 하며 격려한다.

2 식사 및 영양 관리

1. 섭취 요양보호의 일반적 원칙

① 대상자의 식사 습관과 소화능력, 대상자에게 맞는 식사방법, 속도, 음식의 온도 등을 고려한다.

② 신체적, 심리적, 사회적, 경제적 상황, 질병 등을 고려하여 음식을 선택한다.

③ 식사 전에 대상자와 요양보호사는 비누로 손을 씻고, 주변 환경을 청결히 정리한다.

④ 식사 전·중·후 모든 과정에서 대상자에 대한 주의를 소홀히 하지 않는다.

⑤ **사레, 구토, 청색증 등 이상이 나타나는지 주의 깊게 관찰**하고 대처한다.

⑥ 대상자를 존중하고 요구를 최대한 반영한다.

⑦ 대상자가 스스로 할 수 있는 것들은 최대한 스스로 하게 한다.

2. 올바른 식사 자세

1) 앉은 자세

① 식탁 높이는 대상자가 의자에 앉았을 때 식탁의 윗부분이 대상자의 배꼽 높이에 와야 한다.

② 의자에 앉을 때는 안쪽 깊숙이 앉게 한다.

③ 의자 높이는 발바닥이 바닥에 닿을 수 있는 정도이어야 안전하다.

④ 팔받침, 등받이가 있는 의자는 안전하고 좌우균형을 잡는 데 도움이 된다.

2) 침대에 걸터앉은 자세

① 발이 바닥에 완전히 닿아야 안전하다. 발이 바닥에 닿지 않으면 받침대를 받쳐 준다.

② 넘어지지 않도록 왼쪽이나 오른쪽 또는 앞뒤에 쿠션을 대준다.

3) 침대머리를 올린 자세

① 침대에서 일어나거나 앉을 수 없는 경우에는 **침대를 약 30~60° 높인다**.

② 머리를 앞으로 약간 숙이고 턱을 당기면 음식을 삼키기가 쉬워진다.

4) 편마비 대상자 식사 자세

① 식사 시 편마비 대상자의 건강한 쪽이 밑으로 하여 약간 옆으로 누운 자세를 취한다.

② 건강한 쪽이 밑으로 가야 안정감이 있고 지지가 된다.

③ 마비된 쪽을 베개나 쿠션으로 지지하고 안정된 자세를 취하게 한 후 음식을 제공한다.

3. 식사 돕기 기본 원칙

① 식사 전에 몸을 움직이거나 잠시 밖에 나가서 맑은 공기를 마시면 기분이 좋아지고 식욕이 증진된다.

② 입맛이 없는 경우에는 다양한 음식을 조금씩 준비하여 반찬의 색깔을 보기 좋게 담아내 식욕을 돋운다.

③ 노인요양시설에 입소한 대상자의 경우 요양보호사는 적절한 양을 섭취하도록 도와야 한다.

④ 재가요양보호 대상자는 음식 준비부터 섭취까지 모든 과정을 돕는다.

⑤ 대상자의 씹고 삼키는 능력을 고려하여 일반식, 잘게 썬 음식, 갈아서 만든 음식, 유동식 등의 식사를 준비한다.

⑥ 식사할 때 대상자가 사레들리거나 숨 쉬기가 어려울 경우에는 식사를 중단하고 즉시 시설장이나 관리책임자에게 알려야 한다.

⑦ 대상자가 식사 도중 사레에 들리지 않도록 예방해야 한다.

- 가능하면 앉아서 **상체를 약간 앞으로 숙이고 턱을 당기는 자세**로 식사한다.
- 의자에 앉을 수 없는 대상자는 몸의 윗부분을 높게 해 주고 턱을 당긴 자세를 취하게 한다.
- **배 부위와 가슴을 압박하지 않는 옷**을 입힌다.
- 음식을 삼키기 쉽게 국이나 물, 차 등으로 먼저 목을 축이고 음식을 먹게 한다.
- 대상자가 충분히 삼킬 수 있을 정도의 적은 양을 입에 넣어준다.
- 완전히 삼켰는지 확인한 다음에 음식을 입에 넣어 준다.
- 음식을 먹고 있는 도중에는 대상자에게 질문을 하지 않는다.

- 수분이 적은 음식은 삼키기 어렵고 신맛이 강한 음식은 침을 많이 나오게 하여 사레들릴 수 있으니 주의한다.

⑧ 대상자가 천식이나 폐에 질병이 있는 경우에는 평소에도 숨쉬기 힘들므로 음식을 줄 때 더욱 주의해야 한다.

⑨ 음식물을 삼키기 쉽게 식사 전에 물을 한 모금 마시게 한다.

⑩ 식사하기 전에 음식의 온도를 확인한다.

- 음식을 조금씩 제공하고 한 손을 받쳐서 대상자 입 가까이 가져간다.

⑪ 숟가락 끝부분을 입술 옆쪽에 대고 숟가락 손잡이를 머리 쪽으로 약간 올려 음식을 먹인다.

4. 경관영양 돕기

1) 경관영양을 하는 경우

① 대상자가 의식이 없거나 혼수에 빠진 경우

② 얼굴, 목, 머리 부위에 음식을 먹기 힘들 정도로 부상_{손상}이 있거나 수술했을 때 또는 마비가 있을 때

③ 삼키기 힘들 때

2) 기본 원칙

① 대상자가 **의식이 없어도 식사 시작과 끝을 알린다**.

② 판매되는 영양액을 사용하는 경우에는 **유효기간 이내의 것만 사용**한다.

③ **영양주머니는 매번 깨끗이 씻어서 말린 후 사용**한다.

④ 대상자가 무의식적으로 빼려고 할 때 빠지지 않도록 **비위관을 반창고 등으로 잘 고정**한다.

⑤ 비위관이 새거나 영양액이 역류하는지 살펴본다. **새거나 역류하면 간호사에게 연락**해야 한다.

⑥ 관이 막히지 않도록 해야 하며 위관영양액은 체온 정도의 온도로 데워 준비한다. **차가운 영양액이 주입되면 통증을 유발**한다.

⑦ **너무 진한 농도의 영양을 주입하거나 너무 빠르게 주입하면, 설사나 탈수를 유발**할 수 있다. 너무 천천히 주입하는 경우 음식이 상할 수 있으므로 주의해야 한다. **1분에 50mL 이상 주입하지 않는다**.

⑧ 경관영양을 하는 대상자는 입안 건조와 갈증을 예방하기 위해 입안을 자주 청결히 하고, 입술보호제를 발라준다.

⑨ 콧속에 분비물이 축적되기 쉬우므로 비위관 주변을 청결히 하고 윤활제를 바른다.

⑩ **대상자가 일어나지 못하는 상태일 경우 오른쪽으로 눕힌다**. 오른쪽으로 누우면 기도로 역류할 가능성이 줄고 중력에 의해 영양액이 잘 흘러내려 간다.

⑪ 영양액이 중력에 의해 흘러 내려와 위장으로 들어가도록 **위장보다 높은 위치에 건다**.

⑫ 대상자가 토하거나 청색증이 나타나면 비위관을 잠근 후 바로 시설장이나 관리책임자 등에게 알린다.

⑬ 임의로 비위관을 밀어 넣거나 빼면 안 된다.

3 투약 돕기

1. 기본원칙

① 정확한 약물이, 정확한 대상자에게, 정확한 용량, 정확한 경로, 정확한 시간에 투약되도록 돕는다.

② 투약 후 평소와는 다른 이상반응이 나타나는지 관찰한다.

2. 돕는 방법

1) 공통사항

① 되도록 약국에서 가져온 상태로 투약되도록 돕는다.

② 대상자의 신체 상태로 인해 약을 삼키지 못할 경우 요양보호사가 임의로 약을 갈거나 쪼개서는 안 된다.

③ 유효기간이 지났거나 확실하지 않은 약은 절대 사용하지 않는다.

④ 처방된 이외의 약을 섞어 주지 않는다.

⑤ 잘못 복용했을 경우 시설장이나 관리책임자에게 보고한다.

⑥ 금식인 경우에도 혈압약 등 매일 투약해야 하는 약물은 반드시 투약해야 한다.

⑦ 약물을 만지기 전에는 반드시 비누로 손을 깨끗하게 씻는다.

2) 경구약 복용 시 주의점

(1) 가루약

① 숟가락을 사용하여 약간의 물에 녹인 후 투약한다.

② 물기가 없는 숟가락을 사용한다.

③ 주사기에 바늘을 제거한 후 녹인 가루약을 흡인하여 입안으로 조금씩 주입한다.

(2) 알약

① 약병에서 약 뚜껑으로 옮긴 후에 손으로 옮긴다.

② 손으로 만진 약은 약병에 다시 넣지 않는다.

③ 알약의 개수가 많은 경우에는 2~3번으로 나누어 투약한다.

④ 약을 삼키기 쉽게 해주고 위장관에서의 흡수가 잘되도록 충분히 물을 준다.

(3) 물약

① 약병 뚜껑을 열 때, 병뚜껑 안쪽이 위를 향하도록 놓고, 병 안쪽에 손이 닿지 않도록 해야 한다.

② 약을 따르기 전에 약물을 흔들어 섞고, 색이 변하거나 혼탁한 약물은 버린다

③ 라벨이 젖지 않도록 용액병의 라벨이 붙은 쪽을 잡고, 라벨의 반대쪽 방향으로 용액을 따른다.

④ 병뚜껑을 닫기 전에 입구를 깨끗이 닦는다.

⑤ 약의 용량이 적을 때는 바늘을 제거한 주사기무침 주사기를 이용하여 정확한 양을 복용하게 한다.

⑥ 반드시 깨끗한 플라스틱 계량컵이나 스푼에 덜어 먹여야 한다.

⑦ 잘못 따른 약은 버려야 한다.

3) 안약 투여

(1) 안약 투여 시 주의 사항

① 멸균수나 생리식염수에 적신 멸균솜으로 눈 안쪽에서 바깥쪽으로 닦아준다.

② **안약 투여 위치** : 아랫눈꺼풀하안검을 아래로 부드럽게 당겨서 결막낭을 노출하여 아랫눈꺼풀하안검의 중앙이나 외측으로 1~2cm 높이에서 안약용액을 투여한다.

③ 안약 투여 시 아랫눈꺼풀하안검 밑부분에 멸균솜이나 거즈를 댄다.

④ 점적이 끝난 후 비루관을 잠시 가볍게 눌러 안약이 코 안으로 흘러 내려가는 것을 막아준다.

⑤ 대상자의 한쪽 눈에만 감염이 있을 시 반대편 눈에 전염되지 않도록 멸균수나 생리식염수에 적신 멸균솜으로 눈의 안쪽에서 바깥쪽으로 닦아 준다.

⑥ 각막에 직접 점안하는 것보다 결막에 점안하면 점적기가 눈에 닿아서 오염되거나 눈을 다치게 할 위험이 줄어들어 각막이 보호된다.

(2) 안연고 투여 시 주의 사항

① 안연고를 사용할 때는 처음 나오는 것은 거즈로 닦아 버린다. 외부 공기에 오염되었을 수 있기 때문이다.

② 안연고 투여 위치 : 아랫눈꺼풀하안검을 잡아당겨 아래 결막낭 위에 튜브를 놓고 안쪽에서 바깥쪽으로 안연고를 2cm 정도 짜 넣는다.

③ 튜브를 멸균수나 생리식염수에 적신 멸균 솜으로 닦고 뚜껑을 닫는다.

④ 눈꺼풀 밖으로 나온 연고는 멸균 생리식염수에 적신 멸균 솜으로 닦아낸다.

3) 귀약 투여

① 귀약이 너무 차거나 뜨거우면 내이를 자극하여 오심, 구토, 어지러움을 일으킬 수 있다.

② 손으로 약병을 따뜻하게 하거나 약병을 잠깐 온수에 담근다.

③ 귀약 투여 후 대처
- 귀 입구를 잠깐 부드럽게 눌러주고 약 5분간 누워있도록 한다.
- 약물이 귀 안쪽으로 잘 들어가게 하도록 대상자의 귀 윗부분을 잡고 뒤쪽후상방으로 잡아당겨야 한다.

④ 입구를 생리식염수 솜으로 잘 닦아 상온의 그늘진 곳에서 보관한다.

4) 주사주입 돕기

① 주사주입은 의료인의 고유 영역이므로 요양보호사는 주사주입을 하지 않는다.

② 의복을 갈아입거나 대상자가 이동할 때 수액세트가 당겨지거나 주사바늘이 빠지지 않도록 조심한다.

③ 수액 병은 항상 대상자의 심장보다 높게 유지한다.

④ 정맥주입 속도가 일정하게 유지되는지 수시로 확인한다.

⑤ 주사 부위가 붉게 되거나, 붓거나, 통증이 있는 경우 조절기를 잠근 후, 즉시 시설장이나 관리책임자에게 보고한다.

⑥ 간호사가 바늘을 제거한 후에는 1~2분간 알코올 솜으로 지그시 누르고, 절대 비비지 않는다. 비비면 피멍이 든다.

5) 약 보관

① 모든 약물은 치매 대상자, 아동, 애완동물의 손이 닿지 않는 곳에 보관한다.

② 유효기간이 지난 약물은 폐기한다.

③ 치매 대상자의 약은 안전한 곳에 보관하고 가능하면 약상자에 잠금장치를 한다.

4 배설 돕기

1. 화장실 이용 돕기

1) 기본원칙

① 항상 대상자를 관찰하고, 손을 뻗으면 닿을 수 있는 위치에 있다가 필요하면 즉각 개입한다.

② 낙상 예방을 위한 환경을 조성한다.

- 화장실까지 가는 길에 불필요한 물건이나 발에 걸려 넘어질 우려가 있는 물건을 치워 넘어지지 않게 한다.
- 화장실은 밝고 바닥에 물기가 없게 하여 미끄러지지 않게 해야 한다.
- 밤에는 어두워 화장실을 찾기 어려우므로 화장실 표시등을 켜두어 잘 찾을 수 있게 한다.
- 변기 옆에 손잡이를 설치하여 필요 시 노인이 잡을 수 있게 한다.
- 응급상황을 알릴 수 있는 응급벨을 설치한다.

2) 주의 사항

① 대상자를 갑자기 침대에서 일으키면 혈압이 떨어지고 어지러울 수 있다. 대상자의 안전을 위해 잠시 침대에 앉아 있게 한다.

② 화장실까지 거리가 얼마 되지 않는다 하여 휠체어에 제대로 앉지 않고 걸터앉으면 미끄러져 넘어질 수 있으므로 매우 위험하다.

③ 화장실 밖에서 기다릴 때 요양보호사는 중간중간 대상자에게 말을 걸어 상태를 살핀다.

④ 편마비대상자의 경우, 건강한 쪽에 휠체어를 두고, 침대 난간에 빈틈없이 붙이거나, 30~45° 비스듬히 붙인다.

2. 침상 배설 돕기

1) 기본 원칙 및 돕기 방법

① 화장실까지 가지 못하거나 침대에서 내려올 수 없는 대상자가 침상에서 편안하게 배설할 수 있도록 돕는 방법이다.

② 대상자가 원하는 경우 대상자 손 가까이에 화장지와 호출 벨을 두고 밖에서 기다린다.

③ 밖에서 기다리면서 중간중간 대상자에게 말을 걸어 상태를 살핀다.

④ 배설 시 소리가 나는 것에 부담을 느끼지 않도록 변기 밑에 화장지를 깔고 텔레비전을 켜거나 음악을 틀어놓아 심리적으로 안정된 상태에서 용변을 보게 한다.

⑤ 여성대상자는 회음부 앞부분에 화장지를 대어주면 소변이 튀지 않고, 소리가 작게 난다.

⑥ 배변 후 뒤처리를 할 때는 앞에서 뒤로 닦아 감염을 예방한다.

　⑦ 물기가 남아 있으면 대상자의 피부가 짓무르거나 피부 손상을 일으킬 수 있으므로, 마른 수건으로 물기를 닦아 준다.

　⑧ 대상자가 허리를 들지 못하면 옆으로 뉘어서 한다.

　⑨ 차가운 변기가 피부에 바로 닿을 경우 변의가 감소될 수 있다.

　⑩ 배변을 못 본 경우 변의가 생길 때 다시 시도한다.

　2) 시설장이나 간호사에게 배설물 상태를 보고해야 하는 경우

　　① 대상자의 소변이 탁하거나 뿌옇다.

　　② 거품이 많이 난다.

　　③ 소변의 색이 진하다.

　　④ 소변 냄새가 심하다.

　　⑤ 소변에 피가 섞여 나오거나 푸른 빛의 소변이 나온다.

　　⑥ 대변에 피가 섞여 나와 선홍빛이거나 검붉다.

　　⑦ 대변이 심하게 묽거나, 대변에 점액질이 섞여 나온다.

3. 이동변기 사용 돕기

　① **서거나 앉는 것은 가능하나 화장실까지 걷기는 어려운 대상자의 배설을 도울 때** 사용한다.

　② 배설이 어려울 때는 **미지근한 물을 항문이나 요도에 끼얹어 변의를 자극**한다.

　③ 이동변기는 **매번 깨끗이 씻어** 배설물이 남아있거나 냄새가 나지 않게 한다.

　④ **침대 높이와 이동변기의 높이가 같도록 맞춘다.**

　⑤ 안전을 위해 **변기 밑에 미끄럼방지매트**를 깔아주어, 대상자가 변기에 앉을 때 흔들리지 않게 한다.

　⑥ 변기가 너무 차가우면 피부에 닿았을 때 놀라게 되므로 **미리 따뜻한 물**또는 따뜻한 수건**로 데워 둔다.**

　⑦ **대상자의 두 발이 바닥에 닿게 한다.**

　⑧ 편마비의 경우 이동변기는 건강한 쪽으로 침대 난간에 빈틈없이 붙이거나, 30~45° 비스듬히 붙인다. 움직이기 힘들어하는 대상자인 경우 안아서 옮겨야 하므로 힘이 덜 들도록 침대 난간에 이동변기를 빈틈없이 붙인다.

4. 기저귀 사용 돕기

　1) 기본원칙

　　① 대상자가 몇 번 실금했다고 해서 기저귀를 바로 사용하는 것은 좋지 않다.

　　② 대소변을 전혀 가리지 못하는 경우, 배설 욕구를 느끼지 못하는 경우, 치매 등으로 실금이 빈번해서 부득이한 경우에만 기저귀를 사용한다.

　　③ 대상자가 의식이 있는 경우 수치심을 느낄 수 있으므로 불쾌한 표정을 짓지 않는다.

　　④ 대상자의 프라이버시 보호를 위해 불필요한 노출은 피한다.

　　⑤ 장기적으로 기저귀를 사용하는 경우 피부가 붉어지는지, 상처가 생기는지, 통증을 호소하는지 등을 살펴보고 욕창 예방 조치를 한다.

⑥ 기저귀를 사용했던 대상자라고 해도 약간의 도움으로 대상자가 이동할 수 있으면 이동변기를, 허리를 들어 올릴 수 있다면 간이변기 사용을 시도해 본다.

2) 기저귀 단점

① 피부 손상과 욕창이 잘 생긴다.

② 기저귀에 의존하여 치매 증상 및 와상 상태가 더욱 심해질 수 있다.

③ 냄새가 불쾌감을 줄 수 있다.

5. 유치도뇨관의 소변주머니 관리

① 소변주머니를 **방광 위치보다 높게 두지 않는다.** 소변주머니가 높이 있으면 소변이 역류하여 감염의 원인이 된다.

② **소변량과 색깔을 2~3시간마다 확인**한다.

③ **유치도뇨관이 막히거나 꼬여서** 소변이 제대로 배출되지 않으면 방광에 소변이 차서 **아랫배에 팽만감과 불편감**이 있고 아플 수 있다.

④ 유치도뇨관을 삽입하고 있어도 침대에서 자유로이 움직일 수 있으며 보행도 할 수 있음을 대상자에게 알려준다.

⑤ 금기 사항이 없는 한 수분 섭취를 권장한다.

⑥ 유치도뇨관을 강제로 빼면 요도점막이 손상되므로 **심하게 당겨지지 않게 주의**한다.

5 개인위생 및 환경관리

1. 구강 청결 돕기

1) 기본 원칙

① 입안에 염증이 있는지 확인하고, 상처가 있다면 그 부분을 더 다치지 않도록 주의한다.

② 입안을 닦아낼 때 혀 안쪽이나 목젖을 자극하면 구토나 질식을 일으킬 수 있으므로 **너무 깊숙이 닦지 않는다.**

③ **누워있는 상태에서 양치질**하는 것을 도와줄 때는 **옆으로 누운 자세를 하게 해야** 사레들리지 않고 안전하다.

④ 칫솔질의 효과

- 음식 찌꺼기, 프라그 및 세균이 있는 치아를 깨끗이 함
- 잇몸을 자극하여 순환을 촉진
- 불쾌한 냄새와 맛으로 인한 불쾌감 완화

2) 입안 닦아내기

① 치아가 없거나 연하장애가 있는 대상자, 의식이 없는 대상자, 사레들리기 쉬운 대상자의 입안을 깨끗이 닦아내는 방법이다.

② 순서 : 윗니 → 잇몸 → 아래쪽 잇몸 → 아랫니 → 입천장 → 혀 → 볼 안쪽

3) 입안 헹구기

① 식사 전과 후에 모두 할 수 있다.

② 식전 입안 헹구기 : 구강 건조를 막고, **타액이나 위액 분비를 촉진하여 식욕을 증진**함

③ 식후 입안 헹구기 : 구강 내 음식물을 제거하여 구강을 청결히 하고, **음식물로 인한 질식을 예방**함

4) 칫솔질하기

① 치약을 칫솔모 위에서 눌러 짜서 치약이 솔 사이에 끼어들어가게 한다.

② 치약의 양이 너무 많으면 입안에 거품이 가득 차서 칫솔질이 어렵고, 치약의 청량감 때문에 치아가 잘 닦였을 것이라고 오해하기 쉽다.

③ 칫솔질로 치아 뿐 아니라 혀까지 잘 닦아준다.

④ 칫솔을 옆으로 강하게 문지르면 잇몸이 닳아져 시리게 되므로 잇몸에서 치아 쪽으로 부드럽게 회전하면서 쓸어내린다.

⑤ 가능한 한 대상자 스스로 구강관리를 하게 하여 독립성을 증진한다.

⑥ **혈액응고장애가 있는 대상자는** 출혈 가능성이 있으므로 **치실은 사용하지 않는다**.

⑦ 칫솔질은 잠자기 전과 매 식사 후 30분 이내에 3분간 하도록 습관화한다.

⑧ 칫솔질의 방향이 잘못되면 치아 표면이 마모되고, 구강 점막이나 잇몸이 손상될 수 있고, 칫솔질의 자극 때문에 구토나 질식이 일어날 수 있다.

5) 의치 빼기

① 부분의치는 클래스프의치가 구강 내에서 움직이지 않게 하기 위한 것를 손톱으로 끌어 올려 빼낸다.

② **위쪽 의치를 먼저 빼서** 의치 용기에 넣는다.

③ 아래 의치를 잡고 왼쪽을 오른쪽보다 조금 낮게 하면서 돌려 빼서 의치 용기에 넣는다.

6) 의치 세척

① 칫솔이나 의치용솔에 의치세정제를 묻혀 **미온수로 의치를 닦는다**.

② 흐르는 미온수에 의치를 헹군다.

③ 인공치아와 인공치아의 사이, 인공치아와 의치바닥 사이 안쪽에 좁게 되어 있는 곳 등은 특히 주의하여 닦는다.

④ 잇몸 압박자극을 해소하기 위해 **자기 전에는 의치를 빼서 보관**한다.

⑤ 의치를 세척할 때는 의치세정제를 사용하고, **주방세제를 대신 사용할 수 있다**.

⑥ 의치는 **뜨거운 물에 삶거나 표백제에 담그면 안 된다**. 변형될 수 있기 때문이다.

7) 의치 보관

① 잇몸에 대한 압박 자극을 해소하기 위해 자기 전에는 의치를 빼서 보관한다.

② 전체 의치인 경우 건조를 막기 위해서 위쪽과 아래쪽 의치를 맞추어서 **뚜껑이 있고 찬물이 담긴 용기**에 넣어 보관한다. 찬물이 담긴 용기에 보관해야 의치의 변형을 막을 수 있다.

8) 의치 끼우기

① 대상자의 구강 점막에 상처나 염증이 있는지 확인한다.

② 의치 삽입 전에 **구강세정제와 미온수로 입을 충분히 헹군다**.

③ 윗니를 끼울 때는 엄지와 검지로 잡아 엄지가 입안으로 들어가게 하여 한 번에 끼운다.

④ 아랫니는 검지가 입안으로 향하게 하여 아래쪽으로 밀어넣는다. 잘못하여 삼키는 경우도 있으므로 <u>**인지 저하나 마비가 있는 경우 의치의 위치를 자주 확인**</u>한다.

2. 두발 청결 돕기

① 머리를 감기 전 기분, 안색, 통증 유무 등을 확인한다.

② <u>**공복, 식후는 피하고 추울 때는 비교적 덜 추운 낮 시간대**</u>에 감는다.

③ 머리를 감기 전에 대소변을 보게 한다.

④ 두발전용세정제 : 물을 사용하기 어려운 상황이거나 신체적으로 힘든 상황에서 사용하는 것으로 즉시 사용할 수 있고 물이 없어도 머리카락을 깨끗하게 할 수 있다.

3. 피부 및 손발 청결 돕기

① 피부에 상처가 나지 않도록 조심해야 한다.

② 피부에 자극을 주는 침구나 모직의류 등은 피하고 면제품을 사용하는 것이 좋다.

③ 피부의 색이나 상처, 분비물 유무를 시설장이나 간호사 등에게 보고한다.

④ 노인의 피부는 건조하여 각질이 생기기 쉬우므로 오일이나 로션 등을 발라주어야 한다.

⑤ 따뜻한 물을 대야에 담은 후 손과 발을 10~15분간 담가 온기를 느끼게 한다. 혈액순환을 촉진하고, 이 물질을 쉽게 제거할 수 있다.

⑥ 손톱깎이를 이용할 때는 <u>**손톱은 둥글게, 발톱은 일자로 자른다**</u>.

⑦ 손톱이나 발톱이 살 안쪽으로 심하게 파고들었거나 발톱 주위 염증이나 감염 등 이상이 있을 경우 시설장이나 간호사 등에게 보고한다.

4. 회음부 청결 돕기

① 회음부나 음경을 닦을 때는 전용수건, 거즈나 솜을 사용해야 한다.

② 회음부는 요도, 질, 항문 순서로 닦는다. 뒤쪽에서 앞쪽으로 닦을 경우 감염을 일으킬 수 있으므로 앞쪽에서 뒤쪽으로 닦아낸다.

③ 회음부는 분비물과 배설물로 더러워지기 쉬워 악취가 나고, 여성은 방광염, 요로감염의 원인이 되므로 청결을 유지하는 것이 중요하다.

5. 세수 돕기

1) 세수돕기 기본 원칙

눈	• 눈곱이 끼었다면 눈곱이 없는 쪽 눈부터 먼저 닦는다. • 안에서 밖으로 닦는다. • 한 번 사용한 수건의 면은 사용하지 않는다. • 대상자가 안경을 사용하는 경우에는 하루에 한 번 이상 안경 닦는 천으로 안경을 잘 닦거나 물로 씻어 깨끗하게 한다.

귀	• 귀지가 쌓여 중이염이나 난청을 일으키기도 한다. • 면봉이나 귀이개로 귀 입구의 귀지를 닦아내고, 귓바퀴나 귀의 뒷면도 따뜻한 물수건으로 닦아낸다.
코	• 세안 시 코안을 깨끗이 닦는다. • 콧방울을 세심히 닦아준다.
입, 이마, 볼, 목	수건에 비누를 묻혀 입술과 주변을 깨끗이 닦은 후, 이마와 볼, 목의 앞, 뒤를 골고루 세심하게 닦은 후, 깨끗한 수건으로 닦아준다.

2) 순서

눈 밑 → 코 → 뺨 → 입 주위 → 이마 → 귀의 뒷면 → 귓바퀴 → 목

6. 면도 돕기

① 대상자가 가지고 있는 면도기의 사용방법에 맞추어 사용하되, 상처가 나지 않게 주의한다.

② 면도 전 따뜻한 물수건으로 덮어 건조함을 완화하고 폼클렌징으로 충분히 거품을 내 면도한다.

③ 면도하기 전부터 상처가 있거나, 면도하면서 상처가 생겨 피가 날 경우 상처를 건드리지 않게 주의한다.

④ **면도날은 얼굴 피부와 45° 정도의 각도를 유지**하며, 짧게 나누어 일정한 속도로 면도한다.

⑤ 피부가 주름져 있다면 아래 방향으로 부드럽게 잡아당겨 면도하고 귀밑에서 턱 쪽으로, 코밑에서 입 주위 순서로 진행한다.

⑥ 따뜻한 수건을 이용해 얼굴에 남아 있는 거품을 제거하고 피부유연제(로션이나 크림)를 바른다.

7. 목욕 돕기

① 실내온도는 따뜻하게 하는 것이 좋으나 대상자의 상태와 기호를 고려한다.

② 욕조에 더운물을 받아 요양보호사의 손등으로 물의 온도를 확인한다.

③ 옷 벗는 것을 돕는다. 스스로 할 수 있는 것은 스스로 하게 한다.

④ 대상자를 목욕의자에 앉히고 후 발 끝에 물을 묻혀 미리 온도를 느껴보게 한 후 **다리, 팔, 몸통의 순서로 물로 헹구고 회음부를 닦아낸다.**

⑤ 편마비대상자가 욕조에 들어가기 전에 욕조 턱 높이와 욕조 의자 높이를 맞추어 앉게 하고 건강한 쪽으로 손잡이나 보조도구를 잡게 한다.

⑥ 요양보호사는 **대상자의 마비된 쪽 겨드랑이를 잡고 건강한 쪽 다리, 마비된 쪽 다리 순으로 옮겨 놓게 한다.** 욕조에 있는 시간은 5분 정도로 한다.

⑦ 부력으로 불안정해지므로 등을 대고 안전하게 앉아 있도록 한다.

8. 침상 청결 등 쾌적한 환경 유지하기

① 침구는 부드럽고 땀 흡수가 잘되는 면제품이 제일 좋고, 정기적으로 세탁하고 햇볕에 말려야 한다.

② 더러워진 침구는 즉시 교환하며 침대 주위의 물건을 잘 정리해 청결하고 안전한 환경을 유지한다.

9. 옷 갈아입히기

① 편마비나 장애가 있는 경우, 옷을 벗을 때는 건강한 쪽부터 벗고 옷을 입을 때는 불편한 쪽부터 입힌다.

② 옷의 색상, 개인의 생활 리듬을 고려하고 상·하의가 분리되어 입고 벗기 쉬우며 가볍고 신축성이 좋은 옷을 선택하는 것이 좋다.

③ 실내온도를 따뜻하게 유지하고 겨울에는 요양보호사의 손, 의복의 온도를 따뜻하게 유지한다.

6 체위변경과 이동 돕기

1. 침대에서의 체위변경

1) 체위변경의 목적

① 호흡기능이 원활해지고 폐확장이 촉진된다.

② 관절의 움직임을 돕고 변형을 방지한다.

③ 부종과 혈전을 예방한다.

④ 혈액순환을 도와 욕창을 예방하고 피부괴사를 방지한다.

⑤ 허리와 다리의 통증 등 고정된 자세로 인한 불편감을 줄인다.

2) 체위변경 시 고려할 점

① 대상자의 몸을 잡고 체위변경을 할 경우 **관절 밑 부분을 지지해야 한다.**

② 체위에 따라 들어간 부분이나 다리 사이를 베개나 수건으로 지지해 주면 편안하다.

③ 보통 2시간마다 체위를 변경하며, 욕창이 이미 발생한 경우 더 자주 변경해야 한다.

3) 기본 체위의 형태

① **바로 누운 자세**(앙와위) : 휴식하거나 잠을 잘 때 자세

- 천장을 쳐다보며 똑바로 누운 자세이다.
- 대상자의 머리 밑에 작은 베개를 받쳐준다. 무릎과 발목 밑에 동그랗게 말은 수건이나 작은 베개를 받쳐줄 수 있다. 장시간 사용 주의.

② **반 앉은 자세**(반좌위) : 숨차거나 얼굴을 씻을 때, 식사 시나 위관 영양을 할 때 자세

- 천장을 보며 누운 상태에서 침상머리를 45° 정도 올린 자세이다.
- 다리 쪽의 침대를 살짝 올려주면 대상자가 미끄러져 내려가지 않고 편안하다.

③ **엎드린 자세**(복위) : 등에 상처가 있거나 등 근육을 쉬게 해줄 때 자세

- 엎드린 상태에서 머리를 옆으로 돌린 자세를 하거나, 작은 베개 또는 수건 두 개를 말아서 얼굴 부위에 홈을 만들어 준다.
- 대상자의 아랫배에 낮은 베개를 놓아 허리 앞굽음을 감소시켜 편안한 자세가 된다.
- 아랫배와 발목 밑에 작은 베게 등을 받치면 허리와 넙다리의 긴장을 완화할 수 있다.

④ **옆으로 누운 자세**(측위) : 둔부의 압력을 피하거나 관장할 때 자세

- 대상자의 머리, 몸통, 엉덩이를 바르게 정렬한 자세로 침대 가운데에 눕힌다.

- 대상자의 **엉덩관절과 무릎관절은 굽힘 자세**가 되어야 한다.
- 엉덩이를 뒤로 많이 이동시켜 주면 자세는 더욱 편안해진다.
- 머리 아래 및 위에 있는 다리 밑에 베개를 받쳐 준다.
- 대상자의 가슴 앞에 베개를 놓아 위에 있는 팔이 지지되게 한다.
- 돌아눕기의 방법과 동일하게 돕는다.

2. 휠체어 이동 돕기

1) 문턱(도로 턱) 오를 때

요양보호사가 양팔에 힘을 주고 휠체어 뒤를 발로 조심스럽게 눌러 휠체어를 뒤쪽으로 기울이고 앞바퀴를 들어 문턱을 오른다.

2) 문턱(도로 턱) 내려갈 때

① 휠체어를 뒤로 돌려 내려간다.

② 요양보호사가 뒤에 서서 뒷바퀴를 내려놓고, 앞바퀴를 들어 올린 상태로 뒷바퀴를 천천히 뒤로 빼면서 앞바퀴를 조심히 내려놓는다.

3) 오르막길을 갈 때

① 가급적 자세를 낮추고 다리에 힘을 주어 밀고 올라간다.

② 대상자의 체중이 많이 나가거나 경사도가 큰 경우 지그재그로 밀고 올라가는 것도 방법이 될 수 있다.

4) 내리막길을 갈 때

① 요양보호사는 지지면을 유지하면서 휠체어를 뒤로 돌려 뒷걸음으로 내려간다. 휠체어 네 바퀴가 모두 지면에 닿은 상태로 경사길을 앞으로 내려갈 경우 대상자가 앞으로 굴러 떨어질 수 있다. 반드시 뒷걸음으로 내려가야 한다.

② 대상자의 체중이 많이 나가거나 경사도가 큰 경우 지그재그로 내려간다.

③ 요양보호사는 반드시 고개를 뒤로 돌려 가고자 하는 방향을 살펴야 한다.

5) 울퉁불퉁한 길

① 휠체어 앞바퀴를 들어 올려 뒤로 젖힌 상태에서 이동한다.

② 크기가 작은 앞바퀴가 지면에 닿게 되면 휠체어를 앞으로 밀기가 힘들고, 대상자가 진동을 많이 느낀다.

6) 엘리베이터 타고 내리기

① 탈 때는 뒤로 들어가서 내릴 때는 앞으로 밀고 나온다.

② 엘리베이터 층 버튼에 쉽게 접근할 수 있으며, 엘리베이터를 나갈 때 돌려야 하는 불편함을 피할 수 있기 때문이다.

3. 지팡이 이용 보행 돕기

1) 지팡이 길이 결정 방법

① 지팡이를 한 걸음 앞에 놓았을 때 팔꿈치가 약 $30°$ 구부러지는 정도

② 지팡이의 손잡이가 대상자의 둔부 높이

③ 평소 신는 신발을 신고 똑바로 섰을 때 손목 높이

2) 지팡이 보행 방법

① 지팡이 종류를 확인한다. 지팡이의 고무 받침이 닳지 않았는지, 손잡이가 안전한 지를 확인한다.

② 미끄러지지 않는 양말과 신발을 신도록 돕는다.

③ 낙상의 위험이 있는 물건을 치운다.

④ 대상자의 건강한 쪽 손으로 지팡이를 잡고 선다.

⑤ 지팡이를 **사용하는 쪽 발의 새끼발가락으로부터 앞 15cm, 옆 15cm 지점에 지팡이 끝을 놓는다.**

⑥ 지팡이를 이용하여 계단을 오를 때 : 지팡이 → 건강한 다리 → 마비된 다리 순서로 이동한다.

⑦ 지팡이를 이용하여 계단을 내려갈 때 : 지팡이 → 마비된 다리 → 건강한 다리 순서로 이동한다.

6. 이송 돕기

① 무리하게, 혼자서 대상자를 옮기려 하지 말고, 필요시 주변 사람에게 요청하여 도움을 받는다.

② 대상자의 움직임을 최소로 하여 이송한다.

③ 요양보호사는 대상자의 건강한 쪽에 서서 대상자의 손상되지 않은 쪽팔을 요양보호사의 어깨에 걸치게 하고 대상자의 손목을 잡고 이송한다.

7 감염성 질환 예방

1. 감염 예방 방법

1) 손 씻기

① 흐르는 미온수로 손을 적시고, 일정량의 항균 액체 비누를 바른다.

② 일반적인 바 형태의 **고체 비누는 세균으로 감염될 수 있다.**

③ 흐르는 온수로 비누를 헹구어 낸다.

④ 일회용 수건 등으로 손의 물기를 제거한다. 젖은 수건에는 세균이 서식할 수 있으니, 사용한 수건은 세탁하여 건조한 후 다시 사용한다.

2) 분비물 처리

① 배설물을 만질 때는 반드시 장갑을 착용한다.

② 오염된 세탁물은 장갑을 끼고 격리 장소에 따로 배출한다.

③ 가정에서는 배설물이 묻은 의류나 물건을 따로 세탁하거나 씻는다.

④ 대상자가 사용하는 물품에 혈액이나 체액이 묻었을 때 찬물로 닦고 더운물로 헹구며 필요시 소독해야 한다. 요양보호사의 손이 분비물로 오염되지 않도록 주의한다.

⑤ 배설물 처리 후에는 장갑을 착용하였더라도 물과 비누로 손을 씻는다.

3) 흡인 물품 관리

① 흡인 : 음압을 이용하여 가래를 제거하는 것으로 감염과 출혈의 위험이 있다.

② 흡인은 의료인이 실시하는 것이 원칙이다.

② 가래가 담긴 흡인병은 분비물을 버리고, **1일 1회 이상 깨끗이 닦는다**.

③ 한 번 사용한 카테터는 분비물이 빠질 수 있게 물에 담가 놓는다.

④ 흐르는 물에 카테터를 비벼 씻는다. 소독할 컵은 깨끗하게 씻는다.

⑤ 전용 냄비에 소독할 컵과 카테터를 넣고 충분히 잠길 정도의 물을 붓고 15분 이상 끓여서 소독한다.

⑥ 소독한 컵은 냄비 뚜껑을 닫은 채 물을 버린 후 건져서 자연 건조한다.

⑦ 카테터 등 고무 제품은 15분 이상 끓인 후 쟁반에 널어서 그늘에서 말린다.

⑧ 고무 제품을 햇볕에 말리면 변색, 갈라짐이 발생할 수 있다. 최근에는 일회용 카테터를 많이 사용한다.

8 복지용구 사용

1. 대여 품목과 구입 품목

대여 품목(8종)	구입 품목(11종)
수동휠체어, 전동침대, 수동침대, 이동욕조, 목욕리프트, 배회감지기, 경사로, 욕창예방 매트리스	이동변기, 목욕의자, 성인용 보행기, 안전손잡이, 미끄럼 방지용품, 간이변기, 지팡이, 욕창예방방석, 자세변환용구, 요실금팬티, 욕창예방매트리스

2. 수동휠체어

① 휠체어를 사용하지 않을 때는 반드시 잠금장치를 잠가둔다.

② 적정 공기압을 유지한다.

　• 타이어 뒷바퀴 공기압이 너무 낮으면 잘 굴러가지 않고 잠금장치 기능이 약해진다.

　• 공기압이 너무 높으면 진동 흡수가 잘 안 된다.

3. 욕창예방 매트리스

① 보온성, 통기성, 탄력성, 흡습성 등이 뛰어나야 한다.

② 일으켜 세우기, 체위변환 등 간호하는 사람의 부담도 고려해서 선택해야 한다.

③ 모터와 매트리스는 호스로 연결되고, 욕창예방 매트리스를 감싼 보호 덮개가 있어야 한다.

④ 하루에 한 번은 기구의 정상 동작을 확인한다.

⑤ 공기가 일정 간격으로 교대 주입 되었다가 배기되는지 확인한다.

⑥ 날카로운 물건이나 열에 닿으면, 매트리스가 터져서 공기압이 새어 나오므로 조심해야 한다.

⑦ 사용 중에는 대상자 이외의 다른 사람이 매트리스에 올라가지 않는다.

⑧ 열을 발산하는 제품 찜질기 등과 함께 사용하지 않는다.

4. 지팡이

1) 지팡이 종류

한발 지팡이(T자형 지팡이)	네발 지팡이
• 작고 간단하고 가볍다. • 다른 보조도구와 비교하여 균형감각 등을 향상하는 데 좋다. • 지팡이 중 안정성은 가장 떨어진다.	• 대상자가 설 수 있어야 사용할 수 있다. • 일반 지팡이보다 기저면이 넓다 • 손이나 팔을 이용해서 체중을 지지하는 데에 도움을 준다.

2) 사용 시 주의사항

① 지팡이 바닥 끝 고무의 닳은 정도를 수시로 확인해야 한다. 고무가 닳았을 경우 미끄러져 넘어질 수 있다.

② 지팡이 높이를 조절하여 대상자가 바른 자세로 이동하게 한다.

③ 지팡이 높이 조절용 버튼과 고정 볼트가 잘 고정되어 있는지 확인하여야 한다.

5. 성인용 보행기

1) 성인용 보행기의 종류

일반 보행기	보행보조차(실버카)	보행차
• 대체로 안정성이 높다. • 팔과 손을 이용하므로 다리의 체중부하 없이 이동할 수 있다. • 느린 걸음으로 걸어야 한다.	• 다른 보행기에 비해 빠르게 걸을 수 있다. • 쉴 수 있는 의자와 간단한 물건을 담을 수 있는 바구니가 있다. • 잠금장치 손잡이가 있다. • 가장 불안정한 보행기이므로 보행기에 기댈 필요가 없는 균형감각이 있는 대상자에게 적합하다. • 손과 팔 지지대는 체중 지지 기능이 거의 없다. • 잠시 휴식할 때 앉을 곳이 필요한 대상자에게 적합하다.	• 체중을 지지하고 균형을 잡아준다. • 지팡이보다 안정적으로 걸을 수 있다. • 뒤로 잘 넘어지는 사람이나 뇌졸중으로 반신마비가 된 사람은 오히려 사용하지 않거나 사용에 신중해야 한다. • 지팡이로 걷는 연습을 하기 바로 전 단계에서도 사용한다.

2) 사용 시 주의 사항

① 보행기가 갑자기 꺾이면서 넘어지는 사고가 있으므로 각 부분이 고정이 잘 되어 있는지 반드시 확인한다.

② 대상자의 보행이 불안정할 때는 도움을 주는 사람이 항상 손을 뻗으면 닿을 수 있는 위치에 있어야 한다.

6. 이동변기

① 화장실까지 이동하기 어려운 대상자가 편리한 장소에서 쉽게 배설할 수 있게 해준다.

② 대소변 받이(변기통)는 탈부착하여 청소할 수 있어야 한다.

③ 편안히 오랫동안 앉아있을 수 있도록 팔걸이와 등받이가 있어야 한다.

④ 대상자의 무게를 충분히 견딜 수 있도록 튼튼해야 한다.

7. 목욕의자

① 앉는 면이 높지 않은 것이 좋다.

② 등받이가 높게 되어 있고 팔걸이가 있어야 한다.

③ 기대어 앉아도 넘어지지 않는 안정적인 것이 좋다.

8. 배회감지기

치매증상이 있거나 배회 또는 길 잃음 등 문제행동을 보이는 대상자의 실종을 미연에 방지하는 장치

위성항법장치형(GPS) 배회감지기	매트형 배회감지기
• 위치추적 서비스로 치매증상이 있는 대상자의 위치를 컴퓨터나 핸드폰으로 가족이나 보호자에게 알려주는 장치 • 분실의 위험이 있으며, 물에 젖으면 오작동될 수 있음	• 침대 또는 바닥에 설치하여 대상자가 영역을 벗어날 경우 가족이나 보호자에게 소리 또는 빛, 문자 등으로 알림을 보내어 사전에 대상자의 움직임을 확인하게 하는 장치 • 밟거나 센서를 통과할 때 작동이 잘 되는지 수시로 점검이 필요함 • 매트가 밀리거나 매트에 걸려서 넘어질 수 있음

9 안전 관리

1. 낙상

1) 낙상 유발 위험 요인

① 보행 장애가 있는 질환을 앓고 있는 경우

② 기립성 저혈압이 있는 경우

③ 4가지 이상 약물을 복용하는 경우

④ 발에 이상이 있거나 적절한 신발을 착용하지 않는 경우

⑤ 집안에 낙상 위험 요인이 있는 경우

⑥ 집안이 정리가 안 되어 어지럽거나 전등이 희미한 경우, 보조기구지팡이, 목발 등들의 크기나 형태가 맞지 않을 때, 공간들의 디자인이 손상을 유발하도록 디자인 된 경우

2) 낙상을 예방하는 방법

① 약물 복용에 대해 의사에게 확인받고, 과음 삼가기

② 시력이 나빠지면 자신에게 맞는 안경 쓰기

③ 집 안 환경을 안전하게 만들기

④ 하지 근력 강화를 위해 꾸준히 운동하기

3) 가정에서 낙상 예방 주의 사항

① 바닥에서 미끄러지지 않도록 주의해야 한다.

② 화장실에서 나올 때 물기가 있으면 바로 닦아 제거한다.

③ 변기 옆과 욕조 벽에 손잡이를 설치한다.

④ 화장실 문 앞 카펫이나 깔개는 밑부분에 미끄럼방지가 되어 있는 것을 사용한다.

⑤ 방이나 거실, 주방의 물기나 기름기 등을 바로 닦아 제거한다.

⑥ 부엌싱크대나 가스레인지 근처의 바닥에는 미끄러지지 않도록 고무매트를 깔아 놓는다.

⑦ 바닥 타일과 장판은 미끄럼방지 처리가 되어 있는 제품만을 사용한다. 욕조와 샤워실에는 미끄럼방지 스티커를 붙이거나 바닥 미끄럼방지 매트를 사용할 수 있다.

⑧ 가능하면 모든 방과 현관의 문턱을 제거한다.

⑨ 바닥에 전선, 물체, 헝겊, 수건, 이불, 박스, 높이가 낮은 가구 등이 있으면, 보행 시 발에 걸리적거리지 않게 치운다.

⑩ 침실, 욕실, 모서리 등을 어둡지 않게 한다.

⑪ 조명이 어둡거나 전구가 나가면 바로 교체하며, LED 등의 밝은 조명으로 교체한다.

⑫ 가급적 엘리베이터를 이용한다.

⑬ 계단 주위에는 물체나 장해물이 없도록 깨끗이 치우고, 조명을 밝게 한다.

⑭ 취침 시 침대높이를 최대한 낮춘다.

⑮ 침대에서 취침할 때 바로 옆에 바로 조명을 켤 수 있도록 준비해 둔다.

⑯ 침대는 난간이 있는 노인용 침대를 이용하여 난간을 올리고 취침하게 한다.

⑰ 갑자기 자세를 바꾸거나 움직이지 말고 천천히 움직이는 것을 생활화한다.

⑱ 발에 꼭 맞는 신발, 바닥에 미끄럼방지 처리가 된 신발을 신게 한다.

⑲ 욕실에서 신발을 신게 하고, 샤워기, 욕조의 안팎, 화장실 근처에 손잡이를 설치한다.

⑳ 발에 맞는 낮고 넓은 굽과 고무바닥으로 된 신발을 신고, 헐겁게 늘어지거나 긴 옷은 가구나 문고리 등에 걸릴 수 있으므로 피한다.

㉑ 현기증이나 정신 혼란을 일으킬 수 있는 약물의 복용은 피한다.

㉒ 균형을 유지하고 근력을 강화할 수 있는 운동을 하고 고관절 보호대를 착용한다.

4) 낙상 발생 시 돕는 방법

절대 뼈를 맞추거나 이동시키거나 움직이지 않게 하고 의료진이 올 때까지 대상자를 지킨다.

2. 화재

1) 화재예방을 위한 습관

① 진화 요령, 화재 시, 본인의 역할을 명확히 숙지하고 있어야 한다.

② 전열기구와 화기를 사용할 때 반드시 안전수칙을 준수한다.

③ 콘센트 하나에 여러 개의 전열기구 플러그를 꽂지 않는다.

④ 음식을 조리하는 중에는 주방을 떠나지 않는다. 특히 기름_{식용유} 등을 사용하여 조리할 때는 주방을 떠나지 않는다.

⑤ 성냥, 라이터, 양초 등은 노인과 어린이의 손이 닿지 않게 보관한다.

⑥ 난로 곁에는 불이 붙는 물건을 치우고 세탁물 등을 널어놓지 않는다.

⑦ 소화기가 비치된 장소를 알아 두고 사용법을 익힌다.

⑧ 자리를 떠날 때는 전기, 가스, 석유, 전기기구 등이 꺼졌는지 확인한다.

⑨ 안전을 위해 사전점검을 생활화하고, 대피훈련을 철저히 한다.

2) 화재 시 대피 요령

① 계단을 이용해 이동한다_{엘리베이터 사용 금지}.

② 아래층으로 대피할 수 없는 경우 옥상으로 대피한다. 옥상 출입문은 항상 열려있어야 한다.

③ 불 속을 통과해야 하는 경우 젖은 수건 등으로 코와 입을 감싸 뜨거운 공기가 코와 폐로 들어가지 않게 한다.

④ 뜨거운 연기는 천장으로 올라가고 차가운 공기는 아래로 내려오므로 최대한 자세를 낮춘다. 또한, 방문을 열기 전에 문 손잡이가 뜨거운지 확인한 뒤 만진다. **방을 나간 다음에 문을 닫아 두면 불과 연기가 퍼지는 속도를 늦출 수 있다.**

⑤ 대피한 경우에는 **바람이 불어오는 쪽에서 구조를 기다린다.**

⑥ 연기가 방 안에 들어오지 못하도록 **문 틈을 물에 적신 옷이나 이불로 막는다.**

⑦ 연기가 많은 경우 **기어서 이동하되 배는 바닥에 닿지 않게 한다.**

⑧ 야간 화재 시 실내가 컴컴하여 방향을 알기 힘들므로 한 쪽 손으로 벽을 짚고, 조심스럽게 발을 옮겨 밖으로 나간다. 벽을 짚은 손을 바꾸면 오히려 더 깊은 실내로 들어갈 수 있으므로 **벽을 짚은 손을 바꾸지 않는다.**

3. 수해와 태풍

1) 수해 발생 시 대처방법

① 평소에 유사시 대피 경로, 본인의 역할 등을 명확히 숙지하고 있어야 한다.

② 물이 집 안으로 흘러 들어오는 경우 모래주머니 등을 사용하여 막는다.

③ **상수도의 오염에 대비하여 욕조에 물을 받아 둔다.**

④ 필요시 **전기차단기를 내리고 가스 밸브를 잠근다.**

⑤ 물이 빠진 후에는 새어 나온 가스가 집 안에 축적되어 있을 수 있으므로 **성냥불이나 라이터를 사용하지 말고, 창문을 열어 환기**를 한다.

⑥ 가스와 전기는 기술자의 안전조사가 끝난 후 사용한다.

⑦ 홍수로 밀려온 물에 몸이 젖었을 때는 비누를 이용하여 깨끗이 씻는다.

2) 태풍 발생 중 대처 방법

① 침수가 우려되는 경우 지하에서 나온다.

② 실내에서는 출입문과 창문을 모두 닫고 잠근다. 일단 **창문을 모두 닫은 후에는 창문에서 최대한 떨어진 곳에 머문다.**

③ 가스 누출 2차 피해가 생길 수 있으므로 가스는 잠가두고, 폭우가 심할 경우 감전 위험이 있으므로 **전기 제품도 가급적 쓰지 않는다.**

④ **차량 이동 중이라면 속도를 줄인다.**

⑤ 하천변, 산길, 공사장, 가로등, 신호등, 전신주 근처, 방파제 옆으로 이동하지 않는다.

4. 지진

① 지진으로 흔들리는 동안은 탁자 아래로 들어가 몸을 보호하고, 탁자 다리를 꼭 잡는다.

② 흔들림이 멈추면 **전기와 가스를 차단**하고, 문을 열어 출구를 확보한다.

③ 건물 밖으로 나갈 때는 계단을 이용하여 신속하게 이동한다 엘리베이터 사용 금지.

④ 건물 밖에서는 가방이나 손으로 머리를 보호하며 건물과 거리를 두고 주위를 살피며 대피한다.

⑤ 떨어지는 물건에 유의하며 신속하게 운동장이나 공원 등 넓은 공간으로 대피한다.

⑥ 라디오나 공공기관의 안내 방송 등 **올바른 정보에 따라 행동**한다.

⑦ 지진 시에는 크고 견고한 구조물 옆이나 아래로 대피해야 생존 가능성이 높아진다.

5. 정전

① 정전에 대비해 손전등을 미리 준비해 둔다.

② 전기기기(전열기, 난방기, 에어컨 등)의 동시 사용을 자제하고 별도의 전용 콘센트를 사용한다.

③ 정전이 된 때는 누전차단기의 이상 유무를 확인한다.

④ 정전이 복구된 후에는 가전제품을 플러그에 하나하나 순서대로 꽂는다. 시간 간격을 조금씩 두고 실시해야 과전류에 위한 손상을 일으키지 않는다.

⑤ 냉동식품을 점검한다. 식품이 얼어있는 상태라면 재냉동이 가능하지만 고기 등의 빛깔이 변했거나 냄새가 난다고 판단되면 버린다.

6. 전기사고

① 의료기기는 반드시 접지용 3핀 플러그를 사용한다.

② 물은 전기를 쉽게 전도시키므로 습기가 있는 곳에서는 가급적 전기 기구를 사용하지 않아야 안전하다. 단, 전기가 꼭 필요한 세면대, 욕조, 샤워장 등에서는 콘센트에 보호용 커버를 씌워 사용한다.

③ 전기기구 물품 세척 시나 수선 시에는 절대 전기를 연결하지 않는다.

④ 만일 전기 쇼크를 입으면 전류가 차단될 때까지 다른 사람이 닿지 않도록 해야 한다.

⑤ 장기요양기관에서 전기 사고를 줄이기 위하여 직원과 요양보호 대상자에게 안전교육을 해야 한다.

⑥ 인공호흡기나 흡인기를 사용하는 대상자가 있는 장기요양기관은 정전에 대비하여 보조전원장치를 마련해 두어야 한다.

02 일상생활 및 개인활동 지원

1 일상생활 지원의 원칙

1. 기본원칙

① 대상자의 질환 및 특성을 이해하고, 대상자의 욕구를 충분히 파악하여 지원한다.

② 대상자의 생활방식과 가치관을 존중하며 요양보호사의 방식을 따르도록 강요해서는 안 된다.

③ 대상자와 신뢰관계를 형성하고, 대상자의 안전을 최우선하여 배려한다.

④ 대상자의 잔존 능력을 파악하여 스스로 할 수 있는 것은 최대한 스스로 하도록 격려하고 스스로 할 수 없는 것은 요양보호사가 지원한다.

⑤ 서비스에 대해서는 요양보호사의 판단으로 결정하지 않으며 반드시 대상자에게 충분히 설명하고 동의를 얻는다.

⑥ 인지능력이 없는 대상자에게는 요양보호사의 판단에 따라 수행할 수 있으나, 가급적 보호자에게 설명하고 동의를 얻는다.

⑦ 물품은 대상자의 동의를 얻어 사용하고, 함부로 옮기거나 버리지 않는다.

⑧ 서비스 제공에 대해 상세하게 기록한다.

⑨ 모든 자원은 계획성 있게 필요한 만큼만 사용하고 환경오염을 최소화하기 위해 일회용품 사용을 가급적 자제한다.

2 식사 준비와 영양관리

1. 식사관리의 기본원칙

① 각 개인에게 맞게 영양을 섭취할 수 있게 한다.

② 기름진 음식보다 담백한 음식을 제공하고, 지나치게 맵거나 자극적이지 않도록 순한 맛으로 부드럽게 조리하여 제공한다.

③ 새로운 맛이나 식단을 시도할 때 우리 전통음식의 양념과 조리법을 활용하는 것도 도움이 된다.

④ 약물의 종류에 따라 부족한 영양소가 없도록 주의한다.

- 대부분 약물은 영양소 흡수를 방해하고 체내 대사작용에 영향을 미쳐 영양소 효율을 감소시킨다.
- 고혈압 약 예 hydrazine 하이드라진 : 비타민 B6 결핍을 초래할 수 있음
- 이뇨제 : 칼슘, 아연, 마그네슘 등의 무기질 흡수를 방해하여 결핍을 일으킬 수 있음

2. 주요 질환별 식사관리

1) 당뇨병 대상자의 식사관리

① 과식하지 않는다. 일정한 시간에 식사를 규칙적으로 한다.

② 단순당질 섭취를 피하고 **복합당질 식품**을 선택한다. 흰밥보다는 잡곡밥, 과일주스보다는 생과일이나 생채소, 조리 시 설탕, 물엿, 케첩 등의 양념을 줄인다.

③ 혈당지수를 고려하여 식품을 선택한다.

④ 지방 섭취를 줄인다.

⑤ 비타민과 무기질을 충분히 섭취한다.

⑥ 술을 제한한다.

2) 저혈당 대처방법

① 저혈당은 당뇨병 치료 중 제시간에 식사를 못하거나 당질이 부족하면 나타날 수 있다.

② 혈당이 급격히 낮아져 힘이 빠지고, 어지럽고, 식은땀이 나고, 심장박동이 빨라진다.

③ 증세가 나타나면 즉시 과일, 주스, 우유 1컵 또는 설탕이나 꿀 1~2 수저를 섭취한다.

3) 고혈압 대상자의 식사관리

① 소금섭취를 줄인다.

② 칼륨을 충분히 섭취한다.

③ 동물성지방 섭취를 줄인다.

④ 복합당질과 섬유소를 충분히 섭취한다.

⑤ 지나친 단백질의 섭취는 피하고 양질의 단백질을 섭취한다.

⑥ 카페인 함유 음료, 알코올 섭취를 제한한다.

⑦ 적정 체중을 유지한다.

⑧ 피토케미컬이 함유된 채소, 과일 섭취를 증가시킨다.

4) 씹기장애와 삼킴장애 대상자의 식사관리

① 바른 식사자세로 앉아 머리는 정면을 보고 턱은 몸쪽으로 약간 당긴다.

② 한 번에 조금씩 먹고 여러 번 삼키는 연습을 한다.

③ 작은 숟가락을 사용하여 천천히 식사하고 식사 도중에 이야기하지 않는다.

④ 식사 후 바로 눕지 말고 약 30분 정도 똑바로 앉는다.

5) 변비 대상자의 식사관리

① 식이섬유를 충분히 섭취한다.

- 식이섬유는 대변용적을 크게 하고 장의 연동운동을 촉진하여 배변을 돕는다.
- 가급적 도정과정을 적게 거친 통곡류 및 감자류, 생채소 섭취를 증가시킨다.
- 과일 통조림이나 주스 대신 생과일 섭취를 권장한다.
- 해조류, 견과류의 섭취를 증가시킨다.
- 식이섬유의 흡수가 잘 되도록 충분한 물하루 8잔 이상을 마신다.

② 규칙적인 식사와 배변습관을 갖는다.

③ 매일 적절한 운동을 한다.

④ 변비 완화에 도움이 되는 식품
- 곡류 : 현미, 보리, 고구마, 감자, 통밀 등
- 콩류 : 검정콩, 강낭콩, 된장, 완두콩 등
- 채소류 : 무청, 양배추, 배추, 상추, 오이, 부추 등
- 과일류 : 참외, 자두, 무화과, 배, 사과 등
- 해조류 : 미역, 김, 미역줄기, 파래 등
- 견과류 : 호두, 땅콩, 해바라기씨 등

6) 골다공증 대상자의 식사관리

① 칼슘을 충분히 섭취한다.

② 우유 및 유제품은 하루 1회 이상 섭취한다.

③ 콩이나 두부요리 두부구이, 두부샐러드, 두부채소무침 등를 섭취한다.

④ 색이 진한 녹색채소와 해조류를 충분히 섭취한다 무청, 시금치, 미역, 다시마 등

⑤ 커피나 탄산음료는 체내에서 칼슘의 흡수를 방해하므로 섭취를 줄인다.

3 식품, 식기 등의 위생관리

1. 식품의 위생관리

1) 냉장보관

① 식품은 미생물의 증식이 억제되는 0~10℃의 저온에서 보관, 냉장실 온도는 5℃ 이하로 유지한다.

② 냉장실 문을 자주 열면, 내부 온도가 상승하기 때문에 되도록 문을 적게 연다.

③ 냉장실에 음식을 보관할 때는 냉기의 순환을 방해하지 않도록 용기 사이를 띄워 놓는다.

④ 조리한 음식과 날음식은 구분하고, 밀폐용기에 넣거나 포장하여 세균의 오염을 막는다.

2) 냉동보관

① 냉동실의 내부온도는 -15℃ 이하로 유지하는 것이 좋다.

② 냉동실에 음식을 보관할 때도 냉장실과 마찬가지로 냉기의 순환을 방해하지 않도록 음식 간에 공간을 두어야 한다.

③ 냉동이 필요한 제품은 배달 즉시 냉동실에 넣어야 하며, 꺼낼 때는 사용할 만큼만 꺼내 사용한다.

④ 냉동보관 시에는 수분을 차단할 수 있는 용기에 넣어야 하며, 냉동식품은 원래의 포장상태로 저장하는 것이 좋다.

2. 식기 및 주방의 위생관리

1) 싱크대 배수구

조리 후 찌꺼기 거름망을 비우고, 주방용 세정제와 솔로 닦는다. 소다와 식초를 배수구에 부어놓으면 악취가 사라진다.

2) 찬장 또는 싱크대

① 싱크대는 자주 건조하는 것이 좋다.

② 냄새나 곰팡이가 발생한 경우에는 희석한 알코올로 닦는다.

③ 세척 후에는 곰팡이가 선반 사이에 끼지 않도록 선반을 완전히 말린다.

④ 찬장을 자주 환기한다.

3) 냉장실

① **채소박스, 선반** : 주방용 세정제로 닦고, 소다나 식초를 따뜻한 물에 타서 닦아낸다.

② **고무패킹** : 헌 칫솔에 세제를 묻혀 꼼꼼히 닦은 후 더운물로 한 번 더 닦아내고 알코올을 솜에 묻혀 닦는다.

③ 소독용 알코올이나 맥주를 헝겊에 묻혀 닦아주면 더러움은 물론 악취도 없어진다.

④ 숯이나 탄 빵 조각, 커피, 녹차 티백을 냉장실에 두면 탈취제 역할을 한다.

4) 수세미와 행주

① 수세미는 스펀지형보다 그물형이 위생적이다.

② 행주는 자주 삶는 것이 가장 위생적이며 삶을 수 없는 스펀지 등은 소독제를 희석한 물에 담가 두었다가 꼭 짜서 말려 사용한다.

③ 행주는 젖은 행주와 마른 행주를 구분해서 용도에 맞게 사용하고, 사용하지 않을 때는 바짝 말려 둔다.

5) 그릇 및 조리기구

① 씻은 식기는 행주로 닦지 말고 물기가 건조되도록 어긋나게 엎어 놓는다.

② 유리그릇은 뜨거운 상태에서 찬물에 담그면 깨질 위험이 있으므로 주의한다.

6) 고무장갑

① 조리용과 비조리용을 구분하여 사용한다.

② 사용 후에는 뒤집어 세제로 깨끗이 씻고 손가락 부분 사이사이까지 씻어서 말린다.

③ 습기 찬 장갑을 끼면 습진이 생길 수 있고 세균이 번식하게 되므로 주의한다.

7) 플라스틱 용기

① 밀폐용기에서 냄새가 날 경우, 사용한 녹차티백을 2~3개 넣고 뜨거운 물을 부어 하루 정도 두었다가 닦으면 냄새는 물론 끈적거림까지 없어진다.

② 기름기가 많은 음식물을 넣었던 용기는 녹차티백이나 쌀뜨물에 담가 두었다가 닦으면 냄새가 없어진다.

8) 설거지

① 기름기가 많은 그릇은 휴지로 기름기를 제거한 후 설거지한다.

② 유리컵 → 수저 → 기름기가 적은 밥그릇, 국그릇 → 반찬 그릇 → 기름 두른 프라이팬 등의 순서로 설거지한다.

4 의복 및 침상 청결관리

1. 의복관리

① 가볍고 느슨하며 보온성이 좋아야 한다.

② 입고 벗는 것이 쉬워야 한다.

③ 노인의 체형에 맞는 디자인이어야 한다.

④ 움직이는 데 불편하지 않고, 장식은 과도하지 않아야 한다.

⑤ 외출 시 특히 저녁때는 교통사고를 방지하기 위해 부분적이라도 밝은색이 들어간 옷이 좋다.

⑥ **신발** : 굽이 낮고 폭이 좁지 않은 것, 뒤가 막혀있는 것, 미끄럼방지 처리가 되어있는 것

⑦ **양말** : 미끄럼방지 처리가 되어있는 것

2. 침상 청결관리

1) 이불

① 두껍고 무거운 것은 피하고, 따뜻하고, 가볍고, 부드러우며 보습성이 있는 것을 선택한다.

② 이불커버는 감촉이 좋은 면제품이 좋다.

③ 햇볕에 말리면 자외선에 의한 살균 효과가 있다. 이불을 걷을 때는 가볍게 두드려 솜을 펴준다.

④ 이불을 건조시키면 면이 팽창하여 보온성이 증가한다.

⑤ 건조시간은 오전 10시~오후 2시가 좋고, 양모, 오리털 등의 이불은 그늘에서 말린다.

⑥ 담요나 이불 등은 적어도 한 달에 한 번씩은 세탁 · 교체한다.

2) 요 매트리스

① 단단하고, 탄력성과 지지력이 뛰어나며 습기를 배출할 수 있는 것이 적합하다.

② 너무 푹신하면 자세가 나빠지고 피로해지기 쉽다.

③ 최소한 한 달에 한 번씩은 말린다.

5 세탁하기

1. 의복과 옷감에 생긴 얼룩을 제거하는 방법

1) **커피** : 식초와 주방세제를 1 : 1 비율로 섞어서 칫솔로 얼룩부분을 살살 문질러 제거한 후 충분히 헹구거나 탄산수에 10분 정도 담가둔 후 세탁한다.

2) **땀** : 재빨리 처리하는 것이 좋다. 땀이 묻은 부위를 두 장의 수건 사이에 끼우고 두드려 땀이 수건으로 옮겨 가게 한 다음 세제로 세탁한다. 겨드랑이와 같이 얼룩이 심한 부위는 온수에 과탄산소다와 주방세제를 1:1로 넣어 2~3시간 담가둔 후 헹군다.

3) **립스틱** : 클렌징폼으로 얼룩 부분을 살살 문질러 따뜻한 물로 헹구거나, 립스틱 자국 위에 버터를 살짝 묻혀 톡톡 두드린 후 화장솜에 아세톤을 묻혀서 버터와 얼룩을 지운 후 중성세제로 세탁한다.

4) **파운데이션** : 알코올이 함유된 화장수 또는 스킨을 화장솜에 적셔 얼룩을 톡톡 두드려 준다. 비눗물로 씻으면 얼룩이 번져서 깨끗하게 지워지지 않기 때문에 반드시 알코올이 함유된 화장수로 지운다.

5) **튀김기름** : 얼룩이 묻은 부위에 주방용 세제를 몇 방울 떨어뜨리고 비벼서 제거한다.

6) **혈액이나 체액** : 찬물로 닦고 더운물로 헹군다.

2. 세탁방법

1) 삶기

① 면직물 속옷이나 행주, 걸레 등을 삶으면, 때도 잘 빠지고 살균 효과도 있다.

② 세탁 후 합성세제나 비눗물에 세탁물이 반쯤 잠길 정도로 넣고 삶는다.

③ 삶을 때는 뚜껑을 덮고 세탁물이 직접 공기층에 노출되지 않게 한다.

④ 삶는 제품의 종류가 다르거나 삶는 도중 색이 빠질 우려가 있는 의류는 비닐 봉투에 각각 넣어 묶은 후 다른 제품과 함께 용기에 넣어 삶는다.

⑤ 삶는 동안 비닐 봉투가 용기 바닥이나 옆에 닿지 않게 한다.

2) 건조하기

① **흰색 면직물** : 햇볕에 건조하는 것이 살균효과가 있어 좋다.

② **합성섬유 의류, 색상·무늬가 있는 의류** : 햇볕에 말리면 변색될 수 있으므로 그늘에서 말린다.

③ **니트류**스웨터 등 : 통기성이 좋은 곳에서 채반 등에 펴서 말린다.

④ **청바지류** : 주머니 부분이 잘 마르고 색이 바래지 않게 뒤집어서 말린다. 이때 지퍼는 열어둔다.

6 외출동행 및 일상업무 대행

1. 외출동행

① 대상자의 욕구를 확인하여 사전에 외출계획을 세운다.

② 외출 시 목적지에 대한 정보를 충분히 파악하여 교통정보 및 교통수단, 준비물 등을 사전에 점검한다.

③ 대상자의 건강상태를 고려하여 계획을 조정하고, 외출 후에는 대상자의 만족 정도를 확인한다.

④ 대상자의 건강상태 및 주변상황을 고려하여 대상자 및 가족의 지나친 요구는 시설장 및 관리책임자에게 보고하여 조절한다.

⑤ 대상자의 개인물품이 분실되지 않도록 유의한다.

⑥ 대상자의 안전에 각별히 유의한다.

⑦ 예기치 못한 외부 요인이 있는 경우는 대상자 및 가족과 상의하여 대처한다.

⑧ 도보 시 보폭을 작게, 계단을 오를 때는 몇 걸음에 한 번씩 혹은 걸음마다 두 다리를 한 곳에 모아 쉬면서 천천히 이동한다.

⑨ 차량을 이용할 때는 대상자의 몸을 요양보호사와 밀착시켜 안전하게 오르내리게 하고, 승차를 지원하되 무릎과 허리에 부담이 가지 않게 한다.

2. 일상업무 대행

① 대상자의 업무 대행 목적을 확인한다.

② 요양보호사가 해당 업무를 대행할 수 있는지 먼저 확인하고, 업무 대행 전 준비해야 할 정보나 자료, 경비를 점검한다.

③ 업무 대행과 관련하여 대상자에게 충분한 정보를 제공하고, 필요한 사항에 대해 협조를 구한다.

④ 대상자의 업무 대행이 원활하게 이루어지고 있음을 수시로 확인시켜 신뢰감을 형성한다.

⑤ 대상자의 요구가 있을 경우에는 대상자와 업무 담당자를 연계한다.

⑥ 업무 대행 중 요양보호사는 자신의 사적인 업무를 병행하지 않는다.

⑦ 대상자의 개인소지품을 분실하지 않게 유의한다.

⑧ 업무 대행에 관련된 자료를 정확하게 확인한다.

⑨ 대상자에게 진행과정 및 처리결과를 알기 쉽게 전달하고, 만족스러운지를 확인한다.

⑩ 불만족하여 재요청할 때에는 충분히 상의하여 진행한다.

7 안전하고 쾌적한 주거환경 관리

1. 안전한 주거환경 조성

1) 현관

① **입구** : 계단이나 문턱이 있으면 경사로를 설치하고, 휠체어가 쉽게 통과할 수 있게 입구의 폭을 넓힌다.

② **조명** : 현관 밖과 발밑을 비출 수 있게 설치한다.

③ **현관 바닥** : 미끄럽지 않은 소재를 사용한다.

④ **문고리** : 열고 닫기가 용이하도록 막대형으로 설치한다.

⑤ **현관** : 안전하게 신발을 신고 벗을 수 있도록 의자를 놓아둔다.

⑥ **복도** : 짐이나 신문 등 장애물을 두지 않고, 야간에는 조명을 켜둔다.

2) 거실

① 출입구의 문턱을 없앤다.

② 햇볕이 잘 들고 가족들의 모습과 목소리를 들을 수 있는 곳이 좋다.

③ 거실의 넓이는 휠체어, 보행기, 지팡이 등 이동에 불편함이 없도록 확보한다.

④ 전기코드 등은 벽쪽으로 고정시켜 통행에 불편하지 않게 한다.

⑤ 거실 바닥은 평편하게 하고, 가능한 한 물건을 두지 않는다.

⑥ 비상시를 대비하여 응급호출기와 화재경보기 등을 설치한다.

3) 대상자의 방

① 습기가 차지 않고 공기가 깨끗하며, 조용하고 햇빛이 잘 비치는 남향 또는 남동향이 좋다.

② 화장실이나 욕실은 가깝게 하고, 출입구의 문턱을 없앤다.

③ 대상자가 자주 쓰는 물품, 요양보호에 필요한 물품은 항상 손이 닿는 위치에 둔다.

④ 그림이나 사진이 떨어져 다치는 일이 없도록 안전하게 걸어둔다.

⑤ 가구를 진열할 때는 모서리에 부딪힐 염려가 없도록 배치하고, 필요하면 모서리에 덧대기를 한다.

⑥ 햇빛을 차단하지 않도록 창가에 물건을 두지 말고 커튼은 얇은 것과 두꺼운 것을 병용하여 온도, 채광, 소음 등을 조절한다.

⑦ 인터폰, 전화, 비상벨 등을 설치하여 사고나 재해 시 호출이 용이하도록 한다.

4) 부엌과 식당

① **출입구** : 문턱을 없애고, 미끄럽지 않은 바닥 소재를 사용한다.

② **싱크대 및 가스레인지** : 대상자의 손이 닿는 높이로 조정하고, 일상생활에 자주 사용하는 물건은 손이 쉽게 닿는 곳에 정돈한다.

③ 화상 및 화재에 주의하고, 깨지지 않는 그릇, 손잡이가 있는 그릇 등을 사용한다.

④ **식탁** : 휠체어에 앉아서도 이용할 수 있는 것으로 하고, 높이는 대상자의 앉은키와 휠체어의 높이를 고려한다.

⑤ 식탁보 : 빨기 쉽고, 더러움이 눈에 띄는 밝은색으로 하며, 발에 밟히지 않는 길이로 조절한다.

2. 쾌적한 주거환경 조성

1) 환기

① 대상자가 사용하는 방은 대상자의 건강상태에 따라 창문이나 문을 열어 공기를 자주 환기하여 심신을 상쾌하게 한다.

② 하루에 2~3시간 간격으로 3번, 최소한 10~30분 창문을 열어 환기한다.

③ 환기할 때는 바람이 대상자에게 직접 닿지 않도록 주의한다.

2) 실내온도 및 실내습도

① 일반적으로 여름은 22~25℃, 겨울은 18~22℃가 쾌적한 온도이지만, 개인차가 있으므로 대상자의 상태에 맞게 조절한다.

② 실내온도를 적정수준으로 유지해 바깥과의 온도차가 크지 않게 한다.

③ 대상자의 땀 배출 여부와 손발의 온도를 확인하여 의복과 실내온도를 병행하여 조절한다.

④ 국소난방보다는 전체난방이 바람직하며, 화장실이나 기타 휴식공간의 냉·난방도 고려한다.

⑤ 습도는 40~60%가 적합하다.

3) 조명

① 조명이 공간 전체로 고루 퍼지도록 용도에 맞는 조명등을 설치한다.

② 계단높이를 잘 볼 수 있도록 천장에 조명을 설치하고, 이동 시 발의 움직임을 볼 수 있게 무릎 아래쪽에 보조등을 달면 안전사고 예방에 도움이 된다.

③ 배설물 등을 치울 때는 간접 조명보다는 **배설물 확인이 쉬운 직접 조명으로 전체를 환하게 한다.**

④ 노인 주택에서는 싱크대뿐 아니라 신발장 등 각종 가구에 문을 여닫을 때에 작동하는 점멸등을 다는 것도 좋다.

⑤ 야간에는 화장실, 계단, 복도 등 넘어질 위험이 있는 장소에는 조명을 켜둔다.

3. 청결한 주거환경 조성

① 물건의 위치를 옮기거나 주변을 정돈할 때는 반드시 대상자나 가족의 동의를 얻는다.

② 귀중품은 대상자나 가족의 책임하에 정리 정돈 한다.

③ 불필요한 물품을 버리거나 정리할 때도 대상자나 가족의 의사를 분명하게 파악한다.

④ 계절과 기온의 변화에 따라 필요한 물건을 정리하여 이용하기 편하게 한다.

03 의사소통과 정서 지원

1 효과적인 의사소통과 정서 지원

1. 의사소통의 필요성

① 대상자 및 가족과의 신뢰관계 형성에 도움을 준다.

② 요양보호서비스에 필요한 정보를 원활하게 수집할 수 있다.

③ 대상자를 깊이 이해하고, 서비스의 질을 향상할 수 있다.

④ 자신의 생각과 감정을 효과적으로 표현하여 좋은 관계를 형성할 수 있다.

⑤ 타 전문직과의 원활한 업무 협조에 도움이 된다.

2. 의사소통의 유형

1) 언어적 의사소통

① 사람의 생각이나 감정을 효과적으로 전달할 수 있는 가장 간편하고 만족스러운 의사소통의 방법이다.

② 단점
- 말의 강도, 억양, 속어, 방언 등에 따라 오해가 있을 수 있다.
- 개인차이로 인한 편차가 크다.

③ 주의 사항
- 요양보호사는 대상자, 가족과 의사소통할 때 명확하고 이해하기 쉬운 용어를 사용해야 한다.
- 비언어적 표현을 적절히 병행하여 사용해야 한다.

2) 비언어적 의사소통

① 용모, 자세, 침묵, 말투, 얼굴표정, 손짓, 눈짓, 몸짓, 목소리 크기, 씰룩거림, 으쓱거림, 웃음소리 크기, 눈물 등이 있다.

② 때로는 언어적 의사소통보다 더 중요하게 활용될 때가 있다.

③ 모든 의사소통에는 비언어적 의사소통이 존재하며 감정적, 정서적 부분이 크게 작용한다.

3. 효과적인 의사소통 방법

1) 라포 형성

① 라포 : '마음의 유대'라는 뜻으로 서로의 마음이 연결된 상태, 즉 두 사람 사이의 상호신뢰 관계를 나타내며, 의사소통의 기본이다.

2) 경청

좋은 경청	경청을 방해하는 것
• 혼자서 대화를 독점하지 않고, 말하는 순서를 지킨다. • 상대방의 말을 가로채거나 이야기를 가로막지 않는다. • 의견이 다르더라도 일단 수용한다. • 논쟁에서는 먼저 상대방의 주장을 들어준다. • 시선을 맞추며, 귀로만 듣지 말고 오감을 동원해 적극적으로 듣는다. • 흥분하지 않고, 비판적 태도를 버린다. • 상대방이 말하는 의미를 이해한다. • 단어 이외의 보이는 표현에도 신경을 쓴다. • 상대방이 말하는 동안 경청하고 있다는 것을 표현한다.	• 대충 미루어 짐작하고, 충분히 듣지 않은 상태에서 조언한다. • 끊임없이 비교한다. • 미리 대답을 준비한다. • 듣고 싶지 않은 말을 걸러낸다. • 상대방의 말을 반박하고 논쟁하기 위해서 듣는다. • 상대방의 말을 나 자신의 경험에 맞춘다. • 마음에 들지 않을 경우 슬쩍 넘어가며 대화의 본질을 회피한다.

3) 공감

① 상대방의 말에 충분히 귀를 기울이고 그 말을 자신의 말로 요약해서 다시 반복한다.

② 상대의 말을 요약해서 다시 옮기는 것뿐이지만 문제의 상황에서 대화를 지속시키고 문제를 지닌 당사자가 스스로 해결책을 찾아나가도록 하는 데 아주 효과적이다.

4) 말하기

(1) 나-전달법과 너-전달법

나-전달법	너-전달법
• 상대방을 비난하지 않고 상대방의 행동이 나에게 미친 영향에 초점을 맞추어 이야기하는 표현법 • 문제를 해결하기 위해서는 나-전달법이 바람직하다.	• 상대방의 행동에 초점을 두고 행동에 대한 비난, 비평, 평가의 의미를 전하며, 상대방에게 잘못이 있다고 공격하는 표현법 • 문제의 원인을 상대방에게 둔다.

(2) 나-전달법의 내용

① 나의 생각이나 감정을 전달할 때는 나를 주어로 말한다.

② 상대방의 행동과 상황을 그대로 비난없이 그대로 말한다.

③ 상대방의 행동이 나에게 미치는 영향을 구체적으로 말한다.

④ 그 상황에 대해 내가 느끼는 바를 솔직하게 말한다.

⑤ 원하는 바를 명확하게 말한다.

⑥ 전달할 말을 건넨 후 상대방의 말을 잘 듣는다.

(3) 나-전달법의 주의점

① 부정적 정서를 강조하지 않는다.

② 상대방에게 교훈을 주는 데 열중하여 말하는 사람의 본심을 전달할 기회를 놓치지 말아야 한다.

③ 감정을 폭발적으로 드러내지 않는다.

④ 상대를 평가하지 않는 태도가 필요하다.

⑤ 나-전달법으로 말하고 나서 다시 수용적 태도_{경청}를 취한다.

5) 침묵

① 긍정적이고 수용적인 침묵은 가치있는 치료적 도구로 작용하여 대상자로 하여금 말할 수 있는 용기를 준다.

② 요양보호사와 대상자 모두에게 생각을 정리할 시간을 준다.

③ 대상자가 침묵을 어떻게 받아들이느냐에 따라 효과가 달라지므로 조심스럽게 사용해야 한다.

6) 수용

① 상대방의 표현을 비판없이 있는 그대로 받아들이는 것으로 단순한 동의나 칭찬과는 다르다.

② 요양보호사는 대상자의 강점과 약점, 긍정적인 감정과 부정적인 감정, 태도 등을 포함하여 있는 그대로 이해해야 한다.

2 상황별 의사소통

1. 노인성 난청 대상자와 이야기하는 방법

① 대상자의 눈을 보며 정면에서 이야기한다.

② 어깨를 다독이거나 눈짓으로 신호를 주면서 이야기를 시작한다.

③ 입 모양으로 이야기를 알 수 있도록 입을 크게 벌리며 정확하게 말한다.

④ 몸짓, 얼굴 표정 등으로 의미 전달을 돕는다.

⑤ 말의 의미를 이해할 때까지 되풀이하고 이해했는지 확인한다.

⑥ 말을 알아듣기 쉽도록 천천히 차분하게 이야기한다.

⑦ 보청기를 착용할 때는 입력은 크게, 출력은 낮게 조절한다.

⑧ 보청기를 사용할 때는 건전지와 전원 스위치가 작동하는지 확인한다.

⑨ 밝은 방에서 입 모양을 볼 수 있도록 시선을 맞추며 말한다.

⑩ 원활한 의사소통이 되도록 정보를 충분히 제공한다.

⑪ 청각상실에 대한 체험을 통하여 대상자를 더 많이 이해하고자 노력한다.

2. 시각장애 대상자와 이야기하는 방법

① 대상자의 정면에서 이야기한다.

② 여기, 이쪽 등 지시대명사를 사용하지 않고 사물의 위치를 정확히 시계방향으로 설명한다.

③ 대상자를 중심으로 오른쪽, 왼쪽을 설명하여 원칙을 정하여 두는 것이 좋다.

④ 대상자를 만나면 신체 접촉을 하기 전에 먼저 말을 건네어 알게 한다.

⑤ 대상자를 이해하기 쉬운 언어를 사용하고 천천히 정확하게 말한다.

⑥ 이미지가 전달하기 어려운 형태나 사물 등은 촉각으로 이해시킨다.

⑦ 대상자와 보행할 때에는 요양보호사가 반 보 앞으로 나와 대상자의 팔을 끄는 듯한 자세가 좋다.

⑧ 대상자가 읽고 싶어 하는 것을 읽어주고 고유명사 등은 자세히 설명한다.

⑨ 대필하게 되는 경우에는 정확하게 받아 쓰고 내용을 다시 확인한다.

3. 언어장애 대상자와 이야기하는 방법

① 대상자와 이야기할 때는 얼굴과 눈을 응시하며 천천히 말한다.

② 대화에 주의를 기울이고, 소음이 있는 곳을 피한다.

③ 면담을 할 때는 앉아서 하고, 질문에 대한 답변이 끝나기 전에 다음 질문을 하지 않는다.

④ 대상자의 말이 끝날 때까지 기다리면서 고개를 끄덕여 듣고 있음을 알린다.

⑤ 알아듣고 이해가 된 경우에는 예, 아니요 등으로 짧게 대답한다.

⑥ 눈을 깜빡이거나 손짓, 손에 힘을 주거나 고개를 끄덕이는 등으로 의사표현하게 한다.

⑦ 실물, 그림판, 문자판 등을 이용한다.

⑧ 잘 표현하였을 때는 칭찬과 더불어 긍정적 공감을 비언어적으로 표현해 준다.

4. 판단력, 이해력장애 대상자와 이야기하는 방법

① 어려운 표현을 사용하지 않고 짧은 문장으로 천천히 이야기한다.

② 몸짓, 손짓을 이용해 상대의 말하는 속도에 맞추어 천천히 이야기한다.

③ 실물, 그림판, 문자판 등을 이용하여 이해를 돕는다.

④ 불쾌감을 주는 언어를 쓰거나 아이처럼 취급하여 반말을 하지 않는다.

5. 주의력결핍장애 대상자와 이야기하는 방법

① 대상자와 눈을 맞춘다.

② 명확하고 간단하게 단계적으로 제시한다.

③ 구체적이고 익숙한 사물에 대하여 대화한다.

④ 목표를 인식하고 단순한 활동을 먼저 제시한다.

⑤ 주의력에 영향을 주는 환경적 자극을 최대한 줄인다.

⑥ 주변사람들에게 주의력결핍장애에 대한 이해를 구한다.

⑦ 메시지를 천천히, 조용히 반복한다.

6. 지남력장애 대상자와 이야기하는 방법

① 대상자의 이름과 존칭을 함께 사용한다.

② 대상자를 일관성 있게 대하도록 노력한다.

③ 시간, 장소, 사람, 날짜, 달력, 시계 등을 자주 인식시킨다.

④ 모든 물품에 이름표를 붙이고 주의사항을 그림이나 문자로 적어서 제시한다.

3 │ 여가활동 돕기

1. 여가활동의 유형

유형	내용
자기계발 활동	책읽기, 독서교실, 그림그리기, 서예교실, 시낭송, 악기연주, 백일장, 민요교실, 창작활동
가족중심 활동	가족 소풍, 가족과의 대화, 외식나들이
종교참여 활동	교회, 사찰, 성당 가기
사교오락 활동	영화, 연극, 음악회, 전시회
운동 활동	체조, 가벼운 산책
소일 활동	텃밭 야채 가꾸기, 식물가꾸기, 신문 보기, 텔레비전 시청, 종이접기, 퍼즐놀이

04 요양보호 기록 및 업무보고

1 │ 요양보호 기록

1. 요양보호 기록 방법

1) 요양보호 기록의 종류

　① 장기요양급여 제공기록지 : 대상자에게 제공한 서비스의 내용과 시간, 특이사항을 기입한 것이다.

　② 상태기록지 : 배설, 목욕, 식사섭취, 수분섭취, 체위변경, 외출 등의 상태 및 제공 내용을 기록하는 것으로 장기요양기관에 따라 양식과 명칭, 내용은 조금씩 다르다.

　③ 사고보고서

　　• 관리책임자가 작성하는 경우도 있지만 요양보호사가 작성할 수도 있다.

　　• 사고가 발생한 시점에서 시간의 흐름에 따라 사고의 내용, 경과, 결과에 대해 정확하게 기록하여야 한다.

④ 인수인계서
- 퇴직, 휴직 등으로 인하여 업무를 그만둘 때는 직원 간의 업무인수인계가 이루어진다.
- 관리책임자가 작성하는 경우도 있지만 요양보호사가 작성할 수도 있다.
- 수급자명, 급여제공내용, 유의 사항 등이 포함된다.
⑤ 요양보호사가 기록해야 하는 기록의 종류 : 장기요양급여 제공기록지, 상태기록지, 사고보고서, 인수인계서

2) 요양보호 기록의 원칙

① 사실을 있는 그대로 기록한다.
② 육하원칙을 바탕으로 기록한다.
③ 서비스의 과정과 결과를 정확하게 기록한다.
④ 기록을 미루지 않고, 그때그때 신속하게 작성한다.
⑤ 공식화된 용어를 사용한다.
⑥ 간단명료하게 기록한다.
⑦ 기록자를 명확하게 한다.
⑧ 애매한 표현은 피하고 구체적으로 기록한다.

3) 요양보호 기록 시 주의 사항

① 회의 등을 위해 자료를 배포할 경우에는 회의 종료 후 반드시 회수한다.
② 기록은 반드시 잠금장치가 되어 있는 장소에 보관하고 관리책임자를 정해 둔다.
③ 업무상 알게 된 정보에 대해서는 외부에 유출하지 않도록 특별히 조심해야 한다.
④ 대상자에 관한 정보를 수집할 때는 반드시 대상자의 동의를 얻어야 한다.
⑤ 문제해결을 위한 목적이라도 대상자나 가족이 승인하지 않은 정보는 기록해서는 안 된다
⑥ 요양보호서비스와 직접 관련이 없는 정보는 요양보호사 마음대로 기록해서는 안 된다.
⑦ 요양보호사는 기록이 공개될 수 있다는 것을 염두에 두고 기록해야 한다.
⑧ 불필요한 개인정보는 기록하지 않는다.

2 업무보고

1. 업무보고의 중요성

① 요양보호서비스의 질을 높일 수 있다.
② 타 전문직과의 업무협조 및 의사소통을 원활하게 할 수 있다.
③ 사고에 신속하게 대응할 수 있으며, 피해를 최소화할 수 있다.

2. 업무보고 방법

1) 업무보고 시기

① 대상자의 상태에 변화가 있을 때

② 서비스를 추가하거나 변경할 필요가 있을 때

③ 새로운 정보를 파악했을 때

④ 새로운 업무방법을 찾았을 때

⑤ 업무를 잘못 수행했을 때

⑥ 사고가 발생했을 때

2) 업무보고 형식

구두보고	서면보고	전산망 보고
• 상황이 급하거나 사안이 가벼울 때 많이 이용한다. • 결론부터 보고하고, 경과와 상태, 원인 등을 보고한다. • 신속하게 보고할 수 있다. • 정확한 기록을 남길 수 없다. • 상황이 급한 경우에는 반드시 구두보고를 먼저 한 후 서면보고를 한다.	• 보고내용이 복잡하거나 숫자나 지표가 필요한 경우, 정확히 보고할 필요가 있거나 자료를 보존할 필요가 있을 때 이용한다. • 대표적인 서면보고 : 정기 업무보고, 사건보고 등 • 정확한 기록을 남길 수 있다. • 신속하게 보고할 수 없다.	• 능숙하게 사용할 수 있으면 시간을 절약할 수 있고 편리하다. • 구두보고와 같이 실시간으로 확인할 수 있다. • 서면보고와 같이 기록으로 남길 수 있다.

05 치매 요양보호

1 치매 대상자의 일상생활 지원

1. 일상생활 돕기 기본 원칙

1) 기본 원칙

① 따뜻하게 응대하고 치매 대상자를 존중한다.

② 규칙적인 생활을 하게 한다.

③ 대상자에게 남아있는 기능을 최대한 살린다.

④ 상황에 맞는 요양보호를 한다.

⑤ 항상 안전에 주의한다.

2) 치매 대상자에게 일상생활 사고가 많이 발생하는 이유

① 상황을 분석하거나 평가할 수 없다.

② 금방 잊어버린다.

③ 치매가 진행된 후에도 예전 방식대로 하려고 고집한다.

④ 새로운 일을 배우는 능력에 문제가 있어 변화에 대처하지 못한다.

2. 식사돕기

① 의치가 잘 맞지 않으면 식사 도중 음식을 삼킬 때 의치가 식도로 같이 넘어가거나 기도를 막을 수 있기 때문에 잘 고정되어 있는지 확인하고 느슨한 경우에는 끼지 못하게 한다.

② 당뇨병이나 고혈압 등으로 음식을 가려 먹어야 경우에는 치매 대상자가 접근할 수 없는 장소에 해당 음식을 둔다.

③ 그릇은 접시보다는 사발을 사용하여 덜 흘리게 한다.

④ 투명한 유리제품보다는 색깔이 있는 플라스틱 제품을 사용하는 것이 좋다.

⑤ 소금이나 간장과 같은 양념은 식탁 위에 두지 않는다.

⑥ 씹는 행위를 잊어버린 치매 대상자에게는 질식의 위험성이 있는 작고 딱딱한 사탕이나 땅콩, 팝콘 등은 삼가고 잘 저민 고기, 반숙된 계란, 과일 통조림 등을 갈아서 제공한다.

⑦ 치매 대상자가 물과 같은 묽은 음식에 사레가 자주 걸리면 좀 더 걸쭉한 액체음식을 제공한다.

⑧ 치매 대상자가 졸려하거나 초조해하는 경우 식사를 제공하지 않는다.

3. 배설돕기

1) 기본 원칙

① 요의나 변의를 느끼지 못하면 배설기록지를 기록하여 배설시간과 양 등의 습관을 파악한다.

② 치매 대상자의 방을 화장실에서 가까운 곳에 배정한다.

③ 화장실 위치를 알기 쉽게 표시해 둔다.

④ 화장실에서 옷을 쉽게 벗을 수 있도록 벨트나 단추 대신 조이지 않는 고무줄 바지를 입도록 하고 세탁하기 편하고 빨리 마르는 옷감이 좋다.

⑤ 낮에는 가능하면 **기저귀를 사용하지 않는 것이 좋다**.

⑥ 야간에 화장실 이용이 위험할 때는 쿠션이 있고 시트나 등받이가 있는 이동변기를 사용하게 한다.

⑦ 대소변을 잘 가렸을 때는 칭찬을 해주고, 실금한 경우에도 괜찮다고 말한다.

2) 실금했을 경우

① 민감하게 반응하지 않고, 비난하거나 화를 내지 않는다.

② 가능한 한 빨리 더러워진 옷을 갈아입힌다.

③ 실금으로 젖은 신체부위는 씻기고 말려 피부를 깨끗이 유지하게 한다.

④ 환기를 자주 시키고 요와 이불을 잘 말려서 실금 후 냄새를 관리한다.

⑤ 실금사건, 매일의 수분과 음식물 섭취 내용 배변에 대한 치매 대상자의 요구 등과 배설상황을 기록하여 배설리듬을 확인한다.

⑥ 배뇨관리로는 소변을 볼 때 방광을 확실히 비우게 하기 위해 배뇨 후, 몸을 앞으로 구부리도록 도와주거나 치골상부를 눌러준다.

⑦ 요실금이 있으면 배뇨 스케줄에 따라 계획된 배뇨 훈련을 시행해 본다. 초기에는 매 2시간마다 배뇨하게 하고, 점차 시간을 늘려 가면서 낮에는 2시간, 밤에는 4시간 간격으로 배뇨하게 한다.

4. 개인위생 돕기

1) 목욕

① 목욕을 강요하지 말고 목욕과정을 단순화한다.

② 뜨겁거나 차가운 것에 대한 판단력이 떨어지기 때문에 **요양보호사가 미리 물의 온도를 확인**한다.

③ 욕조바닥과 욕실바닥에는 미끄럼방지매트를 깔아준다.

④ 욕실 내에 혼자 머무르게 하지 않는다. 목욕에 **필요한 모든 물품을 준비한 후 목욕을 시작**한다.

⑤ 욕조에 들어갈 때는 반드시 옆에서 부축을 한다.

⑥ **해야 할 일을 한 가지씩 제시하고 정중하게 대한다.**

⑦ 욕조 내에 적당량의 물을 받아 둔다. 발목 정도 높이의 물을 미리 받은 후, 대상자를 욕조에 들어가게 하고, 조금씩 채운다.

⑧ 운동실조증이 있는 치매 대상자는 넘어져 다칠 수가 있기 때문에 샤워 보다는 욕조에서 목욕하는 것이 안전하다.

⑨ 피부가 접혀지는 부위가 잘 씻겼는지 확인한다.

2) 옷 입기

① 혼란을 예방하기 위해 색깔이 요란하지 않고 장식이 없는 옷을 선택한다.

② 시간이 걸려도 **혼자 입도록 격려**한다.

③ 치매 대상자의 안전을 위해 옆에서 지켜보고, 앉아서 입게 한다.

④ 치매 대상자가 옷을 순서대로 입지 못하는 경우 속옷부터 입는 순서대로 옷을 정리해 놓아준다.

⑤ 부득이하게 옷을 입혀줄 경우, 치매 대상자도 옷 갈아입는 데 참여하고 있음을 인식시킨다.

⑥ 치매 대상자가 옷 입는 것을 거부하면 다투지 말고 잠시 기다린 뒤 다시 시도하거나 목욕시간을 이용하여 갈아입힌다.

⑦ 단추를 제대로 채우지 못하는 경우에는 단추 대신 부착용 접착천으로 여미는 옷을 이용한다.

⑧ 앞뒤를 구분하지 못하는 경우에는 뒤바꿔 입어도 무방한 옷을 입게 한다.

⑨ 자신의 옷이 아니라고 하면, 옷 라벨에 이름을 써 둔다.

5. 운동 돕기

1) 치매 대상자에게 운동이 중요한 이유

① 안정적이며, 운동기능이 더 오래 보존된다.

② 관절이 굳는 것을 예방한다.

2) 돕는 방법

① 대상자가 즐거워하는 운동을 한다. 일반적으로 산책이 가장 간편하고 효과적인 운동이다.

② 굽이 낮고 편안한 신발과 부드럽고 흡수성이 좋은 양말을 신고, 서서히 걷는 시간을 늘리는 것이 좋다.

③ 매일 같은 시간대에 같은 길을 걸으면서 일정한 순서대로 풍경들을 말해주면 혼란을 막고 초조감을 줄일 수 있다.

④ 균형을 잡을 수 있으면 앉은 자세보다 선 자세에서 운동하는 것이 효과적이다.

⑤ 가능하면, 치매 대상자 스스로 운동하도록 유도한다.

⑥ 모든 운동은 머리 쪽에서 시작하여 다리 쪽으로 진행한다.

⑦ 운동량은 점차 늘린다.

6. 안전과 사고예방

1) 방과 주변

① 2층보다는 1층이 좋다.

② 가족이나 요양보호사가 잘 관찰할 수 있는 곳에 위치하는 것이 좋다.

③ 난간, 출입구 및 난로 주변에는 밝은색 야광테이프를 붙이는 것이 좋다.

④ 위험한 물건은 치매 대상자가 발견할 수 없는 곳에 보관한다.

2) 화장실과 욕실

① 화장실 전등은 밤에도 켜둔다.

② 화장실 문은 밖에서도 열 수 있는 것으로 설치한다.

③ 욕실의 문턱을 없앤다.

④ 목욕탕에 난간이나 손잡이를 설치한다.

⑤ 미끄럼방지매트를 바닥에 설치한다.

⑥ 치매 대상자는 뜨거운 것을 잘 느끼지 못하므로 온수기의 온도를 낮춘다.

⑦ 온수가 나오는 수도꼭지는 빨간색으로 표시한다.

⑧ 화상예방을 위하여 노출된 온수파이프는 절연체로 감싸준다.

⑨ 욕실에서 사용하는 세제는 치매 대상자의 눈에 띄지 않는 곳에 보관한다.

⑩ 치매 대상자가 놀라지 않도록 거울이나 비치는 물건은 없애거나 덮개를 씌운다.

3) 부엌

① 깨지기 쉽거나 위험한 물건은 보관장에 넣고 자물쇠로 채워둔다.

② 가스선은 밖에서 잠가둔다.

③ 냉장고에 부착하는 과일이나 채소 모양의 자석은 치매 대상자가 먹을 수 있으므로 사용하지 않는다.

④ 음식물 쓰레기는 치매 대상자가 꺼내 먹을 수 있으므로 부엌 안에 두지 않는다.

4) 차 안

① 반드시 안전띠를 착용하게 한다.

② 차가 달리는 도중에 안에서 문을 열지 못하도록 잠금장치를 한다.

2 치매 대상자의 문제행동 대처

1. 반복적 질문이나 행동

1) 기본 원칙

① 치매 대상자의 주의를 환기한다.

② 반복적인 행동이 해가 되지 않으면 무리하게 중단시키지 말고 그냥 놔두어도 된다.

③ 치매 대상자가 심리적 안정과 자신감을 갖게 도와준다.

④ 질문에 답을 해주는 것보다 치매 대상자를 다독거리며 안심시켜 주는 것이 중요하다.

⑤ 반복되는 행동을 억지로 고치려고 하지 않는다.

2) 돕는 방법

① 크게 손뼉을 치는 등 관심을 바꾸는 소음을 낸다.

② 치매 대상자가 좋아하는 음식을 준다.

③ 좋아하는 노래를 함께 부른다.

④ 과거의 경험 또는 고향과 관련된 이야기를 나눈다.

⑤ 콩 고르기, 나물 다듬기, 빨래개기 등 단순하게 할 수 있는 일거리를 제공한다.

2. 음식섭취 관련 문제행동

1) 기본 원칙

① 치매 대상자의 식사시간과 식사량을 점검한다.

② 체중을 측정하여 평상시 체중과 비교한다.

③ 치매 대상자의 영양실조와 비만을 예방한다.

④ 화를 내거나 대립하지 않는다.

> **치매 대상자가 아무 때나 밥을 달라고 하는 경우**
>
> "방금 드셨는데 무슨 말씀이세요?" (×)
> "지금 준비하고 있으니까 조금만 기다리세요." (○)

2) 돕는 방법

① 그릇의 크기를 조정하여 식사량을 조정한다.

② 치매 대상자가 좋아하는 대체식품을 이용한다.

③ 식사하는 방법을 자세히 가르쳐 준다.

④ 식사 도구를 사용하지 못할 경우 손으로 집어 먹을 수 있는 식사를 만들어 준다.

⑤ 음식을 잘게 썰어 목이 막히지 않게 하고, 치매 말기에는 음식을 으깨거나 갈아서 걸쭉하게 만들어 준다.

⑥ 위험한 물건을 먹지 못하도록 치운다.

⑦ 치매 대상자가 위험한 물건을 빼앗기지 않으려고 하는 경우, 치매 대상자가 좋아하는 다른 간식과 교환한다.

⑧ 금방 식사한 것을 알 수 있도록 먹고 난 식기를 그대로 두거나 매 식사 후 달력에 표시하게 한다.

3. 수면장애

① 밤낮이 바뀌어 낮에 꾸벅꾸벅 조는 경우 말을 걸어 자극을 준다.

② 치매 대상자에게 알맞은 하루 일정을 만들어 규칙적으로 생활한다.

③ 하루 일과 안에 휴식시간과 가능하면 집 밖에서의 운동을 포함시킨다.

④ 수면에 좋은 환경을 만든다.

⑤ 혈관성 치매에 걸리면, 뇌순환 장애로 인해 수면각성 리듬이 깨져 수면장애가 자주 나타난다.

⑥ 소음을 최대한 없애고 적정 실내온도를 유지한다.

4. 배회

① 치매 대상자가 초조한 표정으로 집 안을 이리저리 돌아다니는 경우, 곧 밖으로 나가려고 하는 것임을 염두에 둔다.

② 단순한 일거리를 주어 배회 증상을 줄인다.

③ 규칙적으로 시간과 장소를 알려주어 현실감을 유지하게 한다.

④ 치매 대상자가 활기차게 활동하며 바쁘게 생활하게 한다.

⑤ 낙상 방지를 위해 안전한 주변 환경을 조성하며 소음을 차단한다.

⑥ 배회 가능성이 있는 치매 대상자는 관련 기관에 미리 협조를 구한다.

⑦ 치매 대상자의 신체적 욕구를 우선적으로 해결해 준다.

⑧ 집 안에서 배회하는 경우 배회코스를 만들어 둔다.

⑨ 배회 예방을 위해 현관이나 출입문에 벨을 달아 놓아 대상자가 출입하는 것을 관찰한다. 창문 등 출입이 가능한 모든 곳의 문을 잠근다.

⑩ 텔레비전이나 라디오를 크게 틀어 놓지 않으며, 집 안을 어둡게 하지 않는다. .

⑪ 집 청소, 산책, 목욕 등 건설적인 일을 주며, 밖에 나가거나 쇼핑을 하는 것은 활력제가 되며 수면의 질도 향상한다.

⑫ 고향이나 가족에 대한 대화를 나누어 관심을 다른 곳으로 돌림으로써 정서 불안에 의한 배회를 줄여 준다.

⑬ 상실감이나 욕구와 관련된 배회일 때는 치매 대상자 주변을 친숙한 것으로 채워주고 가족과 다과 등을 함께 하는 시간을 갖는다.

5. 의심, 망상, 환각

① 치매 대상자의 감정을 이해하고 수용한다.

② 치매 대상자가 보고 들은 것에 대해 아니라고 부정하거나 다투지 않는다.

③ 치매 대상자 앞에서 다른 사람들에게 치매 대상자의 의심이나 행동, 치매 대상자가 잃어버렸다고 의심하는 물건을 이야기하지 않는다. 또한 조롱하는 말투를 사용하지 않으며, 특히 **귓속말을 하지 않도록 주의한다.**

④ 잃어버렸다거나 훔쳐 갔다고 주장하는 물건을 찾은 경우, 치매 대상자를 비난하거나 훈계하지 않는다. 물건을 발견했을 때도 아무 일도 아닌 것처럼 행동하는 것이 중요하다.

⑤ 규칙적으로 시간과 장소를 알려주어 현실감을 유지하게 한다.

⑥ 치매 대상자가 다른 것에 신경을 쓰도록 계속 관심을 돌린다.

⑦ 잃어버린 물건에 대한 의심을 부정하거나 설득하지 말고 함께 찾아 본다.

⑧ 동일한 물건을 자주 잃어버렸다고 하는 경우, 같은 물건을 준비해 두었다가 잃어버렸다고 주장할 때 대상자가 물건을 찾도록 도와준다.

⑨ 치매 대상자가 물건을 두는 장소를 파악해 놓는다.

⑩ 도둑망상으로 치매 대상자가 방을 지킨다며 방 안에만 있기를 고집하면 위험하지 않은 범위 내에서 허용한다.

⑪ 치매 대상자가 좋아하는 노래를 함께 부르거나 좋아하는 음악을 틀어놓는다.

⑫ 망상이 심한 경우 시설장이나 간호사 등에게 알린다.

6. 파괴적 행동

1) 치매 대상자의 파괴적 행동의 특징

① 난폭한 행동이 자주 일어나지 않는다.

② 난폭한 행동이 오래 지속되지 않는다.

③ 일반적으로 초기에 분노로 시작하며 에너지가 소모되면 지쳐서 파괴적 행동을 중지한다.

④ 치매 대상자의 난폭한 행동은 질병 초기에 나타나서 수개월 내에 사라진다.

2) 돕는 방법

① 파괴적 행동반응을 유발하는 사건을 사전에 예방한다.

② 규칙적인 일상생활을 하도록 활동을 구성하여 대상자가 자신의 활동을 예측할 수 있게 한다.

③ 치매 대상자가 혼돈하지 않도록 한 번에 한 가지씩 제시하거나 단순한 말로 설명한다.

④ 이해하지 못한 말은 다른 형태로 설명하지 말고 같은 말로 반복한다.

⑤ 행동이 진정된 후에는 왜 그랬는지 질문하거나 이상행동에 대해 상기시키지 않는다.

⑥ 천천히 치매 대상자의 관심 변화를 유도한다.

⑦ 치매 대상자가 활동에 참여하고 있는 중이면, 활동을 중지시키고 가능한 한 다른 자극을 주지 않는다. 조용한 장소에서 쉬게 한다.

⑧ 모든 신체 언어는 위협적으로 느끼지 않게 한다.

⑨ 불필요한 신체적 구속은 피한다.

⑩ 파괴적 행동은 고집스러움이나 심술을 부리려는 의도가 아니라 치매에 의한 증상임을 이해하여야 한다.

7. 석양증후군

① 치매 대상자가 낮에는 유순하다가도 저녁 8~9시만 되면 갑자기 침대 밖으로 뛰쳐나오거나, 옷을 벗고, 방을 서성이다 문을 덜거덕거리거나, 바닥을 뒹굴고 침대 위로 뛰어오르는 등의 행동을 하는 것을 말한다.

② 대상자의 생활에 변화가 생긴 후 더 자주 발생하고, 주의집중 기간이 더욱 짧아지며, 현실이 자신을 고통 속에 처하게 만든다고 생각하여 더욱 충동적으로 행동한다.

③ 해질녘에는 요양보호사가 충분한 시간을 가지고 치매 대상자와 함께 있는다.

④ 낮 시간 동안 움직이거나 활동하게 한다.

⑤ 신체적 제한은 치매 대상자가 소리를 지르거나, 몸부림치거나, 화내고, 고집부리는 행동을 더욱 악화시키므로 하지 않는다.

8. 부적절한 성적 행동

① 치매 대상자는 보통 성 자체에는 관심이 없다는 것을 인식한다. 이상한 성행위가 복용 중인 약물 때문에 유발될 수 있음을 이해한다.

② 부적절한 성적 행동관련 요인을 관찰한다.

③ 노출증을 감소시키기 위해 벌과 보상을 적절히 사용한다. 행동교정이 도움이 된다.

④ 의복으로 인한 불편감이나 대소변을 보고 싶은 욕구가 있는지 확인하고 도와준다.

⑤ 옷을 벗거나 성기를 노출한 경우, 당황하지 말고 옷을 입혀준다.

⑥ 치매 대상자가 성적으로 관심을 보이면, 공공장소에 가는 것을 삼가고, 방문객을 제한하여 사고를 예방한다.

3 치매 대상자와의 의사소통

1. 치매 단계별 의사소통 문제

1) 초기

① 대상자는 일관성 및 연결성이 손상되어 자주 확인하고 설명을 요구한다.

② 대화의 주제가 자주 바뀐다.

③ 사용하는 어휘의 수가 점차적으로 줄어든다.

④ 물건이나 사람의 이름을 부르는 것이 어렵다.

⑤ 과거, 현재, 미래 시제를 올바르게 사용하는 것을 어려워한다.

2) 중기

① 애매모호한 내용을 이야기한다.

② 일관성이 없어지고, 혼동이 증가한다.

③ 대화의 주제가 제한된다.

④ 불특정 다수를 지칭하는 용어 이것, 그들, 그것의 사용이 증가한다.

⑤ 사용하는 어휘의 수가 초기 치매 단계보다 줄어든다.

⑥ 올바른 이름을 지칭하지 못하는 '명칭 실어증'을 보인다.

3) 말기

① 의사소통을 유지하는 데 어려움이 있다.

② 말이 없어진다무언증.

③ 대화할 때 시선을 맞추는 것을 어려워한다.

④ 사용하는 어휘의 수가 현저하게 적다.

⑤ 올바른 이름을 사용하는 것이 더욱 어려워진다.

⑥ 자발적인 언어표현이 감소되어 말수가 크게 줄어든다. 심하면 스스로는 말을 안 하고 앵무새처럼 상대방의 말을 그대로 따라한다.

⑦ 발음이 부정확하여 치매 대상자의 말을 이해하기 어렵다.

⑧ 치매 대상자는 다른 사람들이 이야기한 것을 제대로 이해하지 못한다.

06 임종 요양보호

1 임종 전 단계

1. 사전연명의료의향서

① 누가 : 말기환자 또는 19세 이상 성인 본인이 스스로

② 무엇을 : '임종과정에 있는 환자에게 하는 심폐소생술, 혈액 투석, 항암제 투여, 인공호흡기 착용 등 치료효과 없이 임종과정의 기간만을 연장하는 의학적 시술'에 대한 의향

③ 작성 후 등록 : 사전연명의료 의향서 등록기관

④ '사전연명의료의향서'에 연명의료를 중단하다는 의향을 명시해도 통증완화를 위한 의료행위와 영양분 공급, 물 공급, 산소의 단순 공급은 보류하거나 중단할 수 없다.

⑤ 의료기관에 연동되는 것은 아니므로 가족들에게 미리 의향을 전달해 두도록 한다.

2 임종기 단계

1. 임종 징후

① 대부분 누워 있게 되며 **음식 및 음료섭취에 무관심해진다**.

② 의식이 점차 흐려지고 혼수상태에 빠진다.

③ 맥박이 약해지고 혈압이 떨어진다.

④ 숨을 가쁘고 깊게 몰아쉬며 가래가 끓다가 점차 숨을 깊고 천천히 쉬게 된다.

⑤ 손발이 차가워지고 식은땀을 흘리며, 점차 피부색이 파랗게 변한다.

⑥ 대소변을 의식하지 못하고 실금하게 되며 항문이 열린다.

2. 임종 적응 단계

1) 부정

① "아니야. 나는 믿을 수 없어" 라는 표현을 자주 한다.

② 대상자는 치명적으로 진행되는 자신의 병을 인식하면서도 이를 사실로 받아들이려 하지 않고, 다시 회복될 수 있다고 믿고 싶어 한다.

2) 분노

① "나는 아니야. 왜 하필이면 나야" 혹은 "왜 지금이야" 등으로 말한다.

② 자신 또는 사랑하는 사람, 혹은 의료진이나 하느님에게까지 간접적으로 표현된다.

③ 어디에서나 누구에게나 불만스러운 면을 찾으려고 한다.

④ 목소리를 높여 불평을 하면서 주위로부터 관심을 끌려고 한다.

3) 타협

① 타협을 시도한다.

② "그래, 내게 이런 일이 벌어졌어. 인정해. 그래도 우리 아이가 시집갈 때까지만 살게 해 주세요." 등으로 말한다.

4) 우울

① 자신이 더 이상 회복 가능성이 없다고 느끼면서 침울해진다.

② 자신의 근심과 슬픔을 더 이상 말로 표현하지 않고 조용히 있거나 울기도 한다.

③ 대상자가 자신의 감정을 표현하도록 그냥 두어야 한다.

④ 말보다는 손동작이나 접촉이 훨씬 더 필요하다.

⑤ 대상자는 자기와 같이 느끼고 슬퍼하고 자기 곁에 있어 줄 사람을 필요로 한다.

5) 수용

① 죽는다는 사실을 체념하고 받아들인다.

② "나는 지쳤어"라고 표현할 수도 있다.

3 임종 대상자 지원 및 가족에 대한 요양보호

1. 신체 · 정신적 변화에 대한 요양보호

① 숨 쉬는 것을 돕기 위해 상체와 머리를 높여 주고 대상자의 손을 잡아주며, 부드럽게 이야기하여 대상자를 편하게 해준다.

② 연하게 가습기를 켜둔다.

③ 대상자에게 담요를 덮어서 따뜻하게 해주는 것은 좋다. **보온을 위한 전기기구는 사용하지 않는다**.

④ 대상자가 **반응하지 못한다 하더라도 정상인에게 말하는 것과 같이 이야기**한다.

⑤ 대상자에게 말하기 전에 **내가 누구라고 밝혀 주는 것이 좋다**.

⑥ 대상자의 이마를 가볍게 문질러 주거나 책을 읽어준다.

⑦ 움직이지 못하게 억제하는 것은 좋지 않다.

⑧ 억지로 먹이려고 하지 않는다.

⑨ 작은 얼음 조각이나 주스 얼린 것 등을 입에 넣어주어 입안을 상쾌하게 한다.

⑩ 글리세린에 적신 솜으로 입안을 닦아 주거나 스프레이에 차가운 생수를 담아 조금씩 입안에 뿌려주는 것도 좋다.

2. 심리변화에 대한 요양보호

1) 증상

① 통증, 자신의 몸이나 배설물로 인한 악취, 주변인에게 신체적, 정신적, 경제적인 부담을 주는 것에 대한 걱정으로 불안해한다.

② 죽음이라는 미지의 세계에 대한 두려움을 느낀다.

③ 누군가에게 필요한 사람이길 원하고 주변인에게 짐이나 부담이 되고 싶어하지 않으며, 정서적으로 고립되고 싶어 하지 않는다.

④ 의사결정에 참여하고, 자신의 도움이 필요한 하는 사람을 돕고 싶어 한다.

2) 돕는 방법

① 함께 있으면서 대상자의 곁을 떠나지 않을 것임을 이야기하고, 손을 잡아주는 등의 접촉을 통해 불안과 두려움을 덜어주어 편안한 마음으로 임종을 맞도록 돕는다.

② 대상자가 의사결정에 참여하고, 타인을 도울 수 있는 기회를 갖도록 하여 대상자의 자존감을 존중해 준다.

3. 임종 시기별 요양보호

① 침상머리를 높이고 대상자의 머리를 옆으로 돌려 침 등의 분비물 배출을 용이하게 하여 질식을 예방한다.

② 대상자가 용변을 보는 즉시 따뜻한 물로 닦아주고 기저귀를 갈아주어 편안한 가운데 죽음을 맞을 수 있게 돕는다.

③ 대상자가 혼수상태인 경우에도 청각은 마지막까지 남아 있으므로, 평상시와 같이 보고 듣는 것이 가능하다고 생각하면서 대상자에게 요양보호를 제공한다.

4. 가족에 대한 요양보호

① 임종 시 가족이 임종 대상자를 직접 돕게 한다.

② 장례식이나 장지에 가는 일에는 참석하지 않는다.

③ 안아 주거나 손을 잡는 등 적절한 신체 접촉을 통하여 가족들에게 혼자가 아니라는 느낌을 준다.

④ 가족이 대상자에게 한 일에 대해 "참 잘 했네요", "좋습니다"라고 하면서 지지한다.

⑤ 격려하되 "곧 괜찮아질 거예요", "아무 염려하지 마세요"와 같은 상투적인 말은 도움이 되지 않으므로 하지 않는다.

⑥ "힘드시지요", "수고 많으셨어요"와 같이 가족을 공감하고 위로해 준다.

⑦ 가족이 자신의 감정을 표현할 수 있게 돕는다.

⑧ 가족의 태도와 행동을 판단하지 말고 중립적 자세를 유지한다.

07 응급상황 대처

1 응급처치

1. 질식

1) 이물의 종류와 위치를 확인하고 갑작스러운 기침, 구역질, 호흡곤란, 청색증 등이 있는지 관찰한다.

2) 돕는 방법

    (1) 이물이 육안으로 보이는 경우

        ① 큰 기침을 하여서 이물을 뱉어내게 한다.

        ② 요양보호사의 손가락을 넣어 빼려고 하거나 구토를 유발하려고 하는 행위는 이물을 배출하는 데에 시간이 지체되고, 이물이 기관지로 더 내려가도록 할 위험이 있으므로 시도하지 않는다.

    (2) 의식이 있는 경우 : 하임리히법을 실시한다.

    (3) 의식이 없는 경우 : 119에 신고하고 즉시 심폐소생술을 실시하면서 입안에 이물이 있는지 확인하고 제거한다.

2. 경련

① 대상자의 머리 아래에 부드러운 것을 대주고 위험한 물건을 치운다.

② 몸에 꽉 끼는 옷의 단추나 넥타이를 풀고, 편하게 호흡하게 한다.

③ 침이나 거품 혹은 구토 등으로 숨을 쉴 수 없을 경우에는 대상자의 얼굴을 옆으로 돌리거나 돌려 눕혀 기도를 유지한다.

④ 입에 손수건 등 이물질을 넣어서는 안 된다. 이물질은 혀나 입안에 상처를 내거나 호흡곤란을 일으킬 수 있기 때문이다.

⑤ 경련은 1~2분 후면 끝나므로 대상자를 꽉 붙잡거나 억지로 발작을 멈추게 하려고 하지 말고 조용히 기다리고, 대상자를 주의 깊게 관찰한다.

⑥ 경련성 질환이 없던 대상자가 경련을 일으키거나 5분 이상 발작이 지속되면, 즉시 119에 신고하고 시설장, 간호사 등에게 보고한다.

3. 화상

① 화상을 입은 즉시 화상 부위의 통증이 없어질 때까지 **15분 이상 찬물** 5~12℃ **에 담가 화상면의 확대와 염증을 억제**하고 통증을 줄여 준다.

② 흐르는 수돗물을 환부에 직접 대면 물의 압력으로 인해 화상 입은 피부가 손상을 입을 수 있으므로 찬물에 담그거나 화상 부위를 깨끗한 물수건으로 감싸 세균의 감염을 예방한다.

③ 몸에 붙어 있는 옷은 옷 위로 찬물을 부어 식히며 벗기기 힘든 의복은 벗기지 말고 잘라낸다.

④ 반지, 팔찌, 귀고리와 같은 장신구는 최대한 빨리 뺀다.

⑤ 화상 부위에 간장, 기름, 된장, 핸드크림, 치약 등을 바르면 세균감염의 위험이 있고 열기를 내보내지 못하여 상처를 악화시키므로 절대 바르면 안 된다.

⑥ 감염의 위험이 있기 때문에 화상 부위를 만지거나 물집을 터뜨리면 안 된다.

⑦ 화상이 어느 정도 심한지 모르는 경우에는 반드시 진료를 받아야 한다.

⑧ 얼굴이나 입술에 화상을 입었을 때는 손상된 조직이 부어서 기도를 막아 호흡곤란이 오므로 즉시 병원 치료를 받아야 한다.

4. 골절

① 외형상 변형이 있는지, 손상 부위에 심한 통증이 있는지, 손상 부위를 움직일 수 있는지, 손상 부위가 부어 있거나 출혈이 있는지, 노출된 골편이 있거나 손상된 피부에서 뼈 조각이 보이는지 잘 관찰해야 한다.

② 대상자를 안정시키고 절대로 스스로 움직이게 해서는 안 된다.

③ 손상 부위의 장신구를 제거한다. 예를 들어 팔을 다친 경우 붓기 전에 반지, 팔찌 등을 뺀다.

④ 담요 등을 덮어 주어 대상자를 따뜻하게 한다.

⑤ **상처 부위에 냉찜질**을 하면 부풀어 오르거나 염증이 생기는 것을 줄일 수 있다.

⑥ 개방된 상처가 있거나 출혈이 있는 경우 멸균거즈를 이용하여 상처를 덮어준다.

⑦ 덮어준 상처 부위를 지혈한다. 이때 튀어나온 뼈는 직접 압박하지 않는다.

5. 출혈

① 장갑을 착용하고 출혈 부위를 노출한다.

② 출혈부위에 멸균거즈를 이용하여 직접 압박한다.

③ 멸균거즈 위에 압박붕대를 감는다. 이때 너무 꽉 조이지 않게 하여 혈액순환이 유지되게 한다.

④ 출혈부위를 압박하면서 출혈 부위를 심장보다 높게 위치하도록 한다.

6. 약물오남용

① 대상자가 의식을 잃었을 때는 호흡과 맥박을 확인하고 구급차를 부른다. 의료진이 도착할 때까지 응급처치를 계속한다.

② 겉으로 드러난 증상이 없고 복용량이 적더라도 반드시 병원에 방문해야 한다.

③ 대상자가 먹고 남은 물질과 용기를 들고 병원에 간다.

④ 구토를 했을 경우에는 토사물을 모아 두었다가 의료진이 분석할 수 있게 한다.

⑤ 대상자가 의식을 잃었거나 말을 안 하려고 하면 요양보호사가 의료진에게 설명한다.

⑥ 의식이 없는 대상자에게는 마실 것을 주지 않는다.

⑦ 복용한 약물의 설명서에 구토를 유도하라는 지시사항이 없을 경우엔 구토시키지 않는다.

2 심폐소생술

1. 심폐소생술의 목적

① **심폐소생술** : 심장마비가 발생했을 때 인공적으로 혈액을 순환시키고 호흡을 돕는 응급치료법

② 심장이 마비된 상태에서도 혈액을 순환시켜, 뇌의 손상을 지연시키고 심장이 마비 상태로부터 회복하는 데 결정적인 도움을 준다.

③ 폐와 혈관 내에는 심폐기능이 멈춘 후 약 6분 정도까지 생명을 유지할 수 있는 산소의 여분이 있으나 4~6분 이상 혈액순환이 되지 않는 경우 뇌 손상이 온다.

2. 심폐소생술의 단계

1) 반응 확인

① 대상자에게 접근하기 전에 현장이 안전한지 확인한다.

② 대상자의 양쪽 어깨를 가볍게 두드리면서 "괜찮으세요"라고 질문하면서 반응을 확인한다.

2) 도움 요청 119 신고 및 자동심장충격기 준비

(1) 구조자가 한 명 일 때

① 주위에 도와줄 사람이 있다면 119에 신고하고 자동심장충격기를 가져다달라고 요청한다.

② 주위에 도와줄 사람이 없고 연락할 수 있는 매체 예 휴대폰 가 없다면 잠시 현장을 이탈하더라도 도움을 요청한 후 심폐소생술을 시작한다. 주위에 이용할 수 있는 자동심장충격기가 있다면 가져와 사용한다.

(2) 구조자가 두 명 일 때

① 한 명은 즉시 심폐소생술을 시작하고 다른 한 명은 119에 신고한 후 주위에 있는 자동심장충격기를 가지고 온다.

② 주위에 자동심장충격기가 없다면 119가 올 때까지 한 명은 심장압박, 다른 한 명은 인공호흡으로 나누어 같이 심폐소생술을 시행한다.

3) 가슴압박

① 구조자의 체중을 이용하여 압박하기 위해, 양팔의 팔꿈치를 곧게 펴서 어깨와 일직선을 이루게 하고 구조자의 어깨와 대상자의 가슴이 수직이 되게 한다.

② 100~120회/분의 속도로 대상자의 가슴이 약 5cm 눌릴 수 있게 체중을 실어 '깊고', '강하게' 압박한다. 매 압박 시 압박위치가 바뀌지 않게 한다.

③ 매번 압박한 직후 압박된 가슴은 원래 상태로 완전히 이완되게 한다.

압박 : 이완의 시간비율이 50 : 50이 되게 한다. 단 손바닥이 가슴에서 떨어지면 안 된다.

④ 복강 내 장기의 손상을 방지하기 위해 흉골의 가장 하단에 위치한 칼돌기를 압박하지 않도록 주의한다.

4) 기도 유지

① 구조자의 한 손을 대상자의 이마에 올려놓고 손바닥으로 대상자의 머리를 뒤로 젖힌다.

② 다른 한 손으로 턱 아래 **뼈** 부분을 머리쪽으로 당겨 턱을 위로 들어 준다.

③ 턱 아래의 연부조직을 눌러 기도가 폐쇄되지 않게 한다. 턱을 들어 올리기 위해 엄지손가락을 사용하지 않는다. 대상자의 입이 닫히지 않게 한다.

5) 인공호흡

① 과도한 환기가 발생하지 않도록 주의한다.

② 위가 팽창하지 않도록 주의한다.

6) 가슴압박과 인공호흡 30 : 2 비율 유지

① 가슴압박 30번과 인공호흡 2번을 번갈아 가면서 실시한다.

② 인공호흡 2번을 10초 이내로 실시한다.

7) 회복자세

① 대상자가 반응은 없으나 정상적인 호흡과 효과적인 순환을 보이면, 대상자의 몸 앞쪽으로 한쪽 팔을 바닥에 대고 다른 쪽 팔과 다리를 구부린 채로 대상자를 옆으로 돌려 눕힌다.

② 혀나 구토물로 인해 기도가 막히는 것을 예방하고 흡인의 위험성을 줄이기 위한 방법이다.

8) **가슴압박소생술** 손으로만 하는 심폐소생술

① 인공호흡은 하지 않고 가슴압박만을 시행하는 심폐소생술이다.

② 보건의료인이 아닌 일반인이 실시한다.

3 자동심장충격기 적용

1. 자동심장충격기 사용의 필요성

① 급성 심정지의 가장 흔한 원인이 급성심근경색 후 발생하는 심실세동이기 때문에 가슴압박과 빠른 제세동 자동 심장충격이 매우 중요하다.

② **자동심장충격기** : 가슴에 붙이는 두 개의 패드에서 감지하는 심전도 신호를 분석하고, 제세동이 필요한 경우 전달할 에너지를 충전하여 제세동 자동심장충격을 시행한다.

2. 자동심장충격기 사용법

① 자동심장충격기는 반응과 정상적인 호흡이 없는 심정지 대상자에게만 사용한다.

② <u>오른쪽 패드는 오른쪽 빗장**뼈** 밑에, 왼쪽 패드는 왼쪽 중간 겨드랑선</u>에 붙인다.

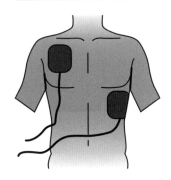

요양보호사 국가자격시험 대비

제1회 적중모의고사

1교시 필기 / 2교시 실기

문제유형	홀수형	짝수형
	○	○

성명

응시자 준수사항

1. 시험시작 전 과목편철순서, 문제누락, 인쇄상태의 이상유무를 확인합니다.

2. 시험이 시작되면 문제를 주의 깊게 읽은 후 문항의 취지에 가장 적합한 하나의 정답만을 선택하며, 문제내용에 관한 질문은 받지 않습니다.

3. 시험 종료 즉시 답안지를 제출하여야 하며, 부정한 방법으로 시험에 응시하거나 동 시험에서 부정행위를 한 자에 대하여는 노인복지법 시행규칙 제29조의7항에 의거 그 시험의 응시를 정지시키고 시험을 무효로 합니다.

01 다음 설명 중 옳은 것은?

① 고령화 사회 - 전체인구 대비 노인인구가 7% 이상 14% 미만인 사회

② 고령 사회 - 전체인구 대비 노인인구가 7% 이상 14% 미만인 사회

③ 고령 사회 - 전체인구 대비 노인인구가 13% 미만인 사회

④ 고령 사회 - 전체인구 대비 노인인구가 20% 이상인 사회

⑤ 초고령 사회 - 전체인구 대비 노인인구가 14% 이상 20% 미만인 사회

02 다음 보기가 설명하는 사회보험은?

- 근로자에 대한 신속하고 공정한 재해보상
- 불의의 재해로 사업주가 과중한 경제부담을 지게 되는 위험을 분산

① 고용보험

② 국민건강보험

③ 산업재해보상보험

④ 노인장기요양보험

⑤ 국민연금

03 장기요양보험의 본인일부부담금에 대한 설명으로 옳은 것은?

① 일반 급여 대상자가 시설급여를 이용하면 15%를 본인이 부담한다.

② 일반 급여 대상자가 재가급여를 이용하면 20%를 본인이 부담한다.

③ 의료급여수급권자는 법정 본인부담금의 30%를 낮추어 준다.

④ 비급여 항목은 전액을 본인이 부담한다.

⑤ 국민기초생활수급권자는 비급여 항목도 본인부담금이 없다.

04 노인장기요양보험의 목적으로 옳은 것은?

① 가족들의 부담을 늘린다.

② 질병을 치료한다.

③ 경제적으로 안정된 삶을 유지하도록 한다.

④ 노후의 질병을 예방한다.

⑤ 신체기능 증진 및 삶의 질 향상에 기여한다.

05 신체활동지원서비스에 대한 설명으로 옳은 것은?

① 목욕도움은 몸 씻기, 기계 조작, 욕실 정리이다.

② 신체 기능의 유지·증진은 자세변경, 일어나 앉기 시 도움이다.

③ 체위변경은 침대에서 휠체어로 옮겨 타기 등, 시설 내 보행 지켜보기, 보행 도움이다.

④ 식사도움은 관절구축 예방, 일어나 앉기 연습도움, 보행, 서있기 연습, 보조기구 사용이다.

⑤ 이동 도움은 아침 점심 저녁 및 간식을 포함한 식사도움, 지켜보기, 경광영양 실시, 구토물 정리, 식사준비 및 정리이다.

06 요양보호사의 직업윤리 원칙으로 옳은 것은?

① 봉사정신을 바탕으로 대상자의 인권을 옹호할 필요는 없다.

② 업무 수행 시 필요한 때에만 친절한 태도로 예의바르게 행동한다.

③ 개인적인 선호나 정치적 신념, 종교 등이 다르면 대상자를 차별한다.

④ 업무와 관련하여 대상자와 가족, 의사, 간호사, 사회복지사 등과 적극적으로 협력한다.

⑤ 대상자의 사생활을 존중하되 업무상 알게 된 개인정보를 관리 책임자에게 보고한다.

07 다음 사례에서 지키지 않은 윤리적 태도는?

> 요양보호사 김씨는 2년 전부터 장기요양 2등급을 받은 할머니에게 방문요양서비스를 제공하고 있었다. 그러던 중 배우자인 할아버지가 치매진단을 받고 점점 악화되어 장기요양 3등급을 받게 되었다. 그러자 분가하여 살고 있던 장남이 오전에는 할머니를, 오후에는 할아버지를 돌보아달라고 요청했다. 그러나 요양보호사는 할아버지가 남자분이라 돌보고 싶지 않다며 다른 요양보호사에게 부탁을 하라고 했다.

① 대상자를 차별 대우 하지 않는다.

② 지속적으로 학습하고 자신을 계발해야 한다.

③ 처음 동기를 점검하고 겸손한 태도를 유지한다.

④ 업무와 관련된 직업인들과 상호 협조하는 자세를 갖는다.

⑤ 성실하고 침착한 태도로 책임감을 갖고 업무활동을 해야 한다.

08 다음에서 설명하는 시설 생활노인 권리보호를 위한 윤리강령은?

> • 노인의 건강상태, 질병과 증상, 치료 및 투약 등에 관한 상세한 내용을 숙지하고 적절한 요양 서비스를 제공해야 한다.
> • 개인적 선호와 건강 및 기능 상태에 따라 다양한 영양급식을 제공해야 한다.
> • 시설은 종사자의 능력 계발을 위한 직무훈련과 교육기회를 충분히 부여하여 이들의 수발 및 서비스 능력을 제고하여야 한다.

① 질 높은 서비스를 받을 권리   ② 신체적 제한을 받지 않을 권리

③ 사생활 및 비밀 보장에 대한 권리   ④ 불평의 표현과 해결을 요구할 권리

⑤ 정보접근과 자기 결정권 행사의 권리

09 다음 보기에서 설명하는 학대 유형은?

> • 거동이 불편한 노인의 의식주 등 일상생활 관련 보호를 제공하지 않는다.
> • 경제적 능력이 없는 노인의 생존을 위한 생활비를 중단한다.
> • 의료 관련 욕구가 있는 노인에게 의료적 보호를 제공하지 않는다.

① 방임   ② 자기방임   ③ 신체적 학대

④ 경제 학대   ⑤ 정서적 학대

10 근골격계질환의 위험요인으로 옳은 것은?

① 미리 준비하고 힘을 쓸 경우   ② 평평하게 고르지 않은 바닥에서 작업할 경우

③ 안정적인 자세로 작업을 하는 경우   ④ 정비·수리가 되어 있는 보행로를 이용하는 경우

⑤ 허리를 펴거나 구부려서 스트레칭을 하는 경우

11 옴에 대한 설명으로 옳은 것은?

① 개인위생을 철저히 해야 한다.

② 대상자만 치료받아도 완쾌가 가능하다.

③ 내의류 침구류는 여러번 세탁한다.

④ 알레르기와 같은 증상이므로 집에서 안정을 취한다.

⑤ 옴은 옴진드기에 의하여 발생하고 감염력은 약한 편이다.

12 자신에게 익숙한 습관적인 태도나 방법을 고수하게 되는 심리적 특성은?

① 시간전망의 변화　　　② 경직성의 증가　　　③ 유산을 남기려는 경향

④ 생에 대한 회고의 경향　　　⑤ 내향성 및 수동성의 증가

13 노인성 질환의 특성으로 옳은 것은?

① 젊은 사람보다 약물에 둔감하게 반응한다.

② 비교적 경과가 짧다.

③ 약물 성분이 신체 내에 오래 남지 않는다.

④ 수분과 전해질의 균형이 깨지기 쉽다.

⑤ 완치되면 재발하기 어렵다.

14 다음은 장기요양서비스의 이용절차이다. 빈칸의 절차로 옳은 것은?

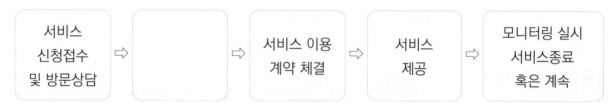

| 서비스
신청접수
및 방문상담 | ⇨ | | ⇨ | 서비스 이용
계약 체결 | ⇨ | 서비스
제공 | ⇨ | 모니터링 실시
서비스종료
혹은 계속 |

① 서비스 이용 계약　　　　　　② 서비스 제공 구두약속

③ 서비스 제공 명령서 작성　　　④ 장기요양이용계획서 작성

⑤ 서비스 제공 계획 수립

15 다음 보기가 설명하는 요양보호기록의 목적으로 옳은 것은?

> • 전문적이고 체계적으로 기록한다.
> • 제공된 서비스를 점검하고 평가하는 데 중요한 역할을 한다.

① 지도, 관리를 받는 데 도움이 된다.

② 서비스의 연속성을 유지할 수 있다.

③ 요양보호사의 활동을 입증할 수 있다.

④ 질 높은 서비스를 제공하는 데 도움이 된다.

⑤ 전문가와의 업무협조 및 의사소통을 원활히 할 수 있다.

16 서면보고를 하는 경우로 옳은 것은?

① 급할 때 　　　　　② 사안이 가벼울 때 　　　　　③ 일상업무의 사전보고

④ 정확성을 필요로 할 때 　　　⑤ 장기를 요하는 업무의 중간경과를 보고할 때

17 녹내장의 증상으로 옳은 것은?

① 좁은 시야와 안구 통증 　　　② 옆으로 퍼진 시야 　　　　③ 통증 없이 흐려진 시력

④ 불빛 주위에 무지개가 보임 ⑤ 노란색으로 혼탁한 각막

18 다음 보기가 설명하는 임종적응단계는?

> • 자신이 아무리 죽음을 부정하고 부인해도 피할 수 없는 상황임을 알고, 제3의 길을 선택한다.
> • "그래, 내게 이런 일이 벌어졌어. 인정해. 그래도 우리 아이가 시집갈 때까지만 살게 해 주세요." 등으로 말할 수 있다.

① 분노 　　　　② 타협 　　　　③ 우울 　　　　④ 수용 　　　　⑤ 부정

19 소화기계 질환으로 옳은 것은?

① 위염 　　　　② 치매 　　　　③ 중풍 　　　　④ 고혈압 　　　　⑤ 당뇨병

20 대장암에 걸린 대상자에게 할 수 있는 치료 및 예방으로 옳은 것은?

① 수술은 최후에 하게 되는 치료법이다.

② 완치되면 정기검진은 필요없다.

③ 화학요법은 사용하지 않는다.

④ 신선한 공기를 마시게 하는 것이 가장 좋은 재발방지법이다.

⑤ 재발을 예방하기 위해 보조적으로 화학요법과 방사능요법을 시행하기도 한다.

21 다음과 같은 요양보호사의 행동 중에서 적절한 것은?

① 대상자가 식사를 하지 않자 식사를 전부 치웠다.

② 대상자가 관장을 해 달라고 하자 간호사에게 보고하였다.

③ 변비가 심한 대상자의 보호자에게 하제를 사 오라고 하였다.

④ 보호자가 와서 대상자의 상태를 물어보자 위암인 것 같다고 말하였다.

⑤ 대상자의 대변이 콜라색을 띄고 있어서 가족에게만 연락을 해 주었다.

22 다음 보기에서 설명하고 있는 질환명은?

> 음식물이나 이물질이 기도 내로 넘어가 기관지나 폐에 염증을 유발함

① 흡인성 폐렴   ② 세균성 폐렴

③ 바이러스성 폐렴   ④ 천식

⑤ 폐결핵

23 고혈압의 약물치료에 대한 설명으로 옳은 것은?

① 혈압약의 결정은 약사와 잘 상의해야 한다.

② 증상이 없으면 치료하지 않아도 된다.

③ 혈압약을 오래 먹으면 몸이 약해지므로 되도록 복용하지 않는다.

④ 고혈압이 계속되면 의사와 상의해서 약을 바꾸거나 정밀검사를 받아야 한다.

⑤ 두통 등의 증상이 있을 때만 약을 먹는다.

24 동맥경화증의 예방 방법으로 옳은 것은?

① 저염식이와 저지방식이를 섭취한다.

② 혈압이 낮으면 혈액순환 장애가 오므로 혈압을 높인다.

③ 운동은 몸에 무리를 줄 수 있으므로 되도록 삼간다.

④ 흡연 시 발생하는 이산화탄소는 동맥의 바깥쪽 벽을 손상시키므로 금연한다.

⑤ 당뇨병은 혈중 지방 수치를 저하시키므로 혈당을 조절한다.

25 가정에서의 낙상 예방 주의사항으로 옳은 것은?

① 집안의 조명은 은은하게 한다.

② 방 문턱은 옛 문화를 고려하여 남겨두도록 한다.

③ 화장실 앞에는 매트를 깔아주어 미끄럼을 방지한다.

④ 신발은 욕실에서는 미끄러질 수 있으므로 신지 않도록 한다.

⑤ 신발의 굽은 적당히 있는 것으로 준비하여 바지가 끌리지 않게 한다.

26 요실금의 치료방법으로 옳은 것은?

① 요실금은 치료가 불가능하다.

② 골반운동은 방광에 악영향을 미칠 수 있다.

③ 수분섭취는 방광기능을 유지하는 데 도움이 된다.

④ 약물요법보다 수분섭취에 더 신경을 쓰도록 한다.

⑤ 식이섬유소의 섭취는 신장에 무리를 주므로 제한한다.

27 대상포진에 대한 설명으로 옳은 것은?

① 몸통 부위에 띠 모양으로 작은 수포가 발생한다.

② 수두 바이러스가 신체 저항력이 강해질 경우에 갑자기 증식한다.

③ 과로나 스트레스와는 상관이 없다.

④ 주로 10대에 많이 발병한다.

⑤ 과거에 수두를 앓았던 사람은 발병하지 않는다.

28 다음 중 치매 단계별 특징이 바르게 연결된 것은?

① 중기 – 주변에서 문제를 알아차리기 시작하는 수준

② 초기 - 과거 기억의 부분적 상실 수준

③ 말기 - 독립적인 생활이 불가능한 수준

④ 중기 - 어느 정도 혼자서 지낼 수 있는 수준

⑤ 초기 - 도움 없이는 혼자 지낼 수 없는 수준

29 노화에 따른 감각기계의 변화에 대한 설명으로 옳은 것은?

① 눈물의 양이 늘어난다.　　② 나이가 들어 지방은 늘어난다.

③ 결막은 두꺼워지고 누렇게 변한다.　　④ 남녀 모두 눈썹은 거칠어진다.

⑤ 눈꺼풀이 처지고 눈이 깊게 들어간다.

30 당뇨병 치료를 하는 목적으로 가장 옳은 것은?

① 완치가 되도록 돕는 것이다.　　② 혈압이 떨어지도록 돕는 것이다.

③ 혈당이 낮아지도록 돕는 것이다.　　④ 합병증이 생기지 않도록 돕는 것이다.

⑤ 운동과 일상생활이 가능하도록 돕는 것이다.

31 노인들에게 주로 나타나는 것으로 손상과 사망의 주요 원인이 되는 것은?

① 낙상   ② 욕창   ③ 폐렴

④ 결핵   ⑤ 독감

32 임종 대상자의 가족에 대한 요양보호로 옳은 것은?

① 장례식장과 장지에 따라가서 도움을 준다.

② "곧 괜찮아질 거예요." "아무 염려 마세요."라고 격려한다.

③ "힘드시지요?" "수고 많으셨어요."라고 공감하고 위로한다.

④ 슬픔의 감정을 빨리 정리하라고 한다.

⑤ 가족이 대상자에게 잘못했던 일들을 이야기하여 죄책감을 느끼게 한다.

33 전기사고에 대비하는 요양보호사의 활동으로 옳은 것은?

① 전선의 파손이 있는지를 미리 살펴본다.

② 연결코드를 사용해야 전기사고를 예방할 수 있다.

③ 전기기구를 사용하기 전에 사용설명서는 파기한다.

④ 전기기구 사용 시 냄새가 나는 것은 자연스러운 일이므로 계속 사용한다.

⑤ 하나의 콘서트에 여러개의 전기코드를 꽂아 사용하여 효율성을 높인다.

34 욕창 증상의 초기 대처법으로 옳은 것은?

① 겨울철에도 30분 정도 햇볕을 쪼인다.

② 차가운 물수건으로 찜질하고 마른 수건으로 물기를 닦아낸다.

③ 차가운 바람으로 건조시킨다.

④ 주위를 나선형을 그리듯 마사지하고 가볍게 두드려 혈액순환을 촉진한다.

⑤ 파우더를 발라준다.

35 주로 휠체어에서 시간을 보내는 대상자의 욕창예방을 위한 자세 변경 주기는?

① 30분마다   ② 1시간마다

③ 2시간마다   ④ 3시간마다

⑤ 앉아있을 때는 자세를 변경하지 않아도 괜찮다.

01 섭취요양을 도울 때 요양보호사가 고려할 사항으로 가장 적절한 것은?

① 대상자의 소화능력을 고려해야 한다.

② 정확한 시간을 맞추어 음식을 제공해야 한다.

③ 대상자가 요구하는 음식만 제공해야 한다.

④ 반드시 정량의 음식을 섭취하도록 해야 한다.

⑤ 대상자에게 바른 식사 습관을 가르쳐주어야 한다.

02 대상자가 음식섭취 중에 사레가 걸리지 않도록 예방하는 방법은?

① 상체를 뒤로 젖히도록 한다.

② 턱을 위쪽으로 드는 자세를 취하도록 한다.

③ 음식을 먹기 전에는 물을 먼저 주지 않도록 한다.

④ 의자에 앉을 수 없는 대상자는 몸의 윗부분을 높게 해 준다.

⑤ 음식을 먹는 도중에는 맛이 어떤지 물어보아 욕구를 맞춰준다.

03 대상자에게 경관영양을 해야 하는 경우는?

① 식사를 거부하는 경우

② 대상자가 원하는 경우

③ 마비가 올 수도 있다고 의사가 진단한 경우

④ 보호자들이 경관 영양액을 가져와 요청하는 경우

⑤ 수술을 했거나 마비가 있어 음식을 삼킬 수 없는 경우

04 투약돕기 할 때의 방법으로 옳은 것은?

① 물약은 뚜껑 안쪽이 밑으로 가도록 놓아야 한다.

② 녹인 가루약은 바늘을 제거한 주사기를 사용한다.

③ 약의 용량이 적을 때는 2회분을 한 번에 투약한다.

④ 물약을 더 따랐을 경우엔 양을 맞추기 위해 병에 부었다 따른다.

⑤ 약을 따르기 전에 약물을 섞으면 안된다.

05 안연고를 투여할 때의 방법으로 올바른 것은?

① 처음 나오는 것은 거즈로 닦아 버린다.

② 안연고 뚜껑은 물휴지로 깨끗이 닦은 후 닫는다.

③ 눈꺼풀 밖으로 나온 남은 안연고는 휴지로 닦아준다.

④ 안연고를 바른 후 눈을 감고 안구를 부드럽게 두드려 준다.

⑤ 하부 결막낭 위에서 바깥쪽부터 안쪽으로 2cm정도 짜 넣는다.

06 알약을 보관할 때의 고려사항으로 옳은 것은?

① 햇빛을 피해 보관한다.

② 따뜻한 온도에서 보관하도록 한다.

③ 적정한 습도가 유지되도록 하여 보관한다.

④ 색이 없는 투명한 병에 넣어 보관하는 것이 더 좋다.

⑤ 원래의 약병에 계속 두지 말고 적절한 병을 선택하여 옮겨 보관한다.

07 그림과 같은 방법으로 휠체어를 이동해야 하는 상황은?

① 오르막길을 올라갈 때

② 평지를 이동할 때

③ 내리막길을 내려갈 때

④ 문턱을 오를 때

⑤ 엘리베이터에 탈 때

08 휠체어를 사용하는 대상자의 배설돕기 방법으로 옳은 것은?

① 휠체어와 침상은 30cm 이상 떼어 놓는다.

② 휠체어는 침상에 비스듬히 놓되 90° 각도로 놓는다.

③ 편마비 대상자의 경우 마비된 쪽에 휠체어를 놓는다.

④ 발 받침대는 미리 내려놓아 바로 이용할 수 있도록 한다.

⑤ 옮기는 동안 대상자가 다치지 않도록 휠체어를 고정한다.

09 다음 중 보행기 사용법으로 옳은 것은?

①

②

③

④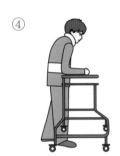

⑤

10 유치도뇨관을 사용하는 대상자를 돕는 방법으로 옳은 것은?

① 보행하지 못하도록 주의한다.

② 소변량은 4~5시간마다 확인해야 한다.

③ 금기사항이 없는 한 수분섭취를 권장한다.

④ 소변주머니가 방광 위에 있도록 확인해야 한다.

⑤ 하루에 한 번씩 유치도뇨관을 교체해 주어야 한다.

11 이동변기를 사용하는 대상자의 배설이 어려울 때 돕는 방법으로 적절한 것은?

① 찬물을 한 컵 마시도록 해 준다.

② 미지근한 물로 둔부 마사지를 해 준다.

③ 말로 표현하도록 하여 변의를 강화해 준다.

④ 미지근한 물을 항문이나 요도에 끼얹어 준다.

⑤ 요의를 호소하면 즉시 도와 주고, 변의는 확실할 때까지 기다린다.

12 피부와 근육이 수축하여 요의나 변의가 감소되는 것을 방지하기 위한 방법은?

① 무릎덮개를 덮어준다.

② 방수포를 깔아주도록 한다.

③ 커튼이나 스크린으로 가려준다.

④ 변기 밑에 화장지를 깔아 놓는다.

⑤ 변기를 따뜻한 물로 데워 놓는다.

13 대상자에게 제공하는 서비스 중 개인위생 활동에 해당하는 것은?

① 손톱관리　　　② 욕창예방　　　③ 시장보기　　　④ 화장실 청소　　　⑤ 세탁물 관리

14 의치를 뜨거운 물에 헹굴 때 나타나는 현상은?

① 깨끗함을 유지할 수 있다.

② 금 가는 것을 방지할 수 있다.

③ 세균이 완전히 박멸될 수 있다.

④ 모양이 틀어지고 변할 수 있다.

⑤ 모양을 반듯하게 잡을 수 있다.

15 대상자에게 의치를 끼울 때의 방법으로 옳은 것은?

① 의치 삽입 전에 입을 헹군다.

② 의치를 삽입한 후에 입을 헹군다.

③ 윗니를 끼울 때는 상하로 움직여 끼운다.

④ 아랫니를 끼울 때는 상하로 움직여 끼운다.

⑤ 의치를 끼운 후엔 붕산수에 묻힌 솜으로 입술을 닦아준다.

16 다음 중 올바르게 깎은 손톱과 발톱 모양은?

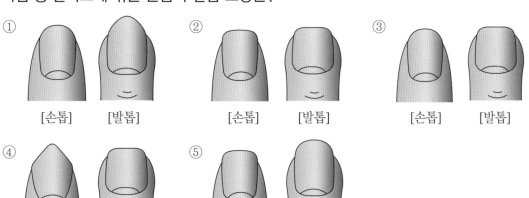

17 목욕돕기를 할 때 요양보호사가 지켜야 할 것으로 올바른 것은?

① 열이 날 때는 냉수를 이용하도록 한다.

② 목욕시간은 한 시간 전후로 하도록 한다.

③ 욕조에 손잡이를 설치해 안전사고를 예방한다.

④ 혈압상승 가능성이 있을 때는 빨리 끝내도록 한다.

⑤ 안전사고 예방을 위해 대상자 스스로 하는 것은 절대로 금지한다.

18 대상자가 주거하는 침상환경으로 적절한 것은?

① 직사광선 유지

② 60% 이상 습도 유지

③ 은은한 조명

④ 침구는 나일론제품 사용

⑤ 전체 공간 일정한 온도 유지

19 대상자의 신체정렬를 할 때 유의해야 할 것은?

① 정해진 동작만으로 고정해야 한다.

② 정상적인 움직임이라도 제한해야 한다.

③ 불편해도 적절한 상황에 맞추어야 한다.

④ 관절의 배열이나 각도 등이 자연스러워야 한다.

⑤ 불편한 상황에서도 신체정렬은 반드시 해야 한다.

20 침대의 오른쪽 또는 왼쪽으로 대상자를 이동하는 방법으로 옳은 것은?

① 머리에 베게를 받쳐주지 않는다.

② 상반신과 하반신을 동시에 이동한다.

③ 엎드린 자세로 한 다음에 굴려 이동한다.

④ 하반신은 대상자 스스로 이동하도록 한다.

⑤ 상반신과 하반신을 나누어 이동한다.

21 대상자가 침대에서 돌아눕기를 할 때의 정상반응은?

① 무릎관절이 펴진다.

② 엉덩관절이 굳어진다.

③ 엉덩이가 뒤로 이동한다.

④ 어깨가 가장 먼저 돌아간다.

⑤ 어깨, 얼굴, 엉덩이 순으로 돌아눕게 된다.

22 오래 누워있는 대상자에게 체위변경을 통해 지원할 수 있는 것으로 가장 중요한 것은?

① 기분전환을 도와줄 수 있다.　　　② 압력을 집중시켜 줄 수 있다.

③ 욕창발생을 예방해 줄 수 있다.　　④ 혈전이 생기는 것을 도와줄 수 있다.

⑤ 소화기능을 원활하게 도와줄 수 있다.

23 다음 그림의 자세에 대한 내용으로 맞는 것은?

① 관장할 때의 자세이다.

② 엉덩이를 뒤로 이동시켜 주면 불편해진다.

③ 둔부에 압력이 필요할 때 취하는 자세이다.

④ 엉덩관절은 반듯하게 하고 무릎관절은 굽혀 준다.

⑤ 가슴 앞에 베개를 놓게 되면 불편하므로 놓지 않도록 한다.

24 울퉁불퉁한 길에서 휠체어로 이동할 때의 내용으로 옳은 것은?

① 큰 바퀴를 들어주어야 한다.

② 작은 앞바퀴가 지면에 닿게 밀어야 한다.

③ 작은 앞바퀴가 지면에 닿으면 진동을 덜 느낀다.

④ 앞바퀴를 들어 올려 살짝 뒤로 젖힌 상태에서 이동한다.

⑤ 작은 앞바퀴가 지면에 닿게 되면 밀기가 수월해진다.

25 보행돕기를 할 때 요양보호사의 위치로 적절한 것은?

① 대상자의 기능이 안정된 쪽에 선다.

② 대상자의 기능이 불안정한 쪽에 선다.

③ 대상자의 기능과 관계없이 앞쪽에 선다.

④ 대상자의 기능과 관계없이 뒤쪽에 선다.

⑤ 대상자의 기능과 관계없이 양쪽 어느 곳이든 무방하다.

26 복지용구가 필요할 때 구입할 수 있는 복지용구는?

① 전동침대   ② 경사로   ③ 이동변기

④ 이동욕조   ⑤ 배회감지기

27 편마비 대상자를 옆에서 일으켜 세울 때 요양보호사의 발의 위치는?

① 대상자의 건강한 발 바로 뒤   ② 대상자의 마비된 발 바로 앞

③ 대상자의 양쪽 발 사이   ④ 대상자의 건강한 발 바로 앞

⑤ 대상자의 마비된 발 바로 뒤

28 다음의 보기가 설명하는 것은 무엇인가?

> 음식물을 입 안에서 잘게 씹어 소화액과 접촉하는 면적을 크게 하고 침과 잘 섞이게 하여 소화기관에서 소화흡수를 돕는 작용

① 흡수능력   ② 소화능력   ③ 연하능력

④ 배설능력   ⑤ 저작능력

29 외출동행을 해야 할 때 요양보호사가 해야 할 일로 적절한 것은?

① 보호자의 욕구여부를 점검해야 한다.

② 요양보호를 하는 시간에 외출은 하지 않는다.

③ 요양보호사의 상황을 고려하여 피하도록 한다.

④ 대상자의 컨디션을 충분히 고려하여 계획을 조정한다.

⑤ 보호자의 욕구를 확인하여 외출 및 일상 업무 지원계획을 세운다.

30 편마비대상자가 지팡이를 사용하여 계단을 오를 때의 올바른 보행 순서는?

① 건강한 다리 → 지팡이 → 마비된 다리

② 마비된 다리 → 지팡이 → 건강한 다리

③ 건강한 다리 → 마비된 다리 → 지팡이

④ 지팡이 → 마비된 다리 → 건강한 다리

⑤ 지팡이 → 건강한 다리 → 마비된 다리

31 치매 대상자를 위한 구강위생 시에 고려할 사항으로 옳은 것은?

① 의치는 될 수 있으면 하지 않는다.

② 의치가 잘 맞지 않으면 새로 맞춘다.

③ 딱딱한 칫솔모를 사용하여 잇몸출혈을 방지한다.

④ 의치는 반나절 정도 제거하여 잇몸의 무리를 주지 않는다.

⑤ 편마비 대상자는 음식물이 한 쪽으로 모여 있지 않도록 신경쓴다.

32 반복적 질문이나 행동을 하는 치매 대상자에게 대처하는 방법으로 옳은 것은?

① 주의를 환기시킨다.

② 행동 교정을 통해 고치도록 한다.

③ 가능한 한 반복적인 행동을 고쳐서 안정된 생활을 하게 한다.

④ 똑같은 질문에 확실한 답변을 주어 추가 질문을 하지 않도록 한다.

⑤ 자신이 스스로 할 수 없다는 것을 인식시켜 행동을 중지하도록 한다.

33 배회 증상이 있는 치매 대상자를 돕는 방법으로 옳은 것은?

① 집중할 수 있는 복잡한 일거리를 준다.

② 안전한 환경을 조성하고 소음이 없도록 유지한다.

③ 신체적 손상의 방지를 위해 방에서 나가지 않도록 한다.

④ 혼돈을 줄 수 있으므로 올바른 시간과 장소는 알려 주지 않도록 한다.

⑤ 배회 가능성이 있는 대상자를 감시하기 위해 CCTV를 설치한다.

34 치매 대상자의 안전을 위해 취해야 할 행동으로 옳은 것은?

① 위험한 것을 만지지 않도록 알려준다.

② 대상자에게 위험이 될 만한 물건을 없앤다.

③ 사고를 당할 위험이 높은 것을 대상자에게는 숨긴다.

④ 잠금장치를 모든 방마다 하여 안정감을 느끼게 한다.

⑤ 현관 밖에 잠금장치를 하여 밖으로 나오는 것을 예방한다.

35 치매 대상자와 언어적으로 의사소통을 할 때 지켜야 할 사항으로 옳은 것은?

① 대상자의 속도에 맞춘다.

② 되도록 어려운 단어를 사용한다.

③ 혼돈하지 않도록 한 번만 설명한다.

④ 아이와 같음을 기억하고 아이대하듯 대화한다.

⑤ 한 번에 여러가지 일을 하도록 설명한다.

36 보기에서 설명하고 있는 의사소통에 해당하는 것은?

- 옛날에 즐겨 부르던 노래를 부른다.
- 옛날을 회상하면서 대화를 한다.

① 과거를 회상하는 의사소통

② 항상 현실을 알려 주는 의사소통

③ 일상적인 어휘를 사용하는 의사소통

④ 간단한 단어 및 이해할 수 있는 표현을 사용하는 의사소통

⑤ 대상자에게 한 번에 한 가지씩 일을 하도록 설명하는 의사소통

37 치매 초기 단계의 대상자와 의사소통 방법으로 옳은 것은?

① 대상자가 응답할 시간을 충분히 준다.

② 간단하고 직접적인 언어 사용을 피한다.

③ 중요한 이야기는 한 번만 말한다.

④ 뜻이 다른 의미의 단어를 사용해서 다시 설명한다.

⑤ 줄여서 간략화된 단어를 사용한다.

38 다음과 같이 치매대상자가 말을 할 때 공감적 반응보이기로 옳은 것은?

"요양보호사님은 나를 어린애 취급하는 것 같은데 나를 성인으로 대해주세요. 양치질하라, 속옷 갈아입으라고 명령하고, 하지 않으면 신경질 내잖아요."

① 저도 그러긴 싫은데 제 일이라 어쩔 수가 없어요. 할머니가 이해해주세요.

② 제가 할머니의 개인위생에 대해 일일이 간섭하는 듯해서 성가시고 화나셨군요.

③ 그런 식으로 말하지 마세요. 할머니는 어린아이처럼 스스로 못 챙기고 계시잖아요.

④ 할머니가 스스로 잘 하시면 이런 소리도 안하잖아요. 빨리 건강해 지셔서 스스로 알아서 하세요.

⑤ 할머니가 말씀하시는 게 옳을지도 몰라요. 사실 저도 할머니를 성인으로 인정하고 그런 일들은 신경 쓰고 싶지 않거든요.

39 의사소통 중 나-전달법의 내용으로 옳은 것은?

① 원하는 바를 간략하게 말한다.

② 나의 행동과 상황을 그대로 비난 없이 말한다.

③ 생각이나 감정을 전달할 때는 너를 주어로 한다.

④ 그 상황에 대해 상대방이 느끼는 바를 진솔하게 물어본다.

⑤ 상대방의 행동이 나에게 미치는 영향을 구체적으로 말한다.

40 노인성 난청 대상자와의 의사소통 방법으로 옳은 것은?

① 차분하면서도 빠르게 말을 한다.

② 비언어적 의사소통을 주로 한다.

③ 보청기를 사용할 때마다 건전지를 교환한다.

④ 보청기를 착용할 때는 입력은 낮게, 출력은 크게 한다.

⑤ 밝은 방에서 입모양을 볼 수 있도록 시선을 맞추며 말한다.

41 신체적 기능 감소를 예방하고 노후 적응, 심리적 안정감, 생활만족도에 영향을 주는 노인의 활동은 무엇인가?

① 노후 활동　　　　② 여가 활동　　　　③ 자원 봉사
④ 사회 활동　　　　⑤ 소일 활동

42 생명의 위험이나 증상 악화를 방지하기 위해 긴급히 필요한 처치를 무엇이라 하는가?

① 인명구조　　　　② 응급처치　　　　③ 응급치료
④ 응급요양　　　　⑤ 응급구조

43 응급 대상자를 돕는 방법으로 옳은 것은?

① 대상자의 안전에만 주의를 기울인다.

② 대상자의 상태를 파악하기 전에 119에 먼저 신고해야 한다.

③ 대상자를 안전한 병원으로 신속히 이동한 이후에 처치해야 한다.

④ 잘못 먹은 음식뿐만 아니라 구토물 등도 병원으로 함께 가져간다.

⑤ 침착하게 천천히 대처한다.

44 갑자기 목을 조르는 듯한 자세를 취하는 대상자에게 의심되는 증상은?

① 출혈   ② 경련

③ 골절   ④ 질식

⑤ 구토

45 출혈이 있는 대상자에 대한 대처방법으로 옳은 것은?

① 멸균 거즈 위에 압박붕대를 감는다.

② 깨끗한 장갑을 착용하고 출혈 부위를 감싼다.

③ 거즈를 단단히 묶어 혈액순환이 유지되도록 한다.

④ 출혈 부위에 압력을 가하지 않도록 한다.

⑤ 출혈부위는 압박하면서 심장보다 낮게 위치하도록 한다.

요양보호사 국가자격시험 대비
제2회 적중모의고사

1교시 필기 / 2교시 실기

문제유형	홀수형	짝수형
	○	○

성명

응시자 준수사항

1. 시험시작 전 과목편철순서, 문제누락, 인쇄상태의 이상유무를 확인합니다.

2. 시험이 시작되면 문제를 주의 깊게 읽은 후 문항의 취지에 가장 적합한 하나의 정답만을 선택하며, 문제내용에 관한 질문은 받지 않습니다.

3. 시험 종료 즉시 답안지를 제출하여야 하며, 부정한 방법으로 시험에 응시하거나 동 시험에서 부정행위를 한 자에 대하여는 노인복지법 시행규칙 제29조의7항에 의거 그 시험의 응시를 정지시키고 시험을 무효로 합니다.

01 다음 중 옳게 짝지워 진 것은?

① 노인주거복지시설 - 노인요양시설

② 재가노인복지시설 - 단기보호서비스

③ 노인의료복지시설 - 양로시설

④ 노인보호전문기관 - 노인일자리 지원기관

⑤ 노인여가복지시설 - 방문요양서비스

02 다음 보기가 설명하는 장기요양등급은 몇 등급인가?

• 심신의 기능 상태 장애로 일상생활에서 부분적으로 다른 사람의 도움이 필요한 자
• 장기요양 인정 점수 60점 이상 75점 미만

① 1등급   ② 2등급   ③ 3등급

④ 4등급   ⑤ 5등급

03 다음은 장기요양판정 절차이다. 빈칸에 들어갈 알맞은 절차는?

신청 → 방문조사 → 1차 판정 → 의사소견서 제출 → (　　　　　　) → 등급판정

① 장기요양위원회 개최

② 등급구별위원회 개최

③ 장기요양조정위원회 개최

④ 방문 재조사

⑤ 등급판정위원회 개최

04 매슬로의 인간의 욕구 이론 중에서 기본적 욕구에 해당하는 것은?

① 사랑의 욕구   ② 소속의 욕구

③ 생리적 욕구   ④ 안전의 욕구

⑤ 자아실현의 욕구

05 다음 보기는 요양보호사의 역할 중 무엇인가?

> 맥박, 호흡, 체온, 혈압 등의 변화와 투약여부 질병의 변화에 대한 증상뿐만 아니라 심리적인 변화까지 관찰한다.

① 관찰자 역할   ② 정보 전달자 역할   ③ 동기 유발자 역할
④ 숙련된 수발자 역할   ⑤ 말벗과 상담자 역할

06 요양보호 활동 중 요양보호사의 직업윤리를 준수한 활동은 무엇인가?

① 늘 몸이 피곤하여 집에 돌아가면 잠자기 바쁘다.
② 단순한 업무이므로 새로운 지식과 기술은 필요 없다.
③ 자신의 결정에 따라 업무를 하고 관리 책임자에게 보고했다.
④ 업무상 알게 된 대상자의 비밀을 아무에게도 알리지 않았다.
⑤ 대상자의 의견보다는 본인의 의견에 따라 서비스를 제공했다.

07 대상자가 다른 곳은 본인부담금을 면제해 준다며 본인부담금 면제를 요구할 경우 요양보호사의 대처방법은?

① 불법행위를 신고하면 신고 포상금을 받을 수 있다고 정보를 제공한다.
② 다른 사람에게는 비밀로 하게 하고 면제해 준다.
③ 면제해 주는 다른 기관을 소개시켜 준다.
④ 본인부담금을 지불하면 나중에 돌려주겠다고 설명한다.
⑤ 본인부담금 면제는 어려우니, 서비스 시간을 늘려주겠다고 설득한다.

08 다음 보기와 같은 학대 유형은 무엇인가?

> • 친구나 친지들과 만나거나 연락하는 것을 방해한다.
> • 거취 결정에서 노인을 배제한다.

① 방임   ② 유기
③ 자기방임   ④ 경제적 학대
⑤ 정서적 학대

09 다음에서 설명하는 시설생활노인 권리보호를 위한 윤리강령은 무엇인가?

> • 입소 노인의 개인적 사생활이 농담이나 흥밋거리로 다루어져서는 안 된다.
> • 입소 노인이 원할 때 정보통신기기(유무선 전화기 등) 사용, 우편물 수발신에 제한이 있어서는 안 된다.

① 개별화된 서비스를 제공받고 선택할 권리

② 안락하고 안전한 생활환경을 제공받을 권리

③ 질 높은 서비스를 받을 권리

④ 사생활과 비밀 보장에 관한 권리

⑤ 존엄한 존재로 대우받을 권리

10 다음 사례에서 지키지 않은 윤리강령은 무엇인가?

> 요양보호사 김씨는 출근을 하기 위해 머리를 다듬은 후 반짝 반짝 빛나는 빨간색 메니큐어를 칠하고 예쁘고 짧은 미니스커트를 입었다.

① 대상자를 차별 대우하지 않는다.

② 지속적으로 지식과 기술을 습득한다.

③ 대상자의 자기 결정권을 최대한 존중한다.

④ 지시에 따라 업무를 성실히 수행하고 결과를 보고한다.

⑤ 업무수행에 방해가 되지 않도록 자기관리를 철저히 한다.

11 요양보호사의 근골격계 질환 초기치료에 대한 설명으로 옳은 것은?

① 스테로이드 주사를 너무 많이 맞으면 건이 약화된다.

② 아픈 부위를 안정시키기 위해 물리치료를 받게 한다.

③ 저주파치료는 통증을 완화하여 빠른 치유를 할 수 있다.

④ 손상부위를 심장보다 낮게 하여 모세혈관의 압력을 줄인다.

⑤ 초기치료에는 냉찜질이 좋으나 만성 통증에는 온찜질이 좋다.

12 만성질환이 있는 노인은 다른 합병증이 쉽게 올수 있어 사소한 원인으로도 중증에 빠질 수 있는 신체적 변화의 특징은?

① 세포의 노화
② 비가역적 진행
③ 잔존능력의 저하
④ 회복능력의 저하
⑤ 우울증 경향의 증가

13 다음 보기에서 설명하는 의사소통의 목적으로 옳은 것은?

> 노인은 인지장애 및 청각가능 저하 등으로 의사표현에 제약이 많다. 그렇기 때문에 서비스 대상자의 상태에 적합한 의사소통 기술을 습득하면 원활한 대화를 통해 대상자를 더 깊이 이해할 수 있다.

① 대상자에 대한 깊은 이해
② 요양보호에 필요한 정보수집
③ 타 전문직과의 원활한 업무 협조
④ 자신의 생각과 감정을 효과적으로 표현
⑤ 대상자 및 가족과의 신뢰관계 형성

14 장기요양서비스를 이용하고자 할 때 필요한 서류는?

① 의료보험증, 복지용구급여확인서
② 복지용구급여확인서, 표준장기요양이용계획서
③ 장기요양인정서, 표준장기요양이용계획서
④ 표준장기이용계획서, 등급판정확인서
⑤ 등급판정확인서, 표준장기요양이용계획서

15 다음 보기가 설명하는 요양보호기록의 목적으로 옳은 것은?

> 담당 요양보호사의 휴가, 부서 재배치, 사직 등으로 대상자를 다른 요양보호사에게 인계하거나 다른 기관에 의뢰할 경우 연계한다.

① 지도, 관리를 받는 데 도움이 된다.
② 서비스의 연속성을 유지할 수 있다.
③ 요양보호서비스의 표준화에 기여한다.
④ 요양보호사의 활동을 입증할 수 있다.
⑤ 전문가와의 업무협조 및 의사소통을 원활히 할 수 있다.

16 문장은 의미가 분명하게 전달될 수 있도록 해야 하며, 사투리나 맞춤법에 어긋나는 표현이 없도록 해야 하는 기록의 원칙으로 옳은 것은?

① 공식화된 용어를 사용한다.

② 사실을 있는 그대로 기록한다.

③ 육하원칙을 바탕으로 기록한다.

④ 기록을 미루지 말고 신속하게 작성한다.

⑤ 서비스의 과정과 결과를 정확하게 기록한다.

17 임종기 대상자의 임종 징후로 옳은 것은?

① 맥박이 빨라지고 혈압이 올라간다.

② 손발이 차가워지고 피부색이 점차 파랗게 변한다.

③ 의식이 순간 또렷해진다.

④ 대부분 누워 있게 되며 음료만 섭취한다.

⑤ 대소변을 의식하지 못하게 되고 항문이 닫힌다.

18 임종을 앞둔 대상자의 정신기능이 변화되어 혼돈상태의 대상자를 돕는 방법으로 옳은 것은?

① 대상자가 누구인지 먼저 물어본다.

② 부드럽게 말을 해서 대상자를 편안하게 한다.

③ 대상자를 편하게 해 주기 위해 최대한 말을 아낀다.

④ 대상자에게 내가 누구냐고 물어서 정신을 집중하게 한다.

⑤ 단호한 명령조로 말을 해서 정신을 차리게 한다.

19 소화기계에 대한 설명으로 옳은 것은?

① 항문은 포함되지 않는다.

② 음식이 소화되는 위에서부터 시작한다.

③ 구강, 인후, 식도, 위, 소장, 대장이 포함된다.

④ 대장은 주머니 모양을 하면서 상복부 윗부분에 위치하고 있다.

⑤ 침샘, 간, 담낭, 췌장과 같은 기관은 위장관의 내부에 위치한 분비샘이다.

20 위염에 대한 치료 및 예방으로 옳은 것은?

① 뜨겁거나 차가운 음식을 제공해 준다.

② 하루 정도 금식을 하여 위의 부담을 덜고 구토를 조절한다.

③ 금식 후에는 맵고 짠 음식으로 속을 달랜다.

④ 달거나 자극적인 음식을 제공하여 위를 자극해 준다.

⑤ 금식 시 물은 목을 축일 수 있을 정도로만 마신다.

21 위암의 증상으로 옳은 것은?

① 급격히 진행이 된다.

② 증상이 뚜렷하게 나타난다.

③ 조기 위암의 경우는 특별한 증상이 없다.

④ 체중이 급격히 증가한다.

⑤ 증상만으로도 조기위암을 진단할 수 있다.

22 변비를 일으키는 원인으로 옳은 것은?

① 복부 근육의 힘 강화

② 하제 남용으로 인한 배변반사 증가

③ 수분과 고섬유질을 포함한 음식섭취의 증가

④ 위, 대장반사 증가 및 강화에 따른 장운동 촉진

⑤ 저작능력 저하와 관련된 지나친 저잔여식이 섭취

23 대상자의 식사량이 갑자기 감소하였을 경우, 요양보호사의 올바른 대처 방안은?

① 위염인 것 같으니 병원에 가봐야 한다고 말한다.

② 먼저 가족과 상의하고 시설장이나 간호사에게 보고한다.

③ 약국에 가서 지어온 약을 건넨다.

④ 억지로 식사하지 않도록 남은 것은 바로 치웠다.

⑤ 가족에게 약을 지어올 수 있도록 권하였다.

24 심장의 노화에 따른 특성으로 옳은 것은?

① 심장은 나이가 들면서 위축된다.

② 최대심박출량과 심박동수가 감소된다.

③ 심장의 근육은 점점 얇아지면서 약해진다.

④ 근육량의 감소로 근긴장도나 탄력성도 감소한다.

⑤ 근육량의 증가로 근긴장도나 탄력성도 증가한다.

25 옴의 치료 및 예방방법으로 옳은 것은?

① 대상자와 신체접촉이 있었던 모든 사람은 증상이 나타나는 즉시 바로 치료해야 한다.

② 장갑과 가운을 착용하고 발생 부위에만 치료용 연고를 바른다.

③ 내복과 침구는 뜨거운 물로 세탁하면 바로 사용할 수 있다.

④ 완치 여부를 확인하기 위해 1주 후에 병원을 방문한다.

⑤ 옴진드기에 오염된 것으로 생각되는 사람의 침구, 옷, 수건 등과의 접촉을 금한다.

26 욕창의 단계별 증상이 옳게 짝지워진 것은?

① 3단계 : 골과 근육까지 괴사가 진행된다.

② 2단계 : 피부는 분홍색 혹은 푸른색이다.

③ 3단계 : 깊은 욕창이 생기고 괴사조직이 발생한다.

④ 2단계 : 피부를 누르면 색깔이 없어져 하얗게 보인다.

⑤ 3단계 : 피부가 벗겨지고 물집이 생기고 조직이 상한다.

27 복부 내 압력의 증가로 소변이 배출되는 현상을 무엇이라 하는가?

① 변실금   ② 절박성 요실금   ③ 복압성 요실금

④ 역류성 요실금   ⑤ 혼합성 요실금

28 인지장애와 그 내용이 바르게 연결된 것은?

① 기억력 저하 - 말문이 자주 막힘   ② 언어능력 저하 - 물건을 자주 잃어버림

③ 지남력 저하 - 요일과 날짜를 착각함   ④ 언어능력 저하 - 시간개념이 떨어짐

⑤ 지남력 저하 - 단어가 생각이 나지 않음

29 치매 말기에 나타나는 특징에 해당하는 것은?

① 보행장애와 와상상태   ② 판단력 및 수행기능 저하

③ 언어이해 및 표현력 장애   ④ 과거 기억의 부분적 상실

⑤ 시간 및 장소 지남력 장애

30 다음 보기에서 설명하고 있는 질환은?

> 수정체가 혼탁해져 빛이 들어가지 못하여 시력장애가 발생하는 질환

① 노안   ② 녹내장   ③ 백내장

④ 황내장   ⑤ 안구건조증

31 욕창에 대한 설명으로 가장 적절한 것은?

① 화상으로 인해 표피가 벗겨진 상태

② 바닥면과의 마찰로 피부가 벗겨진 상태

③ 상처로 인하여 피부에 염증이 발생한 상태

④ 피부가 눌려서 일시적으로 하얗게 된 상태

⑤ 바닥면과 접촉되는 피부에 괴사가 일어난 상태

32 균형을 잃으면서 몸의 위치보다 낮은 곳으로 넘어지거나 주저앉거나 바닥에 눕는 것을 무엇이라 하는가?

① 욕창   ② 와상   ③ 낙상

④ 뇌졸증   ⑤ 뇌전증

33 상대방과의 의사소통에 영향을 많이 미치는 순서대로 나열한 것은?

① 얼굴 - 목소리 - 말의 내용   ② 목소리 - 말의 내용 - 얼굴

③ 얼굴 - 말의 내용 - 목소리   ④ 목소리 - 얼굴 - 말의 내용

⑤ 말의 내용 - 얼굴 - 목소리

정답 및 해설 300쪽

34 화재예방을 위한 요양보호사의 활동으로 옳은 것은?

① 난로 곁에 젖은 빨래를 널어놓아 화재를 예방한다.

② 기름을 사용하여 조리할 때는 기름이 튈 수 있으므로 자리를 뜨도록 한다.

③ 소화기 사용법을 요양보호사가 알아야 할 필요는 없다.

④ 일을 마치고 떠날 때는 전기, 가스 등이 꺼졌는지 확인한다.

⑤ 일을 마치고 떠날 때는 다음 날 사용을 위해 전기플러그를 꽂아둔다.

35 대상자의 분비물 처리 시 유의사항으로 옳은 것은?

① 배설물을 만질 때는 반드시 장갑을 착용한다.

② 다른 쓰레기들과 같은 쓰레기통에 버린다.

③ 가정에서는 배설물이 묻었을 경우 다른 의류와 같이 세탁한다.

④ 혈액이 묻었을 경우 더운물로 닦고 찬물로 헹군다.

⑤ 장갑을 착용하기 때문에 처리 후에는 물에 손만 헹구어도 된다.

01 다음 보기와 같은 상황에서 요양보호사의 대처 방안으로 옳은 것은?

> 요양보호사가 70대 어르신 댁에서 집 안 청소를 하고 있는데, 느닷없이 어르신이 요양보호사의 손을 붙잡고 쓰다듬었다. 요양보호사는 싫다는 의사를 분명히 표현했지만, 손 좀 만지는데 어떠냐며 오히려 목청을 높였다.

① 죄송하다고 사과한다.　　　　② 어르신을 이해하려 애쓴다.

③ 감정적으로 같이 목청을 높인다.　　④ 모르는 척 그 자리를 피한다.

⑤ 대상자의 가족과 관리책임자에게 알리겠다고 전한다.

02 식사 돕기 시 요양보호사의 준비로 적절한 것은?

① 환기를 시키고 조명을 약간 어둡게 한다.

② 대상자가 직접 식사하는 일이 없도록 도울 준비를 완벽하게 한다.

③ 식사 전에는 입맛이 떨어질 수 있으니 배설문제를 건드리지 않는다.

④ 대상자의 상태에 맞춰 최대한 스스로 음식을 먹을 수 있도록 격려한다.

⑤ 어떤 음식이 나올지 알면 호기심을 반감될 수 있으므로 알려지지 않도록 주의한다.

03 경관영양을 돕는 방법으로 가장 적절한 것은?

① 영양주머니는 매번 삶아 소독해야 한다.

② 식사 시작은 알리고 식사마침은 조용히 물린다.

③ 비위관은 반창고 등으로 붙이면 상처가 날 수 있어 금한다.

④ 영양액은 유효기한이 지났을 경우, 그것부터 빨리 사용해야 한다.

⑤ 의식이 없는 대상자라도 청각이 남아 있음을 기억하고 대해야 한다.

04 대상자에게 물약을 투약할 때의 방법으로 옳은 것은?

① 혼탁해 보이면 흔들어서 투약해야 한다.　　② 라벨이 붙은 쪽이 손바닥에 오도록 쥔다.

③ 약물을 흔들지 않도록 한다.　　④ 라벨이 붙은 쪽 방향으로 용액을 따라야 한다.

⑤ 양이 적을 때는 물을 섞어 양을 맞추도록 한다.

05 안연고를 투여할 때 투여위치로 옳은 것은?

① 상부 결막낭 위 바깥쪽에서 안쪽으로 2cm ② 상부 결막낭 위 안쪽에서 바깥쪽으로 2cm

③ 하부 결막낭 위 바깥쪽에서 안쪽으로 2cm ④ 하부 결막낭 위 안쪽에서 바깥쪽으로 2cm

⑤ 하부 결막낭 위 위쪽에서 아래쪽으로 2cm

06 대상자에게 귀약을 투여할 때 약물이 귀 안쪽으로 잘 들어가도록 하기 위해서 귓바퀴는 잡아당기는 방향으로 옳은 것은?

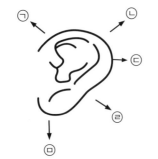

① ㄱ

② ㄴ

③ ㄷ

④ ㄹ

⑤ ㅁ

07 대상자의 배설을 도울 때 지켜야 할 것으로 올바른 것은?

① 지시에 따라 협조할 수 있도록 교육한다.

② 배설물을 치울 때는 대상자와 함께 치우도록 한다.

③ 불편하지 않도록 될 수 있으면 눈길을 마주치지 않는다.

④ 스스로 배설을 시도할 수 있도록 약간의 수치감을 형성해 주도록 한다.

⑤ 처리할 수 있는 부분은 스스로 하게 하여 자존감과 자립심을 키워준다.

08 대상자를 휠체어로 이동하기 전 해야 하는 준비로 적절한 것은?

① 마비가 없는 대상자는 양쪽 팔을 모두 가슴에 올리도록 한다.

② 마비가 있는 대상자는 마비가 있는 팔만 가슴에 올리도록 한다.

③ 휠체어는 침대 난간에 90°가 되게 가져다 놓는다.

④ 오른쪽 마비가 있을 경우에는 왼쪽에 휠체어를 대어주도록 한다.

⑤ 오른쪽 마비가 있을 경우에는 오른쪽에 휠체어를 대어주도록 한다.

09 침상 배설 돕기 시에 소리나는 것을 방지하기 위한 방법으로 적당한 것은?

① TV나 음악을 끈다. ② 대상자의 손에 부스럭거리는 것을 쥐어준다.

③ 조용한 환경을 만들어 준다. ④ 노래를 부르면서 지원한다.

⑤ 변기 밑에 화장지를 깔아준다.

10 대상자가 침상에서 배설을 할 때 돕는 방법으로 옳은 것은?

① 절차설명은 생략하도록 한다.　　② 반드시 혼자 있도록 배려한다.

③ 심리적 안정 상태를 조성해준다.　④ 장갑은 끼지 말고 처리하도록 한다.

⑤ 바지를 내린 후 무릎 덮개를 덮어준다.

11 대상자가 이동변기를 사용할 때 요양보호사의 할 일로 옳은 것은?

① 최대한으로 도와주어야 한다.

② 이동변기는 3개월에 1회는 소독해야 한다.

③ 배변 · 배뇨 훈련에 참여하도록 격려해야 한다.

④ 요의나 변의를 표현할 때까지 기다려야 한다.

⑤ 습관적으로 요의를 호소할 수 있으므로 참도록 가르친다.

12 대상자가 기저귀를 착용할 때 유의해야 할 것은?

① 실금 전에 기저귀 착용을 하는 것이 좋다.

② 본인이 원하면 기저귀 착용을 하도록 한다.

③ 한 번 기저귀를 사용하면 계속 사용하도록 한다.

④ 실금할 우려가 있으면 기저귀를 사용하도록 한다.

⑤ 몇 번 실금했다고 기저귀를 사용하는 것은 좋지 않다.

13 구강청결에 대한 설명으로 가장 옳은 것은?

① 구강에 염증이 있을 경우엔 중단하도록 한다.

② 칫솔질은 잇몸을 자극하여 순환을 촉진한다.

③ 구강은 점막으로 덮혀 있어 비교적 튼튼한 곳이다.

④ 구강은 침이 있어 세균의 번식이 억제되는 장소이다.

⑤ 누워있는 상태에서 양치질하는 것을 도와줄 때는 똑바로 눕도록 한다.

14 입안 헹구기를 할 때 유의사항으로 옳은 것은?

① 충분히 헹구도록 한다.　　　　② 차가운 물로 입안을 적신다.

③ 젖은 수건으로 입 주위를 닦아 준다.　④ 구강청정제는 사용하지 않도록 한다.

⑤ 입술이 건조하지 않도록 알코올을 발라준다.

15 의치를 끼운 대상자를 돌보는 방법으로 옳은 것은?

① 의치는 잘 때도 끼고 잔다.

② 의치를 세척할 때는 의치세정제를 사용하고 주방세제를 사용해서는 안 된다.

③ 의치는 뜨거운 물에 삶아 소독한다.

④ 의치 삽입 전에는 입안이 건조된 상태여야 좋다.

⑤ 인지저하가 있는 경우에는 의치의 위치를 자주 확인해야 한다.

16 회음부를 청결하게 할 때 돕는 방법으로 옳은 것은?

① 전용수건을 사용한다.

② 닦을 때는 휴지를 사용한다.

③ 질, 요도, 항문 순서로 닦아야 한다.

④ 감염 예방을 위해 뒤쪽에서 앞쪽으로 닦도록 한다.

⑤ 수치심을 느낄 수 있으므로 최대한 도와주어야 한다.

17 머리 손질을 돕는 방법으로 적절한 것은?

① 머리카락이 엉켰을 경우에는 물을 적신 후에 손질한다.

② 손질하기 쉽도록 짧게 잘라준다.

③ 관리하기 쉬운 머리 모양으로 정리해 준다.

④ 모발에 특이사항이 있는 경우에는 잘라주도록 한다.

⑤ 모발 끝 쪽에서 두피 쪽으로 빗는다.

18 대상자의 목욕 돕기를 하는 방법으로 옳은 것은?

① 목욕은 점심 식사 후에 하도록 한다.

② 빨리 끝나도록 최대한 돕는다.

③ 거부시엔 걸레 빨기 등으로 목욕을 유도한다.

④ 1시간 정도 천천히 욕조에 들어가도록 한다.

⑤ 욕조에 들어가기 전에 찬 물을 주어 담가보도록 한다.

19 신체정렬을 실시할 때 요양보호사의 태도로 옳은 것은?

① 발을 적당히 벌리고 서서 한 발은 다른 발보다 약간 앞에 놓는다.

② 무릎을 구부리지 않도록 한다.

③ 허리에 체중이 실리도록 한다.

④ 기지면은 좁을수록 좋다.

⑤ 중심을 높게 해서 골반을 안정시킨다.

20 옆으로 눕히기를 할 때의 방법으로 적절한 것은?

① 돌려 눕히려고 하는 반대쪽으로 머리를 돌린다.

② 요양보호사는 돌려 눕히려고 하는 쪽 뒤에 선다.

③ 자세를 유지할 필요가 있을 때 시행한다.

④ 골절이 될 수 있으므로 끌어당기지 않는다.

⑤ 통증을 유발할 수 있으므로 조금씩 들어 이동한다.

21 대상자를 오른쪽으로 돌려 눕히려고 할 때 요양보호사의 위치로 바른 것은?

① 대상자의 왼쪽
② 대상자의 발쪽

③ 대상자의 오른쪽
④ 대상자의 머리쪽

⑤ 대상자의 허리쪽

22 체위변경을 통해 대상자를 지원할 수 있는 내용으로 적절한 것은?

① 관절의 움직임이 제한된다.
② 피부욕창과 괴사를 일으킨다.

③ 몸이 붓고 혈전이 생길 수 있다.
④ 관절의 움직임을 돕고 변형을 가져온다.

⑤ 혈액순환을 도와 욕창을 예방하고 피부괴사를 방지한다.

23 휠체어로 엘리베이터를 타고 내릴 때 돕는 방법으로 옳은 것은?

① 앞으로 들어가서 뒤로 나온다.

② 뒤로 들어가서 앞으로 밀고 나온다.

③ 엘리베이터보다 나선형계단을 이용한다.

④ 앞으로 들어가야 버튼에 쉽게 접근할 수 있다.

⑤ 앞으로 들어가야 돌려야 하는 불편함을 피할 수 있다.

24 다음과 같이 대상자가 침대 아래(발) 쪽으로 미끄러져 내려가 있을 때 침대 머리 쪽으로 이동시키는 형태로 옳은 것은? (단, 대상자는 이동에 협조할 수 없다)

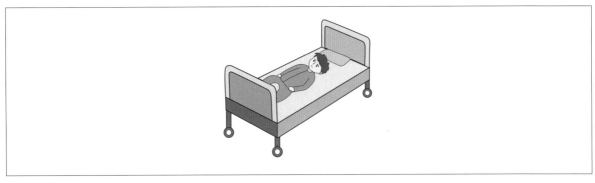

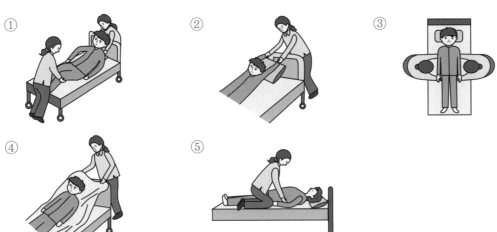

25 보행기구를 선택할 시에 유의해야 할 사항으로 옳은 것은?

① 신체의 기능을 고려해야 한다.

② 컬러와 선호를 확인해야 한다.

③ 가격에 맞추어서 선택해야 한다.

④ 지팡이 끝에는 아무 것도 없어야 한다.

⑤ 다른 물건들과 어울리는 것을 선택해야 한다.

26 복지용구 중에서 대여품목에 해당하는 복지용구는?

① 이동변기   ② 목욕의자   ③ 간이변기   ④ 안전손잡이   ⑤ 목욕리프트

27 대상자에게 일상생활지원을 해야 할 때 요양보호사가 유의할 사항으로 옳은 것은?

① 대상자의 생활방식과 가치관보다 요양보호사의 생활방식을 우선한다.

② 대상자와의 신뢰관계를 형성하며, 보호자의 욕구를 우선 배려하도록 한다.

③ 대상자의 질환과 특성을 이해하고, 욕구를 충분히 파악하여 서비스를 제공한다.

④ 대상자의 잔존 능력을 파악하되 스스로 할 수 있는 것도 요양보호사가 최대한 돕는다.

⑤ 요양보호사의 판단으로 하지 말고, 보호자에게 충분히 설명하고 동의를 얻도록 한다.

28 연하능력이 저하된 대상자를 위한 조리방법으로 가장 적절한 것은?

① 찜을 해서 준다.

② 기름에 튀겨서 준다.

③ 딱딱한 재료를 선택한다.

④ 충분히 끓여서 삼키기 쉽도록 한다.

⑤ 작은 크기로 썰어서 준비한다.

29 장보기, 병원, 은행 나들이 등을 목적으로 대상자와 외출하는 것은 어떤 서비스인가?

① 외출동행

② 일상업무 대행

③ 신체기능훈련

④ 신체기능유지증진

⑤ 신체활동지원서비스

30 요양보호사가 치매 대상자를 지원하는 방법으로 옳은 것은?

① 규칙적인 생활을 하게 한다.

② 치매대상자의 생활을 개선해 준다.

③ 대상자가 요구하는 대로 요양보호를 한다.

④ 대상자가 안정되도록 움직이는 것을 제지한다.

⑤ 요양보호사가 대상자의 모든 시중을 들어준다.

31 치매 대상자의 식사 돕기 방법으로 옳은 것은?

① 식사 중에는 음식의 온도를 수시로 확인한다.

② 대상자 스스로 컵에 물을 따라 마시게 한다.

③ 소금이나 간장과 같은 양념은 손이 잘 닿는 식탁 위에 둔다.

④ 음식은 크게 잘라 굽는 방법을 써서 쉽게 먹을 수 있게 한다.

⑤ 의복의 깔끔함을 유지하기 위해 턱받이 보다는 앞치마를 입힌다.

32 반복적 질문이나 행동을 하는 치매 대상자를 돕는 방법으로 옳은 것은?

① 요양보호사의 즐거웠던 경험을 들려준다.

② 치매 대상자가 좋아하는 음식을 제공한다.

③ 앞으로의 계획에 관해 이야기한다.

④ 집중할 수 있는 약간 복잡한 일거리를 준다.

⑤ 조용한 장소로 가서 질문의 의미를 물어본다.

33 배회 증상이 있는 대상자를 돕는 방법으로 옳은 것은?

① 치매 대상자 주변을 새로운 것으로 채워준다.

② 정서안정을 위해 함께 시장에 나가 쇼핑을 한다.

③ 신분증은 악용당할 수 있으므로 소지하지 않는 것이 좋다.

④ 침대 옆에 매달려 있는 옷은 애착을 갖게 하여 배회를 예방한다.

⑤ 과거 힘들었던 때의 이야기를 하게 함으로 차분해지도록 조처한다.

34 다음 보기의 자세에 대한 설명으로 옳은 것은?

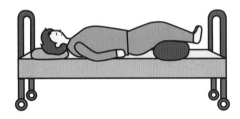

① 둔부의 압력을 피하거나 관장할 때의 자세다.

② 숨차거나 얼굴을 씻을 때의 자세다.

③ 등에 상처가 있거나 등 근육을 쉬게 해줄 때 자세다.

④ 휴식하거나 잠을 잘 때의 자세다.

⑤ 식사 시나 위관 영양을 할 때의 자세다.

35 치매 대상자의 신체적 상태를 파악하기 위한 대화로 옳은 것은?

① "여기가 아프세요?"　　　　　② "어디 불편하세요?"

③ "아픈 곳이 있으세요?"　　　　④ "아프시면 말씀하세요."

⑤ "말씀하지 않으면 모르니 아픈 곳을 말씀해 주세요."

36 치매 대상자에게 한 번에 한 가지씩 일을 하도록 하는 대화로 옳은 것은?

① "양치질 하세요. 식사 하세요"

② "식당으로 오셔서 식사를 하세요."

③ "식사를 하신 후 옷을 갈아입으세요"

④ "세수하시고 옷을 입으시고 식당으로 오세요."

⑤ "양치질 하시고 식사를 하신 후 외출하세요."

37 치매 초기 단계의 대상자와 의사소통 방법으로 옳은 것은?

① 중요한 내용은 큰 소리로 설명한다.

② 대화 시에는 간략하게 줄인 언어를 사용한다.

③ 다른 의미의 다른 언어에 대한 정보를 제공한다.

④ 대상자가 응답할 시간을 충분하게 준 뒤 다음 대화를 한다.

⑤ 대상자가 요청하기 전에 구체적인 방법을 제공해선 안 된다.

38 요양보호사가 다음과 같이 말할 때, 공감적 반응보이기로 옳은 것은?

> "지난 번 요양보호사가 더 잘했는데....."

① "저도 열심히 할게요. 지켜봐 주세요."

② "처음이라 그래요. 지켜보시면 마음에 드실 거예요."

③ "그 요양보호사가 잘 했으면 그 분 모셔다 드릴까요? 전 그 요양보호사와는 달라요."

④ "지난번 요양보호사님이 참 잘하셨나 봐요. 맘에 안드시는 게 있으면 말씀해 주세요."

⑤ "할머니께서 그렇게 말씀하시니 기분이 안 좋네요. 그런 말씀은 하지 않았으면 좋겠어요."

39 대상자로 하여금 말할 수 있는 용기를 주며 치료자와 대상자 모두에게 생각을 정리할 시간을 주는 의사소통방법은?

① 침묵   ② 말하기   ③ 경청하기

④ 공감하기   ⑤ 수용하기

40 의사소통 장애가 없는 대상자와의 의사소통의 방법으로 옳은 것은?

① 너무 큰소리로 말하지 않는다.

② 대상자의 정보는 관리책임자에게 보고한다.

③ 보호자에게 허락을 받아 아버님, 어머님으로 부른다.

④ 대상자는 요양보호사가 책임진다는 자세가 필요하다.

⑤ 가족과 대상자를 동시에 보조한다는 마음가짐이 필요하다.

41 여가활동 유형에서 자기계발 활동에 속하는 것은?

① 교회가기   ② 창작활동   ③ 연극보기

④ 식물 가꾸기   ⑤ 전시회 가기

42 치매 대상자가 해 질 녘이 되면 더욱 혼란해지고 불안정하게 의심 및 우울 증상을 보이는 것을 무엇이라고 하는가?

① 환청   ② 환각   ③ 망상

④ 석양증후군   ⑤ 의심

43 응급 대상자를 돕는 방법으로 옳은 것은?

① 대상자의 증거물이나 소지품을 보존한다.

② 대상자가 평소에 사용하는 상비약품의 경우에도 응급 상황에서는 주면 안 된다.

③ 연장자 순으로 처치한다.

④ 본인과 주위사람의 안전보다 대상자의 응급상황이 더 중요하다.

⑤ 대상자에게 응급처치를 처치할 때는 시간을 최대한 많이 사용해야 한다.

44 다음 증상을 보이는 대상자에게 의심되는 질환은?

> • 몸이 뻣뻣해 지거나 호흡이 곤란해진다.
> • 침을 흘리거나 괄약근이 이완되어 대소변이 새어 나올 수 있다.

① 출혈   ② 골절   ③ 질식

④ 경련   ⑤ 구토

45 심폐소생술의 단계로 옳은 것은?

① 반응확인 - 도움요청 - 가슴압박 - 기도유지 - 인공호흡 - 상태확인

② 반응확인 - 가슴압박 - 도움요청 - 기도유지 - 인공호흡 - 상태확인

③ 반응확인 - 도움요청 - 기도유지 - 가슴압박 - 인공호흡 - 상태확인

④ 반응확인 - 가슴압박 - 도움요청 - 기도유지 - 인공호흡 - 상태확인

⑤ 반응확인 - 도움요청 - 가슴압박 - 인공호흡 - 기도유지 - 상태확인

요양보호사 국가자격시험 대비

제3회 적중모의고사

1교시 필기 / 2교시 실기

문제유형	홀수형	짝수형
	○	○

성명

응시자 준수사항

1. 시험시작 전 과목편철순서, 문제누락, 인쇄상태의 이상유무를 확인합니다.

2. 시험이 시작되면 문제를 주의 깊게 읽은 후 문항의 취지에 가장 적합한 하나의 정답만을 선택하며, 문제내용에 관한 질문은 받지 않습니다.

3. 시험 종료 즉시 답안지를 제출하여야 하며, 부정한 방법으로 시험에 응시하거나 동 시험에서 부정행위를 한 자에 대하여는 노인복지법 시행규칙 제29조의7항에 의거 그 시험의 응시를 정지시키고 시험을 무효로 합니다.

01 노년기의 신체적 특성으로 옳은 것은?

① 뼈와 근육이 팽창된다.

② 적응력이 발달하여 일상생활에 지장이 없다.

③ 만성질환이 있는 경우 다른 합병증은 쉽게 오지 않는다.

④ 피하지방이 감소하여 전신이 마르고 주름이 많아진다.

⑤ 사소한 원인으로는 중증에 이르거나 급격하게 상황이 악화되지 않는다.

02 다음에서 설명하는 노인의 심리적 특성은?

> • 자신이 가치 있는 삶을 살았다는 것을 인정받고자 한다.
> • 죽음의 필연성을 인식하고 생명이 유한하다는 것을 자각한다.

① 친근한 사물에 대한 애착심　　　② 유산을 남기려는 경향

③ 경직성의 증가　　　　　　　　　④ 의존성의 증가

⑤ 내향성의 증가

03 노인장기요양보험 중 정서지원서비스 내용으로 옳은 것은?

① 청소 및 주변정돈　　　　　　　② 이동도움

③ 말벗, 격려, 위로　　　　　　　④ 식사도움

⑤ 방문목욕

04 장기요양기관은 수급자에게 재가급여 또는 시설급여를 제공한 경우, 장기요양급여비용을 어디에 청구하는가?

① 국민건강보험공단　　　　　　　② 수급자 가족

③ 보건복지부　　　　　　　　　　④ 수급자

⑤ 지방자치단체

05 가정이나 시설, 지역사회에서 학대를 당하거나 소외되고 차별받는 대상자를 위해 대상자의 입장에서 편들어 주고 지지해 주는 요양보호사의 역할은?

① 관찰자 역할　　　　　　　　　② 옹호자 역할

③ 동기 유발자 역할　　　　　　　④ 숙련된 수발자 역할

⑤ 말벗과 상담자 역할

06 요양보호 활동 중 요양보호사의 직업윤리를 준수한 활동은 무엇인가?

① 대상자와 종교가 갈등이 있다.

② 대상자와 습관이 달라서 교정할 것이 많다.

③ 대상자가 남자여서 서비스 제공을 거부하였다.

④ 사회복지사와 협조하며 좋은 관계를 유지하고 있다.

⑤ 대상자의 가족과 대상자를 돌보는 문제로 의견이 상충된다.

07 다음 사례에서 지키지 않은 윤리강령은 무엇인가?

> 대상자의 집에 도착하니 대상자 이씨는 중증의 치매를 앓고 있는 80세 여성 노인이었으며 거실에 선 채 대변을 보고 있었다. 그 순간 요양보호사 김씨는 "그만두지 못해요!"라고 소리를 지르면서 대상자 이씨를 욕실로 데리고 갔다.

① 대상자의 사생활을 존중한다.

② 대상자의 자기 결정권을 최대한 존중한다.

③ 업무수행 시 항상 친절한 태도로 예의바르게 행동한다.

④ 지시에 따라 업무를 성실히 수행하고 결과를 보고한다.

⑤ 업무수행에 방해가 되지 않도록 자기관리를 철저히 한다.

08 스스로 독립할 수 없는 노인을 격리하거나 방치하는 노인 학대 유형은?

① 신체적 학대　　　　　　　　　② 유기

③ 자기방임　　　　　　　　　　　④ 경제적 학대

⑤ 정서적 학대

09 다음 사례에서 시설 생활노인의 권리침해에 해당하는 것은 무엇인가?

> 홍씨 할아버지는 종사자들이 다른 일을 하는 사이에 별다른 이유 없이 동료 노인을 꼬집거나 발로 차기도 하고 특별한 이유 없이 동료 노인의 따귀를 때린다. 그래도 동료 노인들은 다시 해코지를 당할까봐 아무런 말을 하지 못하고 그냥 참고 있다.
> 요양보호사들은 이 사실을 알면서도 홍씨 할아버지의 오래된 습성이라 고치기도 힘들고, 다른 노인들이 조용해지는 효과도 있다고 생각하여 모른 체하고 있다.

① 질 높은 서비스를 받을 권리

② 존엄한 존재로 대우받을 권리

③ 신체적 제한을 받지 않을 권리

④ 사생활 및 비밀 보장에 대한 권리

⑤ 가정과 같은 환경에서 생활 할 권리

10 다음 보기가 설명하는 윤리강령은 어떤 권리를 보장하기 위한 것인가?

> • 공간이 허용하는 한 개인물품을 관리, 보관하는 보안장치가 마련된 사물함 등을 개인에게 제공해야 한다.
> • 노인에게 후원금품을 강요하거나 노인의 개인 재산을 기부한 것으로 조작해서는 안 된다.

① 이성교제, 성생활, 기호품 사용에 관한 자기 결정의 권리

② 자신의 재산과 소유물을 스스로 관리할 권리

③ 노인 스스로 퇴소를 결정하고 거주지를 선택한 권리

④ 자신의 견해와 불평을 표현하고 해결을 요구할 권리

⑤ 정치, 문화, 종교적 신념의 자유에 대한 권리

11 성희롱의 대처 방법으로 옳은 것은?

① 기관 내에서의 성희롱은 양쪽 다 징계한다.

② 기관은 재발 방지와 상관없이 서비스를 계속한다.

③ 대상자의 성희롱은 늘 있는 일이므로 참고 넘어간다.

④ 기관의 담당자는 성희롱 피해자인 요양보호사를 해고한다.

⑤ 감정적인 대응을 삼가하고 단호하게 거부의사를 표현한다.

12 고부관계에 대한 설명으로 올바른 것은?

① 노인은 자식을 위한 삶을 고수해야 한다.

② 노인은 아들과 며느리에게 의존하는 것이 좋다.

③ 최근에도 며느리가 노인의 직접부양을 주로 담당한다.

④ 가치관과 세대 차이로 인한 고부갈등이 사라졌다.

⑤ 예전보다 고부 관계의 갈등이 심각하게 나타나지는 않는다.

13 서로의 마음이 연결되고 통하는 상태의 의사소통 방법은?

① 비밀형성

② 공감형성

③ 호감형성

④ 라포형성

⑤ 유대감형성

14 장기요양인정서에 포함되는 것으로 옳은 것은?

① 본인 부담율

② 소요되는 비용

③ 이용 가능한 급여의 횟수

④ 이용 가능한 한도금액

⑤ 이용 가능한 급여의 종류

15 화재 시 대피요령으로 옳은 것은?

① 엘리베이터로 이동한다.

② 야간 화재 시에는 한 쪽 손씩 손을 바꾸어가며 벽을 짚고 이동한다.

③ 연기가 많은 경우 바닥에 배를 대고 기어서 이동한다.

④ 밑으로 이동할 수 없는 경우 옥상으로 대피한다.

⑤ 문틈을 마른 수건 등으로 막는다.

16 업무보고의 중요성으로 옳은 것은?

① 주관적 견해를 말할 수 있다.

② 사고 시 신속한 출동을 할 수 있다.

③ 타 전문직과 경쟁에 유리 할 수 있다.

④ 사고 시 피해를 막을 수 있다.

⑤ 보다 나은 요양보호서비스를 제공할 수 있다.

17 임종 적응 단계의 순서로 옳은 것은?

① 분노 - 부정 - 타협 - 우울 - 수용　　　② 부정 - 타협 - 분노 - 우울 - 수용

③ 부정 - 우울 - 타협 - 분노 - 수용　　　④ 부정 - 분노 - 타협 - 우울 - 수용

⑤ 부정 - 분노 - 우울 - 타협 - 수용

18 겨울철 뇌졸중 예방 안전수칙으로 옳은 것은?

① 낮보다는 새벽에 운동한다.

② 춥다고 안에만 있는 것보다 실외 운동을 하는 것이 좋다.

③ 따뜻한 곳에 있다가 갑자기 찬 곳으로 나가지 않는다.

④ 겨울철에는 기온이 낮으므로 운동 시 준비운동을 생략한다.

⑤ 술을 많이 마신 다음 날은 아침에 바깥 바람을 쐬는 것이 좋다.

19 배우자 사별 적응 단계 중 3단계에 해당하는 것은?

① 상실감의 시기

② 혼자된 사람으로서의 정체감을 지님

③ 배우자 없는 생활을 받아들임

④ 혼자 사는 삶을 적극적으로 개척함

⑤ 우울감과 비탄

20 위벽의 점막뿐만 아니라 근육층까지 손상이 있는 질환은?

① 위염　　　　　　② 위암　　　　　　③ 위궤양

④ 위경련　　　　　⑤ 소화불량

21 위암의 증상으로 옳은 것은?

① 체중감소　　　　　　　② 가슴통증

③ 소화증진　　　　　　　④ 체중증가

⑤ 식욕증가

22 대장암 환자의 식이요법으로 적절한 것은?

① 훈증하여 먹기

② 늦은 식사시엔 잘 씹어 먹기

③ 자극이 있는 음식으로 식욕 돋우기

④ 음식의 섭취가 쉽도록 미음이나 죽으로 먹기

⑤ 영양소가 골고루 들어있는 식품을 소량씩 규칙적으로 먹기

23 폐렴의 치료 및 예방법으로 옳은 것은?

① 항생제 투여는 자제한다.

② 체내 혈액의 산소 농도를 낮게 유지한다.

③ 산소공급, 체위변경, 기침 및 심호흡이 도움이 된다.

④ 바이러스성폐렴은 항생제를 투여하여 치료한다.

⑤ 세균성폐렴은 증상에 따라 치료방법을 적용한다.

24 전자관리시스템을 이용하여 국민건강보험공단에 실시간으로 전송하고 이를 급여제공 내용으로 인정하여 급여비용 청구가 가능한 요양급여는?

① 시설급여　　　　　　　② 방문간호

③ 단기보호　　　　　　　④ 복지용구

⑤ 주야간보호

25 요양보호사들이 서로 정보와 경험을 공유하고, 장기요양기관이 요양보호사들에게 업무에 관련된 정보를 전달하거나 요양보호사들로부터 애로사항을 듣기 위해 개최하는 회의는?

① 월례회의

② 사례회의

③ 워크숍

④ 토론회

⑤ 주간회의

26 퇴행성 관절염에 대한 설명으로 옳은 것은?

① 관절액의 탄력성 상승으로 인해 생긴다.

② 운동하면 호전된다.

③ 관절을 싸고 있는 조직의 퇴화와 계속적인 마찰로 생긴다.

④ 관절을 많이 사용하면 운동효과가 있어 통증이 완화된다.

⑤ 관절이 풀어지는 데에는 일반적으로 1시간 정도 소요된다.

27 수두를 일으키는 바이러스에 의하여 피부와 신경에 염증이 생기는 질환은?

① 수두 ② 습진 ③ 건선

④ 대상포진 ⑤ 알레르기

28 치매 대상자의 기능저하와 그 행동의 연결로 옳은 것은?

① 지남력 저하 - 옷매무새에 관심이 없음

② 실행기능 저하 - 자녀의 얼굴을 못 알아 봄

③ 지남력 저하 - 옷차림에 대한 관심이 줄어듦

④ 시공간파악능력 저하 - 화장실과 안방을 구별하지 못함

⑤ 실행기능 저하 - 낮과 밤을 구분하는 데 어려워 함

29 안압(눈의 압력)의 상승으로 시신경이 손상되어 시력이 점차 약해지는 질환은?

① 안구건조증 ② 황반변성 ③ 백내장

④ 녹내장 ⑤ 각막염

30 뇌졸중 치료 및 예방에 대한 설명으로 옳은 것은?

① 갑작스럽게 자세를 바꾼다.

② 심장마비, 저혈압 등을 예방해야 한다.

③ 뇌졸중의 전구증상을 주의 깊게 관찰한다.

④ 뇌부종 등이 생겼을 때는 수술을 피한다.

⑤ 음식을 삼킬 때 코로 흡입되지 않도록 주의해야 한다.

31 침대에 누워있는 대상자의 욕창예방을 위한 체위변경의 적정 시간은?

① 30분마다   ② 1시간마다   ③ 2시간마다

④ 3시간마다   ⑤ 4시간마다

32 욕창의 발생 원인에 대하여 옳게 설명하고 있는 것은?

① 부족한 운동   ② 과도한 외출

③ 부적절한 착복   ④ 장기간의 와상상태

⑤ 보행기를 의지한 이동

33 낙상의 위험요인 중 신체적 요인으로 옳은 것은?

① 지나친 음주   ② 희미한 전등

③ 시력 저하   ④ 난간이 없는 계단

⑤ 개인의 활동량 증가

34 수분을 충분히 마셔야 하는 질병으로 옳은 것은?

① 협심증   ② 심부전   ③ 신부전증

④ 간경화   ⑤ 부신기능저하증

35 수해가 발생할 때 요양보호사의 활동으로 옳은 것은?

① 필요시 전기 차단기를 내린다.

② 가스 밸브는 만약의 사고를 방지하게 위해 열어둔다.

③ 홍수 시 집안으로 물이 들어올 경우 재빨리 대피한다.

④ 홍수 시에도 상수도는 안전하므로 식수로 사용해도 된다.

⑤ 수해는 잘 일어나지 않는 사고이므로 평소에 준비할 필요는 없다.

01 노인의 영양상태를 관찰하는 이유로 가장 옳은 것은?

① 식사방법을 알기 위함이다. ② 질병의 진단을 돕기 위함이다.

③ 대상자의 요구를 파악하기 위함이다. ④ 좋아하는 음식을 제공하기 위함이다.

⑤ 건강위험 요인을 파악하기 위함이다.

02 식사를 돕는 방법으로 가장 적절한 것은?

① 입소 대상자일 경우 음식 준비과정부터 돕는다.

② 침대를 올릴 때는 대상자가 벽을 향해 눕도록 한다.

③ 누워있는 상태의 대상자는 자세를 변경하지 않는 것이 좋다.

④ 음식물을 삼키기 쉽게 식사 전에 물을 한 모금 마시게 한다.

⑤ 앉을 수 있는 대상자는 침대를 15도까지 올려서 비스듬히 앉도록 한다.

03 경관영양 돕기 시 요양보호사의 할 일로 가장 적절한 것은?

① 입 안의 건조와 갈증을 예방해야 한다.

② 잠자기 전에 입술 보호제를 발라 주어야 한다.

③ 하루에 한 번 입안을 청결하게 해 주어야 한다.

④ 입 안에 분비물이 축적되는지 살펴보아야 한다.

⑤ 아침 일찍 비위관 주변을 청결하게 해 주어야 한다.

04 물약 투여 시의 방법으로 지켜야 할 것은 어느 것인가?

① 계량컵을 눈높이로 들고 처방된 양만큼 따른다.

② 정량보다 더 따른 것은 병에 다시 따라 넣는다.

③ 뚜껑이 먼지에 노출되지 않도록 엎어 놓아야 한다.

④ 뚜껑은 손바닥으로 쥐어 바닥에 두지 않도록 한다.

⑤ 뚜껑을 덮기 전에 반드시 알코올 솜으로 입구를 닦아야 한다.

05 귀약 투여 시에는 어떤 자세를 해 주어야 하는가?

① 귀 윗부분을 잡고 옆쪽(측상방)으로 잡아당겨야 한다.

② 귀 윗부분을 잡고 앞쪽(전상방)으로 잡아당겨야 한다.

③ 귀 윗부분을 잡고 뒤쪽(후상방)으로 잡아당겨야 한다.

④ 귀 아랫부분을 잡고 앞쪽(전상방)으로 잡아당겨야 한다.

⑤ 귀 아랫부분을 잡고 뒤쪽(후상방)으로 잡아당겨야 한다.

06 경구약 복용 방법으로 적절한 것은?

① 잘못 따른 약은 넣지 말고 따로 두었다 먹도록 한다.

② 가루약을 먹일 때는 물기가 없는 숟가락을 사용한다.

③ 시럽제는 직사광선이 쪼이는 곳에서 보관하도록 한다.

④ 약이 적을 경우엔 약 용기에서 바로 빨아 먹도록 한다.

⑤ 색깔의 변색은 상관없으나 냄새가 나는 것은 버려야 한다.

07 배설에 대한 내용으로 옳은 것은?

① 노인들의 배설기능은 별로 문제가 없다.

② 배설기능은 다른 기능보다는 덜 중요하다.

③ 배설이 건강에 미치는 영향은 그다지 크지 않다.

④ 대상자의 상태에 따라 적절한 방법으로 배설을 도와야 한다.

⑤ 배설은 몸에서 필요한 영양분을 소화, 흡수하는 것을 말한다.

08 다음 보기에서 대상자가 호소하는 증상은 어떤 질환의 증상인가?

> "소변이 금방 나오지 않고 보고 나서도 시원하지 않아. 좀 있으면 다시 소변이 마렵고, 또 가면 금방 나오지 않고 힘을 줘야만 나와."

① 절박성 요실금   ② 복압성 요실금

③ 전립선비대증   ④ 역류성 요실금

⑤ 요로감염

09 대상자의 머리가 엉켰을 경우 손질하는 방법으로 옳은 것은?

① 엉킨 부분을 가위로 잘라낸다.

② 한 손으로 머리를 잡고 모발 끝 쪽에서 두피 부분으로 빗어준다.

③ 세게 잡아당겨 빗는다.

④ 물을 적신 후에 손질한다.

⑤ 헤어 젤을 바른 다음 빗는다.

10 대상자가 침대 아래쪽으로 미끄러져 내려가 있을 때 옮기는 순서는?

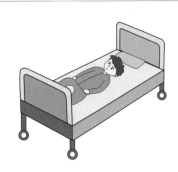

ㄱ. 침상 양편에 한 사람씩 마주 서서 한쪽 팔은 머리 밑으로 넣어 어깨와 등 밑을, 다른 팔은 둔부
　와 대퇴를 지지하여 옮긴다.

ㄴ. 침대커버와 옷이 구겨져 있는지를 살핀다.

ㄷ. 베개를 머리 쪽으로 옮긴다.

ㄹ. 침대 매트를 수평으로 한다.

① ㄱ → ㄴ → ㄷ → ㄹ　　　② ㄹ → ㄷ → ㄱ → ㄴ

③ ㄷ → ㄱ → ㄹ → ㄴ　　　④ ㄹ → ㄱ → ㄴ → ㄷ

⑤ ㄷ → ㄴ → ㄱ → ㄹ

11 대상자가 이동변기를 사용해야 하는 경우에 해당하는 것은?

① 걷는 데 지장이 없다.

② 기저귀를 착용하고 있다.

③ 이동변기를 사용하겠다고 한다.

④ 다리가 휘청거려 걷기가 힘들다.

⑤ 화장실을 가지 않겠다고 고집을 부린다.

12 석양증후군이 있는 대상자를 돕기 위한 방법으로 옳은 것은?

① 저녁 시간 동안 움직이거나 활동하게 한다.

② 애완동물과 함께 즐거운 시간을 갖게 한다.

③ 치매 대상자가 잠든 후에도 대상자와 함께 있도록 한다.

④ 치매 대상자가 싫어하는 음식을 만들어 준다.

⑤ 신체적인 제한을 해서 난폭하게 굴지 못하도록 달랜다.

13 칫솔질의 방향으로 옳은 것은?

① 치아에서부터 입술방향으로 천천히 원을 그리듯이 닦는다.

② 잇몸에서부터 입술방향으로 천천히 원을 그리듯이 닦는다.

③ 잇몸에서부터 치아방향으로 천천히 원을 그리듯이 닦는다.

④ 치아에서부터 혀의 방향으로 천천히 원을 그리듯이 닦는다.

⑤ 치아에서부터 목구멍 방향으로 천천히 원을 그리듯이 닦는다.

14 대상자의 머리를 감길 때 유의할 사항으로 적절한 것은?

① 식사 후에 머리를 감도록 한다.

② 두피상태를 관찰하여 대상자에게 맞는 방법을 적용한다.

③ 머리를 감기 전에는 화장실에 가지 않도록 한다.

④ 아침 식사 후에 머리 감기기를 할 수 있도록 한다.

⑤ 모든 절차를 미리 설명할 필요는 없다.

15 머리감기기를 할 때 대상자를 돕는 방법으로 적절한 것은?

① 린스는 사용하지 않도록 한다.

② 샴푸는 충분하게 사용하여야 한다.

③ 두피를 손톱 끝으로 마사지한 후 헹군다.

④ 두피는 손가락 끝으로 마사지한 후 헹군다.

⑤ 린스를 한 후 찬물로 머리를 충분히 헹군다.

16 회음부 청결돕기를 할 때 돕는 방법으로 적절한 것은?

① 물로만 닦는다.

② 악취나, 염증, 분비물 이상이 있으면 가족에게 우선 알린다.

③ 회음부나 음경을 닦을 때는 전용수건, 거즈나 솜을 사용해야 한다.

④ 회음부를 닦을 때는 뒤쪽에서 앞쪽으로 닦는다.

⑤ 냄새가 나지 않으면 자주 하지 않는 것이 좋다.

17 유치도뇨관 삽입 대상자의 이동 시 소변주머니의 위치로 옳은 것은?

① 심장보다 위에 있어야 한다.

② 아랫배보다 위에 있어야 한다.

③ 아랫배보다 밑에 있어야 한다.

④ 움직이지 않게 고정되어 있어야 한다.

⑤ 링거 폴대에 꽂아 이동하도록 해야 한다.

18 통 목욕 돕기의 내용으로 알맞은 것은?

① 부력으로 불안정시엔 손을 욕조에 고정해 둔다.

② 욕조에서 나와 목욕의자에 앉히고 머리를 감긴다.

③ 욕조 안에는 미끄러지지 않도록 황토 볼을 깔아둔다.

④ 일으켜 세운 상태에서 골고루 피부유연제 등을 발라준다.

⑤ 피부건조증 예방을 위해 목욕 후의 물기는 약간 남기고 닦아준다.

19 올바른 신체정렬방법으로 옳은 것은?

① 무릎을 편 상태로 보조해야 한다.

② 요양보호사의 다리는 벌리고 서지 않도록 한다.

③ 대상자의 몸에서 가능한 멀리 떨어져 보조해야 한다.

④ 요양보호사의 허리와 가슴사이의 높이에서 보조해야 한다.

⑤ 요양보호사의 허벅지와 배꼽사이의 높이에서 보조해야 한다.

20 대상자를 옆으로 눕힐 때 적절한 것은?

① 눕히려는 반대 쪽의 손을 위로 올린다.

② 양손을 나란히 침대난간을 잡도록 해도 된다.

③ 한 손은 목 밑에, 한 손은 허벅지 아래 대고 돌려 눕힌다.

④ 돌려 눕는 방향의 반대쪽 발을 다른 쪽 발 위에 올려 놓는다.

⑤ 침대는 다리 쪽을 올려서 좀 더 편안한 상태에서 옆으로 눕히기를 실시한다.

21 노인의 의복을 선택할 때 주의사항으로 옳은 것은?

① 멋을 내기 위해 장식을 많이 해야 한다.

② 두꺼워서 보온성이 좋아야 한다.

③ 저녁에 외출할 경우 어두운 옷을 입는다.

④ 입고 벗기가 쉬워야 한다.

⑤ 노인의 외모에 맞는 디자인이어야 한다.

22 체위변경의 내용으로 알맞은 것은?

① 보통 1시간마다 체위를 변경한다.

② 허리와 다리의 고정된 자세를 만들어 준다.

③ 욕창이 이미 발생한 경우에는 변경하지 않는다.

④ 몸을 잡고 체위변경을 할 경우 관절 밑 부분을 지지해야 한다.

⑤ 다리 사이나 빈 공간을 딱딱한 물건으로 지지해주면 편안하다.

23 휠체어로 문턱을 내려가고자 할 때 올바른 작동법은?

① 곧장 빨리 내려간다.

② 힘을 주어 바퀴를 밀어 내려간다.

③ 뒷바퀴를 들어올린 상태에서 천천히 내려간다.

④ 뒤로 돌려서 내려간다.

⑤ 앞바퀴에 힘을 주어 밀어가며 내려간다.

24 침대에서 휠체어로 옮기기를 할 때의 돕는 방법으로 옳은 것은?

① 발 받침대는 내려놓는다.

② 침대와는 적당한 거리를 두고 떨어지게 둔다.

③ 휠체어를 건강한 쪽에 30~45° 각도로 놓는다.

④ 대상자의 양 발이 휠체어 옆쪽으로 비스듬하게 지지하도록 한다.

⑤ 요양보호사의 무릎으로 대상자의 건강한 측 무릎을 지지하여 준다.

25 대상자의 턱을 앞으로 숙이게 하고 식사지원을 해야 하는 이유로 맞는 것은?

① 숨이 차는 것을 예방하기 위하여

② 식탁이 더럽혀지는 것을 막기 위하여

③ 음식물이 기도로 넘어가는 것을 방지하기 위해

④ 턱을 앞으로 숙여야 허리가 바로 펴지기 때문에

⑤ 머리를 들고 식사할 경우에 피곤함이 가중되기 때문에

26 왼쪽 편마비 대상자에게 단추 없는 옷을 입힐 때 순서로 옳은 것은?

① 오른쪽 팔 → 왼쪽 팔 → 머리　　　② 왼쪽 팔 → 오른쪽 팔 → 머리

③ 왼쪽 팔 → 머리 → 오른쪽 팔　　　④ 오른쪽 팔 → 머리 → 왼쪽 팔

⑤ 머리 → 왼쪽 팔 → 오른쪽 팔

27 당뇨병 대상자가 피해야 할 식품으로 옳은 것은?

① 생과일　　　　　② 현미밥　　　　　③ 미역

④ 과일 통조림　　　⑤ 보리밥

28 일상생활지원 중 식사준비에서 조리방법으로 옳게 연결된 것은?

① 삶기 - 단시간에 조리할 수 있다.

② 굽기 - 불필요한 지방을 제거할 수 있다.

③ 볶기 - 시간이 오래 걸린다.

④ 무침 - 최대한 수용성 성분의 손실을 막도록 조리한다.

⑤ 찜 - 노인에게 자주 사용되는 조리 방법이다.

29 외출동행을 할 때 대상자를 돕는 방법으로 옳은 것은?

① 도보 시 보폭을 크게하여 안전하게 이동한다.

② 예기치 못한 요인이 있는 경우 요양보호사는 속히 결정한다.

③ 차량 이용 시 대상자의 몸을 요양보호사와 밀착시켜 안전하게 탑승하도록 한다.

④ 계단을 오를 때는 천천히 쉬지 않고 이동한다.

⑤ 승차 지원 시에는 대상자와 몸을 떨어트려 무릎과 허리에 부담이 가지 않도록 한다.

30 치매 대상자의 상황에 맞는 요양보호에 대한 설명으로 옳은 것은?

① 날마다 새로운 기술을 익히게 한다.

② 대상자의 생활패턴을 고쳐주도록 한다.

③ 대상자의 상태에 맞는 요양보호기술을 익힌다.

④ 대상자의 상태가 점차적으로 호전됨을 염두에 둔다.

⑤ 모든 상황에 맞는 획일적인 서비스 기술을 개발한다.

31 치매 대상자의 식사 돕기를 위한 방법으로 옳은 것은?

① 치매 대상자가 졸려하는 경우 깨워서 식사를 제공한다.

② 식사시간을 규칙적으로 하고 조용한 분위기를 유지한다.

③ 씹는 행위를 잃어버린 대상자는 사탕이나 땅콩, 팝콘을 준다.

④ 씹는 행위를 잃어버린 대상자는 반숙된 계란, 과일 통조림은 피한다.

⑤ 묽은 음식에 사레가 자주 걸리면 좀 더 맑은 액체음식을 제공한다.

32 치매 대상자가 실금한 경우의 대처방법으로 옳은 것은?

① 씻기면 수치심을 느낄 수 있으므로 옷만 갈아입힌다.

② 바로 환기를 시키면 감기에 걸릴 수 있으므로 환기를 시킬 필요는 없다.

③ 비난하고 화를 내서 행동을 수정하게 한다.

④ 더러워진 옷을 가능한 한 빨리 갈아입힌다.

⑤ 민감하게 반응하여 다시는 실수하지 않도록 한다.

33 의심, 망상, 환각 증상을 보이는 대상자에게 대처하는 방법으로 옳은 것은?

① 훈계하고 야단쳐서 행동을 교정한다.

② 치매 대상자의 감정을 이해하고 수용한다.

③ 잃어버렸다고 하는 물건을 발견했을 때는 눈에 잘 보이는 곳에 보관한다.

④ 잃어버렸다고 하는 물건을 찾은 경우 대상자를 꾸중한다.

⑤ 대상자가 보고 들은 것에 대해 아니라고 하여 현실을 알려준다.

34 치매 대상자의 일상생활 지원에 대한 방법으로 옳은 것은?

① 대상자의 생활 자체를 소중히 여긴다.

② 대상자의 물건은 여기저기에 둔다.

③ 규칙적인 생활은 대상자의 혼란을 가중시키므로 하지 않는다.

④ 대상자의 상태와 상관없이 표준적으로 서비스 한다.

⑤ 습관적으로 해 오던 일들도 요양보호사가 수발해 준다.

35 치매 대상자와 의사소통 시 대상자를 존중하는 태도로 옳은 것은?

① 비협조적인 행동을 할 경우 화를 낸다.

② 엉뚱한 행동을 한 경우는 참고 넘어간다.

③ 협조적으로 일을 잘 수행하면 격려의 말을 해 준다.

④ 대상자가 실수했을 때 야단을 쳐서 행동을 교정하게 한다.

⑤ 자존심이 상하는 말을 해서 자극을 받아 행동을 교정하게 한다.

36 야간 섬망이 있는 치매 대상자에 대한 대처방법으로 옳은 것은?

① 방을 어둡게 한다.　　　　　　　② 오후 늦게 커피를 마시도록 한다.

③ TV나 라디오를 크게 튼다.　　　　④ 에너지 소모가 많은 운동을 하게 한다.

⑤ 방을 밝게 하고 따뜻하게 해준다.

37 치매 중기 단계의 대상자와 의사소통하는 방법으로 옳은 것은?

① 친숙한 물건을 통해 관심을 유도한다.

② 불특정 인칭 명사를 사용하여 인지력을 향상시킨다.

③ 같은 표현을 반복하여 질문해서 잘 이해하도록 한다.

④ 대상자가 자주 사용하는 단어와 문구는 사용을 제한한다.

⑤ 대상자가 반응하지 않을 경우 더 이상 질문하지 않는다.

38 다음 대화에 대하여 공감적 반응보이기로 옳은 것은?

> "아이고 여기 저기 너무 아파. 갈수록 더 아픈 것 같아."

① "많이 아프세요? 병원에 모시고 갈게요."

② "건강하게 사시고 싶은데 아프시니까 많이 힘드시죠?"

③ "나이가 있으니 당연히 아프시죠. 엄살 부리지 마세요."

④ "연세가 있으신데 아픈 것은 당연하지요. 그동안 잘 참으셨잖아요."

⑤ "아프시면 병원에 가서 검사받고 치료해야 돼요. 얼른 저와 병원가세요."

39 상대방을 비난하지 않고 상대방의 행동이 나한테 미친 영향에 초점을 맞추어 이야기하는 표현법은?

① 침묵   ② 나 - 전달법   ③ 공감하기

④ 라포 형성   ⑤ 경청하기

40 시각장애 대상자와 대화할 때의 의사소통 방법으로 옳은 것은?

① 대상자의 옆에서 이야기한다.

② 대상자를 만나면 조용히 접근하다.

③ 사물의 위치를 정확히 반시계방향으로 설명한다.

④ 자립생활이 가능하도록 교육과 훈련을 반복한다.

⑤ 요양보호사를 중심으로 오른쪽, 왼쪽을 설명한다.

41 대상자의 여가활동 중 소일활동에 해당하는 것은?

① 서예교실   ② 악기연주   ③ 그림 그리기

④ 전시회 가기   ⑤ 식물 가꾸기

42 치매 말기 대상자와의 의사소통으로 다음 (   )안에 들어갈 알맞은 말은?

> 요양보호사 : "점심 드셨어요?"
> 대상자 : (   )

① "배고파, 밥 줘"   ② "그럼 벌써 먹었지"

③ "점심 드셨……?"   ④ "내가 밥을 먹었던가?"

⑤ "먹었는데, 또 배가 고프네"

43 응급 대상자가 발생했을 때의 대처방법으로 옳은 것은?

① 가장 먼저 골절여부를 확인한다.

② 대상자의 증거물과 소지품을 빨리 정리한다.

③ 만성질환을 가진 대상자부터 먼저 처치한다.

④ 대상자의 상태를 파악하기 전에 먼저 119에 신고해야 한다.

⑤ 응급처치교육을 가장 많이 받은 사람의 지시에 따라 응급처치를 시행한다.

44 대상자가 경련을 일으켰을 때 돕는 방법으로 옳은 것은?

① 입에 이물질을 넣어 혀를 물지 않도록 한다.

② 대상자의 머리 아래를 딱딱한 물건으로 받쳐준다.

③ 대상자의 얼굴을 똑바로 세워 기도를 유지하도록 한다.

④ 대상자를 꽉 붙잡아서 빨리 경련을 멈추게 도와주도록 한다.

⑤ 몸이 꽉 끼는 옷의 단추나 넥타이를 풀고 편하게 호흡을 하게 한다.

45 다음 보기가 설명하는 질환으로 옳은 것은?

> • 신체의 양쪽을 비교해 보니 양쪽이 다를 때
> • 통증부위의 부종 및 기능상실, 움직이지 못할 때
> • 통증부위의 부러진 뼈끼리 부딪치는 소리가 날 때

① 낙상   ② 질식   ③ 욕창

④ 골절   ⑤ 화상

요양보호사 국가자격시험 대비

제4회 적중모의고사

1교시 필기 / 2교시 실기

문제유형	홀수형	짝수형
	○	○

성명

응시자 준수사항

1. 시험시작 전 과목편철순서, 문제누락, 인쇄상태의 이상유무를 확인합니다.

2. 시험이 시작되면 문제를 주의 깊게 읽은 후 문항의 취지에 가장 적합한 하나의 정답만을 선택하며, 문제내용에 관한 질문은 받지 않습니다.

3. 시험 종료 즉시 답안지를 제출하여야 하며, 부정한 방법으로 시험에 응시하거나 동 시험에서 부정행위를 한 자에 대하여는 노인복지법 시행규칙 제29조의7항에 의거 그 시험의 응시를 정지시키고 시험을 무효로 합니다.

01 다음 보기에서 설명하는 노인을 위한 유엔의 원칙은 무엇인가?

> • 노인의 소득, 가족과 지역사회의 지원을 통하여 식량, 물, 주택, 의복 및 건강서비스를 이용할 수 있어야 한다.
> • 일할 수 있는 기회를 갖거나 다른 소득을 얻을 수 있어야 한다.
> • 언제 어떻게 직장을 그만둘 것인지에 대한 결정에 참여 할 수 있어야 한다.

① 독립의 원칙   ② 참여의 원칙   ③ 보호의 원칙

④ 자아실현의 원칙   ⑤ 존엄의 원칙

02 도서 벽지 등 장기요양기관이 현저히 부족한 곳에서 가족 등으로부터 방문요양에 상당한 장기요양급여를 받은 경우 지급되는 현금급여는?

① 가족요양비   ② 재가급여   ③ 특례요양비

④ 요양병원간병비   ⑤ 시설급여

03 전체인구 대비 65세 이상 노인인구가 14% 이상 20% 미만인 사회를 무엇이라고 하는가?

① 고령화 사회   ② 초고령 사회   ③ 노년 사회

④ 고령 사회   ⑤ 초고령화 사회

04 다음 보기가 설명하는 내용의 장기요양보험 서비스는?

> 급여 대상자의 심리적, 신체적 요구에 따른 가벼운 구두 응대

① 정서지원서비스 원칙 중 생활상담

② 정서지원서비스 원칙 중 의사소통 도움

③ 정서지원서비스 원칙 중 말벗 및 격려위로

④ 개인활동지원서비스 원칙 중 외출 시 동행

⑤ 개인활동지원서비스 원칙 중 일상 업무 대행

05 요양보호서비스에 대한 지식과 기술로 대상자에게 필요한 서비스를 지원하여 대상자를 돕는 역할은?

① 관찰자 역할　　　　　　　　　② 정보 전달자 역할

③ 동기 유발자 역할　　　　　　　④ 숙련된 수발자 역할

⑤ 말벗과 상담자 역할

06 요양보호 활동 중 요양보호사의 직업윤리를 준수한 활동은 무엇인가?

① 대상자가 협조를 하지 않아 큰소리로 화를 냈다.

② 시설장의 업무지시를 수행하고 결과를 보고하였다.

③ 월례회의 때 교육이 있었지만 피곤해서 참석하지 않았다.

④ 대상자가 요구하는 것을 무시하고 계획된 서비스를 제공하였다.

⑤ 서비스제공 후 약속이 있어서 외출복을 입고 서비스를 제공하였다.

07 다음 사례에서 지키지 않은 윤리강령은 무엇인가?

> 요양보호사 김씨는 대상자 이씨에 대한 요양보호 업무를 모두 마친 후 친구와 약속 장소로 향하였고 오늘 수행한 업무 내용은 방문요양센터에 들어가는 날 한꺼번에 기록해야 겠다고 생각하고 그날 시설에 들어가지 않았다.

① 대상자의 사생활을 존중한다.

② 대상자의 자기 결정권을 최대한 존중한다.

③ 업무수행 시 항상 친절한 태도로 예의바르게 행동한다.

④ 지시에 따라 업무를 성실히 수행하고 결과를 보고한다.

⑤ 업무수행에 방해가 되지 않도록 자기관리를 철저히 한다.

08 요양보호사가 가장 많이 손상되는 신체부위는?

① 허리, 어깨　　　　　　② 손, 손목　　　　　　③ 목, 손가락

④ 다리, 무릎　　　　　　⑤ 팔, 팔꿈치

09 보기와 같은 학대유형으로 옳은 것은?

> 집으로 가는 길에도 걸음이 늦다고 밀어 넘어뜨리고 빨리 일어나지 않는다고 양 주먹으로 수차례 구타하고 발길질을 하였다.

① 유기

② 자기방임

③ 신체적 학대

④ 경제적 학대

⑤ 정서적 학대

10 다음 사례에서 시설 생활노인의 권리침해에 해당하는 것은 무엇인가?

> 이씨 할머니는 머리를 만지면서 "아무리 나이를 먹었고 시설에서 남의 도움으로 생활하고 있다지만 나한테 묻지도 않고 머리를 이렇게 짧게 깎았어! 못돼먹은 봉사자야"라며 화를 내신다. 봉사자의 말을 "시설장이 날씨가 더워 어르신들 머리를 짧게 자르라고 지시해서 자르기는 했으나 마음이 아프다"고 하였다.

① 질 높은 서비스를 받을 권리

② 신체적 제한을 받지 않을 권리

③ 사생활 및 비밀 보장에 대한 권리

④ 가정과 같은 환경에서 생활 할 권리

⑤ 정치 · 문화 · 종교적 신념의 자유에 대한 권리

11 근골격계 질환 초기치료 중 찜질에 대한 설명으로 옳은 것은?

① 얼음은 손상된 조직의 온도를 높인다.

② 초기치료는 온찜질이 좋다.

③ 차가운 찜질은 만성통증에 좋다.

④ 얼음주머니는 4시간 마다 20~30분씩 하는 것이 좋다.

⑤ 냉찜질은 세포의 대사과정을 늦춰 손상과 부종을 감소시킨다.

12 다음 보기가 설명하는 노인의 신체적 특성은?

> 노화는 점차적으로 일어나는 진행성 과정이며 인간의 노력으로 수정되지 않는다.

① 세포의 노화

② 비가역적 진행

③ 예비능력의 저하

④ 회복능력의 저하

⑤ 방어능력의 저하

13 다음 보기의 여가활동 유형으로 옳은 것은?

> 식물 가꾸기, 텔레비전 시청, 종이접기, 퍼즐놀이

① 자기계발 활동
② 가족 중심 활동
③ 종교 참여 활동
④ 사교 오락 활동
⑤ 소일 활동

14 다음 중 연명의료에 해당하는 것은?

① 통증 완화
② 인공호흡기 착용
③ 산소의 단순 공급
④ 물 공급
⑤ 영양 공급

15 요양보호서비스의 과정과 결과를 기록해 두면 요양보호사가 어떤 서비스를 어떻게 제공했는지 알 수 있는 기록의 목적으로 옳은 것은?

① 요양보호사의 책임성을 제고한다.
② 지도, 관리를 받는데 도움이 된다.
③ 서비스의 연속성을 유지할 수 있다.
④ 요양보호서비스의 표준화에 기여한다.
⑤ 요양보호사의 활동을 입증할 수 있다.

16 다음 보기가 설명하는 업무보고의 중요성으로 옳은 것은?

> 적절한 업무보고는 전문적인 업무협조 체제를 가능하게 할 수 있다.

① 사고대응을 신속하게 할 수 있다.
② 타전문직과 협조를 원활하게 할 수 있다.
③ 대상자에게 생기는 작은 변화도 놓지지 않고 기록할 수 있다.
④ 기관의 사고피해를 줄일 수있다.
⑤ 보다 나은 요양보호서비스를 제공 받을 수 있다.

17 "아니야. 믿을 수 없어" 라고 말하는 대상자의 임종적응 단계는?

① 우울   ② 분노   ③ 부정
④ 수용   ⑤ 타협

18 대상자의 임종 후 돕기 방법으로 옳은 것은?

① 사후강직이 시작된 후에 바른 자세를 취하여 준다.

② 맨손으로 임종 대상자를 접촉한다.

③ 대상자를 확인하고 대상자의 사생활을 공표한다.

④ 존중하는 태도로 일을 수행한다.

⑤ 모든 사후 처리 과정은 신속하고 정확하게 수행한다.

19 배변 용의가 있음에도 화장실에 가지 않으려고 하는 경우 요양보호사의 올바른 대처방안은?

① 기저귀를 채워 놓는다.

② 배변을 하도록 설득한다.

③ 배변할 때까지 기다린다.

④ 화장실에 가지 않으려는 이유를 파악한다.

⑤ 이동변기 등을 사용하여 배변을 하도록 유도한다.

20 변비를 치료하거나 예방하는 방법으로 맞는 것은?

① 뛰는 운동을 하여 장운동을 활발하게 한다.

② 화장실에 오래 앉아있는 것은 변비예방에 좋다.

③ 장의 운동력과 변의를 위해 우유를 마시는 것은 금한다.

④ 수면방해를 할 수 있으므로 밤에는 물의 섭취를 금한다.

⑤ 수분을 충분히 섭취하여 변을 부드럽게 유지하도록 한다.

21 폐렴의 치료 및 방법으로 가장 적절한 것은?

① 외출을 하지 않는다.   ② 습도는 낮게, 온도는 높게 유지한다.

③ 외출 후 손발을 깨끗이 씻는다.   ④ 환기는 찬 바람에 노출되므로 금한다.

⑤ 환절기가 시작되면 폐렴구균 및 독감예방주사를 접종한다.

22 폐결핵의 증상에 대한 설명으로 옳은 것은?

① 초기에 화농성 객담을 배출함　　　　② 체중이 증가하여 비만현상이 나타남

③ 오전에 고열이 있다가 오후에 열이 내림　　④ 흉부방사선에 의해 발견되는 경우가 대부분임

⑤ 오후에 고열이 있다가 다음날 아침에 되어서야 열이 내려감

23 심부전 대상자의 치료 및 예방을 위해 할 수 있는 것으로 옳은 것은?

① 염분을 제한한다.　　　　　　　　② 물리치료 요법을 한다.

③ 생활습관을 유지시킨다.　　　　　　④ 기분이 좋을 때만 운동을 하도록 한다.

⑤ 수분보충을 충분히 한다.

24 골다공증이 있는 노인에게 발생하는 고관절 골절의 가장 흔한 요인은?

① 음주　　　　　　② 보조기 사용　　　　③ 시력 저하

④ 낙상　　　　　　⑤ 하지 기능 부전

25 기억력 장애 증상으로 옳은 것은?

① 가치 있는 물건은 아주 깊이 꼼꼼하게 간수를 한다.

② 새로 소개받은 사람의 이름은 특징을 지어 기억한다.

③ 기억력이 저하된 것을 주변 사람들이 알게 된다.

④ 책이나 신문의 구절을 읽고 숫자로 된 것만 기억이 탁월하다.

⑤ 익숙하지 않은 환경에 가면 자기세계의 지도를 만들어 기억한다.

26 다음 중 파킨슨 대상자의 증상에 해당하는 것은?

① 무표정　　　　　　② 빠른 동작　　　　　③ 빠른 사고

④ 예민한 균형감각　　⑤ 흥분 상태 지속

27 노화에 따른 눈의 변화에 대한 설명으로 옳은 것은?

① 동공의 지름이 늘어난다.　　　　　　② 어두운 것을 좋아하게 된다.

③ 20대보다 1/2정도의 빛을 받아들인다.　　④ 시력저하, 빛 순응의 어려움이 나타난다.

⑤ 안질환의 원인이 되는 눈부심이 감소된다.

28 백내장의 증상으로 옳은 것은?

① 색 구별 능력 탁월

② 불빛 주위에 무지개

③ 동공에 흐린 검정 혼탁

④ 두통과 구역질

⑤ 안구통증과 시력 상실

29 우울증 대상자가 겪는 일에 대한 설명으로 옳은 것은?

① 핵가족으로 고령자들은 방치되기가 쉽다.

② 본인 스스로 자각하므로 그나마 다행이다.

③ 노인에게서는 간혹 발생되는 정신질환이다.

④ 병원에 많이 가기 때문에 쉽게 치료할 수 있다.

⑤ 주변사람들이 쉽게 발견할 수 있는 질병이다.

30 섬망 대상자에게 지남력을 유지토록 하기 위한 방법으로 옳은 것은?

① 밤에 불을 밝혀두기

② 대상자의 말을 경청하기

③ 밤, 낮에 맞추어 창문이나 커튼 열기

④ 목욕, 마사지 제공하기

⑤ 항상 단호한 목소리로 말하기

31 노화에 따른 내분비계의 변화로 맞는 것은?

① 공복시에 혈당이 감소한다.

② 포도당의 대사능력이 증가한다.

③ 췌장에서 인슐린의 분비가 빨라진다.

④ 인슐린에 대한 민감성 증가로 쉽게 고혈당이 된다.

⑤ 근육질량이 감소되기 때문에 기초대사율이 감소된다.

32 욕창의 발생원인으로 옳은 것은?

① 체중증가

② 근육이완

③ 피하지방 증가

④ 습기로 인한 피부 손상

⑤ 피부와 뼈 사이의 완충지대 증가

33 낙상의 위험요인 중 신체적 요인으로 옳은 것은?

① 활동량 저하   ② 시력 저하

③ 부적절한 가구 배치   ④ 음주

⑤ 장소별로 조도의 차이

34 여름 폭염 대응 안전수칙으로 옳은 것은?

① 몸에 딱 맞는 옷을 입는다.

② 시원한 물을 한 번에 마시는 것은 더위 대응에 도움이 된다.

③ 선풍기는 찬 공기 유지를 위해 환기가 안 되는 상태에서 튼다.

④ 식사는 든든히 한다.

⑤ 물은 평소보다 자주 마신다.

35 수해가 발생할 때 요양보호사의 활동으로 옳은 것은?

① 가스와 전기는 복구 후 바로 사용한다.

② 가스와 전기는 기술자의 안전점검 후에 사용한다.

③ 물이 빠진 후에는 바로 가스 불을 사용해도 된다.

④ 홍수로 밀려온 물에 몸이 젖었을 때는 재빨리 몸을 말린다.

⑤ 홍수로 밀려온 물에 몸이 젖었을 때는 즉시 옷을 갈아입어야 한다.

01 영양부족의 위험요인에 해당하는 것은?

① 연하곤란   ② 상처회복

③ 배변양상변화   ④ 너무 적은 식사량

⑤ 마르고 약해 보임

02 대상자의 식사 시간에 관찰할 내용으로 옳은 것은?

① 약 복용에 관한 정보   ② 운동과 활동에 관한 정보

③ 여가 활동 정보   ④ 연하곤란의 여부

⑤ 대상자의 질병여부

03 식사돕기를 할 때의 준비물품으로 적절한 것은?

① 스크린   ② 혈압계   ③ 체온계

④ 스탠드   ⑤ 앞치마

04 경관영양 돕기를 할 때의 내용으로 옳은 것은?

① 여름에는 차갑게 공급해야 한다.

② 10초당 한 방울로 주입해야 한다.

③ 뜨거워야 상하는 것을 방지할 수 있다.

④ 너무 빠르게 주입하면 설사를 할 수 있다.

⑤ 진한 농도를 유지하여 영양을 공급해야 한다.

05 대상자에게 투약할 때 물을 충분히 공급하는 이유는?

① 탈수를 막기 위해서   ② 위에 부담을 줄이기 위해서

③ 부족한 수분의 공급을 위하여   ④ 위장에서의 흡수를 돕기 위해서

⑤ 구토나 오심 등을 예방하기 위하여

06 귀약을 투여할 때 대상자의 자세는 어떻게 해 주어야 하는가?

① 바로 눕도록 한다.　　　　　　　　② 치료할 귀를 위쪽으로 한다.

③ 치료할 귀를 옆쪽으로 한다.　　　　④ 치료할 귀가 아래쪽으로 가도록 한다.

⑤ 엎드린 채 손으로 이마를 받치고 있도록 한다.

07 배설 시에 대상자를 관찰하는 중요성으로 가장 적절한 것은?

① 배설물의 색깔을 볼 수 있다.　　　　② 무엇을 먹었는지 관찰할 수 있다.

③ 대상자의 건강이상을 관찰할 수 있다.　④ 배설요구가 있는지 관찰할 수 있다.

⑤ 배설에 필요한 것이 무엇인지 관찰할 수 있다.

08 침대에 누워 있는 대상자를 일으켜 앉힐 때 유의할 사항으로 가장 적절한 것은?

① 다리를 구부려 일으키면 골절의 위험이 있다.

② 기저귀를 찬 상태에서 일으키면 불편할 수 있다.

③ 갑자기 일으키면 혈압이 떨어지고 어지러울 수 있다.

④ 이불을 걷은 상태에서 일으키면 감기에 걸릴 수 있다.

⑤ 침대에 잠시 앉아있게 하는 것은 피곤을 유발할 수 있다.

09 침상배설을 돕기 위한 방법으로 옳은 것은?

① 가능한 모든 것을 해 주어야 한다.

② 요의는 참아도 되지만 변의는 즉시 해결해 주어야 한다.

③ 요의를 호소하면 시간을 보아서 조금 참을 수 있도록 한다.

④ 배변ㆍ배뇨훈련에 적극적으로 참여할 수 있도록 격려해야 한다.

⑤ 답답해할 수 있으므로 창문은 열어두고 스크린 등도 치우도록 한다.

10 침상 배설을 도울 때 유의사항으로 옳은 것은?

① 침대를 수평으로 해 주어야 한다.　　② 배에 힘을 주지 않도록 해야 한다.

③ 대상자가 원하면 밖에서 기다려야 한다.　④ 변기는 가능한 한 오래 대어 주어야 한다.

⑤ 배설 도중 대상자에게 말을 걸어선 안 된다.

11 침대와 이동변기의 높이로 옳은 것은?

① 침대와 이동변기의 높이는 같아야 한다.

② 침대의 높이가 이동변기보다 높아야 한다.

③ 침대의 높이가 이동변기보다 낮아야 한다.

④ 침대의 높이와 이동변기의 높이는 별 상관이 없다.

⑤ 요양보호사가 돕기에 편한 높이여야 한다.

12 기저귀를 사용하는 대상자를 돌보는 방법으로 적절한 것은?

① 통증을 호소하는지 잘 살펴보아야 한다.

② 한 두번 실금하면 기저귀를 사용한다.

③ 치매가 있으면 꼭 기저귀를 사용하도록 한다.

④ 이동할 수 있으면 침상에서 배설할 수 있게 한다.

⑤ 허리를 들을 수 있으면 이동 변기를 이용할 수 있게 한다.

13 구강청결 시 너무 깊이 닦으면 안 되는 이유로 가장 적절한 것은?

① 혓바닥을 자극할 수 있으므로

② 대상자가 싫어할 수 있으므로

③ 깊은 곳은 닦지 않아도 되므로

④ 구토나 질식을 일으킬 수 있으므로

⑤ 시간이 오래 걸리면 대상자가 피곤하므로

14 유치도뇨관을 삽입하고 있는 대상자가 방광이 팽창하여 불편함을 호소할 때 올바른 돕기 방법은?

① 유치도뇨관이 빠진 경우에는 신속하게 끼워 넣는다.

② 소변줄을 팽팽하게 당겨준다.

③ 수분섭취를 제한한다.

④ 연결관이 꺾여있는지 확인한다.

⑤ 소변주머니를 비워준다.

15 머리감기기를 할 때 돕는 방법으로 적절한 것은?

① 공복에 하지 않고 추울 때는 낮 시간대를 이용한다.

② 공복에 주로 하고 추울 때는 낮 시간대를 이용한다.

③ 식후에 주로 하고 추울 때는 낮 시간대를 이용한다.

④ 공복에 주로 하고 추울 때는 오전 시간대를 이용한다.

⑤ 식후에 주로 하고 추울 때는 오전 시간대를 이용한다.

16 세수돕기를 할 때 눈에 대한 관리로 적절한 방법은?

① 아픈 쪽 눈부터 먼저 닦는다.

② 눈 바깥쪽에서 안쪽을 닦는다.

③ 눈곱이 없는 쪽 눈부터 먼저 닦는다.

④ 눈은 예민한 곳으로 간호사가 관리하도록 한다.

⑤ 한 번의 관리에 수건의 한 면을 사용하도록 한다.

17 목욕을 싫어하는 대상자를 목욕하도록 유도하는 방법으로 가장 적절한 것은?

① 목욕해야 하는 시간임을 강조한다.

② 실수를 가장하여 일부러 옷에 물을 뿌려 준다.

③ 함께 수건을 빨자고 하며 손을 물에 묻히도록 한다.

④ 목욕을 하지 않으면 서비스를 받을 수 없다고 알려준다.

⑤ 공동체 생활에서 냄새가 나면 함께 살 수 없음을 인지시킨다.

18 통 목욕을 할 때의 돕는 방법으로 옳은 것은?

① 목욕의자는 사용하지 않는다.

② 중심에서 말초를 향해서 닦는다.

③ 귀 안은 휴지를 이용하여 잘 닦아낸다.

④ 발가락 사이와 발바닥도 섬세하게 닦는다.

⑤ 머리카락은 선풍기를 사용하여 빠르게 말린다.

19 올바른 신체정렬을 위한 요양보호사의 태도로 바른 것은?

① 기저면은 좁을수록 좋다.

② 무릎을 구부리지 않도록 한다.

③ 허리에 체중이 실리도록 한다.

④ 한 발은 다른 발보다 앞에 놓는다.

⑤ 중심을 높게 해야 골반을 안정시킬 수 있다.

20 대상자의 체위변경을 해 줄 때 유의사항으로 옳은 것은?

① 대상자의 앞쪽에서 체위변경을 해야 한다.

② 대상자의 뒤쪽에서 체위변경을 해야 한다.

③ 대상자의 옆쪽에서 체위변경을 해야 한다.

④ 어느 쪽에서 체위변경을 해도 상관없다.

⑤ 꼭 양쪽에서 둘이서 체위변경 해야 한다.

21 대상자를 침대머리 쪽으로 올리려고 할 때 가장 먼저 해야 하는 일로 옳은 것은?

① 무릎을 세운다.

② 침대를 수평으로 한다.

③ 양손을 가슴에 포개 놓는다.

④ 대상자의 고개를 돌려놓는다.

⑤ 베개를 침대 머리로 옮겨 놓는다.

22 바로 누웠을 때 욕창예방을 특히 더 많이 해야 하는 부위는?

① 목뼈

② 엉치뼈

③ 허벅지

④ 팔꿈치

⑤ 겨드랑이

23 휠체어를 사용하는 대상자를 돕는 방법으로 가장 적절한 것은?

① 요양보호사의 안전이 우선이다.

② 이동 중에는 말은 될 수 있으면 하지 않는다.

③ 휠체어를 선택할 때는 체형에 맞는 것을 선택한다.

④ 불편하지 않은 적당히 떨어진 거리에서 지지해야 한다.

⑤ 가능하면 빠른 속도로 이동하는 것이 좋다.

24 대상자를 휠체어에서 침대로 옮기려고 할 때 돕는 방법으로 옳은 것은?

① 휠체어는 잠금장치를 풀어둔다.

② 요양보호사는 휠체어의 발 받침대를 내려둔다.

③ 건강한 쪽을 침대와 붙여서 평행이 되도록 붙인다.

④ 요양보호사 무릎으로 대상자의 건강한 측 무릎을 지지한다.

⑤ 대상자가 허리를 굽혀서 마비된 손으로 침대를 지지하게 한다.

25 대상자에게 보행벨트를 이용한 보행돕기를 할 때의 방법으로 옳은 것은?

① 엉덩이 부분에 맞춰 벨트를 묶는다.

② 상복부 부분에 맞춰 벨트를 묶는다.

③ 요양보호사는 불편한 쪽의 뒤에 선다.

④ 한 손은 벨트를 잡고 한 손은 어깨를 잡는다.

⑤ 요양보호사는 대상자의 건강한 쪽 한 발자국 뒤에서 따라간다.

26 압력을 분산하고 통풍을 원활하게 하여 욕창을 예방하기 위해 사용하는 것은?

① 경사로 ② 이동욕조

③ 목욕리프트 ④ 배회감지기

⑤ 욕창예방 매트리스

27 일상생활지원의 중요성에 대한 설명으로 옳은 것은?

① 일상생활지원은 요양보호사의 전문성을 저하시킨다.

② 신체활동지원과 일상생활지원은 밀접한 관련이 없다.

③ 일상생활지원은 대상자의 자립적 생활의 기반을 마련한다.

④ 신체활동지원을 필요로 하는 대상자에게는 신체활동지원만 제공한다.

⑤ 신체활동지원이 필요하지 않은 대상자는 일상생활지원도 필요 없다.

28 다음 보기가 설명하는 어르신을 위한 식생활지침에 해당하는 것은?

> • 고기, 생선, 계란, 콩 등의 반찬을 먹는다.
> • 다양한 채소 반찬을 먹는다.
> • 신선한 제철 과일을 먹는다.

① 각 식품군을 매일 골고루 먹자.

② 짠 음식을 피하고 싱겁게 먹자.

③ 식사는 규칙적이고 안전하게 하자.

④ 물은 많이 마시고 술은 적게 마시자.

⑤ 활동량을 늘리고 건강한 체중을 갖자.

29 치매 대상자의 식사돕기 방법으로 옳은 것은?

① 사발보다 접시를 사용하여 덜 흘리게 한다.

② 소금이나 간장과 같은 양념은 식탁 위에 두지 않는다.

③ 앞치마보다는 턱받이가 편하다.

④ 가벼운 숟가락을 사용한다.

⑤ 졸려할 때는 식사를 빨리 마칠 수 있도록 양을 조절한다.

30 치매 대상자가 변비인 경우 돕는 방법으로 옳은 것은?

① 기저귀를 착용한다.

② 수분 섭취를 제한한다.

③ 대상자나 보호자의 요구가 있을 경우 관장한다.

④ 섬유질이 많은 음식을 피한다.

⑤ 일정한 시간 간격으로 변기에 앉혀 배변을 유도한다.

31 치매 대상자의 옷 갈아입기를 돕는 방법으로 옳은 것은?

① 몸에 꼭 끼는 옷을 제공한다.

② 색깔이 요란하고 장식이 많은 옷을 선택한다.

③ 평소 습관대로 깨끗하고 계절에 맞는 옷을 제공한다.

④ 시간이 걸리므로 안전하게 요양보호사가 입혀주도록 한다.

⑤ 치매 대상자의 안전을 위해 옆에서 지켜보고 서서 입도록 한다.

32 왼쪽 편마비 대상자를 이동변기로 앉힐 때 이동변기의 위치로 옳은 것은?

①  ②

③  ④

⑤

33 휠체어로 오르막길을 오를 때 돕는 방법으로 적절한 것은?

① 곧장 빨리 올라가도록 한다.

② 경사가 심하면 지그재그로 밀고 올라간다.

③ 쉬엄쉬엄 올라가도록 한다.

④ 뒤로 뒷걸음질 쳐 올라간다.

⑤ 가급적 허리를 꼿꼿하게 세워서 밀도록 한다.

34 치매 대상자의 수면장애 특징으로 옳은 것은?

① 노인성 치매에 걸리면, 뇌순환 장애로 인해 수면장애가 자주 나타난다.

② 2~3일간 잠을 자지 않고, 2~3일 뒤에 계속 잠을 잔다.

③ 아무 데서나 잠을 잔다.

④ 오후에 커피 한 잔을 마시면 수면에 도움이 된다.

⑤ 실내온도를 서늘하게 유지하는 것이 도움이 된다.

35 다음 보기가 설명하는 심폐소생술의 단계로 옳은 것은?

> • 한 손을 대상자의 이마에 대고 머리를 뒤로 젖힌다 .
> • 다른 한 손을 턱 부분을 위쪽으로 당겨 긴다 .

① 기도유지   ② 인공호흡

③ 가슴압박   ④ 상태확인

⑤ 반응확인

36 편마비 대상자가 계단을 오를 때의 지팡이 보행 순서로 바른 것은?

① 지팡이 → 건강한 다리 → 마비된 다리

② 마비된 다리 → 지팡이 → 건강한 다리

③ 건강한 다리 → 마비된 다리 → 지팡이

④ 건강한 다리 → 지팡이 → 마비된 다리

⑤ 지팡이 → 마비된 다리 → 건강한 다리

37 등에 상처가 있는 대상자가 엎드린 상태에서 발목 밑에 작은 배게를 받치는 이유는?

① 허리 긴장 완화   ② 무릎관절 구축 예방

③ 넙다리의 긴장 증가   ④ 척추측만증 예방

⑤ 척추 디스크 완화

38 나–전달법 대화의 내용으로 옳은 것은?

> 함께 홍보물을 배포하기 위해 만나기로 한 동료가 약속시간에 늦을 때

① "연락 정도는 해줘야 되는거 아닌가요?"

② "약속을 했으면 지켜야죠!"

③ "약속을 다시 하기가 어렵겠어요."

④ "약속시간을 이렇게 어기면 어떡해요?"

⑤ "기다리는 동안 걱정하고 조바심이 났어요."

39 대상자에게 효과적인 말벗이 되기 위한 방법으로 옳은 것은?

① 대상자의 가족에 대해 충분히 이해한다.

② 대상자가 요양보호사와 의존관계를 형성해야 한다.

③ 대상자에게 반말을 하여 친밀감을 형성하도록 한다.

④ 대상자 삶을 '옳고 그름'으로 이해하는 마음자세가 필요하다.

⑤ 대상자의 개인적 특성에 대한 이해와 존중하는 태도가 중요하다.

40 지남력 장애를 가진 대상자와의 의사소통방법으로 옳은 것은?

① 대상자의 이름을 사용하지 않는다.

② 대상자를 대하는 태도를 바꿔 인지기능을 향상시킨다.

③ 모든 물품에 이름표를 붙이고 주의사항을 문서화한다.

④ 밤에 기본적인 정보를 알려주어 낮 시간에 활용하게 한다.

⑤ 날짜, 달력, 시계 등은 혼돈을 야기하므로 없앤다.

41 다음 중에서 사교오락 활동으로 옳은 것은?

① 종교생활　　　　　　　　② 창작 활동

③ 연극보기　　　　　　　　④ 식물 가꾸기

⑤ 텔레비전 시청

42 응급처치에 대한 설명으로 옳은 것은?

① 응급상황에서 의료행위를 대신 하는 것을 말한다.

② 응급환자에게 완치를 목적으로 하는 치료이다.

③ 증상의 회복을 위해서 하는 긴급히 필요한 처치이다.

④ 생명의 위험을 방지하기 위해 하는 긴급히 필요한 처치이다.

⑤ 기도확보, 심장박동의 회복을 통해 환자를 완치하는 치료이다.

43 다음 증상을 보이는 대상자에게서 짐작할 수 있는 것은?

> • 목을 조르는 듯한 자세를 취한다.
> • 갑자기 기침을 하며 괴로운 얼굴표정을 한다.
> • 숨을 쉴 때 목에서 이상한 소리가 들린다.

① 출혈 ② 경련 ③ 구토
④ 골절 ⑤ 질식

44 화상의 단계별 수준에 대한 설명으로 옳은 것은?

① 2도 화상은 크고 액체가 들어 있는 커다란 물집이 생긴다.
② 2도 화상은 피부의 표피층만 손상 받은 경우이다.
③ 1도 화상은 상처에 통증이 심하며 부종이 뚜렷하다.
④ 2도 화상은 피부색이 붉게 되면서 약간의 부종이 있다.
⑤ 1도 화상은 상피세포층과 진피 세포층의 일부까지 손상 받은 경우이다.

45 화재 발생 시 해로운 가스가 방출될 때 대처방법으로 옳은 것은?

① 젖은 수건 등으로 입과 코를 막고 빠져 나온다.
② 창문을 열어 외부의 신선한 공기가 들어오도록 한다.
③ 창문을 열고 자신의 위치를 알리고 외부도움을 기다린다.
④ 문틈을 이불로 막아 연기가 들어오지 못하게 하고 외부의 도움을 기다린다.
⑤ 바닥 쪽에 열기나 연기가 상대적으로 적으므로 바닥에 엎드려 기어 나온다.

요양보호사 국가자격시험 대비

제5회 적중모의고사

1교시 필기 / 2교시 실기

문제유형	홀수형	짝수형
	○	○

성명

응시자 준수사항

1. 시험시작 전 과목편철순서, 문제누락, 인쇄상태의 이상유무를 확인합니다.

2. 시험이 시작되면 문제를 주의 깊게 읽은 후 문항의 취지에 가장 적합한 하나의 정답만을 선택하며, 문제내용에 관한 질문은 받지 않습니다.

3. 시험 종료 즉시 답안지를 제출하여야 하며, 부정한 방법으로 시험에 응시하거나 동 시험에서 부정행위를 한 자에 대하여는 노인복지법 시행규칙 제29조의7항에 의거 그 시험의 응시를 정지시키고 시험을 무효로 합니다.

01 다음에서 설명하는 노인을 위한 유엔의 원칙은 무엇인가?

> • 각 사회의 문화적 가치체계에 따라 가족과 지역사회의 보살핌과 보호를 받아야 한다.
> • 노인의 자율과 보호를 높이는 사회적, 법률적인 서비스를 이용할 수 있어야 한다.

① 참여의 원칙   ② 보호의 원칙

③ 독립의 원칙   ④ 자아실현의 원칙

⑤ 존엄의 원칙

02 노인장기요양보험 등급판정을 판정하는 심의기구는?

① 장기요양위원회   ② 등급판별위원회

③ 등급조정위원회   ④ 등급판정위원회

⑤ 장기요양조정위원회

03 노인장기요양보험 표준서비스 분류에서 일상생활지원서비스 내용으로 옳은 것은?

① 세탁   ② 생활상담

③ 방문목욕   ④ 구강관리

⑤ 의사소통 도움

04 요양보호서비스의 제공원칙을 잘 준수한 것은?

① 대상자의 욕창관리를 위해 상처를 소독하였다.

② 대상자가 주는 선물은 성의를 생각해서 받았다.

③ 손녀딸의 방청소 요구해서 손녀딸 방을 청소하였다.

④ 대상자의 자립을 돕기 위해 어르신의 잔존기능을 활용했다.

⑤ 대상자가 요양보호사를 고용하였기에 요구하는 것은 다 들어줬다.

05 대상자의 신체적, 심리적 정보를 가족, 관리책임자, 의료기관의 의료진에게 전달하는 역할은?

① 관찰자 역할
② 동기 유발자 역할
③ 정보 전달자 역할
④ 숙련된 수발자 역할
⑤ 말벗과 상담자 역할

06 요양보호 활동 중 책임감을 갖은 업무활동으로 옳은 것은?

① 매사에 약속을 지킨다.
② 관리책임자만 책임 있는 언행을 해야 한다.
③ 요양보호사의 활동이 모든 요양보호사를 대표하지 않는다.
④ 요양보호 업무는 대상자의 건강에 큰 영향을 주지는 않는다.
⑤ 필요에 따라서 성실하고 침착한 태도로 업무활동을 해야 한다.

07 요양보호사의 윤리적 태도로 옳은 것은?

① 약속을 하면 가급적 지키도록 한다.
② 사고 발생 시 즉시 보호자에게 알린다.
③ 대상자를 서비스가 더 나은 기관에 의뢰한다.
④ 업무와 관련된 직업인과 협조하는 태도를 가진다.
⑤ 신뢰감 형성을 위해 유행어를 사용하고 예의바르게 행동한다.

08 요양보호사가 하지 말아야 할 행위 중 다음 사례에서 지키지 못한 직업적 태도는?

> 독감이 심해져서 그런지 요양보호사 박씨는 자꾸 기침이 나와 약이라도 먹어야겠다는 생각에 약국에 가기 위해 밖으로 나왔다. 시설장에게 이야기하고 나올까 생각하다가 귀찮기도 하고 아쉬운 소리를 하는 것도 싫어서 그냥 빨리 갔다 오면 아무도 모를 것이라는 생각에 아무 말 없이 시설 밖으로 나왔다.

① 감독자에 대한 불복종이나 반항
② 많은 업무를 비효율적으로 수행
③ 비도덕적이고 정직하지 못한 행위
④ 할당된 장소에서 근무를 거부하는 행위
⑤ 감독자에게 알리지 않고 근무지를 비우는 행위

09 다음 사례에서 시설 생활노인 권리침해에 해당하는 것은 무엇인가?

> 나씨 할머니는 외부에서 시설 방문을 왔다면서 자기들 맘대로 사진을 찍거나 방에 불쑥불쑥 들어와 구경하고 나가는 것을 보면 매우 불쾌하다고 하신다.

① 가정과 같은 환경에서 생활할 권리
② 신체적 제한을 받지 않을 권리
③ 사생활 및 비밀 보장에 관한 권리
④ 질 높은 서비스를 받을 권리
⑤ 정치·문화·종교적 신념의 자유에 대한 권리

10 보기와 같은 학대유형으로 옳은 것은?

> 집에서 늦은 저녁식사를 하고 쇼파에 앉아 쉬고 있는 시어머니에게 "에이 꼴도 보기 싫은데 빨리 방에나 들어가지 왜 거기 앉아있는 거야. 죽치고 앉아 있지 말고 빨리 들어가요"라고 소리를 질렀다.

① 방임　　　　② 성적 학대　　　　③ 신체적 학대
④ 경제적 학대　　⑤ 정서적 학대

11 요양보호사가 양손으로 물건을 들어 올릴 때 신체손상을 예방하기 위한 자세로 옳은 것은?

① 　　②

③ 　　④

⑤

12 노인성 질환의 특성으로 옳은 것은?

① 약물에 대한 민감도가 떨어지게 된다.

② 의식장애, 심장수축이상, 신경이상이 발생하기 쉽다.

③ 신장의 기능이 강화되어 약물중독상태가 되지 않는다.

④ 질환에 대한 민감도가 높아서 쉽게 질병에 걸리지 않는다.

⑤ 신장기능이 저하되어 수분과 전해질의 균형이 잘 유지된다.

13 효과적인 말하기에 대한 설명으로 옳은 것은?

① 자신의 감정을 잘 숨긴다.

② 자신은 보호받아야 한다고 생각한다.

③ 나에게는 잘못이 없다고 주장한다.

④ 상대방을 감정적으로 공격하지 않는다.

⑤ 모든 일에 전문가임을 강하게 주장한다.

14 노인 부모가 근거리에 살면서 자녀의 부양을 받는 형태를 무엇이라 하는가?

① 확대가족

② 근거리가족

③ 수정대가족

④ 수정핵가족

⑤ 수정확대가족

15 요양보호 기록 시 주의사항으로 옳은 것은?

① 대상자의 개인정보는 문서로 직원끼리만 공유한다.

② 대상자 기록을 가족과 직원들이 문서로 공유해야 한다.

③ 대상자나 가족이 승인하지 않은 정보는 기록하지 않는다.

④ 문제 해결을 위한 정보 수집은 대상자의 동의가 필요 없다.

⑤ 요양보호서비스와 직접 관련이 없는 정보는 마음대로 기록한다.

16 업무보고의 원칙으로 옳은 것은?

① 객관적인 사실을 보고한다.

② 보고는 시간을 두고 정확하게 보고한다.

③ 요양보호사의 주관적 의견도 함께 보고되어야 한다.

④ 정확히 보고하기 위해서는 중복되게 보고한다.

⑤ 긴급한 경우에는 육하원칙에 따라 보고하지 않아도 된다.

17 임종적응 단계 중 우울 단계에 대한 설명으로 옳은 것은?

① 혼자 있고 싶어 한다.

② 제 3의 길을 찾으려고 한다.

③ 죽는다는 사실을 체념하고 받아들인다.

④ 다시 회복될 것이라고 믿고 싶어 한다.

⑤ 근심과 슬픔을 더 이상 말로 표현하지 않는다.

18 요양보호사가 활동 중 대상자에게 이상 증상이 나타났을 때 대처방안으로 옳은 것은?

① 질병명을 예측하여 말해준다.

② 가족과 상의하고 관리책임자에게 보고한다.

③ 약국에 가서 약을 사다 준다.

④ 대상자에게 필요한 치료를 인터넷으로 찾아준다.

⑤ 시설장에게는 알리지 않는다.

19 위암을 예방하고 치료를 하는 데 있어 적절한 것은?

① 화학요법이나 방사선치료를 하기도 한다.

② 맵고 짠 음식을 섭취한다.

③ 지방이 풍부한 식품, 채소, 과일, 비타민 A, C, E를 섭취한다.

④ 오심이 있으므로 자극적인 음식을 제공하여 식욕을 돋군다.

⑤ 수술 후 1년간은 병원에서 재발 확인 여부를 위한 정기적인 검진을 받는다.

20 대상자가 대장암일 때 식이요법으로 옳은 것은?

① 자극이 있는 음식으로 입맛을 자극한다.

② 소화에 도움이 되는 강도 높은 운동을 시킨다.

③ 야간의 영양공급을 위한 늦은 식사를 제공한다.

④ 통곡식, 생채소, 생과일을 많이 섭취하도록 한다.

⑤ 식물성 지방을 줄이고 동물성 지방의 섭취를 늘린다.

21 설사를 할 때 지사제를 함부로 써서는 안 되는 이유로 가장 합당한 것은?

① 통증이 나타날 수 있으므로

② 탈수에 빠지게 할 수 있으므로

③ 장운동을 증가시킬 수 있으므로

④ 설사를 더 심하게 할 수 있으므로

⑤ 설사가 유해물질을 배출하는 자기방어반응일 수 있으므로

22 고혈압 대상자가 장기간 약물 복용 후 정상적인 혈압을 유지할 때 돕는 방법으로 옳은 것은?

① 약의 용량을 반으로 줄여서 제공한다.

② 의사 처방이 있는 한, 약은 계속 먹어야 한다.

③ 운동으로만 관리하자고 권유한다.

④ 약 복용을 끊는다.

⑤ 증상이 있을 때만 약을 제공한다.

23 폐결핵을 치료할 때 주기적으로 해야 하는 검사는?

① 간 기능 검사　　　　② 심장기능 검사　　　　③ 신장기능 검사

④ 관절운동 검사　　　　⑤ 소화기능 검사

24 심혈관계의 노화에 따른 특성으로 옳은 것은?

① 최대 심박출량과 심박동수가 늘어난다.

② 심장의 탄력성이 증가한다.

③ 직장 정맥의 약화로 치질이 생길 수 있다.

④ 말초혈관으로부터 심장으로의 혈액순환이 늘어난다.

⑤ 심장 근육이 노화로 인해 점점 얇아진다.

25 심부전 대상자의 치료 및 예방을 위해 할 수 있는 것으로 옳은 것은?

① 담배를 줄인다.　　　　　　　　② 고혈압을 치료한다.

③ 수분섭취를 늘린다.　　　　　　④ 식사량을 늘린다.

⑤ 매일 체온을 측정한다.

26 남성노인들에게서 흔히 나타나는 비뇨기과 질환은?

① 치질
② 방광염
③ 요도염
④ 요로감염
⑤ 전립선비대증

27 대상포진 대상자를 돌보는 방법으로 옳은 것은?

① 수포를 터트리고 온찜질을 한다.
② 대상포진 백신은 아직 개발이 안 되어 있다.
③ 휴식과 안정을 취할 수 있도록 해 주어야 한다.
④ 진통제 복용을 하면 부작용이 나타날 수 있으므로 피한다.
⑤ 빨리 나으니까 걱정하지 않도록 안심시켜 주도록 한다.

28 치매의 정신행동증상으로 옳은 행동은?

① 기억력 저하
② 언어능력 저하
③ 실행기능 저하
④ 초조 및 공격성
⑤ 시공간파악능력 저하

29 당뇨병 대상자의 저혈당 증상으로 옳은 것은?

① 땀을 많이 흘림
② 식욕 증가
③ 체중 감소
④ 배뇨 증가
⑤ 피로감

30 섬망 대상자를 위한 비약물요법으로 서로 맞게 연결된 것은?

① 신체통합성유지 - 밤에 불을 밝혀두기
② 야간의 혼돈 방지 - 현실을 확인할 수 있는 환경 조성하기
③ 개인의 정체성 유지 - 가족구성원이 자주 방문하도록 하기
④ 초조의 관리 - 대상자 스스로 할 수 있는 일을 말로 강화하기
⑤ 착각 및 환각 관리 - 대상자와 시선을 마주쳐서 위협을 느끼지 않도록 하기

31 노인 우울증의 특징으로 옳은 것은?

① 단기 기억이 심하게 저하된다.

② 과거 정신과적 병력이 없다.

③ 긴 기간에 걸쳐 서서히 발병하는 경우가 많다.

④ 표면적으로 나타나는 증상이 뚜렷하여 발견하기 쉽다.

⑤ 두통, 소화불량 등 신체 증상 요소가 많다.

32 욕창의 치료 및 예방을 위한 적절한 조처는?

① 3시간마다 체위변경한다.

② 식사 시 단백질을 제한한다.

③ 젖은 침대시트는 바로 교환한다.

④ 옷은 완전히 밀착된 옷을 입힌다.

⑤ 긁어주기 위해 손톱을 약간만 기른다.

33 수정체의 황화현상으로 구분이 어려운 색상은?

① 빨강, 노랑

② 주황, 파랑

③ 초록, 노랑

④ 보라, 파랑

⑤ 주황, 초록

34 낙상예방 방법으로 옳은 것은?

① 조명을 야간에도 밝게 켜 둔다.

② 침대는 바퀴에 잠금장치를 한다.

③ 전기코드는 방바닥에 잘 펴서 놓는다.

④ 변기는 쉽게 앉을 수 있도록 팔걸이가 없는 것을 사용한다.

⑤ 이동식 좌변기는 쉽게 움직일 수 있도록 바퀴가 있는 것이 좋다.

35 지진이 일어났을 때 요양보호사의 활동으로 옳은 것은?

① 깨지기 쉬운 유리그릇 등은 선반 위에 보관한다.

② 응급처치보다는 대피에 더 중점을 두고 활동한다.

③ 비상시 사용할 식품은 지진이 난 직후에 즉시 구입한다.

④ 가스, 전기, 수도는 차단하지 말고 대피해야 피해를 줄일 수 있다.

⑤ 크고 무거운 물건이나 높은 곳에서 떨어질 수 있는 물건을 치운다.

01 영양부족을 확인할 수 있는 지표로 옳은 것은?

① 체중감소 　　　　　　　② 약물사용

③ 만성질환 　　　　　　　④ 사회적 고립

⑤ 알코올 중독

02 의자에 앉아서 식사할 때의 올바른 자세는?

① 식탁의 높이는 횡경막에 두도록 한다.

② 일어나기 쉽게 의자 앞쪽으로 걸터앉는다.

③ 휠체어는 식탁에 부딪히지 않도록 멀찌감치 거리를 유지한다.

④ 팔을 올렸을 때 편안한 자세를 취하도록 해 준다.

⑤ 의자는 식탁에 붙여 대상자가 꼭 끼일 수 있도록 하여 움직이지 않게 한다.

03 편마비가 있는 대상자의 식사돕기 중에 유의해야 할 사항은?

① 음식을 삼키기 힘들어 하는지를 관찰한다.

② 한 손을 받쳐서 대상자 입 가까이 가져갈 때 마비가 있는 쪽에서부터 넣어준다.

③ 상처 예방을 위해 빨대 사용은 금지한다.

④ 국물이 있는 음식은 될 수 있으면 금지한다.

⑤ 마비가 있는 쪽을 밑으로 하여 약간 옆으로 누운 자세를 취한다.

04 경관영양이 필요한 경우로 가장 적당한 것은?

① 주무시기만 할 때 　　　　　② 물만 달라고 할 때

③ 먹지 않으려고 할 때 　　　　④ 씹지 않으려고 할 때

⑤ 입을 통해 삼키기 어려울 때

05 알약취급방법으로 옳은 것은?

① 알약은 손에 먼저 따르도록 한다.

② 손을 약병에 넣어서 약을 꺼내야 한다.

③ 약을 먹을 때는 꼭 본인이 직접 입에 넣도록 한다.

④ 약병에서 한 번 꺼낸 약은 다시 병에 넣지 않는다.

⑤ 약의 개수가 많을 경우엔 한 시간 간격으로 먹도록 한다.

06 귀약을 투여할 때의 옳은 방법은?

① 약은 차가움을 유지하도록 유의한다.

② 약을 점적 전에 전자레인지에 넣고 데워 놓는다.

③ 귀약 투여 시에는 엎드리는 자세를 취하도록 한다.

④ 치료할 귀는 하상방으로 잡아당겨 점적하기 쉽도록 한다.

⑤ 약물을 점적할 때는 측면을 따라 약물을 떨어뜨리도록 한다.

07 다음 중 안약 투여 시 올바른 위치는?

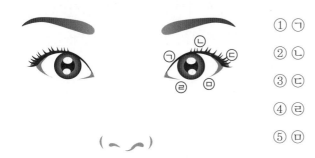

① ㄱ

② ㄴ

③ ㄷ

④ ㄹ

⑤ ㅁ

08 침대에 누워있던 대상자를 휠체어로 옮기기 전 침대에 걸터앉힐 때 유의사항으로 옳은 것은?

① 시간을 지체하지 않도록 빨리 휠체어로 옮긴다.

② 어지러움증이 없는지 살핀다.

③ 고개를 앞으로 숙이도록 한다.

④ 두 발이 바닥에 닿지 않도록 한다.

⑤ 두 손은 뒤로 하여 침대를 짚도록 한다.

09 사지마비인 대상자를 침상에서 일으켜 앉히려고 할 때 (   )안에 들어갈 말로 알맞은 것은?

> 요양보호사는 한쪽 팔을 대상자의 (A) 밑을 받쳐 깊숙이 넣은 후 손바닥으로 반대쪽 (B) 을 (를) 받쳐준다.

	(A)	(B)		(A)	(B)
①	어깨	엉덩이	②	허리	목
③	목	엉덩이	④	목	어깨
⑤	허리	엉덩이			

10 소변주머니를 방광의 위치보다 낮게 두어야 하는 이유로 적절한 것은?

① 유치도뇨관이 막히지 않게 하기 위해   ② 원활한 소변배출을 위해

③ 냄새 유출을 막기 위해   ④ 이동의 편의를 위해

⑤ 감염을 예방하기 위해

11 이동변기 사용시에 대상자의 안전을 위해 신경써야 하는 일로 옳은 것은?

① 변기를 뜨거운 물로 데워둔다.   ② 변기가 너무 차가운지 확인한다.

③ 이동변기 밑에 미끄럼방지 매트를 깔아준다. ④ 이동변기의 높이는 침대보다 조금 낮게 둔다.

⑤ 대상자의 두 다리가 바닥에 닿지 않도록 한다.

12 기저귀 갈아주기 시에 돕는 방법으로 옳은 것은?

① 젖은 수건으로 물기를 닦는다.   ② 회음부는 뒤에서 앞으로 닦는다.

③ 기저귀의 배설물을 안으로 말아 넣는다.   ④ 항문부위나 회음부를 찬 물티슈로 닦는다.

⑤ 기저귀의 안쪽이 보이도록 하여 말아 넣도록 한다.

13 대상자가 앉은 자세를 할 수 없는 경우 양치질을 돕는 방법으로 적절한 것은?

① 건강한 쪽이 아래를 향하고 옆으로 누운 자세를 취해주도록 한다.

② 반듯하게 누운 자세를 취해주도록 한다.

③ 침상에서 내려와 양치질을 하도록 한다.

④ 건강한 쪽이 위를 향하게 옆으로 눕힌다.

⑤ 누워있는 상태에서는 양치질을 해서는 안 된다.

14 치아가 없거나 연하장애가 있는 대상자를 위한 구강 청결 돕기 방법으로 적절한 것은?

① 입안 닦아내기   ② 의치 손질하기

③ 치실 사용하기   ④ 칫솔질하기

⑤ 입안 헹구기

15 물을 사용하기 어려운 상황이거나 신체적으로 힘든 상황에서 사용하는 두발 청결제품은?

① 두발전용세정제   ② 샴푸

③ 린스   ④ 컨디셔너

⑤ 헤어 왁스

16 통 목욕 시 욕조에 들어가기 전에 씻기는 순서로 옳은 것은?

① 다리 - 팔 - 회음부 – 몸통   ② 팔 - 다리 - 몸통 - 회음부

③ 다리 - 팔 - 몸통 – 회음부   ④ 다리 - 몸통 - 팔 - 회음부

⑤ 팔 - 몸통 - 다리 – 회음부

17 대상자에게 통 목욕을 시킬 때 지원하는 방법으로 옳은 것은?

① 욕조에 있는 시간은 15분 정도로 한다.

② 서서 발끝에 물을 묻혀 미리 온도를 느껴보도록 한다.

③ 마비된 쪽 다리, 건강한 다리 순으로 욕조에 들어간다.

④ 요양보호사는 대상자의 건강한 쪽 겨드랑이를 잡아주어야 한다.

⑤ 편마비 대상자는 욕조 턱 높이와 목욕의자 높이를 맞추어 앉게 한다.

18 침상에서 목욕을 할 때의 내용으로 옳은 것은?

① 창문은 열고 방문은 닫는다.

② 중심에서 말초를 향해서 닦는다.

③ 손목 쪽에서 팔 쪽을 향해 닦는다.

④ 눈을 닦을 때는 바깥쪽에서 안쪽으로 닦는다.

⑤ 다른 쪽 눈을 닦을 때에도 수건의 같은 면을 사용한다.

19 올바른 신체정렬을 위한 것으로 바르게 설명한 것은?

① 갑작스러운 동작은 피한다.　　　　② 발은 반듯하게 모아야 한다.

③ 대상자 뒤에서 보조하도록 한다.　　④ 대상자 이동시 작은 근육을 이용한다.

⑤ 무릎을 굽히되 중심은 높이 두어야 한다.

20 다음과 같이 대상자가 침대 오른쪽으로 쏠려있을 때 침대 중앙 쪽으로 이동시키는 형태로 옳은 것은?

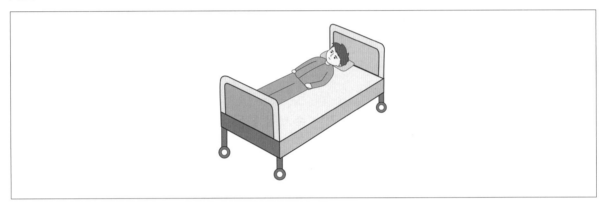

①

②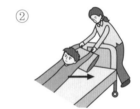

③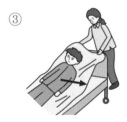

④

⑤

21 하반신마비 대상자의 이완성 마비 때문에 주의해야 할 사항으로 옳은 것은?

① 갑자기 멈출 수 있으므로 주의해야 한다.

② 무릎이 꺾여 넘어지는 것을 주의해야 한다.

③ 허리가 뒤틀려 넘어지는 것을 주의해야 한다.

④ 관절의 경직성으로 인해 넘어지는 것을 주의해야 한다.

⑤ 골절의 위험성이 높으므로 넘어지는 것을 주의해야 한다.

22 다음 그림과 같은 자세를 해야 하는 경우에 해당하는 것은?

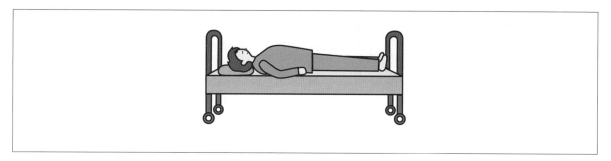

① 휴식하거나 잠을 잘 때   ② 무릎에 화상을 입었을 때

③ 허리가 아파서 치료가 필요할 때   ④ 어깨에 욕창이 발생하여 치료 때문에

⑤ 발목 골절로 인해 발목을 보호해야 할 때

23 휠체어를 접을 때의 방법으로 맞는 것은?

① 시트를 내린다.   ② 잠금장치를 푼다.

③ 발 받침대를 내린다.   ④ 발 받침대를 올린다.

⑤ 팔걸이를 잡아 젖힌다.

24 움직이기 불편한 바닥에 있는 대상자를 휠체어로 옮기기 할 때 돕는 방법은?

① 대상자 가까이에 휠체어를 가져와 잠금장치를 푼다.

② 건강한 쪽 무릎을 세워 천천히 일어나도록 도와준다.

③ 요양보호사는 대상자 옆에서 한 손은 허리를, 한 손은 다리를 잡아 준다.

④ 요양보호사가 뒤에 서서 양 손을 허리에 넣어서 잡아 일으켜 세워 앉힌다.

⑤ 마비된 다리를 먼저 휠체어에 올리면서 건강한 손으로는 바닥을 짚게 한다.

25 침상이동 돕기 시 대상자를 오른쪽으로 옮길 때 요양보호사의 위치로 옳은 것은?

① 대상자의 왼쪽

② 대상자의 오른쪽

③ 대상자의 앞쪽

④ 대상자의 다리쪽

⑤ 대상자의 머리쪽

26 지팡이를 사용할 때의 고려사항으로 옳은 것은?

① 팔꿈치는 90°정도 구부린 높이가 좋다.

② 지팡이 바닥 끝의 고무는 빼내고 사용한다.

③ 새끼발가락으로부터 바깥쪽 30cm지점에 짚는다.

④ 미끄러지지 않는 양말과 신발을 신도록 돕는다.

⑤ 지팡이의 손잡이가 대상자의 허리 높이까지 오는 것이 좋다.

27 일상생활지원 서비스로 옳은 것은?

① 취사

② 식사 도움

③ 배설 도움

④ 목욕 도움

⑤ 몸 단장 하기

28 당뇨병 환자를 위한 식사 돕기 방법으로 옳은 것은?

① 국, 찌개, 국수류의 국물을 많이 먹는다.

② 염분을 많이 사용하는 조리법을 선택한다.

③ 합병증 예방을 위해 지방을 섭취해야 한다.

④ 육류는 기름기가 적은 붉은 살코기로 섭취한다.

⑤ 김치보다는 짭짤하게 조리한 다른 채소를 섭취한다.

29 일상 업무 대행에 대한 설명으로 옳은 것은?

① 대행 후 대상자의 업무 대행 기관을 확인한다.

② 필요한 모든 사항들에 대하여 요양보호사가 협조를 한다.

③ 업무대행 전 준비해야 할 자료나 경비를 점검한다.

④ 대상자를 대신하여 해야 할 업무인지는 확인하지 않아도 된다.

⑤ 업무대행과 관련하여 보호자에게 충분한 정보를 제공 받는다.

30 치매 대상자가 화장실에 가고 싶을 때 보이는 비언어적 신호로 가장 적절한 것은?

① 옷을 바로 입는다. ② 밝은 곳을 찾아 나온다.

③ 서성이면서 울먹울먹 한다. ④ 바지의 뒷부분을 움켜잡고 있다.

⑤ 대중 앞에서 단정한 자세를 취한다.

31 치매 대상자의 운동을 돕기 위하여 할 수 있는 일로 옳은 것은?

① 운동량을 점차 줄여 나간다.

② 현재의 운동기능보다 가능성을 중시한다.

③ 대상자와 친숙해진 뒤 운동을 시켜야 한다.

④ 모든 운동은 다리 쪽에서 머리 쪽으로 진행한다.

⑤ 심장병이 있는 경우 호흡이 가쁠 정도로 운동하게 한다.

32 치매 대상자가 식사를 했음에도 밥을 달라고 할 때 요양보호사의 올바른 반응은?

① "안돼요! 방금 드셨잖아요."라고 화를 낸다

② "오늘은 드셨으니 내일 드릴게요" 라고 달랜다.

③ "방금 설겆이 한 거 안 보이세요?" 라고 짜증을 낸다.

④ "방금 드셨는데 무슨 말씀이세요?"라고 대상자의 말을 부정한다.

⑤ "지금 준비하고 있으니 조금만 기다리세요." 라고 친절하게 얘기한다.

33 무의미한 사건으로 보이는 것에 대해 자신 뿐 아니라 주위사람들에게 정서적으로 난폭하게 반응을 보이는 문제행동은?

① 야간 섬망 ② 야간 망상 ③ 석양증후군 ④ 파괴적 행동 ⑤ 파괴적 망상

34 치매대상자의 식사를 도울 때 지켜야 할 사항으로 옳은 것은?

① 그릇은 사발보다 접시를 사용한다.

② 음식을 가려먹어야 하는 경우 냉장고에 음식을 보관한다.

③ 의치가 기도로 넘어가지 않도록 잘 고정되어 있는지 확인한다.

④ 플라스틱 제품 보다 투명한 유리 제품 제품을 사용하는 것이 좋다.

⑤ 소금이나 간장과 같은 양념은 식탁 위에 두어 쉽게 사용하게 한다.

35 치매 대상자와 대화를 할 때 대상자가 이해할 수 있도록 말하고 있는 것은?

① "서랍 속은 찾아보셨어요?"   ② "내가 왜 도둑이예요? 말씀조심하세요."

③ "아니 왜 또 이러세요. 힘들어 죽겠어요?"   ④ "제가 찾아 볼 테니 어르신은 가만히 계세요."

⑤ "물건을 잃어버린 것이 아닙니다. 어르신이 착각하신 거예요."

36 치매 대상자가 의사표현을 하도록 돕는 방법으로 적절한 것은?

① 라디오나 TV를 켜 준다.

② 이해했어도 다시 말을 하도록 요청한다.

③ 다른 대상자들이 많은 곳으로 가도록 한다.

④ 의사소통에 도움을 주는 보조수단을 이용한다.

⑤ 대상자의 생각을 끌어낼 수 있도록 주목받게 한다.

37 치매 말기 단계의 대상자와 의사소통 방법으로 옳은 것은?

① 빠르면서 정확하게 말한다.

② 말기 단계는 신체적 접촉은 하면 안 된다.

③ 방안에 아무도 없는 것처럼 이야기 하지 않는다.

④ 대상자가 응답하지 않으면 이야기를 중단해야 한다.

⑤ 치매 말기 대상자는 모든 것을 다 듣고 있지는 않는다.

38 다음 대화에 들어갈 내용으로 가장 적절한 것은?

> 이○○ 어르신이 평소와 달리 식사도 잘 하지 않고 TV도 보는 둥 마는 둥 하며 시무룩하다. 요양보호사는 어르신의 안색을 살피면서 평소와 다른 점이 있는지 살펴보지만 특이사항은 없었다.
> 요양보호사 : "어르신! 오늘은 날씨가 아주 좋아요."
> 대상자 : "그런가 보네..."
> 요양보호사 : (   )

① "기분이 안 좋아 보여요. 저랑 산책하러 가세요."

② "날씨가 따뜻하지만 아직 나가시면 안 돼요. 감기 걸려요."

③ "날씨가 따뜻하니 밖에 나가 계세요. 기분이 좋아지실 거예요."

④ "어디 편찮으세요? 안색이 안 좋아 보여요. 저랑 병원에 가시죠."

⑤ "날씨가 따뜻하고 바람도 없어요. 저랑 같이 밖에 나가 걸어보실래요?"

39 의사소통 장애가 없는 대상자와의 의사소통 방법으로 옳은 것은?

① 외모를 청결하고 단정히 한다.　　② 대상자의 이름은 부르지 않는다.

③ 본인을 소개할 때는 이름만 알린다.　　④ 어르신이 들을 수 있게 큰소리로 말한다.

⑤ 대상자의 호칭은 기관에서 정하여 부른다.

40 비언어적 의사소통에서 바람직한 얼굴표정으로 옳은 것은?

① 하품　　② 꼭 다문 입

③ 눈썹 치켜뜨기　　④ 부적절하고 희미한 미소

⑤ 간간히 적절하게 짓는 미소

41 다음 중에서 가족중심 활동으로 옳은 것은?

① 외식나들이　　② 노래교실　　③ 성당가기

④ 식물 가꾸기　　⑤ 텃밭 가꾸기

42 다음 대화에서 요양보호사의 반응에 해당하는 것은?

> 어르신 : "영감이 돌아가시기 전까지는 늘 문단속을 하고 잠자리를 살펴주었거든."
> 요양보호사 : "할아버지를 한번 뵙고 싶어요. 사진 가지고 계시면 보여주실 수 있나요?"

① 적극적인 청취　　② 공감하기

③ 증상완화 보조　　④ 라포 형성하기

⑤ 정보제공

43 대상자가 갑자기 질식 증상을 보일 때 올바른 대처방법은?

① 이물의 종류와 위치를 확인한다.

② 수족에 손상이 나타나는지 확인한다.

③ 갑작스런 기침이나 가래가 있는지 확인한다.

④ 산소의 공급여부를 확인하고 산소를 공급한다.

⑤ 호흡곤란이나 얼굴색이 붉게 변하는지 확인한다.

44 2도 화상에 대한 설명으로 옳은 것은?

① 피부의 표피층만 손상 받은 경우이다.

② 조직이 깊이 괴사되고 부종이 심한 경우이다.

③ 피부 전 층과 피하지방까지 손상 받은 경우이다.

④ 일주일이 지나면 흉터 없이 자연 치유되는 경우이다.

⑤ 표피가 파괴되고 진피세포층의 일부까지 손상 받은 경우이다.

45 심폐소생술을 실시할 때 가슴압박과 인공호흡의 비율로 옳은 것은?

① 25 : 2   ② 25 : 3   ③ 30 : 2

④ 30 : 3   ⑤ 35 : 2

요양보호사 국가자격시험 대비

제6회 적중모의고사

1교시 필기 / 2교시 실기

문제유형	홀수형	짝수형
	○	○

성명

응시자 준수사항

1. 시험시작 전 과목편철순서, 문제누락, 인쇄상태의 이상유무를 확인합니다.

2. 시험이 시작되면 문제를 주의 깊게 읽은 후 문항의 취지에 가장 적합한 하나의 정답만을 선택하며, 문제내용에 관한 질문은 받지 않습니다.

3. 시험 종료 즉시 답안지를 제출하여야 하며, 부정한 방법으로 시험에 응시하거나 동 시험에서 부정행위를 한 자에 대하여는 노인복지법 시행규칙 제29조의7항에 의거 그 시험의 응시를 정지시키고 시험을 무효로 합니다.

01 다음은 무엇에 대한 설명인가?

중풍, 치매 등 노인성 질환 등으로 심신에 상당한 장애가 발생하여 도움을 필요로 하는 노인을 입소시켜 급식, 요양, 그 밖에 일상생활에 필요한 편의를 제공하는 시설

① 노인양로시설　　　　　　　　② 노인요양시설

③ 노인복지주택　　　　　　　　④ 노인공동생활가정

⑤ 노인요양공동생활가정

02 등급판정을 받은 장기요양인정자의 서비스이용 신청 절차로 옳은 것은?

ㄱ. 서비스 신청접수 및 방문 상담　　ㄴ. 서비스 제공 실시
ㄷ. 서비스제공 계획 수립　　　　　　ㄹ. 서비스이용 계약 체결
ㅁ. 모니터링 실시 및 서비스 종료

① ㄱ → ㄷ → ㄹ → ㄴ → ㅁ　　　② ㄱ → ㄴ → ㄷ → ㄹ → ㅁ

③ ㄴ → ㄷ → ㄹ → ㅁ → ㄱ　　　④ ㄷ → ㄴ → ㄱ → ㅁ → ㄹ

⑤ ㄷ → ㄱ → ㄹ → ㄴ → ㅁ

03 장기요양보험의 재가급여에 대한 장점으로 옳은 것은?

① 개인중심의 생활이 어렵다.

② 지역사회와 떨어져 지내며 소외되기 쉽다.

③ 긴급한 상황에 대한 신속한 대응이 가능하다.

④ 사생활이 존중되고 개인 중심의 생활이 가능하다.

⑤ 의료, 간호, 요양서비스를 종합적으로 제공받는다.

04 노인이 막연히 느끼던 죽음을 현실로 받아들이고 심한 허무감이나 절망감에 빠지는 계기가 되는 상황은?

① 예전 같지 않은 건강 상태
② 배우자와 사별
③ 자녀의 독립
④ 경제적 어려움
⑤ 은퇴

05 치매·중풍 등 노인성 질환 등으로 심신에 상당한 장애가 발생하여 도움이 필요한 하는 노인에게 가정과 같은 주거 여건과 급식·요양, 그 밖에 일상생활에 필요한 편의를 제공하는 시설은?

① 노인보호전문기관
② 노인요양시설
③ 경로당
④ 노인복지관
⑤ 노인요양공동생활가정

06 법적인 소송에 휘말리지 않기 위한 태도로 옳은 것은?

① 제공된 요양보호서비스 내용을 적당히 기록한다.
② 요양보호서비스 제공시 요양보호사의 자율적 판단을 따른다.
③ 대상자의 개인적인 권리보호자의 동의를 받으면 서비스 내용을 지키지 않아도 된다.
④ 제공해야 할 서비스 내용 및 방법이 확실하지 않을 때는 도움을 청한다.
⑤ 대상자가 학대를 받는다고 의심되는 경우 가족과의 관계를 생각해서 모른 척 한다.

07 다음 사례에서 지키지 않은 직업적 태도는 무엇인가?

> 시설로 돌아온 박씨는 업무를 하다가 쉬던 중 평소 본인과 친하게 지내던 요양보호사 최씨가 무의식 상태인 대상자 강씨를 때리는 것을 보았으나 어떻게 해야 할지 당황스러워 그냥 못 본 척 지나쳤다.

① 정해진 정책과 절차를 따른다.
② 대상자의 개인적인 권리를 보호한다.
③ 제공된 서비스 내용을 정확히 기록한다.
④ 대상자가 학대 받는다고 의심되는 경우 보고 또는 신고한다.
⑤ 대상자의 상태변화를 세심하게 관찰하고 이를 정확히 기록한다.

08 다음에서 설명하는 시설 생활노인 권리보호를 위한 윤리강령은 무엇인가?

> 박씨 할머니는 외출이나 병원진료가 있는 경우 식사 시간보다 늦게 시설에 도착하는 경우가 많아 그 때마다 식은 반찬을 드셔야 했다. 식사시간을 조정하거나 개인적으로 따뜻한 식사를 할 수 있기를 바라지만 너무 혼자 유별나게 구는 것 같아 얘기를 꺼내 본 적이 없다.

① 신체적 제한을 받지 않을 권리
② 사생활 및 비밀 보장에 대한 권리
③ 불평의 표현과 해결을 요구할 권리
④ 정보 접근과 자기결정권 행사의 권리
⑤ 시설 내 외부 활동 참여의 자유에 대한 권리

09 다음과 같은 학대 행위에 해당되는 학대 유형은 무엇인가?

> • 강하게 누른다.
> • 무리하게 먹인다.
> • 불필요한 약물을 투여한다.
> • 강하게 흔든다

① 방임
② 성적 학대
③ 신체적 학대
④ 경제적 학대
⑤ 정서적 학대

10 근골격계 질환 발병 단계에서 1단계로 옳은 것은?

① 반복적 작업 능력이 낮아진다.
② 작업수행 능력에는 변화가 없다.
③ 작업시작 초기부터 통증이 나타난다.
④ 하루 밤 지나도 통증이 지속되며 잠을 방해한다.
⑤ 몇 주 혹은 몇 달간 지속 되며 악화와 회복이 반복된다.

11 요양보호사가 허리가 불편한 남자 노인의 다리를 뻗게 하는데 기왕 만진 김에 다리를 주무르고 안마를 해달라고 할 때 대처하는 방법으로 옳은 것은?

① 무시하고 서둘러 마무리한다.
② 서비스를 중단하고 나가버린다.
③ 조용히 밖으로 나가 가족에게 전화하여 화를 낸다.
④ 알겠다고 하고 안마를 해 준다.
⑤ 단호히 거부 의사를 표현한다.

12 다음 보기가 설명하는 노인의 심리적 특성은?

> • 응어리졌던 감정을 해소하고, 실패와 좌절에 담담해짐
> • 죽음을 평안한 마음으로 맞이 하게 됨

① 시간전망의 변화   ② 의존성의 증가

③ 유산을 남기려는 경향   ④ 생에 대한 회고의 경향

⑤ 내향성 및 수동성의 증가

13 65세 미만 노인이 앓고 있는 질병 중 장기요양보험대상자로 인정받을 수 있는 질병은?

① 고혈압   ② 당뇨

③ 고지혈증   ④ 심부전증

⑤ 파킨슨

14 장기요양보험의 등급외 A형에 대한 설명으로 옳은 것은?

① 만성관절염 호소

② 목욕은 전혀 도움이 필요없음

③ 실내 이동은 지팡이로 자립가능

④ 혼자서 일상생활이 가능

⑤ 실내 이동은 자립, 실외 이동도 자립 비율이 높음

15 요양보호기록의 종류 중 요양보호사가 기록해야 할 법정서식은?

① 상담일지   ② 방문일지   ③ 인수인계서

④ 사례회의록   ⑤ 욕구 사정

16 요양보호사가 요양보호서비스의 일련의 과정과 결과를 기록으로 남기는 이유로 가장 적절한 것은?

① 요양보호사를 평가하기 위해   ② 다른 전문가와 체계적으로 소통하기 위해

③ 기록하는 습관을 유지하기 위해   ④ 요양비를 청구하기 위해

⑤ 서비스의 좋은 사례를 남기기 위해

17 임종적응 단계 중 부정 단계에 대한 설명으로 옳은 것은?

① "왜 지금이야" 라고 말한다.

② 충격적으로 반응하며 사실로 받아들이지 않는다.

③ 자신의 병이 심각함을 알고 수용하고 받아들인다.

④ 목소리를 높이고 주위로부터 관심을 받으려고 한다.

⑤ 같이 느끼고 슬퍼하고 곁에 있어줄 사람이 필요하다.

18 고혈압의 약물치료에 대한 설명으로 올바른 것은?

① 증상이 없으면 먹지 않아도 된다.

② 혈압이 조절돼도 의사의 처방이 있으면 약을 계속 먹어야 한다.

③ 혈압약을 오래 먹으면 몸이 더 튼튼해진다.

④ 두통 등의 증상이 있을 때만 약을 먹는다.

⑤ 혈압이 조절돼도 약은 먹어야 하지만 복용량은 스스로 줄여도 괜찮다.

19 다음 중 위궤양의 주요증상으로 옳은 것은?

① 변비

② 혈뇨, 혈변

③ 낮에 발생하는 상복부 불편감

④ 식전에 나타나는 부푼듯한 팽만감

⑤ 심한 경우 위출혈, 위 천공, 위 협착이 나타남

20 변비에 걸린 대상자가 밤에 화장실 가기가 번거롭다며 물 마시기를 주저할 때 요양보호사의 대처방법으로 올바른 것은?

① 물 대신에 과일을 먹도록 한다.

② 밤에 운동을 할 수 있도록 한다.

③ 충분히 수분을 섭취하게 해 준다.

④ 저녁부터는 수분섭취를 제한한다.

⑤ 맛이 들어가 있는 음료수를 제공한다.

21 다음과 같은 현상을 보이는 질병의 이름은?

기관지의 만성적 염증으로 기도가 좁아진 경우를 말한다. 따라서 숨쉬기가 힘들고 기관지벽이 파괴될 경우 일부는 비가역적으로 늘어나기도 한다.

① 천식   ② 후두염   ③ 임파선염   ④ 관절염   ⑤ 만성기관지염

22 다음 중 혈압에 대한 설명으로 옳은 것은?

① 가장 이상적인 혈압은 140/90mmHg이다.

② 혈압의 종류에는 최고혈압(이완기 혈압)과 최저혈압(수축기혈압)이 있다.

③ 혈압은 심장에서 뿜어내는 혈액이 혈관의 벽에 미치는 힘을 잰 것을 말한다.

④ 최고혈압은 피를 담고 있을 때의 힘이고 최저혈압은 피를 짤 때의 힘을 말한다.

⑤ 혈관이 좁아지거나 심장이 한 번에 내보내는 혈압의 양이 늘어나면 혈압이 낮아지게 된다.

23 고혈압 대상자가 피해야 할 음식으로 옳은 것은?

① 식물성 식품   ② 저지방 유제품   ③ 저염식이

④ 섬유소가 많은 음식   ⑤ 포화 지방산

24 골다공증에 대한 설명으로 맞는 것은?

① 뼈는 칼륨으로 구성된다.

② 저칼슘, 고단백으로 식사를 준비해야 한다.

③ 골다공증 대상자는 운동을 해서는 안 된다.

④ 중년기 이후 폐경여성은 골다공증의 위험이 높다.

⑤ 청소년기의 칼륨 섭취는 골다공증에 걸릴 위험을 높인다.

25 비뇨 생식기계에 대한 설명 중 옳은 것은?

① 남성과 여성 모두 생식과 배설 기능을 동시에 한다.

② 남성과 여성 모두 생식과 배설기관이 모두 분리되어 있다.

③ 신장에서 흡수되지 않는 물질들은 땀을 통해 체외로 배설된다.

④ 신장은 혈류를 여과하고, 전해질과 수분을 재흡수하거나 배설한다.

⑤ 비뇨기계는 몸에서 필요 없는 노폐물이나 수분을 흡수하는 기능을 한다.

26 전립선비대증의 치료 및 예방으로 옳은 것은?

① 심하면 전립선을 절제하는 수술을 한다.

② 수술을 통해 완화해 주는 것이 1차적 치료이다.

③ 2차적으로 약물요법을 통해 신장 기능의 손상을 치료한다.

④ 성생활은 전립선비대증을 악화시키므로 피하도록 한다.

⑤ 약간의 음주는 혈액순환을 촉진하여 도움을 줄 수 있으므로 권장한다.

27 피부가 거칠어지는 피부계 질환은 무엇이라 하는가?

① 욕창　　　　② 습진　　　　③ 피부 건조증　　④ 피부염　　　⑤ 대상포진

28 치매 대상자의 치료 및 예방 방법으로 옳은 것은?

① 1년마다 병원에서 진료를 다시 받는다.

② 약물요법으로 안정적인 환경을 제공한다.

③ 인지 및 활동자극을 위한 활동을 제공한다.

④ 비약물요법으로 인지기능개선제를 제공한다.

⑤ 기억력 장애가 보이면 약물요법을 시행한다.

29 노화로 인한 청각의 변화로 옳은 것은?

① 내이에서는 소리의 감수성이 증가한다.

② 외이도의 가려움과 건조증이 감소한다.

③ 청력의 감퇴는 이해력의 증가를 가져온다.

④ 중이의 이소골 관절이 퇴행하여 단단해진다.

⑤ 노인성 난청은 남성보다 여성에게 많이 나타난다.

30 노인 대상자의 운동을 관리하고자 할 때의 사항으로 옳은 것은?

① 시작부터 활동적인 운동을 권유한다.

② 준비운동은 생략해도 괜찮다.

③ 운동 금기 질환 및 투약상황을 확인한다.

④ 최대 심박동수의 60~70% 수준으로 운동을 시작한다.

⑤ 고강도 운동으로 근육피로, 혈압의 변화 등을 주의하면서 실시한다.

31 낙상을 인해 발생하는 것으로 서혜부와 대퇴부에 통증이 있고 이동에 제한이 있는 질환은?

① 류마티스 관절염　　　　　　　② 통풍

③ 고관절 골절　　　　　　　　　④ 골다공증

⑤ 퇴행성 관절염

32 뇌혈관이 막혀 왼쪽 뇌가 손상된 경우 나타나는 증상은?

① 왼쪽 팔다리가 저리다.

② 실어증이 발생한다.

③ 왼쪽 근육이 저리고 불쾌하다.

④ 의식이 명확해진다.

⑤ 왼쪽 팔다리에 갑작스러운 마비가 온다.

33 다음과 같은 증상이 보일 때 의심해볼 만한 질환은?

> • 갑자기 눈이 안 보이거나, 둘로 보인다.
> • 일어서거나 걸으려 하면 자꾸 한쪽으로 넘어진다.
> • 한쪽 팔다리가 마비되거나 감각이 이상하다.

① 치매   ② 파킨슨

③ 우울증   ④ 섬망

⑤ 뇌졸중

34 화장실에서 일어나는 낙상을 예방하기 위한 방법으로 옳은 것은?

① 화장실에는 손잡이를 만든다.

② 화장실 바닥은 자주 물로 청소한다.

③ 변기는 편하게 앉을 수 있게 팔걸이를 제거한다.

④ 변기 앞바닥에는 미끄러지지 않도록 나무판을 사용한다.

⑤ 이동식 좌변기는 움직이기 쉽게 바퀴가 있는 것을 사용한다.

35 지진이 일어났을 때 요양보호사의 활동으로 옳은 것은?

① 지진을 대비해서 유리그릇은 찬장에 보관해야 안전하다.

② 지진 시에 건물 밖은 위험하니 건물 안에 머물러 있어야 한다.

③ 집 주위에 대피할 수 있는 지하 대피소를 등을 빨리 알아본다.

④ 크고 견고한 구조물의 아래 또는 옆으로 대피하여 몸을 웅크린다.

⑤ 지진 발생은 자주 일어나는 일이 아니므로 평소에는 준비하지 않아도 된다.

01 요양보호사의 감염예방을 위한 관리법으로 옳은 것은?

① 노로바이러스는 증상이 회복되면 바로 조리해도 괜찮다.

② 머릿니 감염 대상자를 돌본 후에는 귀가 시 옷을 꼭 세탁하고 샤워한다.

③ 결핵에 걸린 대상자가 사용하는 물건을 함께 쓰면 안 된다.

④ 독감이 유행하기 시작하는 12월~2월에 예방접종을 한다.

⑤ 옴 약제는 옴벌레들이 가장 활동적인 아침에 바른다.

02 대상자가 식탁에 앉아 식사할 때 올바른 자세는?

① 의자에 앉을 때는 엉덩이 부분만 살짝 걸터앉는다.

② 의자의 높이는 발바닥이 바닥에 닿지 않는 정도가 안전하다.

③ 식탁의 윗부분이 대상자의 배꼽 높이에 오는 것이 좋다.

④ 팔받침 등받이가 있는 의자는 좌우 균형을 잡기 힘들다.

⑤ 휠체어에 앉을 때는 휠체어를 식탁에서 멀리 떨어지게 한다.

03 마비가 있는 대상자의 식사돕기 방법으로 가장 적절한 것은?

① 될 수 있으면 식사 시간은 짧게 한다.

② 식후 30분 후에 구강관리를 해 주도록 한다.

③ 식사 후 입안에 남은 음식은 삼키든지 뱉을 수 있게 도와준다.

④ 턱받침은 자존심을 상하게 할 수 있으므로 사용하지 않는다.

⑤ 대상자가 오른손잡이면 왼쪽에서 식사를 도와야 편하다.

04 경관영양을 통해 식사를 하는 대상자의 돕기 방법 중 옳은 것은?

① 대상자를 반드시 앉히도록 한다.

② 너무 차갑거나 뜨겁지 않도록 한다.

③ 비위관이 빠지면 새 것으로 교체한다.

④ 보호자가 가져온 영양액을 먼저 사용한다.

⑤ 비위관이 빠질 경우엔 재빨리 비위관을 밀어넣는다.

05 바늘 주사기를 이용하여 물약을 복용하게 하는 경우로 옳은 것은?

① 약을 먹이기 힘들 때   ② 약의 용량이 많을 때

③ 약의 용량이 적을 때   ④ 두 세가지 약을 혼합할 때

⑤ 대상자가 먹기를 거부할 때

06 귀약을 투여한 후에 조처해야 할 것으로 옳은 것은?

① 30분 정도 움직이지 않도록 한다.

② 2시간 동안 작은 솜을 끼고 있도록 한다.

③ 살포시 뛰게 하여 약이 잘 흘러들어가도록 한다.

④ 귀 입구를 세게 눌러주어 약이 흘러나오지 않게 한다.

⑤ 작은 솜을 15~20분 동안 귀에 느슨하게 끼워 놓았다 제거한다.

07 대상자가 배설하기 전에 관찰해야 하는 것은?

① 잔뇨감   ② 불안정도   ③ 배설시간

④ 혼탁의 유무   ⑤ 하복부 팽만감

08 편마비 대상자를 옆에서 보조하여 일으켜 세울 때 요양보호사의 자세로 적절한 것은?

① 대상자의 마비된 쪽에 서고, 발을 대상자의 건강한 발 바로 옆에 놓는다.

② 대상자의 건강한 쪽에 서서, 발을 대상자의 마비된 발 바로 뒤에 놓는다.

③ 대상자의 마비된 쪽 반대편에 서서, 발을 대상자의 건강한 발 뒤에 놓는다.

④ 대상자의 마비된 쪽 가까이에 서고, 발을 대상자의 마비된 발 바로 뒤에 놓는다.

⑤ 대상자의 건강한 쪽에 서서, 발을 대상자의 마비된 발 바로 앞에 놓는다.

09 침상배설 돕기 방법으로 가장 옳은 것은?

① 변기는 따뜻하게 데워 놓는다.

② 커튼이나 스크린을 치워 놓는다.

③ 손을 씻고 일회용 장갑을 쓰지 않는다.

④ 변기는 스텐으로 된 것을 준비해 놓는다.

⑤ 냄새가 날 것을 대비하여 먼저 방향제를 뿌려 놓는다.

10 침상배설을 마친 대상자의 뒤처리방법으로 옳은 것은?

① 피부상태를 확인하며 닦아주어야 한다.

② 항문은 뒤에서 앞으로 닦아주어야 한다.

③ 피부가 짓물렀으면 연고를 발라주어야 한다.

④ 회음부와 둔부를 차가운 수건으로 닦아주어야 한다.

⑤ 배설물이 특이하면 지체하지 말로 빨리 처리해야 한다.

11 휠체어를 이용하여 엘리베이터를 타고 내릴 때 방법으로 옳은 것은?

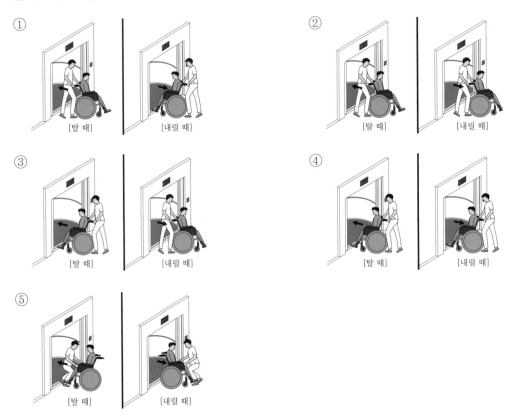

12 유치도뇨관을 강제로 빼면 안 되는 이유로 옳은 것은?

① 요도 점막에 손상을 입히기 때문에

② 유치도뇨관이 상하기 때문에

③ 유치도뇨관이 끊어질 수 있기 때문에

④ 유치도뇨관은 강제로 빼도 나오지 않기 때문에

⑤ 유치도뇨관이 늘어나면서 감염의 우려가 있기 때문에

13 양치질을 못하고 입안 닦아내기를 해야 하는 대상자는?

① 금식 중인 대상자

② 물만 먹는 대상자

③ 연하장애가 있는 대상자

④ 저작기능이 떨어진 대상자

⑤ 양치질을 거부하는 대상자

14 입안 닦아내기 순서로 옳은 것은?

① 윗니 - 잇몸 - 아랫니 - 아래잇몸 - 입천장 - 혀 - 볼안쪽

② 윗니 - 잇몸 - 아래잇몸 - 아랫니 - 입천장 - 볼안쪽 - 혀

③ 윗니 - 잇몸 - 아래잇몸 - 입천장 - 아랫니 - 혀 - 볼안쪽

④ 윗니 - 잇몸 - 아래잇몸 - 아랫니 - 입천장 - 혀 - 볼안쪽

⑤ 잇몸 - 윗니 - 아래잇몸 - 아랫니 - 입천장 - 혀 - 볼안쪽

15 대상자를 옆으로 돌려 눕히려고 할 때 지지해야 하는 신체 부위는?

① 어깨와 엉덩이

② 머리와 어깨

③ 목과 엉덩이

④ 양쪽 팔

⑤ 허리와 엉덩이

16 대상자의 세수하는 것을 돕고자 할 때 올바른 것은?

① 코볼과 둘레도 닦아야 한다.

② 눈은 바깥에서 안쪽으로 닦는다.

③ 코털은 요양보호사가 깎으면 안 된다.

④ 눈곱이 있으면 함부로 제거하지 않는다.

⑤ 노인은 콧물이 마르므로 닦아내선 안 된다.

17 통 목욕을 도울 때 올바른 서비스 제공 방법은?

① 귀 안은 건드리지 않는다.

② 중심부에서 말초 쪽으로 닦는다.

③ 목욕 후에는 물기를 빨리 닦는다.

④ 물 온도를 요양보호사의 팔 안쪽에 대어 확인해 본다.

⑤ 마친 후 세워서 오일과 피부유연제를 바른다.

18 침상에 누워있는 대상자의 목욕돕기 내용으로 맞는 것은?

① 겨드랑이 밑이나 손가락 사이는 물만 끼얹는다.

② 하지는 허벅지에서 발끝 방향으로 닦는다.

③ 목욕 후 금기가 아니면 등마사지를 한다.

④ 팔 쪽에서 손목 쪽으로 닦는다.

⑤ 복부는 배꼽을 중심으로 시계 반대방향으로 닦는다.

19 침대 위에서 할 수 있는 운동으로 신체안정에 도움이 되는 것은?

① 옆으로 돌아눕는 운동

② 누워서 윗몸을 일으키는 운동

③ 엎어져 다리를 들어 올리는 운동

④ 누워서 엉덩이를 들어 올리는 운동

⑤ 누워서 가슴에 손을 모아 쥐고 다리만 올리는 운동

20 대상자를 위한 체위변경에 대한 내용으로 옳은 것은?

① 뒤에서 수행하는 것이 안전하다.

② 앞에서 수행하면 근육 긴장도를 감소시킬 수 있다.

③ 뒤에서 수행하면 심리적 불안감을 줄일 수 있다.

④ 옆에서 수행하면 안전하게 체위변경을 할 수 있다.

⑤ 뒤에서 수행하면 안정감으로 낙상사고를 예방할 수 있다.

21 대상자를 침대에 걸터앉히고자 할 때 지켜야 할 사항으로 적당한 것은?

① 일으켜 세움과 동시에 걸터앉힌다.

② 혼자 침대에 걸터앉아 중심을 잡도록 한다.

③ 돌아 눕힌 상태에서 목과 어깨, 무릎을 지지해서 일으킨다.

④ 신체정렬을 유지한 상태에서 다리에 힘을 주어 일으켜 앉힌다.

⑤ 양쪽 발이 바닥에 닿지 않도록 지지하여 자세가 안정되도록 한다.

22 기본 체위와 그 내용으로 바르게 연결된 것은?

① 좌위 - 관장할 때   ② 복위 - 숨이 찰 때

③ 측위 - 둔부의 압력을 피할 때   ④ 반좌위 - 휴식하거나 잠을 잘 때

⑤ 앙와위 - 식사 시나 위관 영양을 할 때

23 휠체어 이동시 문턱을 만났을 경우에 올바른 대처방법은?

① 뒷바퀴를 들어 문턱을 넘어가도록 한다.

② 지그재그로 조심스럽게 넘어가도록 한다.

③ 앞바퀴에 힘을 주어 밀며 넘어가도록 한다.

④ 뒷바퀴를 있는 힘껏 밀어 넘어가도록 한다.

⑤ 뒤쪽으로 기울이고 앞바퀴를 들어 넘어가도록 한다.

24 휠체어에 있는 대상자를 바닥으로 옮길 때 돕는 방법으로 맞는 것은?

① 휠체어의 잠금장치를 푼다.

② 건강한 쪽에서 어깨와 몸통을 지지해준다.

③ 발 받침대를 내려놓고 발을 바닥에 내려놓는다.

④ 요양보호사는 대상자가 이동하는 동안 상체를 지지하여 준다.

⑤ 대상자는 마비된 손으로 바닥을 짚고 건강한 다리에 힘을 주어 내려앉는다.

25 지팡이를 이용해 계단을 내려가는 우측 편마비 대상자를 보조할 때 요양보호사의 위치로 옳은 것은?

①    ②    ③

④    ⑤

26 성인용 보행차를 사용할 때 유의사항으로 옳은 것은?

① 빠른 걸음으로 걸어야 한다.

② 휴식 시에는 잠금장치를 풀어놓는다.

③ 체중에 맞춰 높이 조절이 가능해야 한다.

④ 실버카는 균형능력이 나쁜 대상자에게 적합하다.

⑤ 보행차는 뒤로 잘 넘어지는 사람은 사용하지 않는 것이 좋다.

27 대상자에게 일상생활을 지원할 때 요양보호사의 활동내용으로 옳은 것은?

① 서비스 제공내용은 주 1회 기록으로 남긴다.

② 요양보호사의 생활방식과 가치관에 따라 결정한다.

③ 환경오염을 최소화하기 위해 일회용품 사용을 가급적 자제한다.

④ 인지능력이 없는 대상자는 요양보호사의 판단에 따라 서비스를 수행한다.

⑤ 물품은 대상자의 동의를 얻어 사용하고 사용하기 편한 곳으로 이동해 놓는다.

28 고혈압 환자에게 제공해야 할 음식으로 옳은 것은?

① 술은 가급적 제공하지 않는다.

② 커피 대신 주스를 자주 마시도록 한다.

③ 기름지고 짠 안주를 섭취하도록 돕는다.

④ 카페인 음료는 하루 4~5잔 이내로 제공한다.

⑤ 술은 부득이하게 마실 경우 4~5잔을 넘지 않도록 한다.

29 일상업무를 대행하기 전에 해야 하는 일로 가장 알맞는 것은?

① 업무대행 전에 정보나 자료 및 경비를 점검한다.

② 업무대행은 대상자가 원할 시에 거절할 수 없다.

③ 업무대행과 관련하여 대상자의 협조는 최소화한다.

④ 업무대행의 필요성은 대상자가 아닌 보호자가 결정한다.

⑤ 업무대행과 관련해 본인에 대한 정보를 충분히 제공한다.

30 치매 대상자가 실금한 경우의 대처 방법으로 옳은 것은?

① 실금으로 젖은 신체부위는 잘 말린다.

② 1일 2회 환기를 시켜서 냄새를 관리한다.

③ 강력하게 화를 내서 행동을 수정하게 한다.

④ 더러워진 옷을 빨리 갈아입힌다.

⑤ 민감하게 반응하여 다시는 실수하지 않도록 한다.

31 도마와 칼이 1개씩 밖에 없을 경우의 사용순서로 옳은 것은?

① 과일 → 닭고기 → 생선류 → 육류

② 닭고기 → 생선류 → 육류 → 과일

③ 육류 → 닭고기 → 생선류 → 과일

④ 과일 → 생선류 →육류 → 닭고기

⑤ 과일 → 육류 → 생선류 → 닭고기

32 음식섭취와 관련된 문제행동을 하는 치매 대상자를 돕기 위한 방법으로 옳은 것은?

① 식사 예절을 다시 가르쳐 준다.

② 음식을 크게 썰어 먹음직스럽게 조리한다.

③ 치매 대상자가 좋아하는 대체식품을 이용한다.

④ 가벼운 숟가락을 쥐어 준다.

⑤ 숟가락보다는 젓가락으로 먹기 편한 음식을 만들어 준다.

33 파괴적 행동을 하는 대상자를 돕기 위한 방법으로 옳은 것은?

① 온화하게 이야기하고, 치매 대상자가 당황하고 흥분되어 있음을 이해한다는 표현을 한다.

② 이해하지 못한 말은 다른 형태로 설명하여 이해시킨다.

③ 더 난폭해 지지 않도록 빠르게 대상자의 관심변화를 유도한다.

④ 행동이 진정된 후에는 왜 그런 행동을 했는지 질문하여 답을 듣는다.

⑤ 치매 대상자가 활동에 참여하고 있는 중이면 활동을 계속하도록 한다.

34 스스로 세수할 수 없는 대상자의 세수 돕기 순서로 옳은 것은?

① 눈 → 코 → 뺨 → 입 주위 → 이마 → 귀 → 목

② 눈 → 뺨 → 코 → 이마 → 귀 → 입 주위 → 목

③ 목 → 코 → 눈 → 입 주위 → 이마 → 귀 → 뺨

④ 눈 → 코 → 뺨 → 이마 → 입 주위 → 목 → 귀

⑤ 목 → 입 주위 → 귀 → 뺨 → 코 → 이마 → 눈

35 보기가 설명하는 의사소통의 기본원칙은?

- 명령하는 투로 말하지 않는다.
- 부정형 문장보다 긍정형 문장을 사용한다.
- 할 수 있는 것이 어떤 것인가를 정확히 이야기 해준다.

① 반복적으로 설명하기　　　　　② 일상적인 어휘를 사용하기

③ 어린아이 대하듯 하지 않기　　　④ 대상자를 인격적으로 대하기

⑤ 대상자가 이해할 수 있도록 말하기

36 치매 초기 대상자에게서 볼 수 있는 의사소통으로 옳은 것은?

① 대화의 주제가 일관된다.

② 사용하는 어휘의 수가 점차적으로 늘어난다.

③ 물건이나 사람의 이름을 부르는 기능이 회복된다.

④ 과거, 현재, 미래 시제의 올바른 사용이 점차 확대된다.

⑤ 일관성 및 연결성이 손상되어 자주 확인하고 설명을 요청한다.

37 치매 말기 단계의 대상자와의 의사소통 방법으로 옳은 것은?

① 신체적 접촉은 하지 않는 것이 좋다.

② 높은 톤의 목소리로 다정하게 이야기한다.

③ 가능한 한 눈은 마주치지 않는다.

④ 대상자의 이름을 부르면서 이야기를 시작한다.

⑤ 대화가 끝나면 조용히 나가 대상자의 혼란을 방지한다.

38 세탁 후 제품별 건조방법으로 옳은 것은?

① 니트류는 통기성이 좋은 곳에서 채반에 펴서 말린다.

② 합성섬유 의류는 햇볕에서 건조한다.

③ 흰색 면직물은 그늘에서 건조하는 것이 좋다.

④ 청바지는 지퍼를 달아서 뒤집어 말린다.

⑤ 탈수가 끝나면 꺼내서 그대로 말린다.

39 다음 상황에서 나-전달법을 활용한 표현으로 알맞은 것은?

> 대상자가 식탁 위에 밥 먹은 그릇을 그대로 두어 밥풀이 말라붙어 있을 때

① "이러면 일하기 정말 짜증나요."

② "애도 아니고 이런 것까지 말해줘야 하나요?"

③ "다음부터 이러면 설거지하지 않겠어요."

④ "진짜 뭘 모르시는군요."

⑤ "다 잡수신 그릇은 싱크대에 담가두셨음 좋겠어요."

40 대상자가 노인성 난청일 때 의사소통 방법으로 옳은 것은?

① 이야기를 시작할 때 신호는 주지 않도록 한다.

② 입을 작게 벌리면서 천천히 말한다.

③ 천천히 차분하게 말을 알아듣도록 한다.

④ 큰소리로 말하여 이야기 전달을 돕는다.

⑤ 대상자의 얼굴을 정면으로 보지 않도록 한다.

41 노인의 여가활동 유형과 내용이 바르게 짝지워 진 것은?

① 소일 활동 - 종이접기

② 운동 활동 - 외식나들이

③ 사교 오락 활동 - 산책

④ 가족 중심 활동 - 연극보기

⑤ 자기계발 활동 - 체조

42 자동심장충격기의 사용순서로 옳은 것은?

> ㄱ. 전원을 켠다.
> ㄴ. 심장 리듬을 분석한다.
> ㄷ. 패드를 붙인다.
> ㄹ. 모두 물러나게 하고 제세동을 시행한다.

① ㄹ → ㄴ → ㄷ → ㄱ
② ㄱ → ㄴ → ㄷ → ㄹ
③ ㄷ → ㄱ → ㄴ → ㄹ
④ ㄴ → ㄱ → ㄷ → ㄹ
⑤ ㄱ → ㄷ → ㄴ → ㄹ

43 심폐소생술 중 가슴압박 시 칼돌기를 압박하지 않도록 주의해야 하는 이유로 옳은 것은?

① 위 팽창 최소화
② 기도 폐쇄 방지
③ 복강 내 장기 손상 방지
④ 기도로의 흡인 방지
⑤ 뇌 손상 최소화

44 화상을 입은 대상자를 돕는 방법으로 옳은 것은?

① 흐르는 수돗물에 직접 환부를 댄다.
② 장신구는 빼지 않고 그냥 둔다.
③ 벗기기 힘든 옷일 때는 잘 대처하여 벗겨낸다.
④ 응급처치로 화상부위에 간장이나 된장을 바른다.
⑤ 화상부위의 통증이 없어질 때까지 15분 이상 즉시 찬물에 담근다.

45 다음 보기가 설명하는 심폐소생술의 단계로 옳은 것은?

> • 한 손을 대상자의 이마에 대고 머리를 뒤로 젖힌다.
> • 다른 한 손을 턱 부분을 위쪽으로 당겨 긴다.

① 기도유지
② 인공호흡
③ 가슴압박
④ 상태확인
⑤ 반응확인

요양보호사 국가자격시험 대비

제7회 적중모의고사

1교시 필기 / 2교시 실기

문제유형	홀수형	짝수형
	○	○

성명

응시자 준수사항

1. 시험시작 전 과목편철순서, 문제누락, 인쇄상태의 이상유무를 확인합니다.

2. 시험이 시작되면 문제를 주의 깊게 읽은 후 문항의 취지에 가장 적합한 하나의 정답만을 선택하며, 문제내용에 관한 질문은 받지 않습니다.

3. 시험 종료 즉시 답안지를 제출하여야 하며, 부정한 방법으로 시험에 응시하거나 동 시험에서 부정행위를 한 자에 대하여는 노인복지법 시행규칙 제29조의7항에 의거 그 시험의 응시를 정지시키고 시험을 무효로 합니다.

01 장기요양급여 대상자로 옳은 것은?

① 65세 이상 건강한 노인

② 65세 미만이지만 거동이 불편한 자

③ 독감으로 입원 중인 90세 여자

④ 뇌졸중으로 편마비가 된 64세 남자

⑤ 결핵으로 신체 활동이 어려운 64세 여자

02 재가급여의 단점으로 옳은 것은?

① 평소 생활했던 친숙한 환경에서 지낼 수 없다.

② 긴급한 상황에 대한 신속한 대응이 어렵다

③ 사생활이 거의 없다.

④ 의료, 간호, 요양서비스를 종합적으로 제공받을 수 있다.

⑤ 개인중심의 생활이 어렵다.

03 2016년 1월에 1등급을 받은 수급자가 2017년 1월에 1등급을 받았다. 이 수급자는 언제 다시 요양 등급 갱신신청을 해야 하는가?

① 2018년 1월   ② 2019년 1월

③ 2020년 1월   ④ 2021년 1월

⑤ 2022년 2월

04 가족들이 방문하지 않아 늘 외로워하는 수급자와 즐겁게 대화를 나누고 위로해 주었다. 이 역할은 요양보호사의 어떤 역할인가?

① 관찰자 역할   ② 동기 유발자 역할

③ 정보 전달자 역할   ④ 숙련된 수발자 역할

⑤ 말벗과 상담자 역할

05 다음에서 설명하는 것은 어느 질병에 대한 것인가?

> * 수 시간 내지 수일에 걸쳐 급격하게 발생
> * 주의집중이 매우 떨어짐
> * 초기에 사람을 못 알아봄
> * 증상의 기복이 심함

① 우울증   ② 치매   ③ 파킨슨

④ 섬망   ⑤ 조현병

06 요양보호사가 자신을 계발하는 태도로 옳은 것은?

① 자신의 업무활동을 점검하고 일의 경과를 기록한다.

② 단순한 업무이므로 교육 프로그램에 참석할 필요는 없다.

③ 직무를 수행하는데 전문적 지식과 기술은 필요하지 않다.

④ 늘 반복되는 업무이므로 새로운 기술을 배우지 않아도 된다.

⑤ 자기평가나 앞으로의 발전 계획 등은 없어도 업무에 지장은 없다.

07 다음 보기가 설명하는 윤리적 태도는?

> * 대상자의 권리를 지켜주고 증진시켜야 한다.
> * 요양보호사의 판단만으로 서비스를 제공하지 않고 반드시 대상자의 의견을 물은 후 실행한다.

① 지속적으로 학습하고 자신을 계발해야 한다.

② 처음 동기를 점검하고 겸손한 태도를 유지한다.

③ 도움이 필요한 대상자를 하나의 인격체로 존중해야 한다.

④ 업무와 관련된 직업인들과 상호 협조하는 자세를 갖는다.

⑤ 성실하고 침착한 태도로 책임감을 갖고 업무활동을 해야 한다.

08 다음 사례에서 시설 생활노인의 권리침해에 해당하는 것은 무엇인가?

> 어르신이 건강상태가 나빠져서 가족들에게 연락하여 입원이나 전원을 권유하게 되는데, 그때마다 자식들은 어르신의 의사는 묻지도 않고 전원을 시키는 경우가 대부분이라고 한다.

① 사생활 및 비밀 보장에 대한 권리

② 소유재산의 자율적 관리에 대한 권리

③ 노인 스스로 퇴소를 결정하고 거주지를 선택할 권리

④ 시설 내 외부 활동 참여의 자유에 관한 권리

⑤ 정치, 문화, 종교적 신념의 자유에 대한 권리

09 다음 보기와 같은 학대 유형은 무엇인가?

> • 집 안의 제한된 공간에서 나가지 못하게 통제한다.
> • 집 밖으로 나가지 못하게 통제한다.
> • 제한된 공간에 장치(자물쇠 등)를 설치하여 출입을 통제한다.

① 방임　　　　　　　　　　　② 성적 학대

③ 신체적 학대　　　　　　　　④ 경제적 학대

⑤ 정서적 학대

10 근골격계 질환 발병 단계에서 2단계로 옳은 것은?

① 몇 달 혹은 몇 년간 진통이 지속됨

② 반복적 작업 능력이 낮아짐

③ 하루 종일 통증이 있으며 잠을 방해함

④ 가벼운 작업수행에서도 어려움을 느낌

⑤ 휴식 중이거나 일상적인 움직임에도 통증이 나타남

11 감염예방을 위한 가장 효과적인 방법은 무엇인가?

① 손 씻기　　　　　　　　　　② 샤워

③ 예방접종　　　　　　　　　　④ 정기검진

⑤ 감염예방교육시청

12 세대 간의 갈등을 조절하기 위한 설명 중 옳은 것은?

① 자녀는 부모와 동거하면서 부모를 부양해야 한다.

② 부모가 자녀에 대한 효에 대한 기대감을 높여야 한다.

③ 부모와 자녀가 동등한 인격체로 상호작용을 해야 한다.

④ 부모와 자녀가 서로에 대한 기대와 의존감을 높여야 한다.

⑤ 노인의 도움이 필요할 때 언제, 어디서나 도움을 주어야 한다.

13 효과적으로 듣기 위한 방법으로 옳은 것은?

① 끊임없이 비교한다.

② 미리 대답을 준비한다.

③ 편안한 자세를 취한다.

④ 들은 후 잘 이해하였는지를 자세하게 이야기해준다.

⑤ 상대방의 메시지를 주관적으로 파악하려고 노력 한다.

14 등급외 B형에 대한 설명으로 옳은 것은?

① 장기요양 인정점수가 45점 이상 50점 미만이다.

② 목욕에 약간의 도움이 필요하다.

③ 건강증진 등 예방서비스가 필요하다.

④ 목욕하기, 화장실 이용하기 등 자립이 불가능하다.

⑤ 일상생활에서 상당 부분 다른 사람의 도움이 필요하다.

15 요양보호기록의 종류 중 요양보호사가 기록해야 할 법정서식에 속하는 것은?

① 방문일지　　　　② 상태기록지　　　　③ 간호일지

④ 욕구평가 사정　　⑤ 급여제공 계획서

16 요양보호 기록의 원칙으로 옳은 것은?

① 주관적인 사실을 기록한다.　　　　② 육하원칙을 바탕으로 기록한다.

③ 느낀 점을 중심으로 기록한다.　　　④ 우회적으로 표현한다.

⑤ 사투리는 있는 그대로 표기한다.

17 임종 시 마지막까지 남아 있는 감각기관은?

① 청각 　　　 ② 시각 　　　 ③ 미각 　　　 ④ 촉각 　　　 ⑤ 후각

18 임종이 가까워진 대상자가 정신기능이 불안정하여 같은 동작을 반복할 때 돕는 방법으로 옳은 것은?

① 움직이지 못하게 신체를 억제한다.

② 가습기를 켜고 젖은 헝겊으로 입안을 닦아준다.

③ 작은 얼음조각을 입안에 넣어 준다.

④ 대상자의 이마를 가볍게 문질러 준다.

⑤ 담요를 덮어서 따뜻하게 해준다.

19 세포가 혈액으로부터 포도당을 흡수하는 능력을 무엇이라 하는가?

① 당내성 　　　 ② 흡수력 　　　 ③ 흡인력 　　　 ④ 대사력 　　　 ⑤ 세포력

20 다음 보기가 설명하는 질환은?

> • 위벽의 점막뿐만 아니라 근육층까지 손상됨
> • 새벽 1~2시에 발생하는 속쓰림과 상복부 불편감

① 위암 　　　 ② 위염 　　　 ③ 위궤양 　　　 ④ 변비 　　　 ⑤ 대장암

21 노화에 따른 소화기계의 특성으로 옳은 것은?

① 약물의 대사와 제거 능력 증가 　　　 ② 타액과 위액분비 증가

③ 직장벽의 탄력성 증가 　　　 ④ 당내성 저하

⑤ 지방의 흡수력 증가

22 만성기관지염의 원인으로 적절한 것은?

① 과도한 음주습관 　　　 ② 잘못된 양치질 습관

③ 흡연, 매연에의 노출 　　　 ④ 찬 공기 노출

⑤ 지나친 공기청정기의 사용

23 천식의 악화 요인으로 옳은 것은?

① 예방접종　　　　② 목욕 후의 휴식　　　　③ 충분한 수면
④ 찬 공기 노출　　　⑤ 규칙적인 실내 환기

24 깊은 욕창이 생기고 괴사조직이 발생했다면 욕창의 몇 단계인가?

① 1단계　　　② 2단계　　　③ 3단계　　　④ 4단계　　　⑤ 5단계

25 퇴행성 관절염이 있는 대상자에게 적합한 운동으로 옳은 것은?

① 등산　　　　　② 육상　　　　　③ 장거리 걷기
④ 계단 오르내리기　　⑤ 수영

26 고혈압과 고혈압의 원인의 연결이 옳은 것은?

① 본태성 고혈압 - 다른 질병의 합병증으로 발생한다.
② 이차성 고혈압 - 운동부족, 비만과 같은 요인으로 발생한다.
③ 본태성 고혈압 - 고혈압 환자들의 90~95%가 해당된다.
④ 이차성 고혈압 - 고혈압 환자들의 50% 해당하며 유전 등이 원인이다.
⑤ 본태성 고혈압 - 내분비질환이나 임신중독증이 원인이며 질병이 치료되면 저하된다.

27 동맥경화증에 대한 설명으로 맞는 것은?

① 동맥 내부가 터진 것이다.
② 동맥 내부가 넓어지는 것이다.
③ 동맥 흐름에 장애를 일으키는 것이다.
④ 동맥 외부에 지방이 축적되는 것이다.
⑤ 동맥 혈관 벽이 부드러워지면서 발생하는 것이다.

28 건조증의 예방 및 치료에 대한 설명으로 옳은 것은?

① 알코올이 섞인 크림을 바른다.　　　② 비누 사용은 건조증 예방에 좋다.
③ 물기를 말릴 때는 두드려 말린다.　　④ 따뜻한 물은 건조증을 악화시킨다.
⑤ 건조증은 조금만 신경쓰면 완치가 쉽다.

29 뇌졸중에 대한 설명으로 바른 것은?

① 혈관이 막히면 뇌출혈이라고 한다.　　② 뇌경색과 뇌출혈로 구분된다.

③ 혈관이 터진 것을 뇌경색이라고 한다.　　④ 기억력 장애는 약물요법으로 치료한다.

⑤ 심장에 혈액을 공급하는 혈관이 막히거나 터진 것이다.

30 나이가 들면서 미각에 나타나는 변화로 옳은 것은?

① 돌기와 미뢰의 개수와 기능이 증가된다.

② 코의 후각까지 떨어져 식욕의 변화가 온다.

③ 혀 뒤쪽의 단맛과 짠맛을 감지하는 미뢰의 기능은 떨어진다.

④ 혀 앞쪽의 신맛과 쓴맛을 감지하는 미뢰는 기능을 더 잘한다.

⑤ 구강 점막의 재생이나 생성이 어렵고 침의 분비량을 증가한다.

31 스트레칭의 주의사항으로 옳은 것은?

① 같은 동작은 5~10회 반복하고, 동작과 동작 사이에는 쉬지 않는다.

② 스트레칭된 자세로 10~15초 정도 유지한다.

③ 통증이 느껴지면 스트레칭을 중단한다.

④ 빠르고 안정되게 한다.

⑤ 통증이 있는 곳만 집중적으로 스트레칭한다.

32 다음과 같은 동작을 유지한 채 1분 정도 손목을 구부렸을 때 손바닥과 손가락의 저린 증상이 심해지는 증상을 갖는 근골격계 질환으로 옳은 것은?

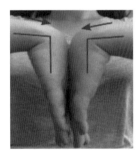

① 오십견

② 힘줄염

③ 팔꿈치 내측상과염

④ 팔꿈치 외측상과염

⑤ 수근관증후군

33 낙상위험요인 중 환경적 요인에 해당하는 것은?

① 요실금, 불면증, 야뇨증, 빈뇨

② 휠체어, 보조기구, 보행기, 바퀴달린 탁자

③ 진정제, 알코올, 이뇨제, 혈압강하제 등 약물 사용

④ 좁은 시야, 낮은 조명

⑤ 균형감각, 근력 감소

34 대상자가 낙상했을 때 요양보호사의 활동으로 옳은 것은?

① 의료진이 올 때 까지 대상자를 곁에서 지켜준다.

② 의료진이 오기 전에 골절된 뼈를 맞추어 놓는다.

③ 의료진이 진료를 잘 할수 있도록 침대 위로 올려놓는다.

④ 대상자를 바로 병원으로 이송하기 위해 부축해서 차에 태운다.

⑤ 의료진이 진료를 쉽게 할 수 있도록 대상자를 방으로 옮겨 놓는다.

35 정전이 일어났을 때 요양보호사의 활동으로 옳은 것은?

① 정전에 대비해 양초 등을 미리 준비해 둔다.

② 전기기기는 동시에 사용하여 효율을 높인다.

③ 정전이 되었을 때는 누전차단기의 이상 유무를 확인한다.

④ 정전이 복구된 후에는 가전제품 플러그를 모두 꽂아 사용해야 안전하다.

⑤ 냉동되었던 식품이 정전으로 녹았을 경우 급냉으로 다시 얼려 보관한다.

01 노인의 약물 복용 방법으로 올바른 것은?

① 약 삼키는 것이 힘들어 쪼개서 복용하였다.

② 약 복용 시간을 잊어버려 다음 복용 시간에 2배로 복용하였다.

③ 미지근한 물로 약을 복용하였다.

④ 고혈압 약을 자몽주스와 함께 복용하였다.

⑤ 진료 후 이전 처방약이 남아있어 이어서 복용하였다.

02 편마비 대상자를 일으켜 세울 때 옆에서 보조하는 경우의 순서로 옳은 것은?

> ㄱ. 대상자의 상체를 펴서 자세가 안정될 수 있도록 한다.
> ㄴ. 대상자를 침대 끝에 앉혀 양 발을 무릎보다 뒤쪽에 놓는다.
> ㄷ. 대상자의 마비된 대퇴부와 반대쪽 허리를 부축하여 일으켜 세운다.
> ㄹ. 요양보호사의 발을 대상자의 마비된 발 바로 뒤에 놓는다.

① ㄱ → ㄴ → ㄷ → ㄹ　　　② ㄹ → ㄴ → ㄷ → ㄱ

③ ㄴ → ㄷ → ㄹ → ㄱ　　　④ ㄴ → ㄹ → ㄷ → ㄱ

⑤ ㄹ → ㄱ → ㄴ → ㄷ

03 스스로 식사하는 대상자를 지켜보는 방법으로 옳은 것은?

① 천천히 식사할 수 있도록 환경을 조성한다.　② 모든 것을 스스로 할 수 있도록 한다.

③ 물은 요구하지 않으면 주지 않도록 한다.　④ 혼자 식사할 수 있도록 자리를 비켜준다.

⑤ 좋아하는 반찬만 제공하도록 한다.

04 대상자의 식욕을 증진시키는 방법으로 적절한 것은?

① 식사 전에 몸을 움직이지 않도록 한다.

② 낮잠 후 바로 식사를 하게 한다.

③ 식사 전에 입안을 헹군다.

④ 식사 전에 음악을 튼다.

⑤ 식사 전에 화장실을 다녀온다.

05 세면 자체를 거부하는 대상자에 대한 요양보호사의 올바른 대처방안은?

① 강제로 세면장으로 데리고 가 닦아준다.

② 스스로 세면을 할 때까지 기다려 준다.

③ 세면을 하면 원하는 것을 주겠다고 협상한다.

④ 건강에 문제가 되지 않은 한 원하는 대로 하도록 한다.

⑤ 따뜻한 물수건으로 닦아 주는 등 거부감이 없는 방법을 강구한다.

06 사지마비 대상자를 일으켜 앉힐 때 돕는 방법으로 옳은 것은?

① 넙다리 뼈 골절에 주의해야 한다.

② 마비된 양손은 서로 꼭 잡도록 한다.

③ 먼저 돌아눕힌 후에 앉히면 안 된다.

④ 두 다리를 편 상태에서 시도해야 한다.

⑤ 대상자로부터 팔을 펼 수 있을 정도의 거리를 두고 선다.

07 다음 중 등에 상처가 있을 때의 자세로 옳은 것은?

①  ②  ③

④  ⑤

08 편의점에서 구입 가능한 비상약으로 옳은 것은?

① 혈압약   ② 해열제   ③ 지사제   ④ 수면제   ⑤ 제산제

09 배설을 마친 후에 배설물 상태를 보고해야 하는 경우에 해당하는 것은?

① 소변이 맑다.   ② 소변이 노랗다.

③ 소변이 양이 많다.   ④ 소변이 양이 적다.

⑤ 소변이 거품이 많이 난다.

10 휠체어 각부의 명칭으로 바른 것은?

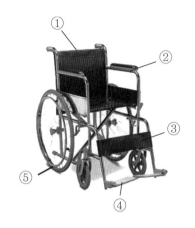

① 가드

② 받침쇠

③ 다리받침

④ 잠금장치

⑤ 발 받침대

11 유치도뇨관을 삽입하고 있는 대상자를 돌보는 방법으로 옳은 것은?

① 보행하지 않도록 주의한다.　　　② 소변량은 6시간마다 확인한다.

③ 금기사항이 없는 한 수분섭취를 권장한다.　　④ 소변주머니가 방광 위에 오도록 한다.

⑤ 하루에 한 번씩 유치도뇨관을 교체해 주어야 한다.

12 구강 건조를 막고, 타액이나 위액 분비를 촉진하여 식욕을 증진시키는 구강청결 돕기방법은?

① 치실하기　　　　　② 입안 헹구기　　　　　③ 입안 닦아내기

④ 의치 착용하기　　　⑤ 칫솔질하기

13 의치를 닦을 때의 방법으로 옳은 것은?

① 알콜로 닦아야 한다.　　② 얼음물로 닦아야 한다.　　③ 미온수로 닦아야 한다.

④ 표백제로 닦아야 한다.　　⑤ 뜨거운 물로 닦아야 한다.

14 대상자의 의치를 뺄 때의 방법으로 옳은 것은?

① 아래쪽 의치는 한 번에 빼야 한다.

② 의치는 대상자 본인이 빼서는 안 된다.

③ 위쪽 의치를 먼저 빼서 의치 용기에 넣는다.

④ 아래쪽 의치를 먼저 빼서 의치 용기에 넣는다.

⑤ 의치는 될 수 있으면 빼지 말고 1개월에 1회만 뺀다.

15 침상에서 머리감기기를 할 때에 돕는 방법으로 가장 적절한 것은?

① 머리 밑에는 패드가 닿지 않도록 한다. ② 방수포는 허리까지 오게 깔아준다.

③ 뒷머리는 머리를 들고 헹구어준다. ④ 침대모서리에 머리가 오도록 비스듬히 눕힌다.

⑤ 귀는 옆으로 하여 톡톡 쳐서 물이 빠지도록 한다.

16 대상자의 손톱을 깎는 방법으로 옳은 것은?

①   ②   ③

④   ⑤

17 통 목욕을 마치는 단계의 조처로 옳은 것은?

① 선풍기를 이용하여 머리를 말려주도록 한다.

② 효과의 극대화를 위해 목욕의자는 이용하지 않는다.

③ 어지러움, 피로감이 없는지 대상자의 상태를 확인한다.

④ 될 수 있으면 서서하는 샤워로 간단히 마치도록 한다.

⑤ 마친 후엔 차가운 우유나 차 등으로 수분을 섭취하게 하여 체온을 내려준다.

18 침상 목욕을 돕는 방법으로 옳은 것은?

① 복부는 배꼽을 중심으로 시계 반대방향으로 닦는다.

② 허벅지에서 발끝 쪽으로 닦는다.

③ 유방은 원을 그리듯이 닦는다.

④ 팔 쪽에서 손목 쪽으로 닦는다.

⑤ 등과 둔부는 엎드린 자세로 눕게 하여 목 뒤에서 둔부까지 닦는다.

19 대상자를 침대 머리 쪽으로 옮길 때 첫번째 순서로 옳은 것은?

① 침대의 머리 쪽을 올려준다.

② 침대의 다리 쪽을 올려준다.

③ 베개를 다리 쪽에 받쳐 놓는다.

④ 침대를 수평으로 눕힌다.

⑤ 대상자의 다리를 똑바로 펴게 하여 실시한다.

20 오른쪽 편마비 대상자에게 티셔츠를 벗기는 순서로 옳은 것은?

① 왼쪽 팔 → 머리 → 오른쪽 팔

② 머리 → 왼쪽 팔 → 오른쪽 팔

③ 머리 → 오른쪽 팔 → 왼쪽 팔

④ 왼쪽 팔 → 오른쪽 팔 → 머리

⑤ 오른쪽 팔 → 머리 → 왼쪽 팔

21 장기간 침상생활을 하는 대상자의 관절의 굳어짐과 변형을 예방하는 방법은?

① 방수포 사용

② 냉찜질

③ 온찜질

④ 공기 매트리스 사용

⑤ 체위변경

22 휠체어에 오래 앉아 있는 상태에서 욕창이 발생하기 쉬운 부위로 옳은 것은?

① 어깨죽지

② 넙다리뒷면

③ 종아리뒷면

④ 발꿈치뒷면

⑤ 팔꿈치뒷면

23 휠체어 이동시에 문턱을 내려가고자 한다. 이 때 올바른 이동법은?

① 앞을 보고 내려간다.

② 힘을 주어 바퀴를 밀어 내려간다.

③ 뒤로 돌려 넘어간다.

④ 뒷바퀴를 들어 올린 상태에서 넘어간다.

⑤ 앞바퀴에 힘을 주어 밀어가며 넘어간다.

24 보행기를 사용하고 있는 대상자를 지원하는 방법으로 옳은 것은?

① 보행기는 될 수 있으면 한 번에 이동하도록 한다.

② 침대로 돌아와 눕는 것은 대상자 스스로 할 수 있도록 한다.

③ 요양보호사는 대상자의 옆쪽에 서서 보행벨트를 잡고 걷는다.

④ 대상자의 팔꿈치가 약 30°로 구부러지도록 대상자 둔부 높이로 조절한다.

⑤ 앞쪽에 바퀴가 있는 보행기는 체중을 싣기에 안전하므로 기대어 쉬는 데 좋다.

25 지팡이를 짚고 평지와 계단을 내려갈 때 걷는 순서로 바른 것은?

① 지팡이 → 마비된 다리 → 건강한 다리

② 지팡이 → 건강한 다리 → 마비된 다리

③ 건강한 다리 → 마비된 다리 → 지팡이

④ 건강한 다리 → 지팡이 → 마비된 다리

⑤ 마비된 다리 → 지팡이 → 건강한 다리

26 이동변기를 선정할 때에 고려해야 할 사항으로 가장 적절한 것은?

① 나무의 재질로 만든 것이어야 한다.

② 대소변 받이는 서로 붙어있는 것이 좋다.

③ 팔걸이와 등받이는 없는 것으로 선택한다.

④ 무거우면 안 되므로 가볍게 제작되어야 한다.

⑤ 물로 세척을 하거나 소독할 수 있는 것이 좋다.

27 대상자에게 일상생활을 지원할 때 지켜야 할 사항으로 옳은 것은?

① 서비스 제공시에는 요양보호사의 판단으로 결정한다.

② 가급적 보호자에게 설명하되 동의가 꼭 필요하지는 않다.

③ 반드시 대상자에게 충분히 설명하고 동의를 얻도록 한다.

④ 인지능력이 없는 대상자는 관리책임자의 지시에 따라 수행한다.

⑤ 인지능력이 없는 대상자는 가급적 의료진의 지시를 따른다.

28 다음과 같은 식기류를 설거지 하는 순서로 옳은 것은?

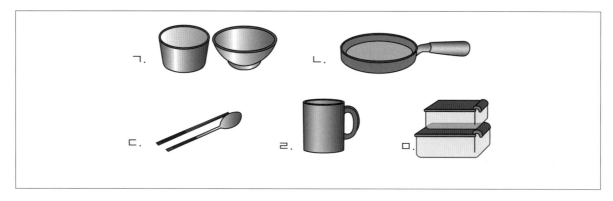

① ㄱ → ㄴ → ㄷ → ㄹ → ㅁ   ② ㄱ → ㄹ → ㅁ → ㄴ → ㄷ

③ ㄹ → ㄷ → ㄱ → ㅁ → ㄴ   ④ ㄷ → ㄹ → ㅁ → ㄴ → ㄱ

⑤ ㄹ → ㄱ → ㄴ → ㄷ → ㅁ

29 다음 중 고혈압 대상자의 식사관리로 옳은 것은?

① 소금 섭취를 늘린다.   ② 칼슘을 충분히 섭취한다.

③ 식물성지방 섭취를 줄인다.   ④ 피토케미컬이 함유된 채소 섭취를 줄인다.

⑤ 복합당질을 섭취한다.

30 다음과 같은 역할을 하는 영양소로 옳은 것은?

> • 나트륨을 체외로 배설하게 하여 혈압을 낮추는 효과가 있다 .
> • 통밀, 고구마, 돼지고기, 고등어, 바나나, 오렌지, 사과, 시금치, 버섯, 우유, 땅콩, 호두 등 많이 함유되어 있다.

① 칼슘   ② 마그네슘   ③ 칼륨   ④ 비타민 A   ⑤ 비타민 C

31 배회 증상이 있는 대상자를 돕는 기본 원칙으로 옳은 것은?

① 치매 대상자가 집중할 수 있는 복잡한 일거리를 준다.

② 배회 가능성이 있는 대상자를 감시하기 위해 CCTV를 설치한다.

③ 신체적 손상을 방지하게 위해 방에서 나가지 못하게 한다.

④ 시간과 날짜를 알지 못하게 달력과 시계를 감춘다.

⑤ 안전한 환경을 조성하여 소음이 없도록 유지한다.

32 음식섭취와 관련된 문제행동을 하는 치매 대상자를 돕기 위한 방법으로 옳은 것은?

① 식사하고 난 후 식사했다고 말하게 한다.

② 치매 말기환자는 음식을 으깨거나 주스로 만들어 준다.

③ 위험한 물건은 주방 구석에 모아 두어 만지지 못하게 한다.

④ 식사한 것을 알 수 있도록 설거지를 한 후 식탁에 올려놓는다.

⑤ 위험한 물건을 뺏기지 않으려고 하면, 억지로라도 뺏는다.

33 파괴적 행동을 하는 치매 대상자를 돕기 위한 방법으로 옳은 것은?

① 독방에 있게 하여 안전을 확보한다.

② 온화한 표현을 하되 불안한 안색을 내비친다.

③ 이상행동 반응을 보이면 일거리를 주어 관심을 돌린다.

④ 갑자기 움직여 대상자의 관심을 돌려 파괴적 행동을 중단시킨다.

⑤ 치매 대상자가 당황하고 흥분되어 있음을 이해한다는 표현을 한다.

34 치매 대상자가 늦은 밤에 성격이 180도 달라져서 흥분하거나 환각 증상을 보이는 증상을 무엇이라 하는가?

① 야간 환각   ② 야간 망상

③ 야간 섬망   ④ 석양 증후군

⑤ 파괴적 행동

35 다음 보기와 같이 빈칸에 적당한 글자를 넣어 단어나 문장을 완성하거나, 여러 가지 단어를 만들어 내도록 하는 인지자극훈련은 어느 부분을 훈련하기 위한 것인가?

문제 1. (   ) 안에 들어갈 말을 적어보세요.
고구(   )   옥(   )수   고(   )어   춘하(   )동   수(   )께끼

① 언어 유창성   ② 주의력 향상

③ 기억력 향상   ④ 운동능력

⑤ 손동작 훈련

36 치매 초기 대상자에게서 볼 수 있는 의사소통 문제로 옳은 것은?

① 대화의 주제가 다양해지고 말이 많아진다.

② 사용하는 단어의 수가 점차적으로 늘어난다.

③ 물건이나 사람의 이름을 부르는 것이 어렵다.

④ 과거, 현재, 미래 시제를 전혀 구분하지 못한다.

⑤ 한 가지 주제로만 말하려고 한다.

37 대상자가 목욕 중에 춥다고 할 때 돕는 방법으로 옳은 것은?

① 수건으로 물기를 닦아준다.　　② 가벼운 스트레칭을 하게 한다.

③ 실내온도를 조절한다.　　④ 얼른 마무리한다.

⑤ 따뜻한 물을 뿌려준다.

38 다음 보기의 사례에서 요양보호사의 대처 방법으로 옳은 것은?

> 80세 김 할머니는 금방 식사를 하였는데 먹지 않았다고 몇 번이고 재촉을 한다. 며느리는 할머니에게 "한 시간 전에 드시지 않았어요?" 라고 말했지만 할머니는 막무가내로 밥을 주지 않는다고 밥을 달라고 재촉한다.

① "점심을 준비하고 있으니 잠시 기다려 주세요."

② "저 쪽으로 가셔서 기다리시면 저녁 때 드릴게요."

③ "또 그러시네. 식사한 거 아직 치우지도 않았어요."

④ "한 시간 전에 식사 하지 않으셨어요? 도대체 왜 그래요?"

⑤ "식사를 잘 하시고 이러시면 어떻게 해요? 식사하셨거든요!"

39 뜨거운 여름날 산책하던 대상자가 갑자기 체온이 오르고 어지러움과 피로를 호소하다가 갑자기 의식을 잃고 쓰러졌을 때 의심할 수 있는 질환은?

① 고혈압　　② 저혈당

③ 뇌전증　　④ 열사병

⑤ 당뇨

40 언어장애를 가진 대상자와는 어떤 방식으로 의사소통을 하는 것이 맞는가?

① 실물, 그림판, 문자판 등을 이용한다.

② 얼굴과 눈을 바라보며 빠르게 말한다.

③ 질문이 끝나기 전에 다음 질문을 한다.

④ 대상자가 말을 할 때는 움직이지 않고 계속 듣는다.

⑤ 알아듣고 이해가 된 경우는 손바닥을 쳐서 알린다.

41 골절이 된 대상자를 돕기 위한 방법으로 옳은 것은?

① 찬바람을 쐬어 주어 정신을 차리게 한다.

② 튀어나온 뼈는 압박하여 제자리를 찾게 한다.

③ 손상 부위의 장신구는 잃어버릴 수 있으므로 그대로 둔다.

④ 대상자를 안정시키고 절대로 움직이게 해서는 안 된다.

⑤ 상처 부위에 온찜질을 하면 부풀어 오르거나 염증이 생기는 것을 줄일 수 있다.

42 응급 대상자가 발생했을 경우에 이를 돕는 방법으로 옳은 것은?

① 아동들을 가장 먼저 안전하도록 조처한다.

② 처치가 우선이므로 시간을 들여서라도 처치부터 실시해야 한다.

③ 상태를 파악하고 처치한 다음 119에 신고한다.

④ 본인보다는 주위 사람의 안전에 주의를 더 기울인다.

⑤ 응급처치의 경험이 가장 많은 사람의 지시에 따라 움직인다.

43 다음 보기가 설명하는 질식 대상자를 돕는 방법으로 옳은 것은?

> 대상자의 몸 뒤에서 대상자의 명치끝에 주먹을 쥔 한쪽 손을 위치시키고 다른 한쪽 손으로는 주먹 쥔 손을 감싼 다음 양손으로 복부의 윗부분 후상방으로 힘차게 밀어 올린다.

① 하임리히법   ② 심폐소생술

③ AED   ④ 질식치료법

⑤ 코드만진자법

44 자동심장충격기 사용 시 패드 부착 위치로 옳은 것은?

①
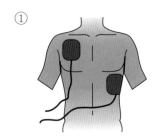

②
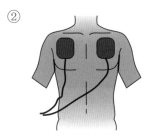

③
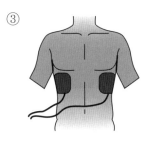

④
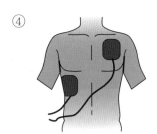

⑤
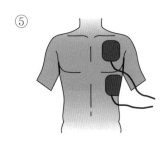

45 인공호흡 시 유의할 점으로 옳은 것은?

① 턱을 들어 올리기 위해 엄지손가락을 사용한다.

② 턱 아래의 연부조직을 누르지 않도록 한다.

③ 위가 팽창하지 않도록 주의한다.

④ 흉골 하단에 있는 칼돌기를 압박해야 한다.

⑤ 최대한 많이 호흡량을 불어넣는다.

요양보호사 국가자격시험 대비

제8회 적중모의고사

1교시 필기 / 2교시 실기

문제유형	홀수형	짝수형
	○	○

성명

응시자 준수사항

1. 시험시작 전 과목편철순서, 문제누락, 인쇄상태의 이상유무를 확인합니다.

2. 시험이 시작되면 문제를 주의 깊게 읽은 후 문항의 취지에 가장 적합한 하나의 정답만을 선택하며, 문제내용에 관한 질문은 받지 않습니다.

3. 시험 종료 즉시 답안지를 제출하여야 하며, 부정한 방법으로 시험에 응시하거나 동 시험에서 부정행위를 한 자에 대하여는 노인복지법 시행규칙 제29조의7항에 의거 그 시험의 응시를 정지시키고 시험을 무효로 합니다.

01 다음 보기가 설명하고 있는 노인복지시설은?

> 노인학대행위자에 대한 상담 및 교육, 학대받은 노인의 발견, 상담, 보호, 노인학대 예방 및 방지를 위한 홍보를 담당하는 기관

① 재가노인기관   ② 노인복지관

③ 경로당   ④ 노인보호전문기관

⑤ 노인일자리 지원기관

02 다음에서 설명하는 노인을 위한 유엔원칙은 무엇인가?

> • 잠재력을 완전히 계발할 수 있는 기회가 있어야 한다.
> • 교육적, 문화적, 정신적 자원과 여가서비스를 이용할 수 있어야 한다.

① 자아실현의 원칙   ② 존엄의 원칙

③ 보호의 원칙   ④ 독립의 원칙

⑤ 참여의 원칙

03 장기요양보험 서비스 중 기능회복훈련서비스 내용으로 옳은 것은?

① 환경관리   ② 물품관리

③ 응급상황대처   ④ 기본동작훈련

⑤ 신체기능의 유지증진

04 요양보호서비스의 제공 원칙으로 옳은 것은?

① 대상자에게 서비스에 대한 물질적 보상을 받아도 된다.

② 도뇨와 욕창관리를 제외한 모든 의료행위를 하지 않는다.

③ 응급상황이 발생할 경우 관리임자에게 신속히 보고한 후 응급처지를 한다.

④ 치매 대상자에게 서비스 제공 시 모든 상황에 대해서는 보호자와 의논 하에 처리한다.

⑤ 대상자와 상호 대등한 관계임을 인식해야 한다.

05 계절이나 장소에 맞지 않는 옷을 입으려고 하는 대상자의 올바른 대처방법은?

① 옷을 입을 때까지 옆에서 설득한다.

② 건강에 해가 되지 않으면 입도록 한다.

③ 가족에게 연락하여 가족이 입히도록 한다.

④ 입고 싶어 하는 옷을 안에다 입히고 겉옷을 입도록 한다.

⑤ 관심을 다른 곳으로 돌리고 시간이 지나 다시 시도한다.

06 요양보호사가 신뢰감을 형성하기 위한 태도로 옳은 것은?

① 친해지기 위해 신체접촉을 자주 한다.

② 상황에 따라 개인적으로 별도의 계약을 한다.

③ 대상자와 자신의 시선을 맞추고 내려다보지 않는다.

④ 유아어, 명령어, 반말 등을 사용하여 친밀감을 나타낸다.

⑤ 정직하게 피곤하면 피곤하다고 말한다.

07 다음 보기가 설명하는 윤리적 태도는?

> 사회복지사가 대상자에 대한 업무지시를 해서 지시사항을 수행하고 결과를 사회복지사에게 보고하였다.

① 지속적으로 학습하고 자신을 계발해야 한다.

② 처음 동기를 점검하고 겸손한 태도를 유지한다.

③ 법적 윤리적 책임을 다하기 위해 최선을 다해야 한다.

④ 업무와 관련된 직업인들과 상호 협조하는 자세를 갖는다.

⑤ 성실하고 침착한 태도로 책임감을 갖고 업무활동을 해야 한다.

08 거동이 불편한 노인을 시설에 맡기고 연락을 두절하는 행위는 어떤 학대 유형에 해당하는가?

① 경제적 학대
② 유기
③ 자기방임

④ 정서적 학대
⑤ 신체적 학대

09 다음 사례에서 시설 생활노인의 권리침해에 해당하는 것은 무엇인가?

> "문화생활? 말이 좋지. 여기는 그런 거 없어. 아픈 사람 약이나 챙겨주고, 대소변 못 가리는 사람 기저귀나 갈아 주고, 목욕시켜 주고...이런 게 다야. 기껏 시간 때울 거라고는 넓은 거실에 걸려있는 텔레비전이나 보는 정도지. 그 것 말고는 없어. 없다니까?"

① 사생활 및 비밀 보장에 대한 권리　　　② 불평의 표현과 해결을 요구할 권리

③ 소유재산의 자율적 관리에 대한 권리　④ 질 높은 서비스를 받을 권리

⑤ 정치, 문화, 종교적 신념의 자유에 대한 권리

10 2~3주 이상의 기침, 발열, 체중감소, 수면 중 식은땀 등의 증상을 보이는 감염성 질환은 무엇인가?

① 옴　　　② 독감　　　③ 결핵　　　④ 폐렴　　　⑤ 노로바이러스

11 장기요양인정서를 발급하는 기관은?

① 시, 군, 구　　　② 장기요양기관　　　③ 지역병원

④ 보건소　　　⑤ 국민건강보험공단

12 다음 보기가 설명하는 노인의 심리적 특성은?

> • 결단이나 행동이 느려지고 매사에 신중하다.
> • 질문이나 문제에 답을 할지 망설이거나 때로는 중립을 지킨다.

① 조심성의 증가　　　　　　② 경직성의 증가

③ 시간전망의 변화　　　　　④ 내향성 및 수동성의 증가

⑤ 생에 대한 회고의 경향

13 노인의 여가활동 돕기에 대한 설명으로 옳은 것은?

① 보호자의 욕구를 반영한다.

② 단체로 참여할 수 있도록 동기를 부여한다.

③ 개개인의 성격, 선호 보다는 단체의 선호를 확인한다.

④ 노인의 수준보다 약간 어려워서 인지를 자극해야 한다.

⑤ 대상자가 어떤 여가 활동에 흥미를 가지고 있는지 파악한다.

14 등급외자 판정을 받은 고혈압이 있는 노인이 생활습관개선 등의 상담 서비스를 받을 수 있는 사업으로 옳은 것은?

① 방문건강관리 　　　　　　　　　② 치매조기검진
③ 건강증진프로그램 　　　　　　　④ 노인건강사업
⑤ 만성질환자 사례관리사업

15 배설, 목욕, 식사섭취, 수분섭취, 체위변경, 외출 등의 상태 및 제공내용을 기록하는 서식은?

① 업무일지 　　　　　② 상태기록지 　　　　　③ 사고보고서
④ 인수인계서 　　　　⑤ 장기요양급여제공기록지

16 부모가 빈둥지증후군을 경험하는 시기로 적절한 것은?

① 자녀의 탄생 　　　　　　　　　② 자녀의 출산
③ 자녀의 입학 　　　　　　　　　④ 자녀의 취업
⑤ 자녀의 독립

17 "우리 아이가 시집갈 때 까지만 살게 해 주세요" 등으로 말하며 삶이 얼마간이라도 연장되기를 바라는 임종 적응 단계는?

① 분노 　　　　　② 타협 　　　　　③ 수용 　　　　　④ 부정 　　　　　⑤ 우울

18 요양보호사가 임종 대상자를 요양보호 시 고려할 점으로 옳은 것은?

① 임종 대상자를 존중한다.
② 고통을 못 느끼도록 진통주사를 놓아 준다.
③ 대상자보다는 가족의 아픔에 관심을 가진다.
④ 임종이 임박한 대상자를 조용히 혼자 있게 한다.
⑤ 대상자가 만나고 싶은 사람을 제한하여 만나게 한다.

19 변비를 일으키는 원인으로 맞는 것은?

① 복부 근육의 힘 강화

② 하제 남용으로 인한 배변반사 저하

③ 수분과 섬유질을 포함한 음식섭취의 증가

④ 위, 대장반사 증가에 따른 장운동 촉진

⑤ 저작능력 발달에 따른 음식의 지나친 섭취

20 고혈압의 증상으로 옳은 것은?

① 앞머리가 아프고 흐림   ② 저녁 녘의 두통

③ 목이 아프거나 쉰 소리가 남   ④ 뇌동맥 파열

⑤ 환청이나 환각

21 천식 대상자에게서 나타나는 증상으로 맞는 것은?

① 고열   ② 체중 감소

③ 복부 압박감   ④ 호기성 천명음

⑤ 알레르기성 피부염

22 폐결핵 환자의 약물 복용에 대한 특징으로 옳은 것은?

① 증상이 있을 때만 복용한다.

② 약의 양이 적다.

③ 규칙적으로 복용해야 한다.

④ 증상이 사라지면 자의로 중단해도 된다.

⑤ 복용기간이 짧다.

23 다음 중 동맥경화증의 원인으로 옳은 것은?

① 지방대사 이상   ② 콜레스테롤의 섭취 부족

③ 저지방식이와 저염식이   ④ 정신건강을 위한 취미활동

⑤ 틈틈이 하는 불규칙적인 운동

24 손목관절이 좁아지거나 내부 압력이 증가하여 신경이 자극되는 경우 손목에 통증이 나타나는 증상을 무엇이라 하는가?

① 거북목증후군　　　　② 경추 신경병증　　　　③ 수근관증후군

④ 팔꿈치 내측상과염　　⑤ 주관증후군

25 골다공증의 치료 방법으로 옳은 것은?

① 호르몬 요법　　　　　② 비타민 C 섭취　　　　③ 체중증가를 위한 운동

④ 칼륨이 풍부한 우유 섭취　⑤ 적절한 음주와 흡연

26 남성노인에게 나타나는 생식기계의 변화는?

① 성적 욕구는 감소된다.

② 에스테론의 생산이 점점 줄어든다.

③ 노인의 10% 정도는 전립선 비대를 경험한다.

④ 잔뇨량이 적어지고 화장실에 가는 횟수가 줄어든다.

⑤ 동맥혈관의 변화로 음경이 발기되는 데 시간이 많이 걸린다.

27 신경계의 노화에 따른 특성으로 옳은 것은?

① 감각이 예민해진다.

② 신경세포의 기능이 활성화된다.

③ 단기기억은 유지되고 장기기억이 감퇴된다.

④ 근육의 긴장과 자극 반응성이 저하된다.

⑤ 신체적인 움직임이 줄어들어 낙상의 위험성도 줄어든다.

28 치매 초기 증상에 대한 설명으로 바른 것은?

① 엉뚱한 대답을 하거나 말수가 준다.

② 혼자서는 집안일과 혼자 외출을 하지 못한다.

③ 물건을 둔 장소를 기억하지 못하며 자주 잃어버린다.

④ 주소, 전화번호, 가까운 가족의 이름 등을 잊어버린다.

⑤ 옷을 입거나 외모를 가꾸는 위생 상태를 유지하지 못한다.

29 뇌졸중 증상에 대한 설명으로 바른 것은?

① 반신마비 - 손상된 뇌쪽의 감각 저하

② 전신마비 - 손상된 뇌쪽 팔다리의 마비증상

③ 반신감각장애 - 뇌간 손상 시 의식저하가 나타남

④ 언어장애 - 좌측뇌가 손상된 경우 우측마비와 함께 말을 못함

⑤ 언어장애 - 우측뇌가 손상된 경우 우측마비와 함께 말을 못함

30 당뇨병 대상자를 위한 운동요법의 기능으로 옳은 것은?

① 혈액순환을 촉진한다.

② 포도당을 이산화시킨다.

③ 이완된 신체에 긴장을 준다.

④ 포도당을 산화시켜 혈당을 높인다.

⑤ 인슐린의 저항성을 증가시킨다.

31 욕창에 대한 내용으로 옳은 것은?

① 예방이 어려우므로 발생하면 치료에 최선을 다해야 한다.

② 의자에서는 자세를 변경해주지 않도록 한다.

③ 자세를 변경해도 붉은 빛이 계속 되면 욕창일 가능성이 높다.

④ 특정부위에 압력이 집중되도록 규칙적으로 자세를 고정해 준다.

⑤ 찜질을 위해 뜨거운 물주머니를 사용한다.

32 욕창 초기증상의 대응방법으로 옳은 것은?

① 차가운 물수건으로 찜질을 한다.

② 드라이를 이용하여 뜨거운 바람을 쏘인다.

③ 붉어진 부분을 직접적으로 마사지를 해 준다.

④ 찜질을 한 다음에 마른 물수건으로 물기를 닦아낸다.

⑤ 열이 나므로 차가운 바람을 쏘이기 위해 햇빛에 노출시킨다.

33 낙상위험요인 중 행동적 요인으로 옳은 것은?

① 시력감퇴   ② 청력감퇴   ③ 고정되지 않은 매트

④ 심장질환   ⑤ 지나친 음주

34 낙상한 대상자를 돌보는 요양보호사의 활동으로 옳은 것은?

① 대상자를 재빨리 병원으로 옮긴다.

② 대상자에게 편한 자세를 취해주기 위해 침대로 옮긴다.

③ 대상자를 움직이지 못하게 하는 것이 중요하다.

④ 대상자가 낙상한 상황을 보지 못했을 경우 대충 짐작하여 보고한다.

⑤ 사지를 움직이지 못하는 경우 골절일수 있으니 보호자에게 연락한다.

35 전기사고가 일어났을 때 요양보호사의 활동으로 옳은 것은?

① 의료기기는 반드시 접지용 3핀 플러그를 사용한다.

② 습기가 있는 곳에서 전기기기를 사용해야 안전하다.

③ 전기쇼크를 입으면 바로 대상자를 잡아 끌어내어 전기에서 분리하게 한다.

④ 전기기구 물품세척이나 수리 시에는 전기를 연결하여 안전하게 수리하게 한다.

⑤ 콘센트에서 플러그를 뺄 때는 전선을 잡고 빼야 코드와 플러그가 손상되지 않는다.

01 식이의 종류와 대상자의 상태가 바르게 연결된 것은?

① 잘게 썬 음식 - 잘게 썰어도 삼키기 힘든 대상자

② 경관유동식 - 의식이 없고 삼키는 능력이 없을 때

③ 일반식 - 삼키는데 문제가 없고 씹기는 어려울 때

④ 갈아서 만든 음식 - 삼키는 능력이 없고 의식장애가 있을 때

⑤ 경구유동식 - 치아에 문제가 없고 소화를 잘 시킬 수 있을 때

02 잘게 썬 음식을 제공해야 할 대상자로 옳은 것은?

① 의식이 없는 대상자

② 치아도 좋고 삼키는 데 문제가 없는 대상자

③ 치아는 약하지만 삼키는 데 문제가 없는 대상자

④ 치아는 좋지만 삼키기가 곤란한 대상자

⑤ 치아도 나쁘고 삼키기도 곤란한 대상자

03 노인 대상자에게 찹쌀떡이나 떡국 같은 음식을 주면 안 되는 이유로 맞는 것은?

① 탄수화물 함량이 높기 때문에

② 목에 걸릴 수 있기 때문에

③ 신선한 채소를 공급하기 위해서

④ 단백질 섭취를 높여야 하기 때문에

⑤ 치아가 좋지 않아 씹기 곤란하기 때문에

04 대상자에게 약을 제공할 때 지켜야 하는 사항에 해당하는 것은?

① 대상자가 약을 삼키지 못할 때는 약을 쪼개어 준다.

② 제조회사를 확인하도록 한다.

③ 정확한 양을 투약하도록 한다.

④ 같은 장소에서 투약하도록 한다.

⑤ 항상 같은 사람이 투약하도록 한다.

05 안약을 투여할 때 약물을 떨어뜨리는 위치로 옳은 것은?

① 눈의 측면에서 하부 결막낭의 위쪽 3분의 1부위
② 눈의 측면에서 하부 결막낭의 안쪽 3분의 1부위
③ 눈의 측면에서 상부 결막낭의 안쪽 3분의 1부위
④ 눈의 측면에서 하부 결막낭의 바깥쪽 3분의 1부위
⑤ 눈의 측면에서 상부 결막낭의 바깥쪽 3분의 1부위

06 주사를 맞고 있는 대상자를 도울 때, 요양보호사의 역할로 가장 적절한 것은?

① 약물 주입 속도를 조절한다.
② 이상증상이 나타나면 주사를 빼야 한다.
③ 주사부위가 부어오르면 조절기를 잠그고 바늘을 뺀다.
④ 수액 병은 대상자의 심장보다 높게 유지한다.
⑤ 주사부위가 붉어지면 찬물 주머니를 대어 준다.

07 대상자가 배설을 마쳤을 때의 관찰 내용에 해당되는 것은?

① 통증   ② 배설량
③ 배변장애   ④ 배뇨장애
⑤ 하복부팽만감

08 휠체어를 사용하는 대상자의 화장실 사용 돕기 방법으로 옳은 것은?

① 마비된 쪽에 휠체어를 둔다.
② 대상자를 일으켜 앉혔을 때 어지러움을 호소하는지 살핀다.
③ 휠체어를 타고 내릴 때는 잠금장치를 해제한다.
④ 화장실 밖에서 기다릴 때는 대상자가 부를 때까지 조용히 기다린다.
⑤ 배설을 마친 후 전적으로 뒤처리를 해준다.

09 침상배설을 할 때 방수포 깔기 돕기 방법으로 가장 옳은 것은?

① 대상자가 협조할 수 있는 경우 - 바로 눕힌 후 무릎을 세운다
② 대상자가 협조할 수 없는 경우 - 바로 눕힌 후 무릎을 세운다.
③ 대상자가 협조할 수 있는 경우 - 옆으로 눕힌 후 무릎을 일자로 편다.
④ 대상자가 협조할 수 있는 경우 - 옆으로 눕힌 후 무릎을 구부린다.
⑤ 대상자가 협조할 수 없는 경우 - 바로 눕힌 후 무릎을 일자로 편다.

10 배설물에서 이상을 발견했을 때 요양보호사의 옳은 대처방법은?

① 배설물에 이상이 있으면 변기에 버린다.
② 색깔과 그 양상을 정확히 기록하여 시설장이나 간호사에게 보고한다.
③ 프라이버시 보호를 위해 비밀로 한다.
④ 배설물에 이상이 있으면 한 쪽에 따로 보관한다.
⑤ 배설물에 이상이 있으면 어디가 불편한지 대상자에게 물어본다.

11 기저귀 사용에 관한 내용으로 옳은 것은?

① 독립성을 증진시켜 준다.　　　　　　② 인해 자율성이 증진된다.
③ 와상상태를 가속시킬 수 있다.　　　　④ 대상자의 프라이버시를 지켜줄 수 있다.
⑤ 대상자의 불편감을 해소시켜 줄 수 있다.

12 유치도뇨관 삽입대상자가 아랫배가 불편하고 아프다고 호소할 때 취해야 할 조처는?

① 소화제를 주도록 조처한다.　　　　　② 유치도뇨관을 제거하도록 한다.
③ 아랫배를 마사지해 주도록 한다.　　　④ 유치도뇨관이 꼬였는지 확인한다.
⑤ 화장실로 데려가 배설하도록 돕는다.

13 입안 닦아내기 시 물 컵을 사용하기 어려울 때 헹구기에 가장 적절한 방법은?

① 거즈로 적셔준다.　　　　　　　　　② 빨대가 달린 컵을 사용한다.
③ 입안 닦아내기를 해서는 안 된다.　　④ 단 한 번의 아주 적은 물을 사용한다.
⑤ 입안 닦아내기만 하고 헹구기는 하지 않는다.

14 의치를 관리하는 방법으로 옳은 것은?

① 물기가 없는 용기에 보관한다.

② 하루에 1회 뜨거운 물에 소독한다.

③ 자기 전에는 의치를 빼서 보관한다.

④ 보관 시에는 손수건에 싸서 보관한다.

⑤ 소독할 때는 표백제에 담가야 한다.

15 머리손질을 할 때 요양보호사가 할 일로 적당한 것은?

① 머리는 짧게 잘라주어야 한다.

② 머리감기는 1주일에 1회 해 주도록 한다.

③ 기호에 따라 머리 모양을 손질해 주도록 한다.

④ 머리카락이 엉켰을 경우에는 머리를 감겨 손질해 준다.

⑤ 빗질은 매일하면 머리가 빠질 수 있으므로 매일 하지 않는다.

16 면도 돕기를 할 때 유의사항으로 옳은 것은?

① 턱 밑에서 귀 쪽으로 면도한다.

② 면도를 할 때는 한 번에 밀어야 한다.

③ 입 가장자리에서 코 쪽으로 면도한다.

④ 면도날은 45° 정도의 각도를 유지하도록 한다.

⑤ 피부가 주름져 있으면 옆으로 잡아당겨 면도한다.

17 편마비 대상자의 통 목욕을 돕는 방법으로 옳은 것은?

① 서서 발끝에 물을 묻혀 미리 온도를 느껴보도록 한다.

② 마비된 쪽 다리, 건강한 다리 순으로 욕조에 들어간다.

③ 욕조 턱 높이와 목욕의자 높이를 맞추어 앉게 한다.

④ 요양보호사는 대상자의 건강한 쪽 겨드랑이를 잡아주어야 한다.

⑤ 욕조에 있는 시간은 15분 정도로 한다.

18 거동이 불편한 대상자에게 가장 적절한 의복의 형태는?

① 단추가 등 쪽으로 되어 있는 옷

② 상·하의가 통으로 되어 있는 옷

③ 신축성이 있으면서 딱 들어붙는 옷

④ 신축성 없이 단추 없는 통으로 된 옷

⑤ 상·하의가 분리되고 벗기 쉬운 옷

19 편마비나 장애가 있는 경우, 옷 갈아입히는 순서로 옳은 것은?

① 입힐 때는 건강한 쪽부터 입힌다.

② 벗길 때는 불편한 쪽부터 벗긴다.

③ 요양보호사가 입히기 편한 쪽부터 입힌다.

④ 입힐 때는 불편한 쪽부터 입힌다.

⑤ 대상자가 원하는 쪽부터 벗긴다.

20 누워서 일어나기 할 때에 일반적으로 나타나는 정상반응은?

① 배 근육이 이완된다.

② 손을 짚고 팔이 펴진다.

③ 무릎이 자동으로 펴진다.

④ 돌아눕는 동작과 함께 일어설 수 있다.

⑤ 상체를 일으켜 세울 때 다리에 힘이 생긴다.

21 반좌위로 옳은 자세는?

① 베개를 안고 앉아 있도록 한 자세

② 다리 쪽의 침대를 90° 정도 올린 자세

③ 벽을 보고 옆으로 누운 자세

④ 천장을 보게 하고 침상머리를 45° 정도 올린 자세

⑤ 천장을 보게 하고 침상머리를 90° 정도 올린 자세

22 엎드려 있을 때 욕창이 발생하기 쉬운 부위로 맞는 것은?

① 무릎뼈

② 허벅지뼈

③ 발꿈치뼈

④ 종아리뼈

⑤ 엉덩이뼈

23 휠체어로 오르막길을 오를 때에 작동법으로 적절한 것은?

① 쉬엄쉬엄 올라가도록 한다.

② 곧장 빨리 올라가도록 한다.

③ 뒤로 뒷걸음질 쳐 올라간다.

④ 경사가 심하면 지그재그로 밀고 올라간다.

⑤ 가급적 허리를 꼿꼿하게 세워서 밀도록 한다.

24 한쪽 다리만 약한 대상자가 보행기를 사용할 때의 방법으로 바른 것은?

① 건강한 다리를 옮긴 다음에 보행기를 옮기고 그 후에 약한 다리를 옮긴다.

② 건강한 다리를 먼저 옮긴 다음에 보행기와 함께 약한 다리를 동시에 옮긴다.

③ 보행기와 함께 약한 다리를 한 걸음 앞으로 옮긴 다음에 건강한 다리를 옮긴다.

④ 건강한 다리를 먼저 옮긴 다음에 약한 다리를 옮기고 그 후에 보행기를 옮긴다.

⑤ 체중을 보행기와 건강한 다리 쪽에 의지하면서 손상된 다리를 앞으로 옮긴다.

25 오른손잡이 대상자가 지팡이를 사용할 때 지팡이 끝을 놓는 위치로 옳은 것은?

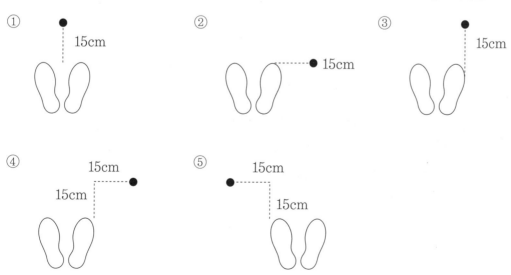

245

26 왼쪽 편마비 환자가 침상에서 휠체어로 옮겨 탈 때 휠체어 위치로 옳은 것은?

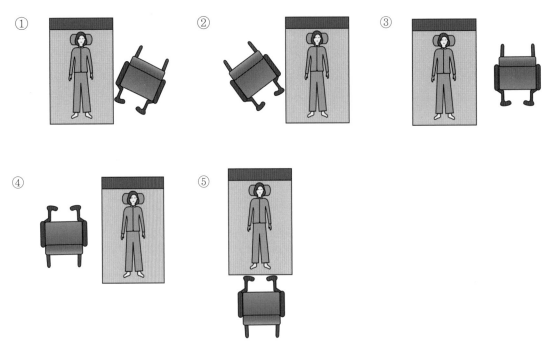

27 노인 대상자를 위한 음식조리 방법으로 옳은 것은?

① 생선은 오래 삶는다.

② 육류는 오래 삶지 않는다.

③ 야채는 센 불에 오래 데친다.

④ 기름기가 많은 음식을 조리 한다

⑤ 식초나 소스로 무침을 하여 식욕을 찾게 한다.

28 대상자를 위한 베개를 선택할 때에 고려사항으로 옳은 것은?

① 다리를 지지하는데 도움이 될 수 있는 단단한 것이 좋다.

② 베개 높이는 척추와 머리가 수평이 되는 것이 좋다.

③ 습기와 열을 흡수하고 촉감이 좋은 재질을 사용한다.

④ 플라스틱알맹이나 화학제품으로 만들어진 베개가 좋다.

⑤ 감염대상자는 이불에 커버를 씌우고 베개는 자주 교체한다.

29 흡인 물품을 관리하는 방법으로 옳은 것은?

① 한 번 사용한 카테터는 버린다.

② 사용한 카테터는 비눗물에 담가 놓는다.

③ 흐르는 물에 카테터를 비벼 씻는다.

④ 소독 후 햇볕에 말린다.

⑤ 카테터를 전용 냄비에 물을 붓고 3분 정도 끓여서 소독한다.

30 의복을 보관하는 방법으로 옳은 것은?

① 눅눅한 의류는 맑게 갠 날 햇볕에서 바람을 쏘인다.

② 의복은 30분 정도 직사광선을 쏘인다.

③ 실리카겔은 흡수하면 청색으로 바뀐다.

④ 방습제는 실리카겔을 사용한다.

⑤ 비가 막 그친 맑은 날은 의복을 건조하는 데 적합하다.

31 욕실에서 대상자의 안전을 돕기 위한 방법으로 옳은 것은?

① 욕실에서 사용하는 세제는 잘 보이는 곳에 놓는다.

② 화상 예방을 위하여 노출된 온수파이프는 절단한다.

③ 치매 대상자가 놀라지 않도록 비치는 물건을 없앤다.

④ 욕실 문턱을 만들어 대상자가 욕실의 입구를 알게 한다.

⑤ 미끄럼 방지매트는 샤워 장소에만 설치하여 낙상을 예방한다.

32 수면 장애가 있는 치매 대상자를 돕는 방법으로 옳은 것은?

① 낮에 꾸벅꾸벅 조는 경우 말을 걸어 자극을 준다.

② 가능하면 집 안에만 있도록 한다.

③ 잠이 잘 오도록 실내온도를 적정 온도보다 조금 덥게 설정한다.

④ 잠에서 깨어나 외출하려고 하면 혼자 다녀올 수 있도록 한다.

⑤ 치매 대상자가 피곤해 할 만한 일정을 만든다.

33 대상자가 파괴적 행동을 할 때에 요양보호사의 대처방법으로 옳은 것은?

① 자극을 주어 관심을 다른 곳으로 유도한다.

② 일상적인 생활에 대하여 간단하게 설명을 한다.

③ 요양보호사는 빠르게 움직여서 안정된 태도를 유지한다.

④ 이상행동을 보이면 질문을 하면서 대상자를 진정시킨다.

⑤ 신체적인 요양보호기술을 적용할 때마다 도와주는 행동을 말로 표현한다.

34 배회 증상이 있는 대상자가 있을 때 요양보호사의 대처방법은?

① 낮에 복잡한 일거리를 주어 에너지를 소모하게 한다.

② 텔레비전을 크게 틀어 놓아 사람이 있다고 느끼게 한다.

③ 집 안에서 배회하는 경우 배회코스를 만들어 둔다.

④ 신체적 손상을 방지하게 위해 방에서 나가지 못하게 한다.

⑤ 배회 가능성이 있는 대상자는 보호자에게 미리 협조를 구한다.

35 다음 상황에서 나-전달법을 활용한 표현으로 알맞은 것은?

> 대화를 나누는데 나의 말에 반응이 없는 동료 요양보호사에게

① "이러면 말하기 정말 짜증나요."

② "왜 매번 이러는거죠?"

③ "다시는 말 걸지 않을게요."

④ "제 말을 잘 들어주셨으면 좋겠어요."

⑤ "진짜 제 맘을 모르시는군요."

36 치매 중기단계에 접어든 대상자의 의사소통 문제로 옳은 것은?

① 대화의 주제가 확장된다.

② 일관되게 한 가지 이야기만 집중한다.

③ 대화 중에 끊임없이 자신의 이야기를 한다.

④ 명사 선택은 괜찮지만 시제 사용은 부정확하다.

⑤ 올바른 이름을 지칭하지 못하는 '명칭실어증'을 보인다.

37 보기의 사례와 같은 경우에 이웃사람이 소통해야 하는 방법으로 옳은 것은?

> 80세의 시어머니와 며느리가 산책을 하고 있었다. 반대편의 이웃사람이 걸어오면서 "할머니 안녕하세요?"라고 큰 소리로 인사를 하자 할머니가 갑자기 길을 건너려고 해서 사고를 당할 뻔 하였다.

① 좀 더 큰소리로 말을 걸어 알아듣게 해야 한다.

② 어르신이 위험하지 않게 횡단보도 앞에서 불러야 한다.

③ 말로만 하지 말고 상징적 물건을 이용하여 불러야 한다.

④ 길을 건너와서 1m이내 가까이 다가서서 대화를 해야 한다.

⑤ 할머니에게 인사를 하지 말고 며느리에게 인사를 해야 한다.

38 치매 대상자에게 신체적 언어를 사용할 때 유의사항으로 옳은 것은?

① 대상자 옆에서 이야기한다.　　② 대상자보다 높은 위치에서 이야기한다.

③ 눈높이를 맞추고 이야기한다.　　④ 대상자에게 접근할 때는 뒤에서 다가간다.

⑤ 함부로 관심을 보이지 않는다.

39 시각장애 대상자를 돕는 방법으로 옳은 것은?

① 대상자가 먼저 말을 걸때까지 기다린다.　　② 대상자가 이해할 수 있는 언어를 사용한다.

③ 대상자의 옆면에서 이야기를 하며 대화한다.　　④ 동행할 때는 요양보호사가 반 보 뒤에서 간다.

⑤ 이미지가 분명하지 않은 것은 그림으로 제시한다.

40 주의가 산만한 대상자와의 의사소통 방법으로 옳은 것은?

① 구체적이고 자세하게 설명한다.　　② 메시지를 빠르고 강력하게 반복한다.

③ 명확하고 간단하게 단계적으로 제시한다.　　④ 주의력에 영향을 주는 환경적 자극을 높인다.

⑤ 대상자의 특성에 대하여 주위사람에게 비밀로 한다.

41 다음 보기의 여가활동 유형으로 옳은 것은?

> 식물 가꾸기, 텔레비전 시청, 종이접기, 퍼즐놀이

① 자기계발 활동　　② 가족 중심 활동　　③ 종교 참여 활동

④ 사교 오락 활동　　⑤ 소일 활동

42 응급 대상자를 돕는 방법으로 옳은 것은?

① 긴급을 요하는 대상자 순으로 처치한다.

② 대상자의 안전을 최우선으로 생각해야 한다.

③ 대상자를 처치하는데 시간을 최대한 배려한다.

④ 대상자의 상태를 파악하고 112등에 신속히 신고한다.

⑤ 대상자 주위에 여러 사람이 있을 때는 연장자의 지시를 받는다.

43 질식대상자의 주요 증상으로 옳은 것은?

① 대소변이 새어 나온다.

② 가슴을 움켜쥐는 듯한 자세를 한다.

③ 갑자기 기침을 하며 혈토를 한다.

④ 숨을 쉴 때 가슴에서 이상한 소리가 들린다.

⑤ 가슴부위의 호흡운동이 보이지만 공기의 흐름이 적거나 없다.

44 의식을 잃고 쓰러진 대상자에게 심폐소생술을 실시하는 방법으로 옳은 것은?

① 1분당 50~60회 속도로 가슴을 압박한다.

② 몸을 흔들어 의식을 확인한다.

③ 턱을 위쪽으로 당겨 기도를 개방한다.

④ 흉골 하단의 칼돌기를 압박한다.

⑤ 가슴을 압박할 때는 구조자의 어깨와 대상자의 가슴이 45도가 되게 한다.

45 자동심장충격기 사용 순서로 옳은 것은?

① 전원켜기 - 심장 리듬 분석 - 전극패드 부착 - 제세동 시행 - 심폐소생술 다시 시행

② 전원켜기 - 전극패드 부착 - 심장 리듬 분석 - 제세동 시행 - 심폐소생술 다시 시행

③ 전원켜기 - 전극패드 부착 - 제세동 시행 - 심장 리듬 분석 - 심폐소생술 다시 시행

④ 전원켜기 - 제세동 시행 - 전극패드 부착 - 심장 리듬 분석 - 심폐소생술 다시 시행

⑤ 전원켜기 - 제세동 시행 - 심장 리듬 분석 - 전극패드 부착 - 심폐소생술 다시 시행

요양보호사 국가자격시험 대비

제9회 적중모의고사

1교시 필기 / 2교시 실기

문제유형	홀수형	짝수형
	○	○

성명

응시자 준수사항

1. 시험시작 전 과목편철순서, 문제누락, 인쇄상태의 이상유무를 확인합니다.

2. 시험이 시작되면 문제를 주의 깊게 읽은 후 문항의 취지에 가장 적합한 하나의 정답만을 선택하며, 문제내용에 관한 질문은 받지 않습니다.

3. 시험 종료 즉시 답안지를 제출하여야 하며, 부정한 방법으로 시험에 응시하거나 동 시험에서 부정행위를 한 자에 대하여는 노인복지법 시행규칙 제29조의7항에 의거 그 시험의 응시를 정지시키고 시험을 무효로 합니다.

01 고령이나 노인성 질병 등의 사유로 일상생활을 혼자서 수행하기 어려운 노인 등에게 신체활동 또는 가사활동지원 등의 장기요양급여를 제공하는 제도를 무엇이라 하는가?

① 건강의료보험   ② 고용보험

③ 국민연금   ④ 산업재해 보상보험

⑤ 노인장기요양보험

02 2018년 9월에 1등급 판정을 받고 2019년 9월에 다시 1등급 판정을 받은 대상자의 장기요양인정 유효기간은 몇 년인가?

① 5년   ② 4년   ③ 3년

④ 2년   ⑤ 1년

03 신체활동지원서비스 내용으로 옳은 것은?

① 머리 감기기   ② 말벗 및 격려위로

③ 세탁   ④ 방문목욕

⑤ 신체기능의 훈련

04 요양보호서비스의 제공 원칙을 잘 준수한 것은?

① 대상자가 상품권을 주어서 받았다.

② 대상자가 파출부처럼 대우하고 있다.

③ 변비로 고생하는 대상자를 관장해 주었다.

④ 가족과 의견이 대립되어 관리책임자에게 보고하였다.

⑤ 늘 하는 서비스라 특별한 설명 없이 서비스를 시작하였다.

05 배변감이 있어도 화장실에 가지 않으려고 하는 대상자의 바른 대처방법은?

① 기저귀를 채워 놓는다.   ② 배변을 하도록 설득한다.

③ 배변할 때 까지 기다린다.   ④ 화장실에 가지 않으려는 이유를 파악한다.

⑤ 이동변기 등을 사용하여 배변을 하도록 유도한다.

06 법적 · 윤리적 책임을 다하기 위해 하지 말아야 할 태도로 옳은 것은?

① 도덕적이고 정직한 업무활동

② 알코올을 복용하고 근무하는 행위

③ 복지용구를 소개하고 안내하는 행위

④ 대상자, 가족, 타 직원에 대한 친절한 행위

⑤ 타인의 근무를 관리책임자 부탁으로 대신 하는 행위

07 다음 보기가 설명하는 윤리적 태도는?

> • 대상자와 약속한 내용, 방문시간 등을 반드시 지킨다.
> • 방문 일을 변경해야 할 경우 반드시 사전에 연락하여 양해를 구한다.

① 지속적으로 학습하고 자신을 계발해야 한다.

② 처음 동기를 점검하고 겸손한 태도를 유지한다.

③ 서비스 제공 시 일어날 수 있는 사고를 예방하여야 한다.

④ 전문가의 진단이 필요한 사항은 요양보호사가 판단, 조언하지 말아야 한다.

⑤ 대상자에게 호감을 주고 상호 신뢰감 형성을 위해 노력해야 한다.

08 다음에서 설명하는 시설 생활노인 권리보호를 위한 윤리강령은 무엇인가?

> • 노인의 의사에 반하여 어떠한 노동 행위도 시켜서는 안 된다.
> • 어떠한 이유로도 신체적 학대, 언어 및 심리적 학대, 성적학대, 재정적 착취, 방임 등의 학대행위를 해서는 안 된다.

① 질 높은 서비스를 받을 권리

② 존엄한 존재로 대우받을 권리

③ 신체구속을 받지 않을 권리

④ 사생활 및 비밀 보장에 대한 권리

⑤ 차별 및 노인학대를 받지 않을 권리

09 다음 보기와 같은 학대 유형은 무엇인가?

> • 희망하는 재산 사용을 이유 없이 제한하거나 강요한다.
> • 돈을 일상생활에서 마음대로 사용하지 못하게 한다.
> • 재산을 노인이 원하지 않는 방법으로 사용하도록 강요한다.

① 방임　　　　　　　　② 유기　　　　　　　　③ 자기방임
④ 경제적 학대　　　　　⑤ 신체적 학대

10 근골격계 질환의 초기 시기는?

① 손상 후 12~36시간 이내　　　　　② 손상 후 24~72시간 이내
③ 손상 후 24~36시간 이내　　　　　④ 손상 후 25~80시간 이내
⑤ 손상 후 36~72시간 이내

11 독감에 대한 설명으로 옳은 것은?

① 대상자는 예방 접종을 하지 않아도 된다.
② 예방 접종은 12월~2월 사이에 받는 것이 좋다.
③ 독감에 걸린 요양보호사는 2주 정도 쉬는 것이 좋다.
④ 독감은 증상이 생기기 하루 전부터 감염이 시작된다.
⑤ 열이 나고 기침, 누런 가래가 생기면 결핵일 수 있다.

12 다음 보기가 설명하는 노인의 심리적 특성은?

> • 노인은 자신에게 익숙한 습관적인 태도나 방법을 고수한다.
> • 매사에 융통성이 없어지고 새로운 변화를 싫어한다.

① 의존성의 증가　　　　　　　② 경직성의 증가
③ 시간전망의 변화　　　　　　④ 내향성 및 수동성의 증가
⑤ 생에 대한 회고의 경향

13 경청을 방해하는 태도로 옳은 것은?

① 끝까지 듣고 정리해서 대답한다.

② 상대방의 말을 비판하며 듣지 않는다.

③ 상대방의 말을 나 자신의 경험에 맞춘다.

④ 상대방의 이야기가 일관성이 있는지 파악한다.

⑤ 마음에 들지 않더라도 일단 수용한다.

14 표준장기요양이용계획서에 대한 설명으로 옳은 것은?

① 유효기간이 기록되어 있다.

② 급여의 종류와 횟수가 기록되어 있다.

③ 인적사항과 장기요양등급이 기록되어 있다.

④ 이용 가능한 급여의 종류와 설명이 포함된다.

⑤ 장기요양서비스를 제공받을 때 필요한 안내사항이 포함된다.

15 요양보호사가 퇴직, 휴직 등으로 인해 업무를 그만둘 때 작성하는 서류로 옳은 것은?

① 업무일지   ② 상태기록지

③ 사고보고서   ④ 인수인계서

⑤ 장기요양급여제공기록지

16 요양보호사가 사표를 내서 다른 요양보호사에게 인수인계를 할 때 필요한 업무보고방법은?

① 구두보고   ② 서면보고   ③ 전산망보고

④ 팩스보고   ⑤ 유선보고

17 임종을 앞둔 대상자의 신장기능 변화를 돕는 방법으로 옳은 것은?

① 항상 기저귀를 채워놓는다.

② 필요한 경우를 위해 의료진을 대기하도록 한다.

③ 병원에 입원하여 치료를 받게 한다.

④ 소변줄 삽입 여부를 결정해야 한다.

⑤ 수분을 공급하지 않도록 한다.

18 임종 대상자 요양보호 시 고려할 점으로 옳은 것은?

① 임종 대상자의 가족을 존중해 준다.

② 가족이 원하는 종교의식이 무엇인지 파악한다.

③ 가족이 원하는 임종장소가 어디인지를 파악한다.

④ 고통 없이 편안히 임종을 맞이할 수 있도록 돕는다.

⑤ 임종이 임박할 때는 가족 중 한 사람만 있도록 배려해 준다.

19 다음 중에서 위염의 원인으로 가장 적절한 것은?

① 과식 등 무절제한 식습관   ② 생선류를 찜으로 먹는 식습관

③ 미음 등 유동식의 식이 식습관   ④ 음식을 오래 씹어 먹는 식습관

⑤ 과일과 야채 등의 식이섬유 식습관

20 저잔여식이의 특징으로 옳은 것은?

① 섬유소가 많다   ② 소화가 느리다.

③ 흡수가 느리다.   ④ 장에 별로 남지 않는다.

⑤ 장에 오랫동안 남아 있는다.

21 변비를 치료하거나 예방하는 방법으로 맞는 것은?

① 식사는 먹고 싶을 때만 한다.

② 화장실에 오래 앉아있는 것은 변비 예방에 좋다.

③ 장의 운동력과 변의를 위해 우유를 마시지 않는다.

④ 수분을 충분히 섭취하여 변을 부드럽게 유지하도록 한다.

⑤ 수면을 방해할 수 있으므로 밤에는 물을 먹지 않는다.

22 다음 중에서 설사의 원인에 해당하는 것은?

① 간수치 상승   ② 과도한 운동

③ 너무 적은 식사량   ④ 장의 감염

⑤ 변비 시 적절한 하제 복용

정답 및 해설 343쪽

23 만성기관지염의 치료 및 예방으로 적절한 것은?

① 습기를 많게 하여 기관지 자극을 감소시킨다.

② 자극성 있는 음식으로 식사를 할 수 있게 돕는다.

③ 기관지 확장제를 사용하여 좁아진 기도를 넓혀 준다.

④ 기침은 되도록 참는 것이 좋다.

⑤ 얕은 호흡을 하여 기관지 내 가래 배출을 용이하게 한다.

24 골다공증 대상자에게 필요한 영양소는?

① 비타민 A　　　　　② 비타민 B　　　　　③ 비타민 C

④ 비타민 D　　　　　⑤ 비타민 E

25 피부 노화에 대한 설명으로 옳은 것은?

① 노인성 반점이라 불리는 황색 반점이 생긴다.

② 남성노인의 경우 입가와 뺨의 수염이 줄고 머리털은 많아진다.

③ 여성노인은 모근의 멜라닌생성 세포가 생성되면서 탈색이 된다.

④ 소양증은 낮과 여름철에 더욱 심해진다.

⑤ 상처회복이 지연되고 궤양이 생기기 쉽다.

26 치매 중기 증상에 대한 설명으로 바른 것은?

① 공휴일, 납세일 등 연, 월, 일을 잊어버린다.

② 전화통화 후 내용을 기억하지 못하고 반복 질문을 한다.

③ 물건을 둔 장소를 기억하지 못하며 자주 잃어버린다.

④ 주소, 전화번호, 가까운 가족의 이름 등을 잊어버린다.

⑤ 자신의 물건을 잊어버리고는 남이 훔쳐갔다고 의심한다.

27 의식장애가 나타나는 것은 뇌의 어느 부위에 뇌졸중이 발생했을 때인가?

① 뇌간부위　　　　　　　　② 소뇌부위

③ 좌측부위　　　　　　　　④ 우측부위

⑤ 안면부위

28 다음 중 요실금 치료 및 예방으로 옳은 것은?

① 수분섭취를 제한한다.

② 섬유소식이 섭취로 설사를 예방한다.

③ 저섬유소식이를 권장한다.

④ 골반근육강화 운동을 한다.

⑤ 체중을 늘린다.

29 노인의 수분 섭취 방법과 질환에 대한 설명으로 올바른 것은?

① 심부전을 앓고 있는 노인은 물을 하루 2L 이상 마셔야 한다.

② 심한 갑상선기능저하증을 앓고 있는 노인은 물을 많이 마셔야 한다.

③ 호흡기질환이 있는 노인은 물을 많이 마시면 안 된다.

④ 심부전증 환자는 갈증이 날 때만 의사가 권고한 양의 물을 마셔야 한다.

⑤ 간경화를 앓고 있는 경우, 간 기능이 떨어지면 수분이 각 장기에 고루 배분되지 못하므로 수분을 충분히 섭취한다.

30 대상자가 옴에 감염되었을 때 치료 및 예방법으로 옳은 것은?

① 대상자와 신체접촉이 있었던 모든 사람은 증상이 나타나는 즉시 바로 치료해야 한다.

② 옴진드기에 오염된 것으로 생각되는 사람의 침구, 옷, 수건 등과의 접촉을 금한다.

③ 내복과 침구는 뜨거운 물로 세탁하면 바로 사용할 수 있다.

④ 완치 여부를 확인하기 위해 1주 후에 병원을 방문한다.

⑤ 장갑과 가운을 착용하고 발생 부위에 치료용 연고를 바른다.

31 두피에 물린 자국이 있어 출혈과 가려움증이 있고 심한 경우 수면장애나 긁는 부위에 피부염까지 유발할 수 있는 질환은?

① 옴 ② 대상포진 ③ 욕창

④ 습진 ⑤ 머릿니 감염

32 욕창 대상자를 돌보는 방법으로 옳은 것은 어느 것인가?

① 피부를 주물러 마사지한다.

② 피부가 붉게 될 때는 붉은 부위를 마사지한다.

③ 침대는 매트리스를 깔지 말고 딱딱하게 사용한다.

④ 천골부위 욕창 예방을 위해 도넛 모양의 베개를 사용한다.

⑤ 뼈 주위를 보호하고 무릎 사이에는 베개를 끼워 마찰을 방지한다.

33 이동욕조에 대한 설명으로 옳은 것은?

① 침대 위에서는 사용할 수 없다.

② 미끄럼방지는 필요 없다.

③ 일어날 때에는 욕조를 잡고 일어난다.

④ 응급상황 발생 시에는 배수밸브를 열어 즉시 물을 뺀다.

⑤ 사용한 후에는 세제 또는 소독제를 물에 풀어 담아놓는다.

34 낙상한 대상자를 돌보는 요양보호사의 활동으로 옳은 것은?

① 낙상 대상자를 의료진이 올 때까지 침대로 옮겨 안정을 취하게 한다.

② 사지의 심한 부종이 있는 경우 골절일수 있으므로 시설장에게 보고한다.

③ 대상자가 낙상했을 경우 신속하게 보호자에게 연락하여 병원으로 옮긴다.

④ 낙상한 상황을 요양보호사가 확인하지 못했다면 대강이라도 추측해봐야 한다.

⑤ 골절이 의심되는 경우 바로 뼈를 맞추어서 악화되지 않도록 한다.

35 정전이 일어났을 때 요양보호사의 활동으로 옳은 것은?

① 정전이 복구된 뒤 냉동식품은 모두 버린다.

② 전기 기기를 동시에 사용하여 이상유무를 확인한다.

③ 정전이 복구된 뒤 식품이 색이 변했다면 급속 내동을 한다.

④ 누전차단기의 이상유무를 확인한다.

⑤ 정전이 복구된 뒤 고기 등이 빛깔이 변했다면 급속 냉동을 한다.

01 식사지원시 대상자의 자세로 적절한 것은?

① 머리를 똑바로 세워주도록 한다.

② 머리를 앞으로 약간 숙이고 턱을 당기면 음식을 삼키기가 쉬워진다.

③ 의자에 앉을 때는 앞쪽으로 나와 앉게 한다.

④ 의자의 높이는 발바닥이 바닥에 닿을락 말락 할 수 있어야 한다.

⑤ 식탁의 높이는 의자에 앉았을 때 식탁의 윗부분이 대상자의 팔꿈치가 가장 좋다.

02 대상자에게 말할 때 옳은 방법은?

① 아무 말도 안 하는 대상자에게도 말을 건다.

② 대상자가 졸고 있을 때는 일부러 깨우지 않는다.

③ 행동교정을 위해 부정형 명령 투로 이야기한다.

④ 한 가지 표현을 이해하지 못하면 같은 표현으로 다시 이야기한다.

⑤ 밥을 먹일 때 "입을 벌리세요"라고 말한다.

03 대상자에게 식사제공 전에 물을 한 모금 마시게 하는 이유로 알맞은 것은?

① 사례를 예방하기 위해　　　　② 소화를 돕기 위해

③ 음식물을 삼키기 쉽게 하기 위해　　④ 과식을 예방하기 위해

⑤ 포만감을 주기 위해

04 편마비 대상자의 식사 자세로 옳은 것은?

① 마비된 쪽이 밑으로 가게 한다.

② 침대머리를 수직에 가깝게 높인다.

③ 건강한 쪽을 베개로 지지한다.

④ 음식을 입에 넣을 때는 마비된 쪽에서 넣어준다.

⑤ 건강한 쪽이 밑으로 가게 한다.

정답 및 해설 346쪽

05 대상자에게 약을 제공한 후 투약이 제대로 되었는지 확인하는 방법은?

① 물을 마시도록 한다.

② 약봉지를 확인해 본다.

③ 감춘 곳이 없나 확인해 본다.

④ 입을 벌리게 하거나 질문을 해 본다.

⑤ 등을 두드려 걸린 것이 없나 확인해 본다.

06 안약을 투여하고자 할 때의 방법으로 적절한 것은?

① 장갑을 사용하지 않도록 한다.

② 약품의 유효기간을 확인한다.

③ 안약 투여시 대상자는 옆으로 눕도록 한다.

④ 눈을 닦을 때는 눈 바깥쪽에서 안쪽으로 닦아준다.

⑤ 투약 후는 코를 눌러주어 코로 흘러가는 것을 막도록 한다.

07 배설 돕기를 할 때 안전한 환경조성을 위해 필요한 것은?

① 밤에는 기저귀를 착용하도록 한다.

② 물건에 걸려 넘어지지 않도록 한다.

③ 화장실의 바닥은 물을 뿌려두도록 한다.

④ 마비된 손 쪽에 손잡이를 설치하여 낙상을 예방하도록 한다.

⑤ 어지간하면 화장실 가는 것을 금하고 침상배설을 하도록 한다.

08 적은 용량의 물약을 정확하게 투여하기 위해 사용하는 도구는?

① 물컵   ② 빨대   ③ 숟가락

④ 약병뚜껑   ⑤ 무침 주사기

09 서거나 앉는 것은 가능하나 화장실까지 걷기 어려운 대상자의 배설을 돕는 방법으로 옳은 것은?

① 이동변기를 갖다 준다.   ② 간이변기를 대어 준다.

③ 기저귀를 채운다.   ④ 화장실까지 데려간다.

⑤ 유치도뇨관을 삽입한다.

10 배설물을 관찰하는 이유로 가장 적절한 것은?

① 욕구를 알 수 있기 때문이다.

② 식이의 종류를 알 수 있기 때문이다.

③ 배설주기를 알아볼 수 있기 때문이다.

④ 배설의 불편정도를 알 수 있기 때문이다.

⑤ 건강상의 중요한 징후를 알 수 있기 때문이다.

11 스스로 배설하는 대상자를 지켜보는 방법으로 가장 옳은 것은?

① 혈압이 오를 수 있으므로 잘 관찰해야 한다.

② 호출벨을 주어 끝나면 호출하라고 일러준다.

③ 혼자서 뒤처리까지 다 처리하도록 잘 가르쳐준다.

④ 시간을 정해 놓고 시간 안에 배설할 수 있도록 한다.

⑤ 지켜보면 불안해할 수 있으므로 자리에서 비켜주어야 한다.

12 목욕 중 자주 따뜻한 물을 뿌려주는 이유로 적절한 것은?

① 감염을 예방할 수 있다.

② 혈액순환을 좋게 한다.

③ 마사지 효과가 있다.

④ 체온이 떨어지는 것을 막을 수 있다.

⑤ 화상을 예방할 수 있다.

13 대상자의 입안을 닦아내기하는 방법으로 가장 적절한 것은?

① 아래쪽 이를 먼저 닦아낸다.

② 칫솔을 이용하여 양치질하듯 닦아낸다.

③ 마른 일회용 스폰지 브러쉬로 닦아낸다.

④ 거즈를 감은 설압자를 물에 적셔 사용한다.

⑤ 일회용 장갑을 끼고 입안에 손을 넣어 닦아 낸다.

14 의치를 보관하는 방법으로 적절한 것은?

① 투명한 용기에 보관해야 한다.

② 자기 전에는 의치를 빼서 보관한다.

③ 3시간 이상 의치를 빼고 있지 않도록 한다.

④ 뺀 의치는 면 손수건에 싸서 보관하도록 한다.

⑤ 전체 의치의 경우는 상·하를 분리하여 보관한다.

15 머리 손질하는 것을 돕는 방법으로 적절한 것은?

① 모발 끝 쪽에서 두피 쪽으로 빗는다.

② 머리를 짧게 자르도록 한다.

③ 머리 손질 시에 거울을 통해 확인할 수 있게 한다.

④ 모발에 특이사항이 있는 경우에는 잘라주도록 한다.

⑤ 두피에 문제가 발견될 시에는 소독하고 연고를 발라주도록 한다.

16 대상자에게 면도를 해 주려고 할 때 돕는 방법은?

① 면도 전에 건조함을 유지한다.

② 화장실에 가서 면도를 시행한다.

③ 면도 전 따뜻한 물수건으로 덮어준다.

④ 면도 후에 알코올을 이용해 소독을 한다.

⑤ 상처가 있으면 비누 대신 치약을 이용한다.

17 대상자에게 침상목욕을 제공할 때의 내용으로 옳은 것은?

① 유방은 원을 그리듯이 닦는다.

② 허벅지에서 발끝 쪽으로 닦는다.

③ 복부는 배꼽을 중심으로 시계 반대방향으로 닦는다.

④ 복부마사지는 위운동을 활발하게 하여 변비에 도움이 된다.

⑤ 등과 둔부는 엎드린 자세로 눕게 하여 목 뒤에서 둔부까지 닦는다.

18 체위변경이 필요한 대상자에게 단추 있는 옷을 입힐 때 요양보호사의 위치는?

① 대상자의 마비된 쪽　　　　　　　　② 대상자의 건강한 쪽

③ 대상자의 앞쪽　　　　　　　　　　④ 대상자의 뒤쪽

⑤ 대상자가 원하는 쪽

19 대상자를 침대 오른쪽이나 왼쪽으로 이동하는 경우로 맞는 것은?

① 휴식이 필요할 때

② TV 시청을 하려고 할 때

③ 휴대용 변기를 이용하고자 할 때

④ 침대 아래로 대상자가 내려가 있을 때

⑤ 대상자가 좌우로 쏠려 있어 중앙으로 이동할 때

20 사지마비 대상자를 일어나 앉힐 때 두 다리를 편 상태에서 무리하게 똑바로 앉히고자 시도하면 안 되는 이유는?

① 넙다리뼈가 골절될 수 있다.　　　　② 골반이 골절될 수 있다.

③ 무릎이 골절될 수 있다.　　　　　　④ 어깨가 탈골될 수 있다.

⑤ 허리가 골절될 수 있다.

21 다음 중 체위변경에 관한 내용으로 옳은 것은?

① 몸을 잡고 체위변경을 할 경우 관절 밑부분을 지지해야 한다.

② 욕창이 이미 발생한 경우엔 체위를 변경하지 않는다.

③ 체위변경은 허리와 다리의 자세를 고정적으로 만들어 준다.

④ 보통 1시간마다 체위를 변경한다.

⑤ 다리 사이나 빈 공간을 딱딱한 물건으로 지지해주면 편안하다.

22 복위에 해당하는 자세는?

① 위관영양을 할 때 자세　　　　　　② 등에 상처가 있으면 금지하는 자세

③ 등의 근육을 쉽게 해줄 때의 자세　　④ 얼굴을 씻을 때 자세

⑤ 발목 밑에 타월을 받쳐 넙다리와 허리를 긴장시키는 자세

23 휠체어에 대상자를 앉힌 채로 내리막길을 내려가고자 할 때 돕는 방법은?

① 뒤로 돌려 뒷걸음으로 내려간다.

② 요양보호사는 뒤를 돌아보면 안 된다.

③ 잠금장치를 반드시 하고 있어야 한다.

④ 대상자는 아래를 향하도록 앉도록 한다.

⑤ 요양보호사의 한 손은 대상자의 어깨를 잡는다.

24 이송돕기할 때의 유의할 사항으로 옳은 것은?

① 외상이 의심되면 이송계획을 세워서는 안 된다.

② 대상자의 움직임을 최대한으로 활용하도록 한다.

③ 다른 사람의 도움을 받지 않는 것이 안전을 위해 좋다.

④ 1인이 부축할 때는 대상자의 손상되지 않는 쪽에서 부축한다.

⑤ 기도확보, 순환평가, 호흡평가의 순으로 확인을 해야 한다.

25 지팡이 길이를 결정하는 방법으로 옳은 것은?

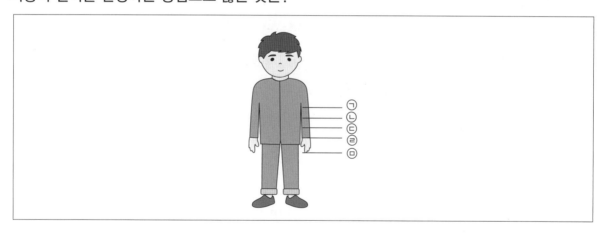

① ㉠   ② ㉡   ③ ㉢

④ ㉣   ⑤ ㉤

26 목욕의자를 제공할 때에 고려해야 할 사항으로 가장 적절한 것은?

① 앉은 면이 높아야 한다.   ② 등받이가 낮아야 한다.

③ 팔걸이가 없어야 한다.   ④ 녹슬지 않는 소재여야 한다.

⑤ 가벼운 것이어야 한다.

27 대상자를 위한 식재료를 구매할 때에 요양보호사의 태도로 옳은 것은?

① 구매목록은 요양보호사가 혼자 정한다.

② 필요량보다 조금 더 예비용으로 구매한다.

③ 식재료 구매 시 반드시 생산기관을 확인한다.

④ 식재료 구매 시 낱개보다는 묶음으로 구입하도록 한다.

⑤ 식재료 구매 시 영양표시를 확인한다.

28 다음 보기가 설명하는 세탁방법은 어떤 세탁방법인가?

> 오염이 심할 경우 분해효소나 바이오 세정 성분이 들어 있는 세제나 고형비누로 가볍게 문질러 둔다.

① 헹구기   ② 불리기

③ 본 세탁   ④ 탈수하기

⑤ 건조하기

29 의복과 옷감에 생긴 얼룩을 제거하는 방법으로 옳은 것은?

① 커피 - 탄산수에 10분 정도 담가둔 후 세탁한다.

② 땀 - 얼룩이 심한 경우 과탄산소다와 주방세제를 넣어 하루 동안 담가둔 후 헹군다.

③ 혈액 - 더운물로 닦고 찬물로 헹군다.

④ 파운데이션 - 알코올이 함유된 화장수를 얼룩에 부어 비벼준다.

⑤ 튀김기름 - 얼룩이 묻은 부위에 섬유유연제를 몇 방울 떨어뜨리고 비벼서 제거한다.

30 치매 대상자에게 목욕을 제공하고자 할 때의 방법으로 옳은 것은?

① 미리 목욕물의 온도를 확인한다.

② 치매 대상자가 목욕을 스스로 하도록 지시한다.

③ 욕실 내에 혼자 머무르게 한다.

④ 치매 대상자의 목욕을 도와줄 때는 큰 소리로 말한다.

⑤ 욕조 바닥과 욕실 바닥에는 비닐을 깔아 미끄럼을 방지한다.

31 대상자의 안전을 돕는 요양보호사의 활동으로 옳은 것은?

① 현관 유리문을 깨끗하게 닦았다.

② 음식물 쓰레기는 주방의 통 속에 넣어두었다.

③ 차 안에서 치매 대상자에게 안전띠를 매주었다.

④ 깨지기 쉬운 유리병을 거실 탁자 위에 올려놓았다.

⑤ 세제는 쉽게 찾을 수 있도록 욕실 선반에 올려두었다.

32 수면 장애가 있는 치매 대상자를 돕는 방법으로 옳은 것은?

① 소음을 줄이고 실내온도를 차갑게 유지한다.

② 저녁에 술을 마시게 하여 잠을 잘 자도록 한다.

③ 잠에서 깨어나 외출하려고 하면 못하게 말린다.

④ 밤낮이 바뀌어 낮에 꾸벅꾸벅 조는 경우 잠을 재운다.

⑤ 산책을 통해 신선한 공기를 접하면서 운동을 하도록 한다.

33 석양증후군이 있는 대상자를 위한 요양보호사의 대처방법으로 옳은 것은?

① 저녁시간동안 움직이거나 활동하게 한다.

② 애완동물과 함께 즐거운 시간을 갖게 한다.

③ 밤이 되면 치매 대상자와 함께 있도록 한다.

④ 텔레비전을 끄고 조명을 어둡게 한다.

⑤ 신체적인 제한을 해서 편안한 휴식을 취하도록 한다.

34 치매로 인해 파괴적 행동을 하는 대상자를 돕기 위한 방법으로 옳은 것은?

① 분주한 일상생활을 하도록 활동을 구성한다.

② 대상자가 자신의 활동을 예측할 수 있게 한다.

③ 의사결정권을 줘서는 안 된다.

④ 파괴적 행동 반응을 유발하는 사건을 대상자에게 알려준다.

⑤ 혼돈하지 않고 선택을 하도록 한 번에 여러 가지를 제시한다.

35 외상이 의심될 경우 대상자를 척추고정판에 눕혀 고정시킬 때 옳은 순서는?

① 무릎 → 손목과 엉덩이 → 위팔
② 위팔 → 손목과 엉덩이 → 무릎
③ 무릎 → 위팔 → 손목과 엉덩이
④ 위팔 → 무릎 → 손목과 엉덩이
⑤ 손목과 엉덩이 → 무릎 → 위팔

36 치매 중기 단계에 들어선 대상자의 의사소통 문제로 옳은 것은?

① 일관성의 결여와 혼동이 감소한다.
② 부정확한 명사를 선택해 사용한다.
③ 대화중에 말이 끊기는 횟수가 감소한다.
④ 불특정 다수를 지칭하는 용어의 사용이 감소한다.
⑤ 사용하는 어휘의 수가 초기 치매단계보다 늘어난다.

37 다음 보기의 사례와 같은 경우, 요양보호사의 대처 방법으로 옳은 것은?

> 72세 김 할머니는 남편과 딸과 셋이서 살고 있다. 할머니는 젊을 때 부터 요리를 잘하여 치매로 판단 받은 이후에도 부엌에서 간단한 요리나 된장국을 만들어 왔다. 어느 날 딸이 "엄마 된장국 맛이 없으니 이제 음식하지 마세요" 라고 말하였다. 이후에 김 할머니는 화가 나서 문을 닫고 식사를 전혀 하지 않게 되었다.

① 설득해서 음식을 만들지 않도록 해야 한다.
② 위험한 상황이 아니라면, 정정하려 들지 않는다.
③ 부엌에 들어오지 못하도록 강력하게 경고한다.
④ 음식을 만들게 하되 나중에 다시 간을 맞춘다.
⑤ 음식을 잘못 만들었으니 잘못을 정정하도록 지적한다.

38 이해력 장애를 가진 대상자와의 의사소통할 때의 방법으로 옳은 것은?

① 아이처럼 대우하여 친밀감을 높인다.
② 그림과 사진 등을 이용해 이야기한다.
③ 나의 속도에 맞추어 빠르게 이야기한다.
④ 사용하지 않는 단어를 사용하여 인지를 자극시킨다.
⑤ 긴 문장으로 이야기 하여 인지기능을 활용하게 한다.

39 당뇨병 대상자의 식사관리에 대한 설명으로 옳은 것은?

① 닭고기 조리 시 껍질은 벗기지 않고 조리한다.

② 푸른 채소와 해조류를 충분히 섭취한다.

③ 보리밥, 우유, 사과, 당면 등의 음식은 되도록 피한다.

④ 잡곡밥보다는 흰밥이 좋다.

⑤ 식사시간은 정해진 시간보다 혈당에 따라 정한다.

40 식품의 보관 방법에 대한 설명으로 옳은 것은?

① 과일은 대부분 실온 보관한다.

② 씻은 채소는 밀폐봉투에 넣어 채소실에 보관한다.

③ 수박은 랩을 씌워 냉장실에 보관한다.

④ 포도는 상한 알을 떼어내고 깨끗하게 씻어 냉동실에 넣는다.

⑤ 채소를 흙이 묻은 채로 보관하려면 마른 신문지에 싸둔다.

41 다음 보기의 여가활동 유형으로 옳은 것은?

> 악기연주, 판소리교실, 창작활동, 그림그리기

① 자기계발 활동　　　　② 가족 중심 활동　　　　③ 종교 참여 활동

④ 사교 오락 활동　　　　⑤ 소일 활동

42 열사병에 대한 설명으로 옳은 것은?

① 서서히 의식을 잃고 쓰러진다.

② 외상이나 뇌종양이 원인이 되기도 한다.

③ 몸의 열이 너무 많이 발산되어 생긴다.

④ 고온 다습한 곳에서 주로 일어난다.

⑤ 체온이 낮아져서 구토와 피로를 느낀다.

43 이물에 의한 기도폐쇄를 치료하기 위한 방법으로 옳은 것은?

44 화상을 입은 대상자를 위한 최우선의 응급처치로 옳은 것은?

① 사고지역의 안전여부를 확인한다.

② 119에 연락하여 전문가의 도움을 받는다.

③ 찬물에 15~30분 정도 통증이 사라질 때까지 담근다.

④ 안정자세를 취하게 하고 환자의 호흡 및 순환을 확인한다.

⑤ 목 주변의 옷을 풀어 주고, 상체를 높여주어 대상자가 숨을 쉴 수 있도록 돕는다.

45 자동심장충격기의 전극 패드 부착 방법으로 옳은 것은?

① 오른쪽 패드는 왼쪽 빗장뼈 바로 아래에 부착한다.

② 오른쪽 패드는 오른쪽 빗장뼈 바로 아래에 부착한다.

③ 왼쪽 패드는 왼쪽 젖꼭지 위에 부착한다.

④ 왼쪽 패드는 오른쪽 젖꼭지 아래 중간 옆구리 선에 부착한다.

⑤ 왼쪽 패드는 오른쪽 젖꼭지 아래 중간 겨드랑이 선에 부착한다.

요양보호사 국가자격시험 대비

제10회 적중모의고사

1교시 필기 / 2교시 실기

문제유형	홀수형	짝수형
	○	○

성명

응시자 준수사항

1. 시험시작 전 과목편철순서, 문제누락, 인쇄상태의 이상유무를 확인합니다.

2. 시험이 시작되면 문제를 주의 깊게 읽은 후 문항의 취지에 가장 적합한 하나의 정답만을 선택하며, 문제내용에 관한 질문은 받지 않습니다.

3. 시험 종료 즉시 답안지를 제출하여야 하며, 부정한 방법으로 시험에 응시하거나 동 시험에서 부정행위를 한 자에 대하여는 노인복지법 시행규칙 제29조의7항에 의거 그 시험의 응시를 정지시키고 시험을 무효로 합니다.

01 노인장기요양보험에 대한 설명 중 옳은 것은?

① 가입자는 대한민국 국민만 가능하다.

② 장기요양신청자는 본인만 신청할 수 있다.

③ 장기요양급여 대상자는 65세 이상 노인만이다.

④ 국내에 체류하는 재외국민은 대상자가 될 수 없다.

⑤ 장기요양보험사업의 보험자는 국민건강보험공단이다.

02 노인장기요양보험제도의 재원으로 바른 것은?

① 장기요양보험료, 국가지원

② 전액 국가지원

③ 본인부담금

④ 장기요양보험료, 본인일부부담금

⑤ 장기요양보험료, 본인일부부담금, 국가지원

03 다음 중 바르게 연결된 것은?

① 정서지원서비스 - 주변정돈

② 방문목욕서비스 - 목욕 도움

③ 신체활동지원서비스 - 외출 시 동행

④ 개인활동지원서비스 - 일상 업무 대행

⑤ 일상생활지원서비스 - 말벗, 격려, 위로

04 다음은 매슬로의 욕구 중에 무엇을 설명하는 것인가?

타인에게 지위, 명예, 승인 등 존중받고 싶어 하는 단계

① 안전의 욕구

② 생리적 욕구

③ 사랑의 욕구

④ 존경의 욕구

⑤ 자아실현의 욕구

05 요양보호서비스의 제공 원칙을 잘 준수한 것은?

① 가족의 식사를 부탁받아 가족의 식사를 준비해 주었다.

② 대상자의 비밀을 알게 되어 관리책임자에게 보고하였다.

③ 사고가 발생하여 가족에게 알리고 병원으로 이송하였다.

④ 대상자의 상태가 변화되어 가족과 상의한 후 서비스를 변경하였다.

⑤ 인지능력이 없는 대상자를 보호자의 동의를 받은 후 서비스를 제공하였다.

06 법적 · 윤리적 책임을 다하기 위해 하지 말아야 할 태도로 옳은 것은?

① 간호사와 협조하는 행위　　　② 업무를 효율적으로 수행하는 행위

③ 성실하고 책임감 있는 근무 행위　　　④ 할당된 장소에서 근무를 하는 행위

⑤ 대상자나 가족에게 돈을 빌리는 행위

07 다음 보기가 설명하는 윤리적 태도는?

> • 전문적 지식과 기술을 갖춘다.
> • 보수교육에 참여하여 자기계발의 기회로 삼는다.

① 지속적으로 학습하고 자신을 계발해야 한다.

② 처음 동기를 점검하고 겸손한 태도를 유지한다.

③ 법적·윤리적 책임을 다하기 위해 최선을 다해야 한다.

④ 업무와 관련된 직업인들과 상호 협조하는 자세를 갖는다.

⑤ 성실하고 침착한 태도로 책임감을 갖고 업무활동을 해야 한다.

08 다음에서 설명하는 시설생활노인 권리보호를 위한 윤리강령은 무엇인가?

> 박씨 할머니는 외출이나 병원진료가 있는 경우 식사시간보다 늦게 시설에 도착하는 경우가 많아 그때마다 식은 반찬을 드셔야 했다. 식사시간을 조정하거나 개인적으로 따뜻한 식사를 할 수 있기를 바라지만 너무 혼자 유별나게 구는 것 같아 얘기를 꺼내 본 적이 없다.

① 신체적 제한을 받지 않을 권리　　　② 사생활 및 비밀 보장에 대한 권리

③ 정보 접근과 자기결정권 행사의 권리　　　④ 불평의 표현과 해결을 요구할 권리

⑤ 시설 내 외부 활동 참여의 자유에 대한 권리

09 노년에 가장 적응하기 어렵고 힘든 사건은?

① 자녀의 분가 ② 자녀의 결혼 ③ 배우자의 사별

④ 친족의 사별 ⑤ 손자녀의 출생

10 근골격계 질환의 위험요인으로 옳은 것은?

① 밤 근무 시 밝은 조명

② 평평하게 잘 정리된 바닥

③ 정비가 잘 되어있는 보행로

④ 미끄럽지 않고 물기가 없는 바닥

⑤ 물체가 바닥에 많이 있는 작업장

11 성희롱의 대처 방법으로 옳은 것은?

① 기관 내에서의 성희롱은 양쪽 다 징계한다.

② 기관은 재발 방지와 상관없이 서비스를 계속한다.

③ 대상자의 성희롱은 늘 있는 일이므로 참고 넘어간다.

④ 기관의 담당자는 성희롱 피해자인 요양보호사를 해고한다.

⑤ 감정적인 대응을 삼가고 단호하게 거부의사를 표현한다.

12 노인의 지나온 과거를 회상하거나 마음의 안락을 찾는데 도움을 주는 심리적 특성은?

① 시간전망의 변화 ② 의존성의 증가

③ 유산을 남기려는 경향 ④ 생에 대한 회고의 경향

⑤ 친근한 사물에 대한 애착심

13 상대방이 하는 말을 상대방의 관점에서 이해하고 상대방의 감정을 함께 느끼는 듣기 방법으로 옳은 것은?

① 경청 ② 동감 ③ 침묵

④ 수용 ⑤ 공감

정답 및 해설 350쪽

14 노인의료복지시설에 대한 설명으로 옳은 것은?

① 치매, 중풍 등 노인성 질환 등으로 도움이 필요한 노인이 입소한다.

② 양로시설, 노인공동생활가정, 노인복지주택이 포함된다.

③ 노인요양시설은 입소자 9인 이하의 입소시설이다.

④ 노인요양공동생활가정은 입소자 10인 이상의 입소시설이다.

⑤ 노인요양시설은 노인에게 가정과 같은 주거여건을 제공한다.

15 세면 자체를 거부하는 대상자에 대한 요양보호사의 올바른 대처방안은?

① 따뜻한 물수건으로 닦아 주는 등 거부감이 없는 수단을 취한다.

② 스스로 세면을 할 때까지 기다려 준다.

③ 세면을 하면 원하는 것을 주겠다고 협상한다.

④ 건강에 문제가 되지 않은 한 원하는 대로 하도록 한다.

⑤ 강제로 세면장으로 데리고 가 닦아준다.

16 치매·중풍 등 노인성 질환 등으로 심신에 상당한 장애가 발생하여 도움이 필요한 하는 노인에게 급식·요양과 그 밖에 일상생활에 필요한 편의를 제공하는 입소자 10인 이상의 시설은?

① 경로당   ② 노인복지주택

③ 노인요양공동생활가정   ④ 노인요양시설

⑤ 노인복지관

17 임종을 앞둔 대상자의 수면양상 변화를 돕는 방법으로 옳은 것은?

① 약간 큰 소리로 말해서 잠에서 깨도록 한다.

② 보온을 위해 전기담요를 덮어준다.

③ 대상자가 반응하지 못한다 하더라도 정상인에게 말하듯 이야기한다.

④ 분명하고 단호하게 명령조로 말을 해서 정신을 차리게 한다.

⑤ 손을 잡고 흔들어서 깨운다.

18 대상자가 기저귀 교환을 거부하는 경우 요양보호사의 올바른 대처방안은?

① 거부하는 이유를 따지듯 묻는다.

② 협상과 타협을 통해 상처받지 않고 교환하도록 유도한다.

③ 본인이 스스로 교환하자고 할 때까지 기다려 준다.

④ 건강상의 문제가 생길 수 있으므로 강제로라도 교환한다.

⑤ 긍정적인 표현으로 기저귀 교환을 유도한다.

19 위염의 증상에 대한 설명으로 옳은 것은?

① 상복부의 통증, 트림, 구토

② 급성 위염의 경우 밤에 위가 무겁거나 부푼 듯한 느낌

③ 급성 위염의 경우 배고플 때 위가 무겁거나 부푼 듯한 느낌

④ 식사 후 3~4시간 지나 발생하는 명치부위의 심한 통증

⑤ 식후 바로 발생하는 명치부위의 심한 통증

20 변비를 일으키는 원인으로 옳은 것은?

① 복부 근육의 힘 강화

② 운동량 증가에 따른 장운동 증가

③ 식사량 증가

④ 고섬유질 섭취 감소

⑤ 요실금과 관련된 염려로 과다 수분 섭취

21 기관지확장제의 올바른 사용법은?

① 사용 전에 흔들면 안 된다.

② 30초 정도 천천히 깊게 숨을 들이쉰다.

③ 다음 투약과의 시간간격은 10분 정도이다.

④ 심호흡을 하면서 1회 용량이 흡입되도록 흡인기를 누른다.

⑤ 약이 폐에 도달할 수 있도록 적어도 1분 정도 숨을 참는다.

22 혈압약을 복용하는 목적으로 가장 적절한 것은?

① 혈압을 규칙적으로 측정하는 것이다.

② 동맥경화증을 예방하고 치료하는 것이다.

③ 혈압을 떨어뜨리고 합병증을 치료하는 것이다.

④ 뇌줄중을 치료하고 혈압을 떨어뜨리는 것이다.

⑤ 합병증을 예방하고 혈압을 정상으로 유지하는 것이다.

23 한쪽 팔다리가 마비되거나, 말할 때 발음이 분명치 않거나, 갑자기 벼락치듯 심한 두통과 같은 증상을 주의깊게 살펴야 하는 질환은?

① 파킨슨   ② 뇌졸중

③ 섬망   ④ 고혈압

⑤ 알츠하이머

24 근골격계의 노화의 따른 변화를 잘 설명하고 있는 것은?

① 뼈가 짧아져 근육이 늘어난다.

② 뼈가 작은 충격에도 골절되기 쉽다.

③ 근육량 저하로 치아의 상실이 찾아온다.

④ 단백질의 변화로 근긴장도가 증가한다.

⑤ 젖산과 이산화탄소 등의 생산 저하로 근육경련이 잦게 발생한다.

25 고관절 골절이 발생하는 직접적인 가장 큰 원인은 무엇인가?

① 낙상   ② 뇌졸중   ③ 보행장애

④ 시력장애   ⑤ 운동실조증

26 소변이 보고 싶다고 생각만 했는데 바로 소변이 나오는 것을 무엇이라 하는가?

① 변실금   ② 절박성 요실금   ③ 복압성 요실금

④ 역류성 요실금   ⑤ 혼합성 요실금

27 노인 학대의 신고의무자가 신고의무를 위반 시 받게 되는 처벌로 알맞은 것은?

① 2년 이하의 징역

② 1년 이하의 징역

③ 500만 원 이하의 과태료 부과

④ 700만 원 이하의 과태료 부과

⑤ 1,000만 원 이하의 과태료 부과

28 치매 말기 증상에 대한 설명으로 옳은 것은?

① 전화통화 후 내용을 기억 못하고 반복 질문을 한다.

② 혼자서는 집안일은 가능하지만 혼자서의 외출이 불가능하게 된다.

③ 옷을 입거나 외모를 가꾸는 위생상태를 유지한다.

④ 의사소통이 거의 불가능해지고 판단을 하거나 지시를 따르지 못한다.

⑤ 낯익은 집 주변에서도 길을 잃거나 월, 요일에 대한 시간개념이 저하된다.

29 녹내장의 증상으로 적절한 것은?

① 실명과 안구통증

② 옆으로 퍼진 시야

③ 밝은빛에 적응장애

④ 빛의 변화 인지장애

⑤ 노란색으로 혼탁한 각막

30 섬망의 소인적 요인과 촉진적 요인에 대한 것으로 옳은 것은?

① 소인적 요인 - 약물사용, 부동

② 소인적 요인 - 인지손상, 치매, 고령

③ 촉진적 요인 - 우울, 만성 신기능부전, 탈수

④ 소인적 요인 - 유치도뇨관 사용, 억제대 사용

⑤ 촉진적 요인 - 영양부족, 알코올 남요, 시력 손상 등

31 욕창 대상자를 돌보는 방법으로 옳은 것은?

① 파우더를 발라준다.

② 도넛모양의 베개를 대어준다.

③ 채식 위주의 식단을 제공한다.

④ 뼈 주위를 보호하고 무릎 사이에는 베개를 끼워 마찰을 방지한다.

⑤ 뜨거운 물을 넣은 물주머니를 사용하여 마사지를 해 준다.

32 당뇨병이 있을 때 나타날 수 있는 저혈당 증상으로 옳은 것은?

① 체중감소   ② 땀을 많이 흘림

③ 배뇨 증가   ④ 식욕 증가

⑤ 피로감

33 다음 중 흡인을 실시할 수 있는 사람은?

① 대상자 본인   ② 요양보호사

③ 간호사   ④ 대상자 가족

⑤ 사회복지사

34 화재예방을 위한 요양보호사의 활동으로 옳은 것은?

① 화재 시 본인의 역할을 명확히 숙지해야 한다.

② 전열기구와 화기는 취급 시 주의사항은 읽어만 본다.

③ 전열 기구는 바로 사용할 수 있게 플러그를 항상 꽂아 놓는다.

④ 화재 진화보다는 대상자의 대피에 더 집중해야 한다.

⑤ 화재는 특별한 경우에 일어나는 것이므로 평소에는 화재에 대한 준비는 하지 않는다.

35 정전이 일어났을 때 요양보호사의 활동으로 옳은 것은?

① 전기기기를 동시에 사용해야 정전을 방지할 수 있다.

② 정전이 되었을 때는 원인을 파악하여 시설장에게 보고한다.

③ 정전이 복구된 후에는 가전제품을 모두 플러그에 꽂아 사용한다.

④ 정전이 복구된 후에는 모든 가전제품을 일정시간동안 사용하지 않는다.

⑤ 전기기기는 한 번에 많이 사용하지 않도록 한다.

01 경관영양을 할 때 대상자를 오른쪽으로 눕히는 이유로 옳은 것은?

① 설사를 방지한다.   ② 소화가 잘 된다.

③ 기도로의 역류 가능성이 줄어든다.   ④ 변비를 예방한다.

⑤ 사레를 예방한다.

02 대상자를 만지는 방법으로 옳은 것은?

① 두 손보다는 한 손으로 잡는 것이 좋다.

② 급할 때는 확 붙잡아야 한다.

③ 손바닥 전체가 아니라 손가락으로 잡는다.

④ 대상자의 피부와 넓은 면적이 닿게 만져야 한다.

⑤ 위에서부터 낚아채듯이 잡는다.

03 의식이 없는 대상자도 식사 전과 마친 후에 알려야 하는 이유로 가장 적절한 것은?

① 청각기능은 남아 있어 알아들을 수 있기 때문에

② 대상자에게 일을 알려야 하는 의무가 있기 때문에

③ 정해진 업무를 수행했다는 것을 알려야 하기 때문에

④ 요양보호사의 업무가 시간을 지켜야 하는 업무이기 때문에

⑤ 일의 시작과 마침을 알려야 다른 요양보호사가 알 수 있기 때문에

04 침상에 누워있던 대상자에게 약을 제공할 때의 가장 보편적이고 좋은 자세는?

① 좌위   ② 복위   ③ 측위

④앙와위   ⑤ 반좌위

05 주사바늘을 제거한 후에 요양보호사의 활동으로 옳은 것은?

① 세게 비벼 주도록 한다.   ② 살살 비벼 주도록 한다.

③ 손을 대어서는 안 된다.   ④ 1분 정도 비벼주다가 꼭 눌러준다.

⑤ 1~2분간 지그시 누르고, 절대 비비지 않는다.

06 약을 보관할 때의 방법으로 가장 적절한 것은?

① 대상자의 옆에 보관한다.

② 손이 닿는 편한 곳에 보관한다.

③ 보관법에 따라 안전하게 보관한다.

④ 보관하기 쉬운 용기에 옮겨 보관한다.

⑤ 유효기간이 지난 약은 따로 보관한다.

07 휠체어를 사용하는 대상자가 배설을 위해 화장실에 갔을 때 돕는 방법으로 옳은 것은?

① 발 받침대는 항상 내려져 있어야 한다.

② 움직이지 않고 있을 때는 잠금장치를 걸어둔다.

③ 움직이지 않고 있을 때는 잠금장치를 풀어둔다.

④ 휠체어에서 타고 내릴 때는 잠금장치를 풀어둔다.

⑤ 휠체어 이동 중에는 발 받침대가 접혀 있어야 한다.

08 배설을 돕기 위해 요양보호사가 해야 할 일로 옳은 것은?

① 편마비 대상자는 손을 사용하지 않도록 해야 한다.

② 화장실로 이동하는 짧은 시간동안에는 발 받침대 사용은 하지 않도록 한다.

③ 배설하는 동안 요양보호사는 밖에서 조용히 기다린다.

④ 배설하는 동안 요양보호사가 나가주길 원하면 설득하여 같이 있어줘야 한다.

⑤ 화장실로 이동 후엔 휠체어의 잠금장치를 걸고 발 받침대를 접어두어야 한다.

09 치매증상이 있거나 배회 또는 길 잃음 등 문제행동을 보이는 대상자의 실종을 미연에 방지하는 장치는?

① 비상벨

② 배회감지기

③ 핸드폰

④ 치매팔찌

⑤ 실버카

10 배설물에 피가 섞여나온 것을 보았을 때 요양보호사의 할 일로 옳은 것은?

① 즉시 버린다.

② 대상자에게 알린다.

③ 시설장에게 보고한다.

④ 다른 요양보호사와 상의한다.

⑤ 보호자에게 연락하여 알려준다.

11 대상자를 일어서게 할 때의 장점으로 옳은 것은?

① 골다공증에 도움이 된다.   ② 골격근의 근력이 저하된다.

③ 혈액순환이 감소한다.   ④ 폐활량이 감소한다.

⑤ 체력이 저하된다.

12 대상자가 유치도뇨관을 삽입하고 있을 때의 관리로 옳은 것은?

① 불편을 호소하면 삽입기간을 확인한다.

② 유치도뇨관 교환은 직접 해 주도록 한다.

③ 소변이 배출되지 않으면 묶어두도록 한다.

④ 유치도뇨관은 순간적으로 잡아당겨 빼 주도록 한다.

⑤ 문제가 생겼을 시는 의료기관을 연계하도록 한다.

13 다음 중 보행보조차에서 가장 먼저 점검해야 하는 것은?

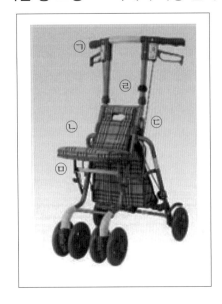

① ㉠

② ㉡

③ ㉢

④ ㉣

⑤ ㉤

14 의치를 보관할 때 유의해야 할 사항으로 가장 적절한 것은?

① 물이 담긴 용기에 보관한다.   ② 물기가 없는 용기에 보관해야 한다.

③ 뚜껑이 없는 용기에 보관해야 한다.   ④ 불투명한 유리용기에 보관해야 한다.

⑤ 소독제가 담긴 용기에 보관해야 한다.

15 손톱과 발톱관리를 하고 나서 시설장에게 보고해야 할 사항은?

① 손톱이 너무 길었을 때
② 발톱이 둥글게 잘라져 있을 때
③ 발톱이 일자로 잘라져 있을 때
④ 발톱이 살 안쪽으로 파고 들어갔을 때
⑤ 손과 발 씻기를 거부하며 하지 않으려 할 때

16 감염 예방 방법으로 옳은 것은?

① 피부가 트거나 갈라지면 세균 번식이 쉬우므로 손을 자주 씻지 않도록 한다.
② 가정에서는 의류나 물건을 한꺼번에 세탁한다.
③ 목욕은 대상자의 체온을 낮추므로 자주 하지 않는다.
④ 손톱은 적당히 기르는 것이 좋다.
⑤ 대상자의 신체분비물을 만진 후 장갑을 착용했더라도 반드시 손을 씻어야 한다.

17 다음 중 안연고 투여 시 올바른 방향은?

①    ②

③    ④

⑤

18 회음부 청결 돕기 방법으로 옳은 것은?

① 뒤쪽에서 앞쪽으로 닦도록 한다.
② 닦을 때는 휴지를 사용한다.
③ 요도, 항문, 질 순서로 닦아야 한다.
④ 따뜻한 물을 음부에 끼얹어 준다.
⑤ 수치심을 느낄 수 있으므로 최대한 도와주어야 한다.

19 면도 도중에 상처가 났을 때는 어떻게 해야 하는가?

① 직접 접촉하지 않도록 한다.

② 휴지로 닦아 주고 다시 면도한다.

③ 손을 이용하여 훔쳐주도록 한다.

④ 물로 씻어주고 다시 면도한다.

⑤ 알코올로 상처 부위를 닦아주고 다시 면도한다.

20 의자에 앉아있다 일어서려고 할 때 나타나는 정상반응으로 옳은 것은?

① 상체는 숙여지지 않도록 한다.　　　　② 발목을 무릎보다 뒤로 가져간다.

③ 무릎을 발목보다 뒤로 가져간다.　　　④ 얼굴이 무릎보다 뒤로 가게 한다.

⑤ 얼굴이 어깨보다 뒤로 가게 한다.

21 대상자를 옆에서 보조해야 할 경우에 돕는 방법으로 적절한 것은?

① 대상자의 양발을 무릎보다 조금 뒤쪽에 놓고 앉힌다.

② 요양보호사는 대상자의 건강한 편 옆쪽에서 보조한다.

③ 요양보호사의 두 발을 대상자의 양발 뒤에 나란히 두고 선다.

④ 요양보호사의 한 손은 건강한 쪽 팔을 잡고, 한 손은 어깨를 잡는다.

⑤ 대상자가 일어나면 요양보호사는 손을 떼고 마저 일어나도록 지켜본다.

22 옆으로 누운 자세를 취할 때에 욕창이 발생하기 쉬운 부위로 맞는 것은?

① 엉치뼈　　　　② 아래쪽 귀　　　　③ 어깨뼈아래

④ 엉덩뼈뒤능선　　　⑤ 척추뼈가시돌기

23 대상자가 보행기를 사용할 때 요양보호사의 활동으로 옳은 것은?

① 보행기는 될 수 있으면 한 번에 이동하도록 한다.

② 침대로 돌아와 눕는 것은 대상자 스스로 할 수 있도록 한다.

③ 요양보호사는 대상자의 옆쪽에 서서 보행벨트를 잡고 걷는다.

④ 대상자의 팔꿈치가 약 30°로 구부러지도록 대상자 둔부 높이로 조절해 준다.

⑤ 앞쪽에 바퀴가 있는 보행기는 체중을 싣기에 안전하므로 기대어 쉬도록 한다.

24 대상자를 위한 지팡이를 결정할 때의 옳은 기준 방법은 어느 것인가?

① 지팡이를 한 걸음 반 정도 앞을 기준으로 한다.

② 대상자가 잡기 편하고 미끄러짐 없는 지팡이가 좋다.

③ 지팡이의 높이는 서 있을 때 허리 정도의 높이가 적당하다.

④ 팔꿈치의 구부러짐 정도는 약 90°정도 구부러지는 것이 좋다.

⑤ 지팡이를 결정할 때는 대상자의 선호도를 고려하여 결정한다.

25 이송 돕기 시 유의할 사항으로 옳은 것은?

① 대상자 쪽과 멀리 떨어져서 대상자를 잡는다.

② 대상자의 움직임을 최소로 하여 이송한다.

③ 다른 사람의 도움을 받지 않는 것이 안전을 위해 좋다.

④ 1인 부축하기는 대상자의 손상된 쪽에서 부축해야 한다.

⑤ 기도확보, 순환평가, 호흡평가의 순으로 확인을 해야 한다.

26 다음 중 고혈압 대상자가 가급적 먹지 않는 것이 좋은 식품은?

① 보리밥, 현미밥, 잡곡밥

② 생선, 콩류, 두부

③ 조개류, 새우, 오징어

④ 식이섬유 함유 식품

⑤ 사과, 감자, 호박, 무

27 휠체어 타이어와 공기압에 대한 설명으로 옳은 것은?

① 타이어 뒷바퀴 공기압이 너무 높으면 잠금장치 기능이 약해진다.

② 적정공기압은 엄지손가락으로 힘껏 눌렀을 때 1.5cm 정도 들어가는 상태이다.

③ 타이어 공기압이 높으면 진동 흡수가 잘 안 된다.

④ 바퀴 공기압은 적게 넣는 것이 좋다.

⑤ 공기압이 높으면 높을수록 진동 흡수가 잘 된다.

28 다음 세탁기호를 통해 알 수 있는 내용으로 옳은 것은?

95℃

① 손세탁 안 됨
② 삶을 수 없음
③ 95℃ 물로 세탁
④ 세탁기 사용불가
⑤ 세제종류 제한 있음

29 습도에 대한 설명으로 옳은 것은?

① 습도는 40~60%가 적합하다.
② 습도가 낮으면 불쾌감을 느낀다.
③ 장마철 습기는 가습기로 제거한다.
④ 겨울에는 건조하므로 제습기를 사용한다.
⑤ 습도가 높으면 땀 증발을 가속시켜 오한이 생긴다.

30 치매 대상자의 목욕을 돕기 위한 방법으로 옳은 것은?

① 목욕 후 심리적 욕구 상태를 관찰한다.
② 피부가 접혀지는 부위는 억지로라도 편다.
③ 운동실조증 대상자는 샤워를 자주 하게 한다.
④ 운동실조증 대상자의 방 안에 샤워실을 설치한다.
⑤ 목욕을 한 후에는 물기를 잘 닦아주고 건조시킨다.

31 식중독 예방 방법으로 옳은 것은?

① 목욕을 자주하여 개인위생을 철저히 한다.
② 육류는 핏기가 없어질 정도로만 가열 조리한다.
③ 조리에 사용된 기구는 세척, 소독하여 2차 오염을 피한다.
④ 생선류는 오래 익히면 질기므로 살짝 가열 조리한다.
⑤ 조리된 음식은 하루 정도 실온에 둔다.

32 수면 장애가 있는 치매 대상자를 돕는 방법으로 옳은 것은?

① 소음을 없애고 실내온도는 조금 덥게 유지한다.

② 낮에 꾸벅꾸벅 조는 경우 말을 걸어 자극을 준다.

③ 오후에 커피를 마시게 하여 안정감을 찾도록 한다.

④ 잠에서 깨어나면 혼자 산책을 하게 한다.

⑤ 낮에 방안에서 졸면 편히 자도록 한다.

33 석양증후군이 있는 대상자를 돕기 위한 방법으로 옳은 것은?

① 대상자를 밖으로 데려가 운동을 시킨다.

② 따뜻한 커피나 차를 제공하여 수면에 도움을 준다.

③ TV를 끄고 조명을 어둡게 하여 잠을 들도록 한다.

④ 요양보호사는 치매 대상자를 관찰할 수 있는 곳에서 활동을 한다.

⑤ 대상자들은 과거의 힘들었던 일을 이야기할 때 위로가 되므로 이를 돕는다.

34 대상자가 부적절한 성적 행동을 보일 때 대처방법으로 옳은 것은?

① 부적절한 성적 행동관련 요인을 관찰한다.

② 노출증을 감소시키기 위한 벌을 자주 사용한다.

③ 때때로 큰소리로 책망을 하는 것이 도움이 된다.

④ 치매 대상자는 성 자체에만 관심이 있음을 인식한다.

⑤ 이상한 성행위가 정신적인 문제로 유발될 수 있음을 이해한다.

35 치매 대상자와 의사소통 시에 '가까운 곳에서 얼굴을 마주보고 말하기'에 해당하는 것은?

① 2m 이내에서 말하는 것이 좋다.

② 눈을 마주보고 말하는 것이 좋다.

③ 대상자를 뒤에서 불러서 운동신경을 자극한다.

④ 앉아 있을 때 말을 걸면 신체의 균형을 잃어 넘어질 수 있다.

⑤ 청력 장애가 있는 경우가 많으므로 대화하기는 최소화하여 한다.

36 치매 말기 대상자에게서 나타나는 의사소통 문제로 옳은 것은?

① 말이 점차로 늘어난다.

② 의사소통을 유지하는 데 어려움이 있다.

③ 사용하는 어휘의 수가 폭발적으로 늘어난다.

④ 대화 시 시선을 맞추려고 계속 눈을 바라본다.

⑤ 올바른 이름을 사용하는 능력이 조금씩 회복된다.

37 대상자가 열이 있음에도 불구하고 손자의 선물을 사러 외출을 하겠다고 고집하실 때 대상자에게 존중의 뜻을 전하고 신뢰감을 줄 수 있는 대응으로 적절한 것은?

① "열이 있으시니까 가족에게 연락하고 제가 대신 선물을 사러 다녀오는 것은 어떠세요?"

② "지금 열이 있는데 무슨 말씀이세요? 오늘은 집에서 쉬셔야 해요."

③ "안 돼요. 그냥 가족에게 사오라고 하세요."

④ "지금 나가시면 감기 걸려서 큰일 나요."

⑤ "열이 있으시니 병원부터 가셔야 해요."

38 언어장애가 있는 대상자와의 의사소통 방법으로 옳은 것은?

① 소음이 있을 때 의사소통이 더 잘된다.

② 이야기 할 때는 정면에서 천천히 말한다.

③ 면담을 할 때는 반드시 서서 이야기 한다.

④ 대상자의 말에 고개를 끄덕여 듣고 있음을 알린다.

⑤ 언어장애가 있으므로 질문에 답변을 기다리지 않아도 된다.

39 대상자가 지남력 장애를 가지고 있을 때의 의사소통방법으로 옳은 것은?

① 대상자의 이름보다는 친근한 별칭을 만들어 사용한다.

② 대상자를 대하는 데 변화를 주어 인지기능을 향상시킨다.

③ 모든 물품에 이름표를 붙이고 주의사항을 문서화한다.

④ 잠자기 전에 기본적인 정보를 알려주어 낮 시간에 활용하게 한다.

⑤ 달력, 시계 등을 치운다.

40 휠체어로 엘리베이터를 타고 내릴 때의 설명으로 맞는 것은?

① 앞으로 들어가서 뒤로 나온다.

② 앞으로 들어가야 버튼에 쉽게 접근할 수 있다.

③ 엘리베이터보다 나선형 계단을 이용한다.

④ 뒤로 들어가서 앞으로 밀고 나온다.

⑤ 앞으로 들어가야 돌려야 하는 불편함을 피할 수 있다.

41 편마비 대상자가 평지와 계단을 내려갈 때 지팡이 보행 순서로 바른 것은?

① 지팡이 → 건강한 다리 → 마비된 다리

② 건강한 다리 → 지팡이→ 마비된 다리

③ 건강한 다리 → 마비된 다리 → 지팡이

④ 지팡이 → 마비된 다리 → 건강한 다리

⑤ 마비된 다리 → 지팡이 → 건강한 다리

42 응급 대상자가 발생했을 때에 돕는 방법으로 옳은 것은?

① 상태가 가벼운 대상자 먼저 처치한다.

② 대상자의 증거물이나 소지품을 정리한다.

③ 증상별로 치료가 빠른 방법을 찾아서 치료한다.

④ 전문 의료인에게 인계할 때까지 절대 응급처치를 중단해서는 안 된다.

⑤ 요양보호사는 대상자가 평소에 사용하는 상비약은 응급상황에서 사용해서는 안 된다.

43 다음 보기와 같은 응급처치를 해야 하는 상황은?

① 위경련으로 인한 가슴통증

② 상한 음식으로 인한 복통

③ 이물질로 인한 질식

④ 낙상으로 인한 골절

⑤ 심근경색으로 인한 심정지

44 골절이 된 대상자를 돕기 위한 방법으로 옳은 것은?

① 장신구는 제거하지 않도록 한다.

② 물을 마시게 하여 대상자가 의식을 찾도록 도와준다.

③ 대상자를 안심 시키고 절대로 스스로 움직이게 해서는 안 된다.

④ 개방된 상처가 있거나 출혈이 있는 경우 일반 거즈를 이용하여 상처를 덮는다.

⑤ 상처부위에 온찜질을 하면 부풀어 오르거나 염증이 생기는 것을 줄일 수 있다.

45 심폐소생술 중 가슴압박 단계의 설명으로 옳은 것은?

① 손가락은 깍지를 끼지 않도록 한다.

② 가슴압박은 약 5cm 정도 눌릴 정도의 강도로 압박한다.

③ 호흡이 없거나 비정상적이면 인공호흡을 먼저 시작한다.

④ 대상자의 흉골 위쪽 절반 부위에 두 손을 깍지 끼우고 올려놓는다.

⑤ 양팔을 구부린 상태에서 체중을 실어 대상자의 몸과 수직이 되도록 한다.

적중모의고사 정답 및 해설

제1회 요양보호사 적중모의고사(필기) 정답 및 해설

01	02	03	04	05	06	07	08	09	10
①	③	④	⑤	①	④	①	①	①	②
11	12	13	14	15	16	17	18	19	20
①	②	④	⑤	④	④	①	②	①	⑤
21	22	23	24	25	26	27	28	29	30
②	①	④	④	①	③	①	③	⑤	④
31	32	33	34	35	36	37	38	39	40
①	③	①	④	②					

01 ① **표준교재** 23p
- 고령화 사회 - 전체인구 대비 노인인구가 7% 이상 14% 미만
- 고령 사회 - 전체인구 대비 노인인구가 14% 이상 20% 미만
- 초고령 사회 - 전체인구 대비 노인인구가 20% 이상

02 ③ **표준교재** 92p
산업재해보상보험
- 근로자의 업무상 재해를 신속하고 공정하게 보상하며, 재해근로자의 재활 및 사회복귀를 촉진한다.
- 노인 중 퇴직 전 산업현장에서 업무상 재해(질병, 부상, 장해 등)를 입었을 경우 사망 전까지 필요한 급여를 받아 생활할 수 있도록 설계되어 있다.

03 ④ **표준교재** 42p
본인일부부담금
- 시설급여 20%, 재가급여 15%
- 기타의료급여수급권자 - 시설급여 : 10%, 재가급여 : 7.5%
- 국민기초생활수급권자는 무료. ※ 단, 비급여 항목은 전액 본인이 부담

04 ⑤ **표준교재** 47p
요양보호서비스의 목적
계획적인 전문적 요양보호 서비스를 제공하여 장기요양 대상자들의 신체기능 증진 및 삶의 질 향상에 기여하는 것

05 ① **표준교재** 49p
② 신체기능의 유지 · 증진은 관절구축 예방, 일어나 앉기 연습 도움, 보행, 서있기 연습, 보조기구 사용 운동 보조를 포함한다.
③ 체위 변경은 자세 변경, 일어나 앉기 시 도움 등이다.

④ 식사 도움은 지켜보기, 경관영양 돕기, 구토물 정리, 식사준비 및 정리를 포함한다.
⑤ 이동 도움은 침대에서 휠체어로 옮겨 태우기 등, 시설 내 보행 지켜보기, 보행 도움 등이다.

06 ④ **표준교재** 96p
- 요양보호사는 업무 수행 시 항상 친절한 태도로 예의 바르게 행동한다.
- 요양보호사는 인종, 연령, 성별, 성격, 종교, 경제적 지위, 정치적 신념, 신체 · 정신적 장애, 기타 개인적 선호 등을 이유로 대상자를 차별 대우 하지 않는다.
- 요양보호사는 업무와 관련하여 대상자의 가족, 의사, 간호사, 사회 복지사 등과 적극적으로 협력한다.
- 요양보호사는 대상자의 사생활을 존중하고 업무상 알게 된 개인정보를 비밀로 유지한다.

07 ① **표준교재** 100p
요양보호사는 인종, 연령, 성별, 성격, 종교, 경제적 지위, 정치적 신념, 신체 · 정신적 장애, 기타 개인적 선호 등을 이유로 대상자를 차별 대우 하지 않는다.

08 ① **표준교재** 71p
질 높은 서비스를 받을 권리
- 정기적인 상담을 통해 노인의 개별적 욕구와 선호, 기능 상태를 고려하여 개별화된 서비스와 수발 계획을 수립하고, 이를 적극적으로 이행해야 한다.
- 개인적 선호와 건강 및 기능 상태에 따라 다양한 영양급식을 제공해야 한다.
- 시설은 종사자의 능력 계발을 위한 직무훈련과 교육기회를 충분히 부여하여, 이들의 수발 및 서비스 능력을 제고하여야 한다.

09 ① **표준교재** 84p
방임
부양 의무자로서의 책임이나 의무를 의도적 혹은 비의도적으로 거부, 불이행 혹은 포기하여 노인에게 의식주 및 의료를 적절하게 제공하지 않는 것

10 ② **표준교재** 106p
근골격계 질환의 위험 요인
- 갑자기 무리한 힘을 주게 되는 경우
- 불안정하거나 불편한 자세로 작업하는 경우
- 정비 · 수리가 되지 않은 보행로 또는 고장난 장비
- 피곤하고 지친 상태에서 작업하는 경우 등

11 ① 표준교재 122p

옴

- 옴은 옴진드기에 의하여 발생되고, 감염력이 매우 강하여 잘 옮는다.
- 대상자는 물론, 동거가족과 요양보호사도 동시에 치료를 해야 한다.
- 개인위생을 철저하게 하고 내의 및 침구류를 삶아서 빨거나 다림질 한다. 의류 및 침구류를 소독한다.
- 알레르기와 혼동하기 쉬우므로 심한 가려움증은 병원에 방문한다.
- 병원에서 처방받은 연고나 로션을 자기 전에 얼굴을 제외한 전신에 바르고, 6시간 후에 씻어내고 1주일 후에 한 번 더 반복해서 바른다. 연고의 종류에 따라, 2일간 밤에 연속적으로 바르고, 24시간 후에 닦아내기도 한다.
- 요양보호사는 자신의 피부를 항상 주의 깊게 관찰해야 한다.

12 ② 표준교재 13p

경직성의 증가

- 노인은 자신에게 익숙한 습관적인 태도나 방법을 고수한다.
- 매사에 융통성이 없어지고, 새로운 변화를 싫어하며, 도전적인 일을 꺼리는 경향을 보인다.
- 새로운 기구를 사용하거나 새로운 방식으로 일을 처리하는 데에 저항한다.

13 ④ 표준교재 126p

① 젊은 사람보다 약물에 더욱 민감하게 반응한다.
② 비교적 경과가 길다.
③ 신장의 소변 농축 능력이 저하 되어 약물 성분이 신체 내에 오래 남는다.
⑤ 재발이 빈번하다.

14 ⑤ 표준교재 42p

장기요양서비스 이용 절차

서비스 신청접수 및 방문 상담 → 서비스 제공 계획 수립 → 서비스 이용 계약 체결 → 서비스 제공 → 모니터링 실시 / 서비스 종료 혹은 계속

15 ④ 표준교재 416p

질 높은 서비스를 제공하는 데 도움이 된다.

전문적이고 체계적인 요양보호 기록은 제공된 서비스를 점검하고 서비스의 효과를 평가하여 서비스의 질을 높이는 데 기여한다.

16 ④ 표준교재 439p

서면보고

- 정확성을 필요로 할 때
- 자료를 보존할 필요가 있을 때
- 서면보고를 지시받았을 때
- 정기보고 (일일보고, 주간보고, 월간보고)

17 ① 표준교재 175p

녹내장

안압(눈의 압력)의 상승으로 인하여 시신경이 손상되어 시력이 점차 약해지는 질환

18 ② 표준교재 504p

임종적응단계 -타협-

- 주위로부터 존경과 이해를 받고 있다고 느끼고, 주변 사람들이 자신을 위해 충분한 시간을 할애하고 있다는 사실을 깨닫게 되면 비이성적인 요구가 줄어든다.
- 삶이 얼마간이라도 연장되기를 바란다.

19 ① 표준교재 128p

소화기계 주요 질환

위염, 위궤양, 위암, 대장암, 설사, 변비

20 ⑤ 표준교재 134p

대장암의 치료 및 예방

- 수술이 가장 기본이 되는 치료법이나 재발을 예방하기 위해 보조적으로 화학요법과 방사선요법을 시행하기도 한다.
- 수술 후 화학요법이나 방사선요법을 시행함으로써 재발률을 줄이기도 하지만 많은 부작용이 나타나므로 정기적인 검진이 매우 중요하다.

21 ② 표준교재 137p

요양보호사의 활동

- 요양보호사가 대상자의 질병명을 예측하여 말하거나, 수술 혹은 약물 치료가 필요하다는 등의 말을 하면 안 된다.
- 변비인 대상자가 관장을 해달라고 요구하는 경우, 간호사 등 의료인과 상의해야 한다.
- 대상자가 식사를 하지 않는 경우 운동부족, 변비, 구강질환 등의 신체적인 이유와 불안, 슬픔, 본인의 취향에 맞지 않아서 등의 심리적인 이유가 있을 수 있으므로 가족과 상의하고, 시설장이나 간호사에게 보고한다.
- 요양보호사는 대상자가 정상적이지 않은 상태를 보이거나 평소와 다르게 상태가 안 좋은 방향으로 변

화되었을 때 시설장이나 간호사에게 신속하게 보고
해야 한다.

22 ① **표준교재** 140p

흡인성 폐렴

음식물이나 이물질이 기도 내로 넘어가 기관지나 폐에
염증을 유발함

23 ④ **표준교재** 147p

① 혈압약의 결정은 의사와 잘 상의해야 한다.

② 증상이 없어도 혈압이 높으면 치료해야 한다.

③ 약을 오래 복용하는 것이 몸에 좋지는 않지만, 고혈
압의 합병증을 발생시키는 것보다는 안전하다.

⑤ 고혈압은 증상이 없는 경우가 대부분이기 때문에 의
사의 처방이 있으면 계속 약을 먹어야 한다.

24 ① **표준교재** 150p

② 혈압이 높으면 동맥 혈관이 손상되므로 고혈압을
관리한다.

③ 규칙적으로 운동한다.

④ 흡연 시 발생하는 일산화탄소는 동맥 안쪽 벽을 손
상하므로 금연한다.

⑤ 당뇨병은 혈중 지방 수치를 높이고 혈관을 손상시키
므로 혈당을 조절한다.

25 ③ **표준교재** 331p

① 집안의 조명을 밝게 한다.

② 가능하면 모든 방과 현관의 문턱을 제거한다.

④ 욕실에서 신발을 신도록 한다.

⑤ 발에 맞는 낮고 넓은 굽과 고무바닥으로 된 신발을
신고 바지가 끌리지 않게 한다.

26 ③ **표준교재** 161p

요실금 치료방법

• 골반 근육운동을 한다.

• 하루 2~3L의 수분 섭취로 방광의 기능을 유지한다.

• 식이섬유소가 풍부한 채소와 과일 섭취로 변비를 예
방한다.

• 발생 원인에 따라 약물요법이나 수술로 치료를 한다.

• 체중조절을 한다.

27 ① **표준교재** 168p

② 수두 바이러스가 신체 저항력이 약해지는 경우에 갑
자기 증식한다.

③ 과로나 스트레스 후에 주로 발생정답.

④ 면역이 저하된 사람이나 노인이 대상포진에 걸릴 위
험성이 높다.

⑤ 과거에 수두를 앓았던 사람에서 주로 발생한다.

28 ③ **표준교재** 190~191p

치매 단계별 특징

• 치매 초기(경도) : 가족이나 동료들이 문제를 알아차
리기 시작하나 혼자서 지낼 수 있는 수준

• 치매 중기 : 최근 기억과 더불어 먼 과거 기억의 부분
적 상실, 시간 및 장소 지남력 장애, 언어이해 및 표
현력 장애, 실행증, 판단력 및 수행기능 저하, 각종
정신행동 증상이 빈번히 나타나며, 도움 없이는 혼자
지낼 수 없는 수준

• 치매 말기(중증) : 독립적인 생활이 불가능한 수준

29 ⑤ **표준교재** 173p

노화에 따른 감각기계의 변화

• 나이가 들어 지방이 감소하면서 눈꺼풀이 처지게 되
고 눈이 깊게 들어간다.

• 눈썹은 회색으로 변화하고, 남성의 눈썹은 거칠어지
나, 남녀 모두 눈썹은 가늘어지게 된다.

• 결막은 얇아지고 누렇게 변하며 눈이 건조해지고 자
극감, 불편, 각막 궤양이 생긴다.

• 눈물의 양은 감소하여 건조해지고 눈이 뻑뻑하여 불
편감이나 자극을 주게 된다.

30 ④ **표준교재** 179p

당뇨병은 완치가 어려우므로 치료의 목적은 완치가 아
니라 합병증이 발생하지 않도록 돕는 것이다.

31 ① **표준교재** 329p

노인에서 낙상으로 인한 사망은 다른 연령대의 10배,
낙상으로 인한 입원율은 다른 연령대의 8배에 육박하
며, 낙상으로 인한 사망 이외에도 중증 손상으로 인한
장기 입원에 따른 불편과 후유증으로 삶의 질이 현저하
게 감소하는 문제가 발생할 수 있으므로 낙상 예방을
위한 관리는 매우 중요하다.

32 ③ **표준교재** 512p

① 장례식이나 장지에 가는 일에는 참석하지 않는다.

② 피상적인 표현은 도움이 되지 않으므로 하지 않는다.

④ 가족이 자신의 감정을 숨기지 않고 슬픔을 표현하
도록 돕는다.

⑤ 가족이 대상자에게 한 일에 대해 "참 잘 했네요" "좋
습니다"라고 하면서 지지한다.

33 ① **표준교재** 338p

② 연결코드는 가급적 사용하지 않는다.

③ 전기기구를 사용하기 전에 설명서를 잘 읽어 조작법

에 대해 익히도록 한다.

④ 전기기구 사용 시 전기가 통하는 찌릿한 느낌이 들거나 소음이 나거나 냄새가 나면 즉시 사용을 중단하고 확인한다.

⑤ 하나의 콘센트에 여러 개의 전기코드를 꽂지 않도록 한다.

34 ④ 　표준교재　165p

① 춥지 않을 때는 30분 정도 햇볕을 쬐게 한다.

② 약간 미지근한 물수건으로 찜질하고 마른 수건으로 물기를 닦아낸다.

③ 미지근한 바람으로 건조시킨다.

⑤ 파우더는 화학물질이 피부를 자극하거나 땀구멍을 막으므로 사용을 금해야 한다.

35 ② 　표준교재　166p

욕창예방 자세 변경주기

• 침대 : 2시간마다

• 의자나 휠체어 : 1시간마다

제1회 요양보호사 적중모의고사(실기) 정답 및 해설

01	02	03	04	05	06	07	08	09	10
①	④	⑤	②	①	①	④	⑤	③	③
11	12	13	14	15	16	17	18	19	20
④	⑤	①	④	①	③	③	⑤	④	⑤
21	22	23	24	25	26	27	28	29	30
③	③	①	④	②	③	⑤	⑤	④	⑤
31	32	33	34	35	36	37	38	39	40
⑤	①	②	②	①	①	①	②	⑤	⑤
41	42	43	44	45
②	②	④	④	①

01 ① 　표준교재 ▶ 223p

대상자의 식사 습관과 소화능력을 고려한다. 신체적, 심리적, 사회적 상황, 질병유무 등을 고려하여 음식을 선택한다.

02 ④ 　표준교재 ▶ 230p

상체를 약간 앞으로 숙이고 턱을 당기는 자세가 좋다. 의자에 앉을 수 없는 대상자는 몸의 윗부분을 높게 해주고 턱을 당긴 자세를 취해 준다.

03 ⑤ 　표준교재 ▶ 231p

경관영양을 하는 경우
- 대상자가 의식이 없거나 혼수에 빠진 경우
- 얼굴, 목, 머리부위에 음식을 먹기 힘들 정도로 부상이 있거나 수술했을 때 또는 마비가 있을 때
- 삼키기 힘들 때

04 ② 　표준교재 ▶ 233p

가루약은 숟가락을 사용하여 약간의 물에 녹인 후 투약하거나, 바늘을 제거한 주사기를 이용하여 녹인 가루약을 흡인하여 입 안으로 조금씩 주입한다.

05 ① 　표준교재 ▶ 237p

안연고를 사용할 때는 처음 나오는 것은 거즈로 닦아 버린다. 외부 공기에 오염되었을 수 있기 때문이다.

06 ① 　표준교재 ▶ 239p

알약 보관 방법
- 알약은 원래의 약용기에 넣어 건조한 곳에 보관해야 습기가 차지 않는다.
- 햇빛을 피해 보관해야 약 성분이 변질되지 않는다.

07 ④ 　표준교재 ▶ 292p

문턱(도로 턱)을 오를 때는 요양보호사가 양팔에 힘을 주고 휠체어 뒤를 발로 조심스럽게 눌러 휠체어를 뒤쪽으로 기울이고 앞바퀴를 들어 문턱을 오른다.

08 ⑤ 　표준교재 ▶ 242~244p

① 침상 가까이에 휠체어를 놓는다.
② 침대 난간에 빈틈없이 붙이거나, 30~45° 비스듬히 붙인다.
③ 편마비 대상자의 경우, 건강한 쪽에 휠체어를 둔다.
④ 발 받침대는 올려 둔다.

09 ③ 　표준교재 ▶ 301p

보행기는 대상자가 허리를 펴고 바른 자세로 섰을 때 팔꿈치가 약 30°로 구부러지도록 둔부 높이로 조절한다.

10 ③ 　표준교재 ▶ 252p

① 유치도뇨관을 삽입하고 있어도 침대에서 자유로이 움직일 수 있으며 보행도 할 수 있음을 대상자에게 알려준다.
② 소변량과 색깔을 2~3시간마다 확인한다.
④ 소변주머니를 방광 위치보다 높게 두지 않는다.
⑤ 요양보호사는 유치도뇨관의 교환 또는 삽입, 방광 세척 등은 절대로 하지 않는다.

11 ④ 　표준교재 ▶ 247p

배설이 어려울 때는 미지근한 물을 항문이나 요도에 끼얹어 변의를 자극한다.

12 ⑤ 　표준교재 ▶ 245p

차가운 변기가 피부에 바로 닿을 경우 대상자가 놀랄 수 있으며 피부와 근육이 수축하여 변의가 감소될 수 있다.

13 ① 　표준교재 ▶ 254p

개인위생은 피부, 모발, 손톱, 치아, 구강 및 비강, 눈, 귀, 회음 및 생식기 등 신체의 위생과 외모 다듬기 활동을 의미한다

14 ④ 　표준교재 ▶ 258p

의치를 표백제나 뜨거운 물을 사용하여 닦으면, 금이 가고 플라스틱 부분 모양이 변형되어 의치가 못쓰게 되므로 반드시 찬물로 닦아야 한다.

15 ① 　표준교재 ▶ 258p

의치 끼우기
- 구강세정제로 의치 삽입 전에 입을 헹군다.
- 윗니를 끼울 때는 엄지와 검지로 잡아 엄지가 입안으로 들어가게 하여 한 번에 끼운다.
- 아랫니는 검지가 입안으로 향하게 하여 아래쪽으로 밀어 넣는다.

16 ③ 표준교재 263p

손톱깎이를 이용하여 손톱은 둥근 모양으로 발톱은 일자로 자른다.

17 ③ 표준교재 269p

①, ④ 목욕 전에 대상자의 몸 상태(표정, 얼굴색, 열, 혈압상승 여부, 맥박, 체온, 피부, 설사, 콧물, 재채기, 기침)를 확인한다.

② 목욕 중에는 대상자의 상태를 자주 확인하며 20~30분 이내로 목욕을 끝낸다.

⑤ 대상자가 할 수 있는 부분은 스스로 하도록 하여 성취감을 경험하게 한다.

18 ⑤ 표준교재 273p

① 피로감과 불쾌감을 줄 수 있는 직사광선은 스크린, 커튼을 이용하여 조절한다.

② 쾌적한 습도를 유지한다(40~60%).

③ 어두운 곳에서의 적응력이 떨어지므로 조명은 밝게 한다.

④ 침구는 부드럽고 땀 흡수가 잘되는 면제품이 제일 좋다.

19 ④ 표준교재 281p

신체를 움직일 때 뼈대 및 관절의 배열이나 각도 등이 자연스럽고, 편안한 위치에 있도록 한다.

20 ⑤ 표준교재 282~283p

• 상반신과 하반신을 나누어 이동시킨다.
• 하반신은 허리와 엉덩이 밑에 손을 깊숙이 넣고 이동시킨다.
• 대상자의 머리에 베개를 받쳐 안락한 자세를 취하게 한다.

21 ③ 표준교재 283p

시선이 먼저 향하고 얼굴, 어깨, 엉덩이 순으로 돌아눕게 된다. 엉덩이를 뒤로 이동, 엉덩관절과 무릎 관절 모두 굽혀진다.

22 ③ 표준교재 287p

욕창은 지속적인 압력에 의한 문제가 가장 크기 때문에 체위변경을 함으로써 압력을 분산할 수 있다.

23 ① 표준교재 290p

측위 : 둔부의 압력을 피하거나 관장할 때 자세이다.

24 ④ 표준교재 293p

휠체어 앞바퀴를 들어올려 뒤로 젖힌 상태에서 이동한다.

25 ② 표준교재 301p

요양보호사는 항상 대상자의 기능이 불안정한 쪽에 서서 돕는다.

26 ③ 표준교재 311p

구입품목

이동변기, 목욕의자, 성인용 보행기, 안전손잡이, 미끄럼 방지 용품, 간이변기, 지팡이, 욕창예방 방석, 자세변환 용구

27 ⑤ 표준교재 287p

요양보호사는 대상자의 마비된 쪽 가까이 서고, 발을 대상자의 마비된 발 바로 뒤에 놓는다.

28 ⑤ 표준교재 342p

저작능력

음식물을 입 안에서 잘게 씹어 소화액과 접촉하는 면적을 크게 하고 침과 잘 섞이게 하여 소화기관에서 소화흡수를 돕는 작용이다.

29 ④ 표준교재 387p

대상자의 건강상태를 충분히 고려하여 계획을 조정하고, 대상자의 만족여부를 점검한다.

30 ⑤ 표준교재 304p

지팡이를 이용하여 계단을 오를 때

지팡이 → 건강한 다리 → 마비된 다리 순서로 이동한다.

31 ⑤ 표준교재 450p

치매대상자의 구강 위생

• 부드러운 칫솔을 사용하여 잇몸 출혈을 방지한다.
• 치약은 삼켜도 상관없는 어린이용을 사용한다.
• 의치는 하루에 6~7시간 정도 제거하여 잇몸에 무리를 주지 않도록 한다.
• 의치가 잘 맞지 않으면 치과의사에게 교정을 의뢰해야 하며, 치주에 염증이 생겼는지 자주 확인한다.
• 편마비를 가진 치매 대상자는 음식물이 한 쪽으로 모여 있지 않도록 신경을 써야 한다.

32 ① 표준교재 456p

• 치매 대상자의 주의를 환기시킨다.
• 반복적인 행동이 해가 되지 않으면 그냥 두어도 된다.
• 치매 대상자가 심리적 안정과 자신감을 갖도록 도와준다.
• 질문에 대답을 하는 것 보다 치매 대상자를 다독거리며 안심시켜 주는 것이 중요하다.
• 반복되는 행동을 억지로 고치려고 하지 않는다.

33 ② 표준교재 460p

배회

- 치매 대상자가 초조한 표정으로 집안을 이리저리 돌아다니는 경우, 곧 밖으로 나가려고 하는 것임을 염두해 둔다.
- 신체적 손상을 방지하기 위해 안전한 환경을 제공한다.
- 규칙적으로 시간과 장소를 알려주어 현실감을 유지하도록 한다.
- 치매 대상자가 활기찬 활동으로 바쁘게 생활하도록 한다.
- 안전한 환경을 조성하며 소음이 없도록 유지한다.
- 배회가능성이 있는 치매 대상자는 관련 기관에 미리 협조를 구한다.

34 ② 표준교재 444p

- 치매 대상자는 사고 위험이 높다는 것을 본인과 가족에게 인식시킨다.
- 대상자에게 위험이 될 만한 물건은 없애고, 안전한 분위기를 조성한다.

35 ① 표준교재 468p

치매 대상자와의 언어적 의사소통

- 대상자의 신체적 상태를 파악한다.
- 대상자를 존중하는 태도와 관심을 갖는다.
- 대상자가 이해할 수 있도록 말한다.
- 대상자의 속도에 맞춘다.
- 어린아이 대하듯 하지 않는다.
- 반복적으로 설명한다.
- 대상자를 인격적으로 대한다.
- 간단한 단어 및 이해할 수 있는 표현을 사용하도록 한다.
- 대상자에게는 한 번에 한 가지씩 일을 하도록 설명한다.
- 가까운 곳에서 얼굴을 마주보고 말한다.
- 항상 현실을 알려 주도록 한다.
- 일상적인 어휘를 사용한다.
- 과거를 회상하도록 한다.

36 ① 표준교재 471p

옛날에 즐겨 부르던 노래를 부르거나 옛일을 회상하는 것 등으로 과거를 회상하도록 한다.

37 ① 표준교재 474p

- 간단하고 직접적인 언어를 사용한다.
- 대상자가 집중할 수 있는 시간을 파악한다.

- 유사한 의미의 다른 언어에 대한 정보를 제공한다.
- 치매 대상자에 관한 이야기나 줄여서 간략화된 단어는 사용하지 않는다.
- 대상자가 응답할 시간을 충분히 준다.
- 전달하고자 하는 요점을 설명하고 구체적으로 표현한다.
- 대화 내용을 요약 · 정리하고, 적절하게 고쳐서 표현한다.
- 대상자가 과거의 긍정적인 기억이나 사건을 회상하도록 돕는다.
- 대상자가 감정 상태를 표현할 수 있도록 돕는다.
- 대상자에 대한 지지와 보호를 표현한다.
- 중요한 내용은 반복한다.
- 대상자가 요청하기 전에 구체적인 방법과 정보를 제공한다.

38 ② 표준교재 404p

바람직한 공감

상대방의 말에 충분히 귀를 기울이고 그 말을 자신의 말로 요약해서 다시 반복해 주는 것

39 ⑤ 표준교재 405~406p

나-전달법의 내용

- 나의 생각이나 감정을 전달할 때는 나를 주어로 말한다.
- 상대방의 행동과 상황을 그대로 비난없이 구체적으로 말한다.
- 상대방의 행동이 나에게 미치는 영향을 구체적으로 말한다.
- 그 상황에 대해 내가 느끼는 바를 진솔하게 말한다.
- 원하는 바를 구체적으로 말한다.
- 전달한 말을 건넨 후 상대방의 말을 잘 듣는다.

40 ⑤ 표준교재 411p

노인성 난청 대상자와 이야기하는 방법

- 천천히 차분하게 말을 알아듣도록 한다.
- 보청기를 착용할 때는 입력은 크게, 출력은 낮게 조절한다.
- 밝은 방에서 입모양을 볼 수 있도록 시선을 맞추며 말한다.

41 ② 표준교재 414p

노인의 여가 활동은 신체적 기능 감소를 예방하고 노후 적응, 심리적 안정감, 생활만족도, 삶의 질에 영향을 준다.

42 ② 표준교재 514p

응급처치

응급의료 행위의 하나로, 응급환자에게 행해지는 기도의 확보, 심장박동의 회복, 기타 생명의 위험이나 증상의 악화를 방지하기 위해 긴급히 필요한 처치

43 ④ 표준교재 515p

응급처치 돕는 방법

- 대상자의 상태를 파악하고, 119 등에 신속히 신고한다.
- 대상자에게 처치를 하고자 시간을 소비해서는 안 된다.
- 대상자 주위에 여러 사람이 있을 때는 응급처치 교육을 가장 많이 받은 사람의 지시에 따라 응급처치를 시행한다.
- 본인과 주위 사람의 안전에 주의를 기울인다.
- 긴급을 요하는 대상자 순으로 처치한다.
- 증상 별로 적절한 응급처치를 시행한다.
- 대상자를 가급적 옮기지 말고, 옮길 때는 적절한 운반법을 따른다.
- 요양보호사는 의약품을 사용할 수 없다. 다만, 외용약품 또는 대상자가 평소에 사용하는 상비약품은 사용 가능하다. 전문 의료인에게 인계할 때까지 절대 응급처치를 중단해서는 안 된다.
- 대상자에게 손상을 입힌 화학약품, 약물, 잘못 먹은 음식뿐만 아니라 구토물 등도 병원으로 함께 가져간다.
- 대상자의 증거물이나 소지품을 보존한다.
- 침착하고 신속하게 적절히 대처한다.

44 ④ 표준교재 516p

질식 시 대상자의 주요 증상

- 목을 조르는 듯한 자세를 한다.
- 갑자기 기침을 하며, 괴로운 얼굴표정을 한다.
- 숨을 쉴 때 목에서 이상한 소리가 들린다.
- 가슴 부위의 호흡운동이 보이지만, 공기의 흐름이 적거나 없다.

45 ① 표준교재 522p

- 출혈이나 상처의 종류에 상관없이 가장 먼저 지혈해야 한다.
- 깨끗한 장갑을 착용하고 출혈부위를 노출한다.
- 출혈부위에 멸균거즈를 이용하여 직접 압력을 가한다.
- 멸균거즈 위에 압박붕대를 감는다. 이때 너무 꽉 조이지 않도록 하여, 혈액순환이 유지되도록 한다.
- 출혈부위를 압박하면서 출혈부위를 심장보다 높게 위치하도록 한다.

제2회 요양보호사 적중모의고사(필기) 정답 및 해설

01	02	03	04	05	06	07	08	09	10
②	③	⑤	③	①	④	①	⑤	④	⑤
11	12	13	14	15	16	17	18	19	20
⑤	④	①	③	②	①	②	②	③	②
21	22	23	24	25	26	27	28	29	30
③	⑤	②	②	⑤	③	③	③	①	③
31	32	33	34	35	36	37	38	39	40
⑤	③	①	④	①					

01 ② 표준교재 ▶ 31p

재가노인복지시설 – 방문요양, 방문목욕, 방문간호, 주야간보호, 단기보호, 복지용구

02 ③ 표준교재 ▶ 37p

장기요양 3등급
• 심신의 기능 상태 장애로 일상생활에서 부분적으로 다른 사람의 도움이 필요한 자
• 장기요양 인정 점수 60점 이상 75점 미만

03 ⑤ 표준교재 ▶ 35p

등급판정위원회
대통령령이 정하는 등급판정기준에 따라 1차 판정 결과를 심의하여 장기요양인정 여부 및 장기요양등급을 최종 판정한다.

04 ③ 표준교재 ▶ 47p

• 자아실현의 욕구 : 자기완성, 삶의 보람, 자기만족 등을 느끼는 단계
• 자아존중의 욕구 : 타인으로부터 지위, 명예, 승인 등 존중받고 싶어 하는 단계
• 사랑과 소속의 욕구 : 어떤 단체에 소속되어 사랑받고 싶어 하는 단계
• 안전의 욕구 : 신체적이나 정신적으로 고통이나 위험으로부터 안전을 추구하기 위한 단계
• 생리적 욕구 : 배고픔, 목마름, 배설, 수면, 성 등과 같은 생리적 욕구를 해결하는 단계

05 ① 표준교재 ▶ 61p

요양보호사의 역할
• 정보 전달자 역할
• 관찰자 역할
• 숙련된 수발자 역할
• 말벗과 상담자 역할
• 동기 유발자 역할
• 옹호자 역할

06 ④ 표준교재 ▶ 96p

① 요양보호사는 업무 수행에 방해가 되지 않도록 건강관리, 복장 및 외모 관리 등을 포함하여 자기관리를 철저히 한다.
② 요양보호사는 효율적이고 안전하게 업무를 수행하기 위해 지속적으로 지식과 기술을 습득한다.
③ 요양보호사는 지시에 따라 업무와 보조를 성실히 수행하고 업무의 경과와 결과를 시설장 또는 관리책임자에게 보고한다.
⑤ 요양보호사는 인도주의 정신 및 봉사 정신을 바탕으로 대상자의 인권을 옹호하고 대상자의 자기결정을 최대한 존중한다.

07 ① 표준교재 ▶ 101p

대상자로부터 본인부담금 면제를 강요받은 경우
• 노인장기요양보험법 제69조를 설명한다.
• 불법행위를 신고하면 신고 포상금을 받을 수 있다고 정보를 제공한다.

08 ⑤ 표준교재 ▶ 81p

정서적 학대
비난, 모욕, 위협, 협박 등의 언어 및 비언어적 행위를 통하여 노인에게 정서적으로 고통을 주는 것이다. 신체적 학대에 비해 학대라는 인식을 못하지만, 당사자가 받는 충격은 신체적 학대보다 덜하지 않다.

09 ④ 표준교재 ▶ 68~69p

사생활과 비밀 보장에 관한 권리
• 개인정보를 수집하고 활용하기 전에 그 목적을 충분히 설명하고 동의를 구하며, 사전 동의 없이 그 정보를 공개해서는 안 된다.
• 입소상담 및 직무수행과정에서 얻은 정보에 관한 비밀을 당사자의 허락 없이 타인에게 노출해서는 안 된다.
• 노인이나 가족이 요구할 경우 건강상태와 치료·돌봄, 제반 서비스에 관한 정보와 기록에 대한 접근을 허용하며, 타인에게 정보를 제공해서는 안 된다. 다만, 인지능력이 제한된 노인의 경우에는 가족 등 관계자의 동의를 받은 후 노인의 서비스 증진을 위한 전문적 목적에 한하여 정보를 제공할 수 있다.
• 입소 노인의 개인적 사생활이 농담이나 흥밋거리로 다루어져서는 안 된다.
• 입소 노인이 원할 때 정보통신기기(유무선 전화기 등) 사용, 우편물 수발신에 제한이 있어서는 안 된다.

10 ⑤ 　표준교재　104p

요양보호사는 업무 수행에 방해가 되지 않도록 건강관리, 복장 및 외모 관리 등을 포함하여 자기관리를 철저히 한다.

11 ⑤ 　표준교재　116p

초기 치료

근골격계 질환의 초기 치료는 손상 후 24~72시간에 치료하는 것으로 휴식, 냉찜질, 압박, 올리기, 아픈 부위 고정, 약물 치료 등이 있다.

12 ④ 　표준교재　12p

회복능력의 저하

만성질환이 있는 노인은 다른 합병증이 쉽게 올 수 있어 사소한 원인으로도 중증으로 빠질 수 있다.

13 ① 　표준교재　398p

대상자에 대한 깊은 이해

노인은 인지장애 및 청각기능 저하 등으로 의사표현에 제약이 많다. 그 렇기 때문에 서비스 대상자의 상태에 적합한 의사소통 기술을 습득하면 원활한 대화를 통해 대상자를 더 깊이 이해할 수 있다.

14 ③ 　표준교재　42p

장기요양서비스를 이용하고자 할 때는 장기요양인정서와 표준장기요양이용계획서가 필요하다.

15 ② 　표준교재　417p

서비스의 연속성을 유지할 수 있다.

담당 요양보호사가 휴가, 부서 재배치, 사직 등으로 대상자를 다른 요양보호사에게 인수·인계하거나, 또는 다른 기관에 의뢰할 경우 그 동안의 요양보호 기록이 있으면 원활하게 연계할 수 있어서 서비스의 연속성을 보장할 수 있다.

16 ① 　표준교재　425p

공식화된 용어를 사용한다.

문장은 의미가 분명하게 전달될 수 있도록 해야 하며, 사투리나 맞 춤법에 어긋나는 표현이 없도록 주의한다.

17 ② 　표준교재　503p

임종 징후

- 대부분 누워 있게 되며 음식 및 음료섭취에 무관심해진다.
- 의식이 점차 흐려지고 혼수상태에 빠진다.
- 맥박이 약해지고 혈압이 떨어진다.
- 숨을 가쁘고 깊게 몰아쉬며 가래가 끓다가 점차 숨을 깊고 천천히 쉬게 된다.
- 손발이 차가워지고 식은땀을 흘리며, 점차 피부색이 파랗게 변한다.
- 대소변을 의식하지 못하고 실금하게 되며 항문이 열린다.

18 ② 　표준교재　506p

대상자에게 말하기 전에 내가 누구냐고 묻기보다는 내가 누구라고 이름을 밝혀 주는 것이 좋다. 무언가 의사소통이 필요한 때는 "지금은 약 드실 시간입니다"와 같이 부드러우면서도 분명하고 확신에 찬 어조로 말하는 것이 대상자를 편안하게 한다.

19 ③ 　표준교재　127p

20 ② 　표준교재　129p

위염의 치료 및 예방

- 하루 정도 금식하여 위의 부담을 덜고 구토를 조절한다. 금식 후에는 미음 등의 유동식을 섭취한 후 된죽을 먹는다.
- 처방받은 제산제, 진정제 등의 약물을 사용하여 치료하기도 한다.
- 과식, 과음을 피하고, 너무 뜨겁거나 찬 음식을 섭취하지 않는다.
- 자극적인 음식을 피하고 규칙적으로 식사하여 위를 자극하지 않는다.
- 물을 자주 마셔 탈수를 예방하고, 충분한 휴식으로 위뿐만 아니라 전신을 쉬게 하는 것이 중요하다.

21 ③ 　표준교재　131p

위암의 증상

- 서서히 진행되어 증상이 잘 나타나지 않음
- 조기 위암의 경우 약 80%는 특별한 증상이 없이 우연히 발견되는 경우가 많음
- 증상만으로 위암, 특히 특히 조기위암을 진단하는 것은 거의 불가능함

22 ⑤ 　표준교재　136p

변비 관련 요인

- 위, 대장반사 감소 및 약화에 따른 장운동 저하
- 저작능력 저하와 관련된 지나친 저잔여식이 섭취
- 복부 근육의 힘 약화
- 식사량 감소, 특히 수분과 고섬유질 음식 섭취의 감소
- 하제 남용으로 인한 배변반사 저하
- 운동량 감소에 따른 장운동 저하
- 요실금에 대한 염려로 인한 수분 섭취 부족
- 스트레스, 우울과 같은 심리적 요인

• 대장암, 뇌졸중, 심부전 등의 합병증
• 변비를 유발하는 약물 사용(항암제, 마약성 진통제, 제산제 등)

23 ② 표준교재 137p

요양보호사는 대상자가 정상적이지 않은 상태를 보이거나 평소와 다르게 상태가 안 좋은 방향으로 변화되었을 때 가족과 상의하여 의료기관을 찾도록 해야 한다. 또한, 시설장이나 간호사에게 신속하게 보고해야 한다.

24 ② 표준교재 146p

① 심장은 나이가 들면서 위축이 되지 않는다.
③ 심장의 근육이 두꺼워져 탄력성이 떨어 진다.
④, ⑤ 근육량의 증가로 근긴장도나 탄력성이 감소되어 최대심박출량과 심박동수가 감소된다.

25 ⑤ 표준교재 170p

① 증상에 상관없이 즉시 바로 치료해야 한다.
② 장갑과 가운을 착용하고 목에서 발끝까지 전신에 치료용 연고를 바른다.
③ 내복과 침구는 뜨거운 물로 세탁하고 3일 이상 사용하지 않는다.
④ 완치 여부를 확인하기 위해 2주 후에 병원을 방문한다.

26 ③ 표준교재 165p

욕창의 단계별 증상
• 1단계 : 피부는 분홍색 혹은 푸른색
• 2단계 : 피부가 벗겨지고 물집이 생기고 조직이 상함
• 3단계 : 깊은 욕창이 생기고 괴사조직 발생
• 4단계 : 골과 근육까지 괴사가 진행

27 ③ 표준교재 160p

28 ③ 표준교재 188~189p

인지장애
• 기억력 저하 : 물건을 자주 잃어버림, 약속을 잊어버림
• 언어능력 저하 : 말문이 자주 막힘, 단어가 생각이 나지 않음
• 지남력 저하 : 시간개념이 떨어짐, 날짜, 요일, 시간을 자주 착각함

29 ① 표준교재 191p

치매 말기(중증) – 독립적인 생활이 불가능한 수준
• 의사소통이 거의 불가능해지고 판단을 하거나 지시를 따르지 못한다.
• 소리를 지르거나 심하게 화를 내는 등의 증세와 대변을 만지는 등의 심한 행동문제가 나타난다.

• 보행장애와 대소변 실금, 욕창, 낙상 등이 반복되면서 와상상태가 된다.

30 ③ 표준교재 175p

백내장
수정체가 혼탁해져서 빛이 들어가지 못하여 시력장애가 발생하는 질환으로, 검은 눈동자에 하얗게 백태가 껴서 뿌옇게 보이거나 잘 안 보이게 되는 질환

31 ⑤ 표준교재 164p

욕창
병상에 오래누워 있는 대상자의 등·허리·어깨·팔꿈치 등 바닥면과 접촉되는 피부가 혈액의 공급을 받지 못해서 괴사되는 상태

32 ③ 표준교재 329p

낙상
균형을 잃으면서 몸의 위치 보다 낮은 곳으로 넘어지거나, 주저앉거나, 바닥에 눕게 되는 것

33 ① 표준교재 399p

메라비언의 법칙
상대방과의 의사소통에 영향을 미치는 요소 중 가장 중요한 것은 비언어적 요소(시각적 요소) 이며, 그다음은 음성(청각적 요소), 언어적 요소(말의 내용)이다.

34 ④ 표준교재 332p

① 난로 곁에는 불이 붙는 물건을 치우고 세탁물 등을 널어놓지 않는다.
② 기름(식용유 등)을 사용하여 조리할 때는 주방을 떠나지 않는다.
③ 소화기가 비치된 장소를 알아 두고 사용법을 익힌다.
⑤ 일을 마치고 떠날 때는 전기, 가스, 석유, 전기기구 등이 꺼졌는지 확인한다.

35 ① 표준교재 309p

② 오염된 세탁물은 장갑을 끼고 격리 장소에 따로 배출한다.
③ 가정에서는 배설물이 묻었을 경우 따로 세탁하거나 씻는다.
④ 혈액이 묻었을 경우 찬물로 닦고 더운물로 헹구며 필요시 소독해야 한다.
⑤ 반드시 장갑을 착용하고 처리 후에는 물과 비누로 손을 씻는다.

제2회 요양보호사 적중모의고사(실기) 정답 및 해설

01	02	03	04	05	06	07	08	09	10
⑤	④	⑤	②	④	②	⑤	④	⑤	③

11	12	13	14	15	16	17	18	19	20
③	⑤	②	①	⑤	①	①	③	①	⑤

21	22	23	24	25	26	27	28	29	30
③	⑤	②	③	①	⑤	③	④	①	①

31	32	33	34	35	36	37	38	39	40
⑤	②	②	④	①	①	④	④	①	①

41	42	43	44	45
②	④	①	④	①

01 ⑤ 　표준교재　 94p, 100p

성희롱 대처 방안
- 감정적인 대응은 삼가고, 단호히 거부의사를 표현한다.
- 모든 피해사실에 대하여 기관의 담당자에게 보고하여 기관에서 적절한 조치를 취하게 한다.
- 심리적 치유상담 및 법적 대응이 필요하다고 판단될 경우 외부의 전문기관(성폭력상담소, 여성노동상담소 등)에 상담하여 도움을 받는다.
- 평소 성폭력에 대한 충분한 예비지식과 대처방법을 숙지한다.

02 ④ 　표준교재　 228p
- 환기시키고 조명을 밝게 한다. 식탁 주변을 치우고 이동변기나 쓰레 기통을 치워, 식사를 좀 더 맛있게 할 수 있는 환경을 제공한다.
- 어떤 음식이 나왔는지 대상자에게 알려주어 입맛을 돋군다.
- 대상자의 상태에 맞춰 최대한 스스로 음식을 먹을 수 있도록 격려한다.

03 ⑤ 　표준교재　 231p
대상자의 의식이 없더라도 식사를 시작할 때와 마칠 때 반드시 대상자에게 이야기한다. 의식이 없는 대상자도 청각기능이 남아있어 들을 수 있기 때문이다.

04 ② 　표준교재　 234p

물약 투여 방법
- 물약은 뚜껑을 열어 뚜껑의 위가 바닥으로 가도록 놓고 계량컵을 눈높이로 들고 처방된 양만큼 따른 후 대상자에게 투약한다.
- 약을 따르기 전에 약물을 흔들어 섞고, 색이 변하거나 혼탁한 약물은 버린다.
- 라벨이 붙은 쪽이 손바닥에 오도록 쥐고, 라벨의 반대쪽 방향으로 용액을 따른다.

- 병뚜껑을 씌우기 전에 입구를 깨끗이 닦는다.
- 약의 용량이 적을 때는 바늘을 제거한 주사기를 이용하여 복용하게 한다.

05 ④ 　표준교재　 237p
하부 결막낭 위에 튜브를 놓고 안쪽에서 바깥쪽으로 안연고를 2cm 정도 짜 넣는다.

06 ② 　표준교재　 238p
약물이 귀 안쪽으로 잘 들어가도록 하기 위해서 대상자의 귀 윗부분을 잡고 뒤쪽 (후상방)으로 잡아당겨야 한다.

07 ⑤ 　표준교재　 240p
대상자가 처리할 수 있는 부분은 스스로 하도록 하는 것이 대상자의 자존감을 높여 주고 자립심을 키워준다.

08 ④ 　표준교재　 242p
편마비 대상자의 경우, 건강한 쪽에 휠체어를 두고, 침대 난간에 빈틈없이 붙이거나, 30~45° 비스듬히 붙인다.

09 ⑤ 　표준교재　 245p
배설 시 소리가 나는 것을 방지하기 위해 변기 밑에 화장지를 깔고 TV를 켜거나 음악을 틀어놓아 심리적으로 안정된 상태로 용변을 보게 한다.

10 ③ 　표준교재　 244p
- 대상자가 변의를 호소할 때 즉시 배설할 수 있도록 도와준다.
- 프라이버시 보호를 위해 배변 시 불필요한 노출을 방지하고 가려주며 편안한 상태에서 배설하게 한다.
- 대상자가 스스로 배설할 수 있도록 돕고 배변, 배뇨 훈련에 적극적으로 참여하도록 격려한다. 규칙적으로 식사하고 섬유질도 적절히 섭취하며, 복부 마사지를 시행하여 장운동이 활발해질 수 있게 한다.
- 대상자가 참지 못하고 실수하는 경우, 대상자가 부끄러워하거나 심리적으로 위축되지 않도록 주의해야 한다.

11 ③ 　표준교재　 247p
대상자가 스스로 배설할 수 있도록 한다. 배변 · 배뇨 훈련에도 적극적으로 참여하도록 격려한다.

12 ⑤ 　표준교재　 249p
기저귀를 쓰게 되면 대상자가 기저귀에 의존하게 되어 스스로 배설하던 경향이 사라지고 치매증상 및 와상상태가 더욱 심해질 수 있다.

13 ②　표준교재 254p

① 입안에 염증이 있는지 확인하고, 상처가 있다면 그 부분을 더 다치지 않도록 주의한다.

③ 구강은 점막으로 덮여 있어 상처 입기가 쉽다.

④ 구강은 세균이 번식하기 쉬운 장소이다.

⑤ 옆으로 누운 자세를 하게 해야 사레들리지 않고 안전하다.

14 ①　표준교재 255~256p

입안이 깨끗해질 때까지 충분히 헹군 후 물받이 그릇에 뱉도록 한다.

15 ⑤　표준교재 258p

① 잇몸 압박자극을 해소하기 위해 자기 전에는 의치를 빼서 보관한다.

② 의치를 세척할때는 주방세제를 대신 사용할 수 있다.

③ 의치는 뜨거운 물에 삶거나 표백제에 담그면 안 된다.

④ 의치 삽입 전에 구강세정제와 미온수로 입을 충분히 헹군다.

16 ①　표준교재 264p

회음부나 음경을 닦을때는 전용수건, 거즈나 솜을 사용해야 한다.

17 ①　표준교재 262p

• 대상자의 기호에 따라 머리 모양을 정리해 준다.

• 모발과 두피에 특이사항이 있는 경우 시설장이나 간호사 등에게 보고한다.

• 두피에서부터 모발 끝쪽으로 빗는다.

18 ③　표준교재 269p

목욕을 거부할 경우에는 평소 좋아하는 것을 화제로 목욕을 촉구하거나 유도한다(세탁, 걸레빨기, 손 씻기 등).

19 ①　표준교재 281p

올바른 신체정렬 방법

• 대상자와 멀어질수록 요양보호사 신체 손상 위험이 증가한다.

• 안정성과 균형을 위하여 발을 적당히 벌리고 서서 한 발은 다른 발보다 약간 앞에 놓아 지지면을 넓힌다.

• 양다리에 체중을 지지한 후 무릎을 굽히고 중심을 낮게 하여 골반을 안정시킨다.

• 대상자 이동 시 다리와 몸통의 큰 근육을 사용하여 척추의 안정성을 유지한다.

• 갑작스러운 동작은 피하고 보조 후 적절한 휴식을 취한다.

20 ⑤　표준교재 283p

한꺼번에 많이 이동하려고 하지 말고 조금씩 나누어 이동한다.

21 ③　표준교재 283p

요양보호사는 돌려 눕히려고 하는 쪽에 선다.

22 ⑤　표준교재 287p

체위변경은 혈액순환을 도와 욕창을 예방하고 피부괴사를 방지한다.

23 ②　표준교재 293p

뒤로 들어가서 앞으로 밀고 나온다. 이는 엘리베이터 층 버튼에 쉽게 접근할 수 있으며, 엘리베이터를 나갈 때 돌려야하는 불편함을 피할 수 있기 때문이다.

24 ③　표준교재 282p

대상자가 협조할 수 없는 경우, 침상 양편에 한 사람씩 마주 서서 한쪽 팔은 머리 밑으로 넣어 어깨와 등 밑, 다른 팔은 둔부와 대퇴를 지지하도록 하여 신호에 맞춰 두 사람이 동시에 대상자를 침대 머리 쪽으로 옮긴다.

25 ①　표준교재 301p

신체 기능 및 사용 공간, 체형에 맞는 것을 선택, 기구의 기능(지팡이 끝, 보행기 다리의 고무 닳은 정도, 보행보조차의 바퀴와 잠금장치) 확인한다.

26 ⑤　표준교재 311p

대여품목

수동휠체어, 전동침대, 수동침대, 욕창예방 매트리스, 이동욕조, 목욕리프트, 배회감지기, 경사로

27 ③　표준교재 340p

대상자의 질환 및 특성에 대해 이해하고, 대상자의 욕구를 충분히 파악하여 서비스를 제공한다.

28 ④　표준교재 342p

연하능력이 저하된 대상자는 부드럽게 삼킬 수 있도록 재료를 푹 끓이거나, 다지거나 믹서에 갈아서 준비한다.

29 ①　표준교재 387p

외출동행은 장보기, 병원, 은행, 나들이,물품구매 등을 목적으로 대상자와 함께 외출하는 것을 의미한다.

30 ①　표준교재 443p

• 따뜻하게 응대하고 치매 대상자의 생활을 소중히 여긴다

- 규칙적인 생활을 하게 한다
- 대상자에게 남아있는 기능을 살린다.
- 상황에 맞는 요양보호를 한다
- 항상 안전에 주의한다

31 ⑤ 표준교재 444p

식사 시 의복의 깔끔함을 유지하기 위해 턱받이보다는 앞치마를 입힌다.

32 ② 표준교재 456p

- 크게 손뼉을 쳐서 관심을 바꾸는 소음을 내기
- 치매 대상자가 좋아하는 음식을 제공하기
- 좋아하는 노래를 함께 부르기
- 과거의 경험 또는 고향과 관련된 이야기 나누기
- 단순하게 할 수 있는 일거리를 제공(콩 고르기, 나물 다듬기, 빨래개기)하기

33 ② 표준교재 460p

밖에 나가거나 쇼핑을 하는 것은 활력제가 되며 수면의 질도 향상한다.

34 ④ 표준교재 288p

바로 누운 자세(앙와위)
- 휴식하거나 잠을 잘 때 자세
- 천장을 쳐다보며 똑바로 누운 자세이다.
- 대상자의 머리 밑에 작은 베개를 받쳐준다.

35 ① 표준교재 468p

대상자의 요구를 알기 위해서는 막연하게 '어디 불편한 곳이 있으세요' 보다는 신체 부위를 짚어가며 '여기가 아프세요'와 같이 구체적으로 질문하여야 한다.

36 ① 표준교재 471p

'식사하신 후에 양치질하시고 외출해요'보다는 '식사하세요', '양치하세요', '외출해요'라고한 번에 한 가지씩 차례로 이야기한다.

37 ④ 표준교재 474p

① 중요한 내용은 반복한다.
② 외래어나 약어로 된 단어는 사용하지 않는다.
③ 유사한 의미의 다른 언어를 이야기해 준다.
⑤ 대상자가 요청하기 전에 구체적인 방법과 정보를 제공한다.

38 ④ 표준교재 404p

바람직한 공감은 상대방의 말에 충분히 귀를 기울이고 그 말을 자신의 말로 요약해서 다시 반복해 주는 것이다. 이것은 상대의 말을 요약해서 다시 옮기는 것뿐이

지만 문제의 상황에서 대화를 지속시키고 문제를 지닌 당사자가 스스로 해결책을 찾아나가도록 하는 데 아주 효과적이다.

39 ① 표준교재 407p

긍정적이고 수용적인 침묵은 가치있는 치료적 도구로써 대상자로 하여금 말할 수 있는 용기를 주며, 치료자와 대상자 모두에게 생각을 정리할 시간을 준다.

40 ① 표준교재 410p

대상자와의 의사소통
- 대상자를 존중하는 태도와 관심을 가진다.
- 대상자의 말하는 속도에 맞춘다.
- 명확하고 이해하기 쉬운 언어를 사용한다.
- 너무 작거나 크게 말하지 않는다.
- 본인을 소개할 때는 이름, 소속, 역할 등을 전달한다.
- 대상자는 이름으로 호칭하는 것이 원칙이나 대상자의 동의하에 어르신 등으로 부른다.

41 ② 표준교재 414p

자기계발 활동
책읽기, 독서교실, 그림그리기, 서예교실, 시낭송, 악기 연주, 백일장, 판소리 교실, 창작활동

42 ④ 표준교재 464p

석양증후군에 대한 설명이다.

43 ① 표준교재 515p

응급처치가 적합한 의료행위를 대체하는 것은 아니며, 의료진의 진료를 받을 때까지 또는 전문의료인의 치료가 불필요한 상황인 경우에는 회복 가능성이 확인될 때까지 도움을 제공하는 것이다.

44 ④ 표준교재 517p

경련 시에는 몸이 뻣뻣해지거나 호흡곤란 및 의식변화가 있을 수 있으며, 침을 흘리거나 괄약근이 이완되어 대소변이 새어 나올 수도 있다.

45 ① 표준교재 527~528p

심폐소생술 순서
의식(반응)확인 - 도움요청 - 가슴압박 - 기도유지 - 인공호흡 - 상태 확인

제3회 요양보호사 적중모의고사(필기) 정답 및 해설

01	02	03	04	05	06	07	08	09	10
④	②	③	①	②	④	③	②	②	②
11	12	13	14	15	16	17	18	19	20
⑤	⑤	④	⑤	④	⑤	④	③	④	③
21	22	23	24	25	26	27	28	29	30
①	⑤	③	②	①	③	④	④	④	③
31	32	33	34	35	36	37	38	39	40
③	④	③	①	①					

01 ④ 　표준교재　 12p

① 뼈와 근육이 위축된다.
② 적응력이 떨어져 일상생활에서 어려운 상황이 발생할 수 있다.
③ 만성질환이 있는 노인은 다른 합병증이 쉽게 올 수 있다.
⑤ 사소한 원인으로도 중증에 이를 수 있다.

02 ② 　표준교재　 13p

유산을 남기려는 경향
• 노인은 죽음의 필연성을 인식하고 생명이 유한하다는 것을 자각하면서 자신이 이 세상에 다녀갔다는 흔적을 후세에 남기고자 한다.
• 자신이 가치 있는 삶을 살았다는 것을 인정받고자 한다.
• 이러한 생각으로 노인들은 혈육, 물질적 재산, 창조적 업적, 전통과 가치 등을 남기고자 한다.

03 ③ 　표준교재　 48p

정서지원서비스
말벗, 격려, 위로, 생활상담, 의사소통 도움

04 ① 　표준교재　 41p

장기요양기관은 수급자에게 재가급여 또는 시설급여를 제공한 경우, 공단에 장기요양급여비용을 청구한다.

05 ② 　표준교재　 61p

옹호자 역할
가정이나, 시설, 지역사회에서 학대를 당하거나 소외되고 차별받는 대상자를 위해 대상자의 입장에서 편들어 주고 지켜준다.

06 ④ 　표준교재　 96p

①, ③ 요양보호사는 인종, 연령, 성별, 성격, 종교, 경제적 지위, 정치적 신념, 신체 · 정신적 장애, 기타 개인적 선호 등을 이유로 대상자를 차별 대우 하지 않는다.
② 요양보호사는 인도주의 정신 및 봉사 정신을 바탕으로 대상자의 인권을 옹호하고 대상자의 자기결정을 최대한 존중한다.
④, ⑤ 요양보호사는 업무와 관련하여 대상자의 가족, 의사, 간호사, 사회 복지사 등과 적극적으로 협력한다.

07 ③ 　표준교재　 104p

요양보호사는 업무 수행 시 항상 친절한 태도로 예의 바르게 행동한다.

08 ② 　표준교재　 85p

유기
스스로 독립할 수 없는 노인을 격리하거나 방치하는 행위

09 ② 　표준교재　 70p

존엄한 존재로 대우 받을 권리
생활노인, 가족, 시설장, 종사자는 상호 존엄성을 인정하고 존경과 예의로 대하며, 막말이나 부당한 요구를 하지 않는 등 시설의 윤리적 기준을 준수해야 한다.

10 ② 　표준교재　 73p

자신의 재산과 소유물을 스스로 관리할 권리
• 공간이 허용하는 한 개인물품을 관리 · 보관하는 보안장치가 마련된 사물함 등을 개인에게 제공해야 한다.
• 시설은 노인 또는 보호자가 원하지 않는 이상 개인의 금전 및 물품의 관리와 사용에 대한 권리는 타인에게 양도하거나 임의로 처분해서는 안 된다.
• 노인이 스스로 재산을 관리할 수 있는 능력이 없어 노인이나 가족 또는 기타 후견인의 특별한 요청이 있을 경우에는 시설에서 사용 또는 처분할 수 있으며, 이 경우 분기별 또는 수시로 재정 사용에 대한 결과를 알려 주어야 한다.
• 노인에게 후원금품을 강요하거나 노인의 개인 재산을 기부한 것으로 조작해서는 안 된다.

11 ⑤ 　표준교재　 94p

성희롱의 대처 방안 – 요양보호사의 대처 방법
• 감정적인 대응은 삼가고, 단호히 거부의사를 표현한다.
• 기관의 담당자에게 보고하여 적절한 조치를 취하도록 한다.
• 외부기관의 도움을 요청한다.
• 평소 성폭력에 대한 충분한 예비지식과 대처 방법을 숙지한다.

12 ⑤ 　표준교재 ▶ 18p

현대 사회에서는 자녀 세대의 독립으로 예전과는 달리 고부 관계 갈등이 심각하게 나타나지는 않지만 가치관과 세대 차이로 인해 여전히 고부갈등이 존재한다.

13 ④ 　표준교재 ▶ 402p

라포(Lapport)

"마음의 유대"라는 뜻으로 서로의 마음이 연결된 상태, 즉 서로의 마음이 통하는 상태를 말한다. 라포가 형성되면 인간관계에서 호감과 상호신뢰가 생기고 비로소 유대감이 깊은 인간관계를 형성하게 된다.

14 ⑤ 　표준교재 ▶ 43p

장기요양인정서

대상자의 기본인적사항과 장기요양등급, 유효기간, 이용가능한 급여의 종류와 내용 등이 포함되며, 대상자가 장기요양서비스를 제공받을 때 필요한 안내사항 등도 포함되어 있다.

15 ④ 　표준교재 ▶ 334p

① 계단을 이용해 이동한다.
② 벽을 짚은 손을 바꾸면 오히려 더 깊은 실내로 들어갈 수 있으므로 벽을 짚은 손을 바꾸지 않는다.
③ 연기가 많은 경우 기어서 이동하되 배는 바닥에 닿지 않게 한다.
⑤ 연기가 방 안에 들어오지 못하도록 문틈은 물에 적신 옷이나 이불로 막는다.

16 ⑤ 　표준교재 ▶ 436p

업무보고의 중요성

• 보다 나은 요양보호서비스를 제공할 수 있다.
• 타 전문직과의 협조 및 의사소통을 원활하게 할 수 있다.
• 사고 대응을 신속하게 할 수 있으며, 피해를 최소한으로 할 수 있다.

17 ④ 　표준교재 ▶ 503p

임종 적응 순서

부정 – 분노 – 타협 – 우울 – 수용

18 ③ 　표준교재 ▶ 216p

① 새벽보다는 낮 시간에 운동한다.
② 실외 운동을 삼가고 실내 운동을 하는 것이 좋다.
④ 운동 시 준비운동과 마무리운동을 평소보다 충분히 한다.
⑤ 술을 많이 마신 다음 날 아침에는 가급적 외출을 삼간다.

19 ④ 　표준교재 ▶ 17p

배우자 사별에 대한 적응 단계

• 1단계 : 상실감의 시기, 우울감과 비탄
• 2단계 : 배우자 없는 생활을 받아들이고, 혼자된 사람으로서의 정체감을 지님
• 3단계 : 혼자 사는 삶을 적극적으로 개척함

20 ③ 　표준교재 ▶ 129p

위궤양

위벽의 점막뿐만 아니라 근육층까지 손상이 있는 위장병을 의미하며, 정확한 원인은 알려져 있지 않다.

21 ① 　표준교재 ▶ 131p

위암 증상

• 체중감소
• 소화불량, 식욕감퇴, 속쓰림, 오심, 복부 통증이나 불편감
• 빈혈, 피로, 권태감
• 출혈, 토혈, 혈변
• 구토, 복부 종양덩어리, 간 비대

22 ⑤ 　표준교재 ▶ 134p

대장암 대상자의 식사

• 영양소가 골고루 들어있는 식품을 소량식 규칙적으로 섭취
• 음식의 섭취가 쉽도록 천천히 꼭꼭 씹어 먹기
• 잦은 간식과 늦은 식사 피하기
• 자극을 주는 찬 음식은 피하기
• 음식을 싱겁게 먹기

23 ③ 　표준교재 ▶ 141p

폐렴의 치료 및 예방법

• 세균성 폐렴은 항생제 치료를 한다.
• 바이러스성 폐렴은 증상에 따라 치료방법을 적용한다.
• 산소 공급, 체위변경, 기침 및 심호흡으로 체내 혈액의 산소 농도를 적절하게 유지한다.
• 정해진 시간에 항생제를 투여한다.

24 ② 　표준교재 ▶ 418p

재가급여전자관리시스템이 이용 가능한 급여제공 내용 : 방문요양, 방문목욕, 방문간호

25 ① 표준교재 441p

월례회의
요양보호사들이 정보와 경험을 서로 공유하고, 장기요양기관이 요양보호사들에게 업무에 관련된 정보를 전달하거나 요양보호사들로부터 애로사항을 듣기 위해 개최하는 회의

26 ③ 표준교재 154p

① 연골의 탄력성 저하
② 운동 시 악화되고 안정 시 호전됨
④ 관절을 많이 사용할수록 통증이 심해질 수 있음
⑤ 관절이 풀어지는 데에는 일반적으로 30분 이상 걸리지 않음

27 ④ 표준교재 168p

대상포진
바이러스성 피부질환의 일종으로 수두를 일으키는 바이러스에 의하여 피부와 신경에 염증이 생기는 질환이다.

28 ④ 표준교재 188~189p

• 지남력 저하 : 시간개념이 떨어짐
• 실행기능 저하 : 위생 상태에 관심이 없어지고, 옷매무새가 흐트러짐
• 시공간파악능력 저하 : 공간개념이 떨어짐

29 ④ 표준교재 175p

녹내장
안압(눈의 압력)의 상승으로 시신경이 손상되어 시력이 점차 약해지는 질환

30 ③ 표준교재 195p

① 갑작스러운 자세 변경을 피한다.
② 동맥경화증, 고혈압 등을 예방해야 한다.
④ 뇌부종 등으로 인해 생명이 위급할 때는 수술을 시행한다.
⑤ 음식을 삼킬 때 폐로 흡입되지 않도록 주의해야 한다.

31 ③ 표준교재 166p

침대에서는 적어도 두 시간에 한 번씩 몸을 돌려 자세를 바꾸어 눕힌다.

32 ④ 표준교재 164p

욕창 원인
장기간의 와상상태, 체위변경의 어려움, 체중증가로 지속적인 압박, 부적절한 영양, 요실금 및 변실금, 부적절한 체위변경.

33 ③ 표준교재 330p

낙상을 일으키는 신체적 요인
운동장애나 심장 질환, 빈혈, 시력 저하 등

34 ① 표준교재 201p

협심증
혈액 속 수분이 부족하면 혈액 점도가 높아져서 혈액 흐름이 지장을 받는다. 이때 혈전이나 지방이 혈관 벽에 들러붙을 수 있으므로 하루에 최소 2L의 물을 마신다.

35 ① 표준교재 334p

② 필요시 전기차단기를 내리고 가스 밸브를 잠근다.
③ 물이 집안으로 흘러 들어오는 경우 모래주머니 등을 사용하여 막는다.
④ 상수도의 오염에 대비하여 욕조에 물을 받아 둔다
⑤ 평소 유사시 대피 경로, 본인의 역할 등을 명확히 숙지하고 있어야 한다.

제3회 요양보호사 적중모의고사(실기) 정답 및 해설

01	02	03	04	05	06	07	08	09	10
⑤	④	①	①	③	②	④	③	④	②
11	12	13	14	15	16	17	18	19	20
④	②	③	②	④	③	③	②	④	④
21	22	23	24	25	26	27	28	29	30
④	④	④	③	③	③	④	⑤	③	③
31	32	33	34	35	36	37	38	39	40
②	④	②	①	③	⑤	①	②	②	④
41	42	43	44	45					
⑤	③	⑤	⑤	④					

01 ⑤ 　표준교재 223p

영양상태 관찰을 통해 대상자의 건강위험 요인을 파악하고, 균형잡힌 식사를 도울 수 있다.

02 ④ 　표준교재 228~230p

- 누워있는 상태라도 가능한 한 대상자의 머리를 올린다.
- 음식물을 삼키기 쉽게 식사 전에 물을 한 모금 마시게 한다.

03 ① 　표준교재 231p

경관 영양을 하는 대상자는 입 안의 건조와 갈증을 예방하기 위해 입 안을 자주 청결히 하고, 입술 보호제를 발라준다.

04 ① 　표준교재 234p

물약은 뚜껑을 열어 뚜껑의 위가 바닥으로 가도록 놓고 계량컵을 눈높이로 들고 처방된 양만큼 따른 후 대상자에게 투약한다.

05 ③ 　표준교재 237p

약물이 귀 안쪽으로 잘 들어가도록 하기 위해서 대상자의 귀 윗부분을 잡고 뒤쪽(후상방)으로 잡아당겨야 한다.

06 ② 　표준교재 234p

가루약을 먹일 때 사용하는 숟가락에 이물질이나 물기가 있으면 변하기 쉬우므로 물기가 없는 숟가락을 사용한다.

07 ④ 　표준교재 240p

대상자는 배설기능에 이상이 있을 수 있기 때문에 요양보호사는 대상자의 상태에 따라 적절한 방법으로 배설을 도와야 한다.

08 ③ 　표준교재 161 p

전립선비대증 증상

- 비대된 전립선이 요도를 눌러 요도가 좁아져 소변줄기가 가늘어짐
- 소변을 보고 나서도 시원하지 않음(잔뇨감)
- 소변이 바로 나오지 않고 힘을 주어야 나옴
- 배뇨 후 2시간 이내에 다시 소변이 마렵고(빈뇨) 소변이 마려울 때 참기 힘듦(긴박뇨)
- 밤에 자다가 소변을 보려고 자주 깸(야뇨)

09 ④ 　표준교재 262p

머리카락이 엉켰을 경우에는 물을 적신 후에 손질한다.

10 ② 　표준교재 282p

침대머리 쪽으로 이동하기

침대 매트를 수평으로 하기 → 베개를 머리 쪽으로 옮기기 → 침상 양편에 한 사람씩 마주 서서 옮기기 → 침대커버와 옷이 구겨져 있는지 살피기

11 ④ 　표준교재 247p

이동변기는 서거나 앉는 것은 가능하나 화장실까지는 걷기 어려운 대상자의 배설을 돕는 방법이다.

12 ② 　표준교재 464p

① 낮 동안 움직이거나 활동하게 한다.
③ 해 질 녘에는 요양보호사가 충분한 시간을 가지고 치매 대상자와 함께 있도록 한다.
④ 치매 대상자가 좋아하는 소일거리를 준다.
⑤ 신체적 제한은 치매 대상자의 행동을 악화시킨다.

13 ③ 　표준교재 257p

칫솔질은 잇몸에서부터 치아 방향으로 천천히 원을 그리듯이 닦는다.

14 ② 　표준교재 259~260p

모발과 두피상태를 관찰하여 대상자에게 맞는 머리 감기 방법을 적용한다.

15 ④ 　표준교재 259~260p

- 소량의 샴푸를 덜어 머리와 두피를 손톱이 아닌 손가락 끝으로 마사지 후 헹군다.
- 린스를 한 후 따뜻한 물로 머리를 충분히 헹군다.

16 ③ 　표준교재 264p

① 따뜻한 물을 음부에 끼얹은 다음 물수건에 비눗물을 묻힌다. 피부에 비눗기가 남지 않도록 깨끗이 닦는다.

② 악취나, 염증, 분비물 이상이 있으면 시설장이나 간호사 등에게 보고한다.

④ 앞쪽에서 뒤쪽으로 닦아낸다.

⑤ 분비물과 배설물로 더러워지기 쉽고, 질병의 원인이 되므로 청결을 유지하는 것이 중요하다.

17 ③ 표준교재 252p

유치도뇨관 삽입 대상자가 이동할 때 소변 주머니는 꼭 아랫배보다 밑에 들어야 한다.

18 ② 표준교재 270p

①, ③ 부력으로 불안정해지므로 등을 대고 안전하게 앉아 있도록 하고 욕조 안에 미끄럼방지 매트를 깔아 미끄러지지 않게 한다.

④ 의자에 앉혀서 오일 등 피부유연제를 전신에 바른다.

⑤ 목욕 후 한기를 느끼지 않도록 물기를 빨리 닦는다.

19 ④ 표준교재 281p

요양보호사의 허리와 가슴사이의 높이로 몸 가까이에서 잡고 보조해야 한다. 대상자와 멀어질수록 요양보호사 신체손상 위험이 증가한다.

20 ④ 표준교재 283p

무릎을 굽히거나 돌려 눕는 방향과 반대쪽 발을 다른 쪽 발 위에 올려놓는다.

21 ④ 표준교재 378~379p

• 가볍고 느슨하며 보온성이 좋아야 한다.

• 움직이는 데 불편하지 않고 과도한 장식은 피한다.

• 노인의 체형에 맞는 디자인이어야 한다.

• 외출 시 특히 저녁때는 부분적이라도 밝은색이 들어간 옷이 좋다(교통사고 방지).

22 ④ 표준교재 287~288p

체위변경 시 고려할 점

• 대상자의 몸을 잡고 체위변경을 할 경우 관절 밑 부분을 지지해야 한다.

• 체위에 따라 들어간 부분이나 다리 사이를 베개나 수건으로 지지해 주면 편안하다.

• 보통 2시간마다 체위를 변경하며, 욕창이 이미 발생한 경우 더 자주 변경해야 한다.

• 체위변경은 허리와 다리의 통증 등 고정된 자세로 인한 불편감을 줄인다.

23 ④ 표준교재 292p

문턱(도로 턱)을 내려갈 때는 휠체어를 뒤로 돌려서 내려간다. 요양보호사가 뒤에 서서 뒷바퀴를 문턱 아래로 내려놓고, 앞바퀴를 들어 올린 상태로 뒷바퀴를 천천히 뒤로 빼면서 앞바퀴를 조심히 내려놓는다.

24 ③ 표준교재 294p

① 발 받침대는 다리가 걸리지 않도록 젖혀 놓는다.

② 휠체어를 대상자의 건강한 쪽을 침대난간에 붙인(또는 30~45° 비스듬히 놓는)다.

④ 대상자의 양발, 휠체어 앞쪽 바닥을 지지하게 한다.

⑤ 요양보호사의 무릎으로 대상자의 마비 측 무릎을 지지하여 준다.

25 ③ 표준교재 227p

머리를 앞으로 숙여야 입이 목보다 아래 쪽에 있게 되어 음식물이 기도로 넘어가는 것을 막는다.

26 ③ 표준교재 275p

편마비나 장애가 있는 경우, 옷을 벗을 때는 건강한 쪽부터 벗고 옷을 입을 때는 불편한 쪽부터 입힌다.

27 ④ 표준교재 361p

흰밥보다는 잡곡밥, 과일주스보다 생과일이나 생채소가 좋고, 조리 시 설탕, 물엿, 케첩 등의 양념을 줄인다.

28 ⑤ 표준교재 342~343p

• 볶기 : 야채는 살짝 데쳐서 볶는다.

• 삶기 : 야채는 삶으면 부드러워져 먹기 쉽다.

• 무침 : 노인의 식욕을 돋구는데 도움이 된다.

• 찜 : 노인이나 환자식에 자주 사용되는 조리법이다.

• 굽기 : 오래 구우면 수분이 모두 빠져 나가기 쉽다.

29 ③ 표준교재 388p

③ 차량을 이용할 때는 대상자의 몸을 요양보호사와 밀착시켜 안전하게 오르내리게 하고, 승차를 지원하되 무릎과 허리에 부담이 가지 않게 한다.

30 ③ 표준교재 443p

• 대상자의 치매의 정도나 특징에 대해 알아둔다.

• 대상자의 상태가 점차적으로 변해가는 것을 이해하고 수용한다.

• 대상자의 상태에 맞는 요양보호기술을 익혀 제공한다.

31 ② 표준교재 444p

• 씹는 행위를 잊어버린 치매 대상자에게는 질식의 위험성이 있는 작고 딱딱한 사탕이나 땅콩, 팝콘 등은 삼가고 잘 저민 고기, 반숙된 계란, 과일 통조림 등을 갈아서 제공한다

• 치매 대상자가 물과 같은 묽은 음식에 사레가 자주 걸리면 좀 더 걸쭉한 액체음식을 제공한다.

• 치매 대상자가 졸려하거나 초조해하는 경우 식사를 제공하지 않는다.

32 ④ 표준교재 448p

치매 대상자 실금 대처법

실금으로 젖은 신체부위는 씻기고 말려 피부를 깨끗이 유지하게 한다. 환기를 자주 시키고, 비난하거나 화를 내지 않는다. 또, 배설상황을 기록하여 배설리듬을 확인한다.

33 ② 표준교재 462p

③, ④ 물건을 발견했을 때, 아무 일도 아닌 것처럼 행동하는 것이 중요하다.
⑤ 치매 대상자가 보고 들은 것에 대해 아니라고 부정하거나 다투지 않는다.

34 ① 표준교재 443p

• 따뜻하게 응대하고 치매 대상자의 생활을 소중히 여긴다.
• 규칙적인 생활을 하게 한다.
• 대상자에게 남아있는 기능을 살린다.
• 상황에 맞는 요양보호를 한다.
• 항상 안전에 주의한다.

35 ③ 표준교재 468~469p

치매 대상자가 실수를 했을 때 화를 내거나, 야단을 치거나, 비웃으면 대상자가 상처를 입으므로 자존심이 상하는 말이나 표현은 하지 않도록 한다.

36 ⑤ 표준교재 186p

가벼운 야간섬망인 경우, 방을 밝게 하고 따뜻하게 해주면 진정이 된다. 심각한 수준이면 본인의 정신·신체적 에너지 소모가 심하고, 주변 사람까지 위험할 수 있으므로 시설장이나 간호사 등에게 보고하여 전문가의 진료를 받게 한다.

37 ① 표준교재 474p

• 대상자가 볼 때, 이야기를 한다.
• "제가 누군지 아십니까?"같은 분명한 답을 요구하는 질문은 피한다.
• 대상자에게 친숙한 물건을 활용한다.
• 의사소통의 내용을 이해하고 있다는 것을 확인시켜준다.
• 대상자가 반응할 때 까지 기다려 준다.
• 대상자가 반응하지 않을 경우, 한 번 더 반복하여 질문한다.
• 같은 표현을 반복하기보다 같은 의미의 다른 용어와 좀 더 단순한 표현을 사용한다.

38 ② 표준교재 404p

39 ② 표준교재 405p

40 ④ 표준교재 411p

시각장애 대상자와 이야기하는 방법

• 대상자의 정면에서 이야기한다.
• 사물의 위치를 정확히 시계방향으로 설명한다.
• 대상자를 중심으로 오른쪽, 왼쪽을 설명한다.
• 교육과 훈련을 반복하는 것이 바람직하다.
• 이해할 수 있는 언어를 사용하고 천천히 정확하게 말한다.
• 이미지가 잘 떠오르지 않는 형태나 의류 등은 촉각으로 이해시킨다.

41 ⑤ 표준교재 414p

소일 활동

텃밭 야채 가꾸기, 식물가꾸기, 신문 보기, 텔레비전 시청, 산책, 종이접기, 퍼즐놀이

42 ③ 표준교재 475p

치매 말기 단계 : 자발적인 언어표현이 감소되어 말수가 크게 줄어든다. 심하면 스스로는 말을 안 하고 앵무새처럼 상대방의 말을 그대로 따라한다.

43 ⑤ 표준교재 515p

대상자 주위에 여러 사람이 있을 때는 응급처치 교육을 가장 많이 받은 사람의 지시에 따라 응급처치를 시행한다.

44 ⑤ 표준교재 517p

경련일 경우

• 대상자의 머리 아래에 부드러운 것을 대주고 위험한 물건을 치운다.
• 몸이 꽉 끼는 옷의 단추나 넥타이를 풀고, 편하게 호흡하게 한다.
• 침이나 거품, 혹은 구토 등으로 숨을 쉴 수 없을 경우에는 대상자의 얼굴을 옆으로 돌리거나 돌려 눕혀 기도를 유지한다.

45 ④ 표준교재 521p

골절의 증상에 대한 설명이다.

제4회 요양보호사 적중모의고사(필기) 정답 및 해설

01	02	03	04	05	06	07	08	09	10
①	①	④	③	④	②	④	①	③	①
11	12	13	14	15	16	17	18	19	20
⑤	②	⑤	②	⑤	②	③	④	④	⑤
21	22	23	24	25	26	27	28	29	30
③	④	①	④	③	①	④	②	①	③
31	32	33	34	35	36	37	38	39	40
⑤	④	②	⑤	②					

01 ① 표준교재 24p

독립의 원칙
- 노인 본인의 소득, 가족과 지역사회의 지원을 통하여 식량, 물, 주택, 의복 및 건강서비스를 이용할 수 있어야 한다.
- 일할 수 있는 기회를 갖거나, 다른 소득을 얻을 수 있어야 한다.
- 언제, 어떻게 직장을 그만둘 것인지에 대한 결정에 참여할 수 있어야 한다.
- 적절한 교육과 훈련 프로그램에 접근할 수 있어야 한다.
- 개인의 선호와 변화하는 능력에 맞추어 안전하게 적응할 수 있는 환경에서 살 수 있어야 한다.
- 가능한 오랫동안 가정에서 살 수 있어야 한다.

02 ① 표준교재 40p

장기요양보험제도에서 특별현금급여는 재가급여와 시설급여를 받을 수 없을 때 지급하는 것으로 가족요양비, 특례요양비, 요양병원간병비가 있다.

03 ④ 표준교재 23p

- 고령화 사회 : 전체 인구 대비 65세 이상 노인인구가 7% 이상 14% 미만인 국가
- 고령 사회 : 전체인구 대비 65세 이상 노인인구가 14% 이상 20% 미만인 국가
- 초고령 사회 : 전체인구 대비 65세 이상 노인인구가 20% 이상인 국가

04 ③ 표준교재 50p

말벗, 격려, 위로는 급여 대상자의 심리적, 신체적 요구에 따른 가벼운 구두 응대 및 정서적 지지를 원칙으로 한다.

05 ④ 표준교재 61p

숙련된 수발자 역할
숙련된 요양보호서비스에 대한 지식과 기술로 대상자의 불편함을 경감해주기 위해 필요한 서비스를 지원하여 대상자를 도와준다.

06 ② 표준교재 96p

① 요양보호사는 업무 수행 시 항상 친절한 태도로 예의바르게 행동한다.
③ 요양보호사는 효율적이고 안전하게 업무를 수행하기 위해 지속적으로 지식과 기술을 습득한다.
④ 요양보호사는 대상자의 인권을 옹호하고 대상자의 자기결정을 최대한 존중한다.
⑤ 요양보호사는 업무 수행에 방해가 되지 않도록 건강관리, 복장 및 외모 관리 등을 포함하여 자기관리를 철저히 한다.

07 ④ 표준교재 104p

요양보호사는 지시에 따라 업무와 보조를 성실히 수행하고 업무의 경과와 결과를 시설장 또는 관리책임자에게 보고한다.

08 ① 표준교재 107p

요양보호사의 통증호소 부위
목 69.88% 어깨 84.31% 팔/팔꿈치 69.46% 손/손목/손가락 77.52% 허리 84.94% 다리/무릎 75.61%

09 ③ 표준교재 88p

신체적 학대
물리적인 힘이나 도구를 이용하여 노인에게 신체적 손상, 고통, 장애 등을 유발시키는 행위를 말한다.

10 ① 표준교재 71p

질 높은 서비스를 받을 권리
정기적인 상담을 통해 노인의 개별적 욕구와 선호, 기능 상태를 고려 하여 개별화된 서비스와 수발 계획을 수립하고, 이를 적극적으로 이행해야 한다.

11 ⑤ 표준교재 116p

냉찜질
얼음이나 차가운 물질은 조직의 온도를 낮추고, 세포의 대사과정을 늦춰 손상과 부종을 감소시킨다. 또한 차가운 찜질은 통증과 근경련을 줄이는데 도움이 된다. 얼음주머니는 2시간마다 20~30분씩 하는 것이 좋다. 초기 치료에는 냉찜질이 좋으나 만성통증에는 온찜질이 좋다

12 ② 표준교재 12p

비가역적 진행
노화는 점차적으로 일어나는 진행성 과정이며, 인간의 노력으로 수정되지 않는 비가역적인 방향으로 진행된다.

13 ⑤ 표준교재 414p

소일 활동 : 텃밭 야채 가꾸기, 식물가꾸기, 신문 보기, 텔레비전 시청, 산책, 종이접기, 퍼즐놀이

14 ② 표준교재 500p

연명의료

임종과정에 있는 환자에게 하는 심폐소생술, 혈액 투석, 항암제 투여, 인공호흡기 착용 등 치료효과 없이 임종과정의 기간만을 연장하는 의학적 시술

15 ⑤ 표준교재 416p

요양보호사의 활동을 입증할 수 있다.

요양보호서비스의 과정과 결과를 기록해 두면 요양보호사가 어떤 서비스를 어떻게 제공했는지 알 수 있다. 요양보호 기록은 요양보호사의 활동을 입증할 수 있는 자료이기 때문에 법적 문제가 발생했을 때 중요한 자료로 활용된다.

16 ② 표준교재 436p

타 전문직과의 협조 및 의사소통을 원활하게 할 수 있다.

적절한 업무보고는 전문적인 업무협 조체제를 가능하게 하고 의사소통도 원활하게 해 준다.

17 ③ 표준교재 503p

부정

첫 번째 단계로 부정과 고립의 단계이다. "아니야, 나는 믿을 수 없어" 라는 표현을 하게 된다

18 ④ 표준교재 510p

• 손을 씻고 일회용 장갑을 낀다.
• 모든 사후 처리 과정은 경건하게 수행한다.
• 대상자를 확인하고, 대상자의 사생활을 보호해 준다.

19 ④ 표준교재 53p

대상자가 배변 용의가 있음에도 화장실에 가지 않으려고 하는 경우 거부하는 이유를 파악하고, 대상자의 자존심을 고려하여 산책을 하는 길에 화장실에 들르는 등의 다른 유도 방식을 취한다.

20 ⑤ 표준교재 137p

• 식사시간을 매일 일정하게 하고 규칙적인 배변습관을 갖도록 한다.
• 변의가 생기면 즉시 화장실을 찾게 하며 배변시기를 놓치지 않는다.
• 우유는 장의 운동력을 높이고 변의를 느끼게 함으로 적극적으로 섭취한다.
• 다량의 물을 섭취함으로써 변비를 예방하도록 한다.

21 ③ 표준교재 141p

• 외출 후 손발을 깨끗이 씻는다.
• 규칙적인 환기와 적절한 습도 및 온도를 유지한다.
• 영양과 수분을 충분히 섭취하고 감염의 전파를 예방한다.
• 환절기 이전에 폐렴구균 예방 주사를 접종한다.

22 ④ 표준교재 143p

① 초기에는 대부분 무증상
② 피로감, 식욕부진, 체중감소
③, ⑤ 오후에 고열이 있다가 늦은 밤에 식은땀과 함께 열이 내리는 증상

23 ① 표준교재 150p

② 약물치료 요법을 한다.
③ 생활습관을 변화시킨다.
④ 규칙적인 운동을 한다.
⑤ 알코올과 수분을 제한한다.

24 ④ 표준교재 157p

고관절 골절은 강한 외부 힘이 작용해서 고관절 뼈가 부러지는 것으로 골다공증이 있는 노인이 낙상을 하면 발생한다.

25 ③ 표준교재 192p

① 가치 있는 물건을 잘 간수하지 못하고 잃어버린다.
② 새로 소개받은 사람의 이름을 기억하는 것이 어렵다.
④ 책이나 신문의 구절을 읽고 기억하는 것이 거의 없다.
⑤ 익숙하지 않은 환경에 가면 길을 잃을 수 있다.

26 ① 표준교재 196p

파킨슨 증상

• 무표정, 동작이 느려짐, 근육경직 및 안정 시 떨림
• 굽은 자세, 얼어붙는 현상, 자세 반사의 소실로 자주 넘어짐, 균형감각의 소실
• 원인불명의 통증
• 피로, 수면 장애, 변비, 방광과 다른 자율 신경의 장애, 감각적 불편감
• 우울, 근심, 감정의 변화, 무감정, 사고의 느림, 인지능력의 감소 등

27 ④ 표준교재 173p

① 동공의 지름이 줄어들게 된다.
② 밝은 것을 좋아하게 된다.
③ 20대 보다 1/3정도 밖에 빛을 받아지못한다.
⑤ 안질환의 원인이 되는 눈부심의 증가된다.

28 ② 표준교재 176p

백내장 증상
- 색 구별 능력 상실
- 동공에 흐린 백색 혼탁
- 밤과 밝은 불빛에서의 눈부심
- 점진적이고 통증이 없는 흐린 시력과 시력 감소

29 ① 표준교재 181~182p

우울증
노인에게 흔히 발생하는 정신질환으로 본인 스스로 자각하기 어려워 병원을 찾는 경우가 드물다. 외상처럼 주변사람이 쉽게 발견할 수 있는 질병이 아닐 뿐 아니라 핵가족으로 고령자들이 혼자 거주하는 경우가 많기 때문에 방치되기 쉽다.

30 ③ 표준교재 185p

지남력의 유지
- 밤, 낮에 맞추어 창문이나 커튼 열기
- 개인 사물, 사랑하는 사람의 사진, 달력, 시계 등을 가까이 두기
- 일상의 절차, 규칙, 도움을 요청할 사람 및 방법 등을 반복적으로 알려주기

31 ⑤ 표준교재 178p

노화에 따른 내분비계 특성
- 뇌하수체, 부신 등은 노화에 따른 변화가 크지 않음
- 당대사 및 갑상선 분비호르몬, 에스트로겐 분비는 노화에 따라 감소
- 포도당 대사능력 감소, 인슐린에 대한 민감성 감소로 쉽게 고혈당이 됨
- 췌장에서 인슐린의 분비가 느리고 분비량이 불충분함
- 공복 시 혈당 증가
- 갑상선 크기가 줄어들고 갑상선 호르몬 분비량도 약간 감소
- 근육질량 감소로 인한 기초대사율 감소

32 ④ 표준교재 164p

욕창 관련 요인
- 장기간의 와상 상태
- 뇌척수신경의 장애로 인한 체위변경의 어려움
- 체중으로 압박받는 부위, 특히 뼈가 튀어나온 곳에 가해진 지속적인 압력
- 영양부족과 체중 감소, 근육 위축, 피하지방 감소 등으로 인해 피부와 뼈 사이의 완충지대 감소
- 요실금 및 변실금 등 습기로 인한 피부 손상, 미생물 번식

- 대상자를 잘못 들어 올리거나 침대에서 잘못 잡아끌어 약한 부위의 피부가 벗겨짐

33 ② 표준교재 330p

낙상을 일으키는 요인
- 신체적 요인 : 운동장애나 심장 질환, 빈혈, 시력 저하 등
- 환경적 요인 : 집 안 환경이나 외부 환경 등
- 행동적 요인 : 지나친 음주나 개인의 활동량 저하 등

34 ⑤ 표준교재 215p

폭염 대응 안전수칙
- 가급적 야외 활동이나 야외 작업을 자제한다.
- 한낮에는 외출이나 논밭일, 비닐하우스 작업 등을 삼가고 부득이 외출할 때는 헐렁한 옷차림에 챙이 넓은 모자와 물을 휴대한다.
- 현기증, 메스꺼움, 두통, 근육 경련 등이 있을 때는 시원한 장소에서 쉬고 시원한 물이나 음료를 천천히 마신다.
- 식사는 가볍게 하고 물은 평소보다 자주 마신다.
- 선풍기는 환기가 잘되는 상태에서 사용하고 커튼 등으로 햇빛을 가린다.

35 ② 표준교재 334p

① 가스와 전기는 기술자의 안전조사가 끝난 후 사용한다.
③ 물이 빠진 후에는 집안에 가스가 새어 축적되어 있을 수 있으므로 성냥불이나 라이터 불을 사용하지 말고, 창문을 열어 환기를 한다.
④, ⑤ 홍수로 밀려온 물에 몸이 젖었을 때는 비누를 이용하여 깨끗이 씻는다.

제4회 요양보호사 적중모의고사(실기) 정답 및 해설

01	02	03	04	05	06	07	08	09	10
④	④	⑤	④	④	②	③	③	④	③
11	12	13	14	15	16	17	18	19	20
①	①	④	④	①	③	③	④	④	①
21	22	23	24	25	26	27	28	29	30
②	②	③	③	③	⑤	③	①	②	⑤
31	32	33	34	35	36	37	38	39	40
③	②	②	②	①	①	①	⑤	⑤	③
41	42	43	44	45					
③	④	⑤	①	①					

01 ④ 표준교재 223p

영양부족 위험 요인
너무 적은 식사량, 영양적으로 불균형적인 식사, 약물 사용, 고령, 급성 또는 만성질환, 사회적 고립, 빈곤, 우울, 알코올 중독

02 ④ 표준교재 224p
식사시간에는 대상자가 잘 삼키는지, 식사 중 음식물이 호흡기로 넘어 가는지, 기침을 하는지 등을 관찰한다.

03 ⑤ 표준교재 229p

식사돕기의 준비물품
물수건 또는 휴지, 젓가락, 숟가락, 포크, 빨대, 꺾인 빨대, 그릇, 앞치마, 턱받침, 자세 지지를 위한 베개, 뚜껑 달린 물컵, 칫솔, 기타 식기 보조도구

04 ④ 표준교재 231~232p
너무 진한 농도의 영양을 주입하거나 너무 빠르게 주입하면, 설사나 탈수를 유발할 수 있다.

05 ④ 표준교재 234p
약을 삼키기 쉽게 해주고 위장관에서의 흡수가 잘 되도록 충분히 물을 준다.

06 ② 표준교재 238p
치료할 귀를 위쪽으로 하여 귀약 투여에 편안한 자세를 취하도록 도와준다.

07 ③ 표준교재 240p
배설 시에 대상자를 관찰하는 것은 건강에 이상이 있는지 판단할 수 있는 좋은 기회이므로 배설 전·중·후 기간 동안 빠짐없이 관찰한다.

08 ③ 표준교재 243p
대상자를 갑자기 침대에서 일으키면 혈압이 떨어지고 어지러울 수 있다.

09 ④ 표준교재 245p
대상자가 요의나 변의를 호소할 때 즉시 배설할 수 있도록 도와준다.
요양보호사에게 도움을 요청하기를 꺼려하거나 스스로 몸을 움직이는 것이 어려워 요의나 변의를 참고 있을 수도 있으므로 배변시간 간격을 가늠해 둔다.

10 ③ 표준교재 245~246p
대상자가 원하는 경우 손 가까이에 화장지와 호출 벨을 두고 밖에서 기다린다. 밖에서 기다리면서도 중간 중간 대상자에게 말을 걸어 상태를 살핀다.

11 ① 표준교재 248p
침대와 이동식 좌변기의 높이가 같도록 맞춘다. 침대에서 이동식 좌변기로 이동할 때 넘어지거나, 바닥으로 떨어지지 않게 주의한다.

12 ① 표준교재 249p
장기적으로 기저귀를 사용하는 경우 피부가 붉어지는지, 상처가 생기는지, 통증을 호소하는지 등을 살펴보고 욕창예방 조치를 한다.

13 ④ 표준교재 254p
입안을 닦아낼 때 혀 안쪽이나 목젖을 자극하면 구토나 질식을 일으킬 수 있으므로 너무 깊숙이 닦지 않는다.

14 ④ 표준교재 252p
• 요양보호사는 유치도뇨관의 교환 또는 삽입, 방광 세척 등은 절대로 하지 않는다.
• 방문 간호사가 하거나 의료기관을 이용하도록 연계한다.
• 심하게 당겨 지지 않게 주의한다.
• 금기 사항이 없는 한 수분 섭취를 권장한다.

15 ① 표준교재 259p
공복, 식후는 피하고 추울 때에는 따뜻한 낮 시간대를 이용한다.

16 ③ 표준교재 265p
눈곱이 끼었다면 눈곱이 없는 쪽 눈부터 먼저 닦는다.

17 ③ 표준교재 269p
평소 좋아하는 것을 화제로 목욕을 촉구하거나 유도한다(세탁, 걸레 빨기, 손 씻기 등).

18 ④ 표준교재 270p
① 욕조에서 나와 목욕의자에 앉히고 머리를 감긴다
② 말초에서 중심으로 닦고, 발가락 사이와 발바닥도 섬세하게 닦는다.

③ 귀안은 면봉으로 잘 닦아낸다
⑤ 필요시 머리카락은 헤어 드라이어를 사용하여 빠르게 말린다

19 ④ 표준교재 281p

안정성과 균형을 위하여 발을 적당히 벌리고 서서 한 발은 다른 발보다 약간 앞에 놓아 지지면을 넓힌다.

20 ① 표준교재 284p

꼭 대상자의 앞쪽에서 체위변경해야 한다. 뒤쪽에서 체위변경을 시도하게 되면 대상자는 낙상과 심리적 불안감을 가지게 되어 근육 긴장도가 증가하기 때문이다.

21 ② 표준교재 282p

침대 매트를 수평으로 눕히고 베개를 머리 쪽에 옮긴다.

22 ② 표준교재 288p

바로 누웠을 때 욕창발생부위

어깨뼈 아래, 엉덩뼈뒤능선, 척추뼈 가시돌기, 엉치뼈, 발꿈치뼈

23 ③ 표준교재 291p

휠체어를 선택할 때는 신체 기능 및 사용 공간, 체형에 맞는 것을 선택한다.

24 ③ 표준교재 295p

대상자의 건강한 쪽이 침대와 붙여서 평행이 되도록 (또는 30~45° 비스듬히) 휠체어를 두고 잠금장치를 잠근다.

25 ③ 표준교재 301p

요양보호사가 대상자의 불편한 쪽 뒤에 서서 대상자의 가까운 쪽에 있는 손으로 대상자의 허리를 감싸 안으며, 벨트 손잡이를 잡는다.

26 ⑤ 표준교재 314p

욕창예방 매트리스는 매트리스의 교대부양을 통해 압력을 분산시켜 욕창을 예방한다.

27 ③ 표준교재 340p

일상생활 지원은 대상자의 자립적 생활의 기반을 마련하는 중요한 역할이다.

28 ① 표준교재 359p

각 식품군을 매일 골고루 먹자

• 고기, 생선, 계란, 콩 등의 반찬을 매일 먹는다.
• 다양한 채소 반찬을 매끼 먹는다.
• 다양한 우유제품이나 두유를 매일 먹는다.
• 신선한 제철 과일을 매일 먹는다.

29 ② 표준교재 445p

① 접시보다 사발을 사용한다.
③ 턱받이보다는 앞치마를 입혀 옷을 깨끗이 유지한다.
④ 약간 무거운 숟가락을 주어서 숟가락을 쥐고 있다는 사실을 잊어버리지 않게 해준다.
⑤ 졸려하거나 초조해하는 경우 식사를 제공하지 않는다.

30 ⑤ 표준교재 448p

• 섬유질이 많은 음식과 하루 1500~2000cc 정도의 충분한 수분을 섭취하도록 한다.
• 일정한 시간 간격으로 변기에 앉혀 배변을 유도한다.
• 손바닥을 이용하여 배를 가볍게 마사지하여 불편감을 줄여준다.
• 의료인과 충분히 상의하여 필요하면 변비약을 먹이거나 관장을 할수도 있다. 관장은 의료행위이므로 간호사가 수행해야 한다.

31 ③ 표준교재 451p

① 몸에 꼭 끼지 않아야 한다.
② 색깔이 요란하지 않고 장식이 없는 옷을 선택한다.
④ 시간이 걸려도 혼자 입도록 격려한다.
⑤ 안전을 위해 앉아서 입도록 한다.

32 ② 표준교재 248p

이동변기를 대상자의 건강한 쪽에 오도록 하여, 휠체어와 약 30~45 로 비스듬히 놓는다.

33 ② 표준교재 293p

자세를 낮추고 다리에 힘을 주어 밀고 올라간다. 대상자의 체중이 많이 나가거나 경사도가 큰 경우 지그재그로 밀고 올라가는 것도 방법이 될 수 있다.

34 ② 표준교재 459p

① 혈관성 치매에 걸리면, 뇌순환 장애로 인해 수면장애가 자주 나타난다.
③ 외부환경이 불편하거나 안정감이 없을 때 잠을 못 이룬다.
④ 오후와 저녁에는 커피나 술과 같은 음료를 주지 않는다.
⑤ 소음을 최대한 없애고 적정 실내온도를 유지한다.

35 ① 표준교재 529p

기도유지에 대한 설명이다.

36 ① 표준교재 304p

지팡이를 이용하여 계단을 오를 때 순서

지팡이 → 건강한 다리 → 마비된 다리

37 ① 표준교재 289p

발목 밑에 작은 배게 등을 받치면 허리와 넙다리의 긴장을 완화할 수 있다.

38 ⑤ 표준교재 406p

나–전달법

상대방을 비난하지 않고 상대방의 행동이 나에게 미친 영향에 초점을 맞추어 이야기하는 표현법 높힌다.

39 ⑤ 표준교재 408p

① 대상자 특성(신체적, 심리적, 사회적)에 대해 충분히 이해한다.

② 대상자의 개인적 특성이나 질병 유무와 병적인 특성, 생활력 등에 대한 이해와 존중하는 마음의 태도가 중요하다.

③ 대상자의 특성, 주변 환경 그리고 대상자의 삶을 '옳고 그름', '좋고 싫음'으로 판단하지 않고, '차이와 다양성'으로 이해하는 폭넓은 마음자세가 요구된다.

④ 대상자와 과도한 의존관계를 형성하지 않도록 주의해야 한다.

40 ③ 표준교재 413p

• 대상자의 이름과 존칭을 함께 사용한다.

• 낮 동안에 기본적인 정보를 자주 반복한다.

• 대상자를 대하는데 일관성을 갖도록 최대한 노력한다.

• 시간, 장소, 사람, 날짜, 달력, 시계 등을 자주 인식시킨다.

• 모든 물품에 이름표를 붙이고 주의 사항을 문서화시킨다.

41 ③ 표준교재 414p

사교 오락 활동

영화, 연극, 음악회, 전시회, 노래교실

42 ④ 표준교재 514p

응급환자에게 행해지는 기도 확보, 심장박동의 회복, 기타 생명의 위험이나 증상 악화를 방지 하기 위해 긴급히 필요한 처치이다.

43 ⑤ 표준교재 516p

질식 시 대상자의 주요 증상

• 목을 조르는 듯한 자세를 한다.

• 갑자기 기침을 하며, 괴로운 얼굴표정을 한다.

• 숨을 쉴 때 목에서 이상한 소리가 들린다.

• 가슴부위의 호흡운동이 보이지만, 공기의 흐름이 적거나 없다.

44 ① 표준교재 519p

• **1도 화상**

- 피부의 표피층만 손상 받은 경우임

- 피부색이 붉게 되면서 약간의 부종이 있음

- 일주일 지나면 흉터 없이 자연 치유됨

• **2도 화상**

- 피부의 상피세포층과 진피세포층의 일부까지 손상 받은 경우

- 상처는 통증이 심하며 부종이 뚜렷함

- 흉터가 남을 수 있음

• **3도 화상**

- 피부 전층과 피하지방까지 손상받은 경우임

- 조직이 깊이 괴사되고 부종이 심함

- 괴사된 피부조직을 떼어낸 후 피부를 이식해야 하는 경우가 많음

45 ① 표준교재 334p

해로운 가스가 방출되는 경우

젖은 수건 등으로 입과 코를 막고 빠져 나온다.

제5회 요양보호사 적중모의고사(필기) 정답 및 해설

01	02	03	04	05	06	07	08	09	10
②	④	①	④	③	①	④	⑤	③	⑤
11	12	13	14	15	16	17	18	19	20
③	②	④	⑤	③	①	⑤	②	①	④
21	22	23	24	25	26	27	28	29	30
⑤	②	①	③	②	⑤	③	④	①	③
31	32	33	34	35	36	37	38	39	40
⑤	③	④	②	⑤					

01 ② 표준교재 24~25p
보호의 원칙
- 각 사회의 문화적 가치체계에 따라 가족과 지역사회의 보살핌과 보호를 받아야 한다.
- 최적의 신체적, 정신적, 정서적 안녕의 수준을 유지하거나 되찾도록 도와주고 질병을 예방하거나 지연시키는 건강보호 서비스를 이용할 수 있어야 한다.
- 노인의 자율과 보호를 높이는 사회적, 법률적인 서비스를 이용할 수 있어야 한다.
- 인간적이고 안전한 환경에서 보호, 재활, 사회·정신적 격려를 제공하는 적정 수준의 시설서비스를 이용할 수 있어야 한다.
- 보호시설이나 치료시설에 거주할 때도 자신의 존엄, 신념, 욕구와 사생활을 존중받으며, 자신들의 건강보호와 삶의 질을 결정하는 권리도 존중받는 등 인간의 권리와 기본적인 자유를 누릴 수 있어야 한다.

02 ④ 표준교재 36p
등급판정위원회
- 장기요양인정 및 등급 판정을 위한 심의기구
- 지역단위(시군구) 설치, 15인 이내의 위원(시장·군수·구청장이 추천한 위원은 7인, 의사 또는 한의사가 각각 1인 포함)
- 위원 구성: 의료법에 따른 의료인, 사회복지사업법에 따른 사회복지사, 시군구 소속 공무원, 법학 또는 장기요양에 관한 학식과 경험이 풍부한 자.

03 ① 표준교재 48p
일상생활지원서비스
취사, 청소 및 주변정돈, 세탁

04 ④ 표준교재 60p
대상자가 가능한 한 자립생활을 할 수 있도록 대상자의 능력을 최대한 활용하면서 서비스를 제공하도록 한다.

05 ③ 표준교재 61p
정보 전달자 역할
대상자의 신체적 심리적인 정보를 가족, 시설장 또는 관리책임자, 의료기관의 의료진에게 전달하며 필요시, 이들의 지시사항을 대상자와 가족에게 전달한다.

06 ① 표준교재 97p
요양보호 업무는 대상자의 건강과 일상생활에 직접적인 영향을 미치는 중요한 업무이므로 요양보호사는 성실하고 침착한 태도로 책임감을 갖고 업무 활동을 해야 한다.
① 매사에 약속을 지키며 책임 있는 언행을 해야 한다.
② 자신의 활동이 모든 요양보호사를 대표한다고 생각한다.

07 ④ 표준교재 97p
요양보호사는 요양보호 업무와 관련된 모든 직업인과 상호협조 하는 태도 및 조화를 이루려는 자세를 가져야 한다.

08 ⑤ 표준교재 105p
요양보호사는 감독자에게 알리지 않고 근무지를 비우는 행위를 범하지 않아 법적·윤리적 책임을 다해야 한다.

09 ③ 표준교재 69p
사생활 및 비밀 보장에 대한 권리
노인의 사생활을 보장하고, 직무수행관리에서 얻은 비밀을 철저히 지켜야 하며, 질병과 치료, 통신, 가족 등과 같은 어르신의 사생활에 관한 정보나 기록을 사전 동의 없이 공개해서는 안 된다

10 ⑤ 표준교재 88p
정서적 학대
비난, 모욕, 위협, 협박 등의 언어 및 비언어적 행위를 통하여 노인에게 정서적으로 고통을 주는 것이다.

11 ③ 표준교재 112p
물건을 양손으로 들어 올릴 때는 허리를 펴고 무릎을 굽혀 무게중심을 낮추고 지지면을 넓히고 무릎을 펴서 물건을 들어 올린다.

12 ② 표준교재 126p
노인성 질환의 특징
- 노인은 젊은 사람보다 약물에 더욱 민감하게 반응한다.
- 의식장애, 심장수축 이상, 신경 이상이 발생하기 쉽다.

• 신장은 소변 농축 능력과 배설 능력이 저하되어 약물 성분이 신체 내에 오래 남아 중독 상태에 빠질 수 있다.
• 노인성 질환은 단독으로 발생하는 경우는 드물고, 하나의 질병에 걸리면 다른 질병을 동반하기 쉽다.
• 노화에 따라 신장기능이 저하되어 수분과 전해질의 균형이 깨지기 쉽다.

13 ④ 　표준교재　405p

효과적인 말하기
• 자신의 감정에 정직해진다.
• 분명하게 의사전달을 한다.
• 나에게는 잘못이 없고 항상 옳다고 설명한다.
• 상대방을 감정적으로 공격하지 않는다.
• 모든 일에 전문가임을 강하게 주장한다.

14 ⑤ 　표준교재　18p

수정확대가족
노인 부모가 근거리에 살면서 자녀의 부양을 받는 가족 형태로 부모와 따로 살지만 자주 상호 작용하면서 각자의 사생활을 지킬 수 있다.

15 ③ 　표준교재　426p

요양보호 기록시 주의 사항
• 개인정보 보호
• 비밀 유지
• 사생활 존중

16 ① 　표준교재　437p

업무보고 원칙
• 객관적인 사실을 보고한다.
• 육하원칙에 따라 보고한다.
• 신속하게 보고한다.
• 보고내용이 중복되지 않도록 한다.

17 ⑤ 　표준교재　504p

우울 단계
자신이 더 이상 회복가능성이 없다고 생각하게 되면서 침울해지는 단계. 대상자는 자신의 근심과 슬픔을 더 이상 말로 표현 하지 않는다. 조용히 있거나, 울기도 한다. 대상자는 자기와 같이 느끼고 슬퍼하고 자기 곁에 있어 줄 사람을 필요로 한다.

18 ② 　표준교재　137p

요양보호사가 대상자의 질병명을 예측하여 말하거나, 수술 혹은 약물 치료가 필요하다는 등의 말을 하면 안 된다. 요양보호사의 부정확한 판단이 대상자 및 가족에게 혼란과 걱정을 유발할 수 있기 때문이다.

19 ① 　표준교재　131p

② 수술이 최선이지만 부적합한 경우 화학요법이나 방사선치료를 선택한다.
③ 단백질이 풍부한 식품, 채소, 과일, 비타민 A,C,E를 섭취한다.
④ 맵고 짠 음식, 태운 음식, 훈증한 음식을 피한다.
⑤ 수술 후 5년간은 병원에서 재발 확인 여부를 위한 정기적인 검진을 받는다.

20 ④ 　표준교재　133p

① 가공식품, 인스턴트식품, 훈연식품 피하기
② 금연, 절주, 소화에 도움이 되는 적당량의 운동
③ 하루에 6~8잔 생수 마시기
⑤ 동물성 식품의 섭취를 줄이고 식물성 지방 섭취

21 ⑤ 　표준교재　134p

설사는 장내 유해물질을 배출하려고 하는 신체의 자기 방어 반응인 경우가 많으므로 지사제를 함부로 써서는 안 되며 반드시 의사의 지시에 따라 지사제를 복용한다.

22 ② 　표준교재　147p

혈압이 조절되다가도 약을 안 먹으면 약효가 떨어지자마자 혈압이 다시 올라간다. 따라서 의사의 처방이 있으면 계속 약을 먹어야 한다.

23 ① 　표준교재　143p

주기적으로 간 기능 검사와 객담 검사를 실시한다.

24 ③ 　표준교재　146p

① 최대 심박출량과 심박동수가 감소한다.
② 심장의 탄력성이 떨어진다.
④ 말초혈관으로부터 심장으로의 혈액순환이 감소한다.
⑤ 심장 근육이 노화로 인해 두꺼워진다.

25 ② 　표준교재　151p

① 금연한다.
③ 수분을 제한한다.
④ 식사를 소량씩 섭취한다.
⑤ 매일 체중을 측정한다.

26 ⑤ 　표준교재　161p

전립선비대증은 전립선이 커져서 요도를 압박하게 되는 것을 말한다.

27 ③ 　표준교재　168p

② 대상포진 백신의 투여로 세포성 면역을 증강시킨다.
④ 통증의 정도에 따라 적합한 진통제를 복용한다.
⑤ 수개월에서 1년 이상 지속된다.

28 ④ 표준교재 189p

정신행동증상 : 우울증, 정신증, 초조 및 공격성

29 ① 표준교재 179p

- 저혈당 증상 : 땀을 많이 흘림, 두통, 시야 몽롱, 배고픔, 어지럼 등
- 고혈당 증상 : 배뇨 증가, 체중감소, 피로감, 식욕 증가 등

30 ③ 표준교재 185p

① 신체통합성유지 – 대상자 스스로 할 수 있는 일을 말로 강화하기
② 야간의 혼돈 방지 – 밤에 불을 밝혀두기
④ 초조의 관리 – 대상자와 시선을 마주쳐서 위협을 느끼지 않도록 하기
⑤ 착각 및 환각 관리 – 현실을 확인할 수 있는 환경 조성하기

31 ⑤ 표준교재 182p

노인 우울증

- 우울감이 잘 드러나지 않는다.
- 불면증, 불안 증상이 흔하다.
- 두통, 소화불량 등 신체 증상 효소가 많다.

32 ③ 표준교재 166p

젖은 침대 시트는 바로 교체한다. 피부에 습기가 있거나 오염물질이 묻어 있으면 재빨리 부드러운 천이나 스펀지, 자극이 없는 비누, 미지근한 물을 사용하여 씻고 말린다.

33 ④ 표준교재 173p

황화현상

수정체가 노란색으로 변화는 현상으로 보라색, 남색, 파란색의 구분에 어려움을 느낀다.

34 ② 표준교재 331p

① 필요시 야간등을 켜 둔다.
③ 전기 코드는 방 모서리로 돌리거나 테이프 등으로 고정한다.
④ 변기는 팔걸이가 있는 것을 사용한다.
⑤ 이동식 좌변기는 미끄러지지 않도록 고정하고 손잡이를 만든다.

35 ⑤ 표준교재 336p

① 깨지기 쉬운 유리그릇 등은 잠글 수 있는 곳에 보관한다.
② 응급처치법을 알아 두어 비상시에 대처하도록 한다.
③ 비상시 사용할 약품·비품·장비·식품의 위치와 사용법을 알아 둔다.
④ 가스·전기·수도를 차단하는 방법을 미리 익혀 둔다.

제5회 요양보호사 적중모의고사(실기) 정답 및 해설

01	02	03	04	05	06	07	08	09	10
①	④	①	⑤	④	⑤	⑤	②	④	⑤
11	12	13	14	15	16	17	18	19	20
③	③	①	①	①	③	⑤	③	①	④
21	22	23	24	25	26	27	28	29	30
②	①	④	②	②	④	①	④	③	④
31	32	33	34	35	36	37	38	39	40
③	⑤	④	③	①	④	③	⑤	①	⑤
41	42	43	44	45
①	①	①	⑤	③

01 ① 표준교재 223p

영양부족 지표
체중감소, 신체기능저하, 마르고 약해 보임, 식욕부진, 오심, 연하곤란, 배변양상변화, 피로, 무감동, 인지장애, 상처회복 지연, 탈수

02 ④ 표준교재 226p
의자에 깊숙이 앉고 식탁에 팔꿈치를 올릴 수 있도록 의자를 충분히 당겨주어 자연스럽게 식사하도록 한다. 식탁의 높이는 대상자가 의자에 앉았을 때 식탁의 윗부분이 대상자의 배꼽 높이에 오는 것이 가장 좋다.

03 ① 표준교재 227p, 230p
편마비가 있는 대상자는 음식을 삼키기 어려워하므로 식사 중 관찰을 소홀히 하지 않는다.

04 ⑤ 표준교재 231p
입을 통해 씹고 삼키기가 어려워 필요한 영양분을 섭취할 수 없을 때, 대상자에게 적절한 영양분을 공급하기 위함이다.

05 ④ 표준교재 234p
알약 취급방법
• 알약은 약병에서 약 뚜껑에 따르고, 다시 손으로 옮긴다. 손으로 만진 약은 약병에 다시 넣지 않는다.
• 알약의 개수가 많은 경우에는 2~3번에 나누어 투약한다. 대상자가 손을 떨거나 입 안에 넣는 동작 중에 약을 잃어 버릴 우려가 있으면 직접 입안에 넣어준다.
• 약을 삼키기 쉽게 해주고 위장관에서의 흡수가 잘 되도록 충분히 물을 준다.

06 ⑤ 표준교재 237~238p
귓바퀴를 후상방으로 잡아당겨 약물투여가 쉽도록 한후 측면을 따라 정확한 방울 수의 약물을 점적한다.

07 ⑤ 표준교재 236p
안약 투여 시 눈의 측면에서 하부 결막낭의 바깥쪽 3분의 1 부위에 안약을 투여한다.

08 ② 표준교재 243p
대상자를 갑자기 침대에서 일으키면 혈압이 떨어지고 어지러울 수 있다. 대상자의 안전을 위해 잠시 침대에 앉아있게 한다.

09 ④ 표준교재 285p
요양보호사는 한쪽 팔을 대상자의 목 밑을 받쳐 깊숙하게 넣은 후 손바닥으로 반대쪽 어깨 밑을 받쳐준다.

10 ⑤ 표준교재 251p
소변이 담긴 주머니를 방광 위치보다 높게 두지 않는다. 소변주머니가 방광보다 높이 있으면 감염의 원인이 된다.

11 ③ 표준교재 248p
안전을 위해 변기 밑에 미끄럼방지 매트를 깔아주어, 대상자가 변기에 앉을 때 흔들리지 않도록 한다.

12 ③ 표준교재 250p
기저귀의 배설물을 안으로 말아 넣는다. 이때 기저귀의 바깥 면(깨끗한 부분)이 보이도록 말아 넣는다.

13 ① 표준교재 257p
누워있는 상태에서 양치질을 도와줄 때는 옆으로 누운 자세로 해야 사레가 걸리지 않고 안전하다.

14 ① 표준교재 254p
입안 닦아내기
치아가 없거나 연하장애가 있는 대상자, 의식이 없는 대상자, 사레들리기 쉬운 대상자의 입안을 깨끗이 닦아내는 방법이다.

15 ① 표준교재 261p
물을 사용하기 어려운 상황이거나 신체적으로 힘든 상황에는 두발전용 세정제를 사용할 수 있다.

16 ③ 표준교재 270p
통 목욕 시 몸의 중심에서 먼 쪽부터 가까운 쪽으로 다리, 팔, 몸통의 순서로 물로 헹구고 회음부를 닦아낸다.

17 ⑤ 표준교재 270p
① 욕조에 있는 시간은 5분 정도로 한다.
② 대상자를 목욕의자에 앉히고 발 끝에 물을 묻혀 미리 온도를 느껴보게 한다.
③, ④ 요양보호사는 대상자의 마비된 쪽 겨드랑이를 잡고 건강한 쪽 다리, 마비된쪽 다리 순으로 옮겨 놓게 한다.

18 ③ 표준교재 272p

손목 쪽에서 팔 쪽, 발끝에서 허벅지 쪽으로 닦는다.

19 ① 표준교재 281p

- 대상자의 신체상황을 고려한다. 대상자의 안정도 및 운동의 능력, 통증, 장애, 질병상황, 심리적인 측면 등을 고려한다.
- 대상자에게 동작을 설명하고 동의를 구한다. 이는 대상자 스스로 하려고 하는 의욕 · 의지를 촉진하는 기회가 되기도 한다.
- 정상적인 움직임으로 신체에 해를 주지 않는다. 돌아눕고, 앉고, 일어서는 등의 동작은 머리, 팔꿈치, 손과 발, 몸 등 자연스러운 동작에서 비롯된다. 정상적인 움직임을 거스르지 않아야 안전하다.
- 적절한 신체사용법과 상황에 맞는 방법, 속도, 도움 빈도를 적절하게 하여 안전하고 편안하게 실시한다.

20 ④ 표준교재 282~283p

대상자가 침대에서 좌우한쪽으로 쏠려있을 때 침대 중앙으로 이동하기 위해서 요양 보호사는 대상자를 이동하고자 하는 쪽에 서서 상반신 → 하반신 순서로 이동시킨다.

21 ② 표준교재 285p

하반신 마비는 이완성마비인 경우가 많으므로 갑자기 무릎이 꺾여 넘어지는 것을 주의하여야 한다.

22 ① 표준교재 288p

앙와위는 휴식하거나 잠을 잘 때의 자세이다.

23 ④ 표준교재 291p

휠체어 접는 법
- 잠금장치를 하고 발 받침대를 올린다.
- 시트 가운데를 잡고 들어 올리거나 시트 양쪽 가장자리에 있는 손잡이 부분을 잡고 들어 올리면 된다.
- 팔걸이를 잡아 접는다.

24 ② 표준교재 296p

대상자 건강한 쪽 무릎을 세워 천천히 일어나도록 도와주어 휠체어에 앉힌다.

25 ② 표준교재 282p

대상자를 이동하고자 하는 쪽에 선다.

26 ④ 표준교재 302p

- 지팡이 바닥끝에 있는 고무는 닳았는지 수시로 확인하여야 한다. 고무가 닳았을 경우 미끄러져 넘어질 수 있다.
- 지팡이 높이를 조절하여 대상자의 올바른 체중이동과 바른 자세가 되도록 한다.
- 지팡이 높이 조절용 버튼과 고정 볼트가 잘 고정되어 있는 지 확인하여야 한다.

27 ① 표준교재 340p

'식사도움', '배설도움', '목욕도움', '몸단장하기' 등은 대상자의 신체에 대한 신체활동 지원서비스이다.

28 ④ 표준교재 361p

- 염분이 적은 식품을 선택하고 염분을 적게 사용하는 조리법을 선택한다. 이를 위해 국, 찌개, 국수류의 국물을 적게 먹고, 김치를 가능한 한 싱겁게 만들어 먹으며, 김치보다는 싱겁게 조리한 다른 채소의 섭취를 늘린다.
- 육류는 기름기가 적은 붉은 살코기로 섭취하며, 기름을 많이 사용하는 조리법은 가능한 한 피한다.

29 ③ 표준교재 388~389p

- 대상자의 업무 대행 목적을 확인한다.
- 업무 대행과 관련하여 대상자에게 충분한 정보를 제공하고 , 필요한 사항들에 대한 협조를 구한다.

30 ④ 표준교재 446p

- 바지의 뒷부분을 움켜잡고 있다.
- 옷을 올린다.
- 구석진 곳을 찾는다.
- 대중 앞에서 옷을 벗으려고 한다.
- 서성이면서 안절 부절한다.

31 ③ 표준교재 452p

- 현재의 운동기능을 평가한다.
- 치매 대상자와 시간을 같이 하며 친숙해진 뒤 운동을 시켜야 한다.
- 집 주위를 산책하고 계단을 오르내릴 수 있는 정도라면 여러 종류의 운동이 가능하나, 혈압이 높거나 심장병이 있는 경우에는 의사에게 사전 검진을 받아야 한다.
- 모든 운동은 머리 쪽에서 시작하여 다리 쪽으로 진행해야 한다.
- 운동량은 점차 늘린다.
- 운동 도중에 신체적인 문제가 발생하면 의료진에게 알린다.

32 ⑤ 표준교재 457p

치매 대상자가 아무 때나 밥을 달라고 하는 경우, "방금 드셨는데 무슨 말씀이세요?"라며 대상자의 말을 부정하면 혼란스러워 하므로 "지금 준비하고 있으니까 조금만 기다리세요."라고 친절하게 얘기한다.

33 ④ 표준교재 462p

파괴적 행동

무의미한 사건으로 보이는 것에 대해 자신뿐만 아니라 주위 사람들에게 정서적으로 난폭한 반응을 보이는 것

34 ③ 표준교재 444~445p

잘 고정되지 않은 의치는 식사도중 음식을 삼킬 때 식도로 넘어가 버리거나 기도로 들어가 숨이 막힐 우려가 있기 때문에 잘 고정되어 있는지 확인하고 느슨한 경우에는 끼지 않게 한다.

35 ① 표준교재 469p

대상자가 물건을 잃어버리거나 놓아둔 곳을 잊어버려 주변 사람들을 의심하면 요양보호사는 부정하거나 설득하려 하지 말고, 물건이 보이지 않는 것을 현실적으로 인정하고 받아들여서 "서랍 속은 찾아 보셨어요?"하면서 함께 찾아보고 대상자가 기억력 장애로 인한 문제를 인정하고 이해할 수 있도록 돕는다.

36 ④ 표준교재 469p

• 대상자를 편하게 한다.
• 대상자를 산만하게 하는 요인을 최대한 줄인다. 〈예〉 라디오나 TV를 끈다. 여러사람이 있으면, 대상자와 조용한 장소로 가서 대화한다.
• 대상자의 말을 잘 이해했음을 확인시켜준다.
• 의사소통에 도움을 주는 보조수단을 사용한다. 〈예〉 게시판, 그림 등

37 ③ 표준교재 475p

• 대상자가 마주볼 때, 이야기한다.
• 대상자의 이름을 부르면서 이야기를 시작한다.
• 요양보호사 자신의 이름을 말한다.
• 편안하고 부드러운 모습으로 이야기한다.
• 낮은 톤으로 다정하고 차분하게 대화한다.
• 천천히 분명하게 말한다.
• 대상자가 모든 것을 듣고 있다고 가정한다.
• 방 안에 아무도 없는 것처럼 이야기하지 않는다.
• 대상자가 응답하지 않더라도 계속해서 이야기한다.
• 신체적 접촉을 적절하게 활용한다.
• 대상자가 이야기하는 모든 것에 반응한다.

38 ⑤ 표준교재 409p

어르신이 평소와 달리 의욕이 없고 무기력할 때에는 날씨와 같이 편안한 주제로 이야기를 시작해 본다. 어르

신이 반응을 보이면 바로 공감을 표시하고 내용에 대해 관심을 표현한다. 외출은 어르신에게 흥미나 관심을 유발하여 기분 전환을 꾀함으로써 결과적으로 어르신의 증상완화까지 이끌어낼 수 있다.

39 ① 표준교재 410p

• 외모를 청결하고, 단정히 한다.
• 너무 작거나 크게 말하지 않는다.
• 본인을 소개할 때 이름과 연락처, 소속단체와 역할을 알린다.
• 대상자는 이름으로 호칭하는 것이 원칙이나 대상자의 허락 하에 어르신 등으로 부른다.

40 ⑤ 표준교재 401p

바람직한 얼굴표정

• 따뜻하고 배려하는 표정
• 다양하며 생기있고 적절한 표정
• 자연스럽고 여유있는 입모양
• 간간히 적절하게 짓는 미소

41 ① 표준교재 414p

가족 중심 활동

가족 소풍, 가족과의 대화, 외식나들이

42 ① 표준교재 409p

영감님의 사진을 보고 싶다고 적극적인 청취를 하면서 반복해서 관심과 공감을 표현한다.

43 ① 표준교재 516p

이물이 육안으로 보이면 큰 기침을 하여서 이물을 뱉어내게 한다. 요양보호사의 손가락을 넣어 빼려고 하거나 구토를 유발하려고 하는 행위는 이물을 배출하는 데에 시간이 지체되고, 이물이 기관지로더 내려가도록 할 위험이 있으므로 시도하지 않는다.

44 ⑤ 표준교재 519p

2도 화상

표피가 파괴되고 표피 아래의 좀 더 민감한 진피까지 손상되었을 때를 2도 화상이라고 하는데, 몹시 아프다. 피부는 빨개지고 맑은 액체가 들어 있는 커다란 물집이 많이 생긴다. 3일 정도 지나면 통증이 줄어들고 대부분 14일 내에 완전히 치유된다.

45 ③ 표준교재 531p

가슴압박과 인공호흡 30 : 2 비율을 유지한다.

제6회 요양보호사 적중모의고사(필기) 정답 및 해설

01	02	03	04	05	06	07	08	09	10
②	①	④	②	⑤	④	④	③	③	②
11	12	13	14	15	16	17	18	19	20
⑤	④	⑤	③	③	②	②	②	⑤	③
21	22	23	24	25	26	27	28	29	30
⑤	③	⑤	④	④	①	③	③	④	③
31	32	33	34	35	36	37	38	39	40
③	②	⑤	①	④					

01 ②　표준교재 30p
노인요양시설
치매·중풍 등 노인성 질환 등으로 심신에 상당한 장애가 발생하여 도움을 필요로 하는 노인을 입소 시켜 급식·요양과 그 밖에 일상생활에 필요한 편의를 제공하는 시설(입소자 10인 이상 시설)

02 ①　표준교재 37p
장기요양인정자의 서비스이용 신청 절차
서비스 신청접수 및 방문 상담 → 서비스제공 계획 수립 → 서비스이용 계약 체결 → 서비스 제공 실시 → 모니터링 실시 및 서비스 종료

03 ④　표준교재 39p
재가급여의 장점
• 평소 생활했던 친숙한 환경에서 지낼 수 있다.
• 사생활이 존중되고 개인 중심의 생활이 가능하다.

04 ②　표준교재 17p
배우자나 친구와 사별하는 경우 막연히 느끼던 죽음이 현실화되면서 심한 허무감, 절망감, 고독감을 느낀다.

05 ⑤　표준교재 30p
노인요양공동생활가정
치매 · 중풍 등 노인성 질환 등으로 심신에 상당한 장애가 발생하여 도움이 필요한 하는 노인에게 가정과 같은 주거 여건과 급식·요양, 그 밖에 일상생활에 필요한 편의를 제공하는 시설(입소자 9인 이내 시설)

06 ④　표준교재 99p
• 대상자의 개인적인 권리는 법의 보호를 받는다.
• 제공된 요양보호서비스 내용을 정확히 기록한다.
• 요양보호서비스 제공 시 정해진 정책과 절차에 따른다.
• 제공해야 할 서비스 내용 및 방법이 확실하지 않을 때는 도움을 청한다.
• 누군가에 의해 대상자가 학대를 받는다고 의심되는 경우는 보고 또는 신고한다.

07 ④　표준교재 105p
누군가에 의해 대상자가 학대를 받는다고 의심되는 경우는 보고 또는 신고한다.

08 ③　표준교재 73~74p
불평의 표현과 해결을 요구할 권리
노인의 의견이나 불평을 수렴하기 위한 공식적 절차를 마련하여 시행하여야 한다.

09 ③　표준교재 79~80p
신체적 학대
물리적인 힘이나 도구를 이용하여 노인에게 신체적 손상, 고통, 장애 등을 유발시키는 행위를 말한다.

10 ②　표준교재 115p
1단계 특징
• 작업 중 통증, 피로감을 느낌
• 하룻밤 지나거나 휴식을 하면 증상이 없어짐
• 작업 수행 능력에는 변화 없음
• 몇 일 동안 지속되며, 악화와 회복이 반복됨

11 ⑤　표준교재 94p
감정적인 대응은 삼가고, 단호히 거부의사를 표현한다.

12 ④　표준교재 13p
생에 대한 회고의 경향
• 자신의 지나온 일생의 여러 요인들 즉 가족구성이나 신체적 조건, 결혼, 취업 및 직장생활, 부부생활, 성생활과 성역할 등을 떠올려 보게 된다.
• 응어리졌던 감정을 해소해 주는 역할을 할 뿐 아니라 실패와 좌절에 담담해짐으로써 자아 통합이 가능해지도록 해주고, 다가오는 죽음을 평온한 마음으로 맞게 해준다.

13 ⑤　표준교재 34~35p
노인성 질병
알츠하이머병, 혈관성 치매, 뇌내출혈, 지주막하출혈, 뇌경색증, 뇌졸중, 파킨슨, 중풍후유증 등

14 ③　표준교재 46p
등급외 A형
• 실내 이동은 지팡이로 자립
• 목욕하기, 화장실 이용하기 등 약간의 도움 필요
• 수발자 없이 장시간 혼자 집안에 머무는 것이 가능

15 ③　표준교재 418p
요양보호사가 기록해야 할 법정서식
• 장기요양급여제공기록지

- 상태기록지
- 사고보고서
- 인수인계서

16 ② 표준교재 416~417p

시설장 및 관련 전문가는 요양보호사가 기록한 정보를 바탕으로 서비스 내용 및 방법 등을 점검하고 평가하는 데 활용한다.

17 ② 표준교재 503p

부정과 고립의 단계

"아니야, 나는 믿을 수 없어" 라는 표현을 하게 된다. 대상자는 치명적으로 진행되는 자신의 병을 인식 하면서도 이러한 사실에 충격적으로 반응하며 이를 사실로 받아들이려 하지 않는다. 대상자는 자신의 병이 심각함을 알면서도 다시 회복될 수 있을 것이라고 믿고 싶어 한다.

18 ② 표준교재 147p

① 증상이 없어도 혈압이 높으면 치료해야 한다.
③ 약을 오래 복용하는 것이 몸에 좋지는 않다. 단, 고혈압의 합병증을 발생시키는 것보다는 안전하다.

④ 의사 처방이 있는 기간에는 통증과 상관없이 계속 약을 먹어야 한다.
⑤ 복용량을 의사 처방 없이 스스로 조절해서는 안 된다.

19 ⑤ 표준교재 129p

위궤양 증상

- 속쓰림
- 소화불량
- 새벽 1~2시에 발생하는 속쓰림과 상복부 불편감
- 심한 경우 위 출혈, 위 천공, 위 협착 발생

20 ③ 표준교재 137p

21 ⑤ 표준교재 140p

만성기관지염

기관지의 만성적 염증으로 기도가 좁아진 경우를 말한다. 따라서 숨쉬기가 힘들고 만성염증으로 기관지벽이 파괴될 경우 일부 기관지를 오히려 비가역적으로 늘어나 기관지 확장증이 되기도 한다.

22 ③ 표준교재 146~147p

① 가장 이상적인 혈압은 120/180mmHg이다.
② 혈압의 종류에는 최고혈압(수축기 혈압)과 최저혈압(이완기혈압)이 있다.

④ 최고혈압은 심장에서 피를 짤 때 생기는 힘이고 최저혈압은 심장이 늘어나면서 피를 가득 담고 있을 때의 힘을 말한다.
⑤ 혈관이 좁아지거나 심장이 한 번에 내보내는 혈압의 양이 늘어나면 혈압이 높아지게 된다.

23 ⑤ 표준교재 149p

과일과 야채와 저지방 유제품을 많이 먹고 포화 지방산과 지방이 많은 음식을 피해야 한다.

24 ④ 표준교재 155p

골다공증 관련 요인

- 폐경, 여성 호르몬 부족
- 골격이 약하고 저체중
- 운동 부족
- 갑상선 및 부갑상선 질환
- 척추골절 등 40세 이후 골절 경험

25 ④ 표준교재 159p

① 남성은 생식과 배설 기능을 동시에 한다.
② 남성과 여성 모두에게 비뇨기계와 생식기계는 가까이 접해 있다.
③ 신장에서 흡수되지 않는 물질들은 소변을 통해 체외로 배설된다.
⑤ 비뇨기계는 몸에서 필요 없는 노폐물이나 수분을 제거하는 기능을 한다.

26 ① 표준교재 162p

② 약물요법을 통해 신장 기능의 손상을 치료한다.
③ 수술을 통해 신장 기능의 손상을 치료한다.
④ 규칙적인 성생활을 통해 전립선 액이 정체되지 않도록 한다.
⑤ 음주는 대뇌피질을 자극하여 전립선이 충혈되어 비대증을 악화시킨다.

27 ③ 표준교재 167p

건조증은 노화에 따라 피부외층이 건조해지며 거칠어지는 것이다.

28 ③ 표준교재 191p

① 치매 대상자는 3~6개월 간격으로 병원에서 진료받는다.
② 약물요법으로 인지기능개선제 약물로 치료한다.
④ 비약물요법으로 인지 및 활동자극을 제공한다.
⑤ 기억력장애를 보이는 경우 치매 조기 검진을 받도록 한다.

29 ④ 표준교재 173p

- 내이에서는 소리의 감수성이 문제를 일으킨다.
- 외이도의 가려움과 건조증이 감소한다.
- 중이의 이소골 관절이 퇴행하여 단단해진다.
- 노인성 난청은 여성보다 남성에게 많이 나타난다.

30 ③ 표준교재 202p

① 운동의 강도, 기간, 빈도를 서서히 증가시킨다.
② 적어도 10분 이상 준비운동을 실시한다.
④ 최대 심박동수의 40~50% 수준으로 운동을 시작한다.
⑤ 저강도 운동으로 근육피로, 혈압의 변화 등을 주의하면서 실시한다.

31 ③ 표준교재 157p

고관절 골절은 강한 외부 힘이 작용해서 고관절 뼈가 부러지는 것으로 골다공증이 있는 노인이 낙상을 하면 발생한다.

32 ② 표준교재 194p

좌측뇌가 손상된 경우 우측마비와 함께 말을 못하거나 남의 말을 이해하지 못하는 실어증이 발생한다.

33 ⑤ 표준교재 195p

뇌졸중의 전구증상

- 갑자기 눈이 안 보이거나, 둘로 보인다.
- 일어서거나 걸으려 하면 자꾸 한쪽으로 넘어진다.
- 한쪽 팔다리가 마비되거나 감각이 이상하다.
- 말할 때 발음이 분명치 않거나, 말을 잘 못 한다.
- 주위가 뱅뱅 도는 것처럼 어지럽다.
- 갑자기 벼락 치듯 심한 두통이 온다.
- 의식장애로 깨워도 깨어나지 못한다.

34 ① 표준교재 331p

- 화장실 바닥에 물기를 없앤다.
- 변기는 팔걸이가 있는 것을 사용한다
- 이동식 좌변기는 미끄러지지 않도록 고정하고 손잡이를 만든다.

35 ④ 표준교재 336~337p

① 깨지기 쉬운 유리그릇 등은 잠글 수 있는 곳에 보관한다
②, ③ 집 주위에 대피할 수 있는 공터, 학교, 공원 등을 미리 알아둔다.
⑤ 비상시 사용할 약품 · 비품 · 장비 · 식품의 위치와 사용법을 알아 둔다.

제6회 요양보호사 적중모의고사(실기) 정답 및 해설

01	02	03	04	05	06	07	08	09	10
②	③	③	②	③	⑤	⑤	④	①	①
11	12	13	14	15	16	17	18	19	20
②	①	③	④	①	①	③	③	④	②
21	22	23	24	25	26	27	28	29	30
③	③	⑤	④	②	⑤	③	①	①	④
31	32	33	34	35	36	37	38	39	40
⑤	③	①	③	⑤	④	①	⑤	⑤	③
41	42	43	44	45					
①	⑤	③	⑤	①					

01 ② **표준교재** 120~124p
① 증상 회복 후에도 최소 2~3일간 음식을 조리하지 않는다.
③ 결핵은 호흡기를 통하여 감염되므로 결핵에 걸린 대상자가 사용하는 물건을 함께 쓰는 것은 괜찮다.
④ 독감예방접종은 10~12월 사이에 받는 것을 권장한다.
⑤ 옴벌레들이 가장 활동적인 밤에 바르고 바른 약은 다음 날 아침에 씻어낸다.

02 ③ **표준교재** 226p
올바른 식사 자세
• 식탁의 높이는 대상자가 의자에 앉았을 때 식탁의 윗부분이 대상자의 배꼽 높이에 오는 것이 가장 좋다.
• 의자에 앉을 때는 안쪽 깊숙이 앉게 한다.
• 의자의 높이는 발바닥이 바닥에 닿을 수 있는 정도이어야 안전하다.
• 팔받침, 등받이가 있는 의자는 안전하고 좌우 균형을 잡는 데 도움이 된다.

03 ③ **표준교재** 230p
감각이 무뎌진 대상자는 식사 후 입안에 음식이 남아 있어도 이를 알지 못하므로 남아 있는 음식은 삼키든지 또는 뱉도록 한다.

04 ② **표준교재** 231p
• 처방에 따라 영양액을 따뜻하게 준비한다(너무 차갑거나 뜨겁지 않도록 한다).
• 대상자를 앉게 하거나 침상머리를 올린다.

05 ③ **표준교재** 235p
약의 용량이 적을 때는 바늘을 제거한 주사기를 이용하여 복용하게 한다.

06 ⑤ **표준교재** 238p
• 귀 입구를 잠깐 동안 부드럽게 눌러주고 약 5분간 누워있도록 한다.

• 작은 솜을 15~20분 동안 귀에 느슨하게 끼워 놓았다 제거한다.

07 ⑤ **표준교재** 241p
배설 전 관찰 내용
요의/변의 유무, 하복부 팽만감, 이전 배설과의 간격, 배설억제

08 ④ **표준교재** 287p
옆에서 보조하는 경우 요양보호사는 대상자의 마비된 쪽 가까이에 서고, 발을 대상자의 마비된 발 바로 뒤에 놓는다.

09 ① **표준교재** 245p
변기는 따뜻한 물로 데워서 침대 옆이나 의자 위에 놓는다. 차가운 변기가 피부에 바로 닿을 경우 대상자가 놀랄 수 있으며 피부와 근육이 수축하여 요의나 변의가 감소될 수 있기 때문이다.

10 ① **표준교재** 246p
배설물로 인해 피부가 짓무르지 않았는지 등 대상자의 피부상태를 확인하며 닦는다.

11 ② **표준교재** 293p
엘리베이터에 탈 때는 뒤로, 내릴 때는 앞으로 향한다.

12 ① **표준교재** 252p
유치도뇨관을 강제로 빼면 요도점막에 손상을 입히므로 심하게 당겨지지 않도록 주의한다.

13 ③ **표준교재** 254p
입안 닦아내기는 치아가 없거나 연하장애가 있는 대상자, 의식이 없는 대상자, 사례가 잘 드는 대상자의 입안을 깨끗이 닦아 내는 방법이다.

14 ④ **표준교재** 255p
윗니와 잇몸을 닦고 거즈를 바꾸어 아래쪽 잇몸과 이를 닦는다. 다음으로 입천장, 혀, 볼 안쪽을 닦아 낸다.

15 ① **표준교재** 283p
반대쪽 어깨와 엉덩이에 손을 대고, 옆으로 돌려 눕힌다.

16 ① **표준교재** 266~267p
세안 시 코 안을 깨끗이 닦는다. 양쪽 코볼과 둘레를 세심히 닦도록 한다. 만약 코털이 코 밖으로 나와 있다면 깎아준다.

17 ③ **표준교재** 270~271p
목욕 후 한기를 느끼지 않도록 물기를 빨리 닦고 귀 뒤도 물기를 제거한다.

18 ③ 표준교재 272p

- 복부는 배꼽을 중심으로 시계방향으로 닦는다.
- 하지는 발끝에서 허벅지 쪽으로 닦는다.
- 목욕 후 금기가 아니면 등마사지를 한다.
- 목욕수건과 물은 필요할 때마다 깨끗하게 자주 교환한다
- 특이 사항이 있는 경우 시설장이나 관리책임자 등에게 보고한다.

19 ④ 표준교재 282p

누워서 엉덩이를 들어 올리는 운동은 휴대용 변기 사용과 침대 위에서 이동, 보행시 신체안정에 도움이 된다.

20 ② 표준교재 284p

요양보호사는 꼭 대상자의 앞쪽에서 체위변경해야 한다. 뒤쪽에서 체위변경을 시도하게 되면 대상자는 낙상과 심리적 불안감을 가지게 되어 근육 긴장도가 증가하기 때문이다.

21 ③ 표준교재 286p

돌아눕힌 자세에서 목과 어깨, 무릎을 지지한다.

22 ③ 표준교재 288~290p

- 바로 누운 자세(앙와위) - 휴식하거나 잠을 잘 때 자세
- 반 앉은 자세 반좌위) - 숨이 차거나, 얼굴을 씻을 때
- 엎드린 자세(복위) - 등에 상처가 있거나 등의 근육을 쉬게 해줄 때 자세
- 옆으로 누운 자세(측위) - 둔부의 압력을 피하거나 관장할 때 자세

23 ⑤ 표준교재 292p

휠체어 뒤를 발로 조심스럽게 눌러 휠체어를 뒤쪽으로 기울이고 앞바퀴를 들어 문턱을 오른다.

24 ④ 표준교재 296p

- 요양보호사는 대상자의 마비 측 옆에서 어깨와 몸통을 지지해 준다.
- 대상자는 건강한 손으로 바닥을 짚고 건강한 다리에 힘을 주어 바닥에 내려앉는다.
- 요양보호사는 대상자가 이동하는 동안 상체를 지지하여 준다.

25 ② 표준교재 304p

편마비 대상자가 계단을 내려갈 때 요양보호사는 대상자의 마비된 쪽에 위치하여 보조한다.

26 ⑤ 표준교재 320p

뒤로 잘 넘어지는 사람이나 뇌졸중으로 반신마비가 된 사람은 오히려 사용하지 않거나 사용에 신중해야 한다.

27 ③ 표준교재 339p

모든 자원은 계획성있게 필요한 만큼만 사용하고 환경오염을 최소화하기 위해 일회용품 사용을 가급적 자제한다.

28 ① 표준교재 363p

- 정상체중을 유지한다.
- 싱겁게 먹는다.
- 과일과 채소를 충분히 먹는다.
- 동물성 지방은 가능하면 적게 먹는다.
- 술은 가급적 피하고, 카페인 섭취를 제한한다

29 ① 표준교재 388p

대상자를 대신하여 해당 업무 대행이 가능한 지 먼저 확인하고, 업무대행 전 준비해야 할 정보나 자료, 경비를 점검한다.

30 ④ 표준교재 448p

- 민감하게 반응하지 않고, 비난하거나 화를 내지 않는다.
- 가능한 빨리 더러워진 옷을 갈아입힌다.
- 실금으로 젖은 신체부위는 씻기고 말려 피부를 깨끗이 유지하게 한다.
- 환기를 자주 시키고 요와 이불을 잘 말려서 실금 후 냄새를 관리한다.

31 ⑤ 표준교재 373p

도마와 칼이 1개씩밖에 없을 경우에는 과일 → 육류 → 생선류 → 닭고기 순으로 사용한다.

32 ③ 표준교재 458p

- 그릇의 크기를 조정하여 식사량을 조정한다.
- 치매 대상자가 좋아하는 대체식품을 이용한다.
- 식사하는 방법을 자세히 가르쳐준다.
- 손으로 집어 먹을 수 있는 식사를 만들어 준다.

33 ① 표준교재 463~464p

- 이해하지 못한 말은 다른 형태로 설명하지 말고 같은 말로 반복한다.
- 천천히 치매 대상자의 관심변화를 유도한다.
- 행동이 진정된 후에는 왜 그런 행동을 했는지 질문하거나 이상행동에 대해 상기시키지 않는다.

34 ① **표준교재** 272p

눈, 코, 뺨, 입 주위, 이마, 귀, 목의 순서로 닦는다.

35 ③ **표준교재** 469p

어린아이 대하듯 하지 않는다

치매 대상자를 대할 때에는 어린아이에게 이야기하는 것처럼 말하지 않으며 반드시 존칭어를 사용한다. 명령하는 투로 말하지 않으며 부정형 문장보다는 긍정형 문장을 사용하고. '이것은 해도 되고, 저것은 안 된다'는 표현대신 할 수 있는 것이 어떤 것인가를 정확히 이야기해 주는 것이 좋다.

36 ⑤ **표준교재** 473p

- 일관성 및 연결성이 손상되어 자주 확인하고, 설명을 요청한다.
- 대화의 주제가 자주 바뀐다.
- 사용하는 어휘의 수가 점차적으로 제한된다.
- 물건이나 사람의 이름을 부르는 것이 어렵다.
- 과거, 현재, 미래 시제의 올바른 사용이 어렵다.

37 ④ **표준교재** 475p

- 대상자가 마주볼 때, 이야기한다.
- 대상자의 이름을 부르면서 이야기를 시작한다.
- 요양보호사 자신의 이름을 말한다.
- 편안하고 부드러운 모습으로 이야기한다.
- 낮은 톤으로 다정하고 차분하게 대화한다.
- 천천히 분명하게 말한다.
- 대상자가 모든 것을 듣고 있다고 가정한다.

38 ① **표준교재** 384~385p

- 흰색 면직물은 햇볕에서 건조한다.
- 합성섬유 의류는 그늘에서 건조한다.
- 니트류는 채반 등에 펴서 말린다.
- 탈수가 끝나면 주름을 펴서 형태를 바로 잡아 곧바로 말린다.

39 ⑤ **표준교재** 406p

- 나의 생각이나 감정을 전달할 때는 나를 주어로 말한다.
- 상대방의 행동과 상황을 그대로 비난없이 구체적으로 말한다.
- 상대방의 행동이 나에게 미치는 영향을 구체적으로 말한다.
- 그 상황에 대해 내가 느끼는 바를 진솔하게 말한다.
- 원하는 바를 구체적으로 말한다.
- 전달한 말을 건넨 후 상대방의 말을 잘 듣는다.

40 ③ **표준교재** 411p

- 대상자의 눈을 보며 정면에서 이야기한다
- 어깨를 두드리거나 눈짓으로 신호를 주면서 이야기를 시작한다.
- 몸짓, 얼굴 표정 등으로 이야기 전달을 돕는다.
- 천천히 차분하게 말을 알아듣도록 한다.
- 보청기를 착용할 때는 입력은 크게, 출력은 낮게 조절한다.

41 ① **표준교재** 414p

42 ⑤ **표준교재** 533p

자동심장충격기 사용 단계

전원 켜기 - 전극패드 부착 - 심장 리듬 분석 - 제세동 시행 - 심폐소 생술 다시 시행

43 ③ **표준교재** 529p

복강 내 장기의 손상을 방지하기 위해 흉골의 가장 하단에 위치한 칼돌기를 압박하지 않도록 주의한다.

44 ⑤ **표준교재** 518p

화상부위의 통증이 없어질 때까지 (15분 이상) 즉시 찬물(5~12 ℃)에 담가 화상면의 확대와 염증을 억제하고 통증을 줄여 준다. 흐르는 수돗물을 환부에 직접 대면 물의 압력으로 인해 화상 입은 피부가 손상을 입을 수 있다. 화상 부위를 깨끗한 물수건으로 감싸 세균의 감염을 예방한다

45 ① **표준교재** 529p

기도유지

한 손을 대상자의 이마에 대고 머리를 뒤로 젖히고, 다른 한 손으로 턱 부분을 위쪽을 당겨 기도를 열어준다.

제7회 요양보호사 적중모의고사(필기) 정답 및 해설

01	02	03	04	05	06	07	08	09	10
④	②	④	⑤	④	①	③	③	③	②
11	12	13	14	15	16	17	18	19	20
①	③	③	②	②	②	①	④	①	③
21	22	23	24	25	26	27	28	29	30
④	③	④	③	⑤	③	③	③	②	②
31	32	33	34	35	36	37	38	39	40
②	⑤	②	①	③					

01 ④ 표준교재 34p

장기요양급여 대상자
장기요양급여 대상자는 65세 이상 또는 65세 미만이나 노인성질병을 가진 자로서 거동이 현저히 불편하거나 치매 등으로 인지가 저하되어 장기요양이 필요한 자이다

02 ② 표준교재 39p

재가급여의 단점
- 의료, 간호, 요양서비스가 단편적으로 진행 되기 쉽다.
- 긴급한 상황에 대한 신속한 대응이 어렵다

03 ④ 표준교재 38p

갱신결과 직전등급과 같은 등급으로 판정된 1등급의 경우 유효기간은 4년이다.

04 ⑤ 표준교재 61p

말벗과 상담자 역할 – 효율적인 의사소통 기법을 활용하여 대상자와 관계를 형성하고 필요로 하는 서비스를 제공하여 대상자의 신체적, 정신적, 심리적 안위를 도모 한다.

05 ④ 표준교재 184p

섬망의 증상
- 의식 수준의 변화로 잠에서 덜 깼거나 몹시 졸리운 상태에서 행동하는 사람처럼 보임
- 주의력 감퇴
- 수 시간이나 수일에 걸쳐 호전과 악화가 반복됨
- 시간, 장소, 사람에 대한 지남력 장애
- 인지장애, 초조, 지각장애, 편집 망상, 정서 불안정
- 섬망은 단독으로 발생하기도 하고 치매와 동반되어 나타나기도 함

06 ① 표준교재 98p

- 직무를 수행하는 데 필요한 전문적 지식과 기술을 갖춰야 한다.

- 보수교육에 적극적으로 참여하여 자기계발의 기회로 삼는다.
- 자신의 업무 활동을 점검하고 일의 결과를 기록하여 자가평가, 지도 받은 내용, 앞으로의 발전 등을 자료로 보관한다.

07 ③ 표준교재 97p

요양보호사는 신체적, 정신적으로 허약하고 도움이 필요한 대상자를 하나의 인격체로 존중해야 한다.
- 대상자의 권리를 이해하고 요양보호서비스 제공 시 대상자의 권리를 지켜주고 증진시켜 주어야 한다.
- 대상자의 종교를 존중하고 요양보호사 자신의 종교를 선교의 목적으로 강요해서는 안 된다.
- 요양보호사의 판단만으로 서비스를 제공하지 않고 반드시 대상자의 의견을 물은 후 실행한다.

08 ③ 표준교재 74p

다른 시설로 전원을 검토하거나 의료기관에 입원할 필요가 있는 노인은 전원 상담 등을 통해 자유로운 의사 표현 및 선택을 할 수 있도록 자기 결정권을 보장해야 한다.

09 ③ 표준교재 79p

신체적 학대
물리적인 힘이나 도구를 이용하여 노인에게 신체적 손상, 고통, 장애 등을 유발시키는 행위를 말한다.

10 ② 표준교재 115p

2단계 특징
- 작업시작 초기부터 통증이 나타남
- 하룻밤 지나도 통증이 지속되며, 잠을 방해함
- 반복적 작업 능력이 낮아짐
- 몇 주 혹은 몇 달간 지속되며, 악화와 회복이 반복됨

11 ① 표준교재 119p

손 씻기
손 씻기는 가장 손쉽고, 경제적이고, 효과적인 감염 예방법이다. 감염병의 70% 이상을 예방할 수 있다.

12 ③ 표준교재 20p

세대 간의 갈등조절
자녀와 부모 모두 서로에 대한 지나친 기대와 의존심을 내려놓고, 동등한 인격체로서 상호작용해야 한다. 또한, 자녀는 동거여부에 초점을 두기 보다는 노인이 도움을 필요로 할 때 어떻게 도와야 하는지에 초점을 두고, 관계를 조절해 나가야 한다.

13 ③ 　표준교재　403p

① 끊임없이 비교한다.- 듣기를 방해하는 경우

② 미리 대답을 준비한다. - 듣기를 방해하는 경우

④ 들은 후 잘 이해하였는지에 대하여 간략하게 정리한다.

⑤ 상대방의 메시지를 객관적으로 파악하려고 노력한다.

14 ② 　표준교재　46p

- 점수는 40점 이상 45점 미만
- 실내 이동은 자립, 실외도 자립 비율이 높음
- 목욕에 약간의 도움필요, 대부분은 자립
- 만성관절염 호소, 복지관 이용 가능

15 ② 　표준교재　418p

- 장기요양급여제공기록지
- 상태기록지(체크표)
- 사고보고서
- 인수인계서

16 ② 　표준교재　424p

요양보호 기록의 원칙

- 사실을 있는 그대로 기록한다.
- 육하원칙을 바탕으로 기록한다.
- 서비스의 과정과 결과를 정확하게 기록한다.
- 기록을 미루지 않고, 그때그때 신속하게 작성한다.
- 공식화된 용어를 사용한다.
- 간단명료하게 기록한다.
- 기록자를 명확하게 한다.
- 애매한 표현은 피하고 구체적으로 기록한다.

17 ① 　표준교재　514p

대상자가 혼수상태인 경우에도 청각은 마지막까지 남아 있으므로 평상시와 같이 요양보호를 제공한다.

18 ④ 　표준교재　507p

움직이지 못하게 억제하는 것은 좋지 않다. 대상자의 이마를 가볍게 문질러 주거나 책을 읽어 주며, 혹은 진정시킬 수 있는 음악을 들려주면 차분해지기도 한다.

19 ① 　표준교재　128p

당내성 : 세포가 혈액으로부터 포도 당을 흡수하는 능력

20 ③ 　표준교재　130p

위궤양 증상

- 속쓰림
- 소화불량
- 새벽1~2시에 발생하는 상복부 불편감
- 심한 경우 위출혈, 위 천공, 위 협착

21 ④ 　표준교재　128p

① 약물의 대사와 제거 능력이 저하

② 타액과 위액분비 감소

③ 직장벽의 탄력성 감소

⑤ 지방의 흡수력 감소

22 ③ 　표준교재　140p

- 흡연, 매연에의 노출
- 세균성 혹은 바이러스성 감염

23 ④ 　표준교재　141p

천식 관련 요인

꽃가루, 집 먼지, 진드기. 강아지나 고양이 털 및 배설물, 곰팡이, 대기오염, 황사, 미연, 먼지 등의 자극 물질, 자극적인 냄새, 담배, 갑작스런 온도나 습도의 차이, 특히 차고 건조한 공기에 갑자기 노출되는 것, 기후 변화 등

24 ③ 　표준교재　165p

- 3단계 : 깊은 욕창이 생기고 괴사조직 발생

25 ⑤ 　표준교재　155p

관절에 부담되지 않는 규칙적인 운동(예: 수영, 평평한 흙길 걷기, 체조 등)을 한다.

26 ③ 　표준교재　147p

본태성 고혈압

발생 원인은 밝혀지지 않았으나 유전, 흡연, 과도한 음주, 스트레스, 과식, 짠 음식, 운동부족, 비만과 같은 많은 요인이 관련된다(90~95%차지).

이차성 고혈압

다른 질병의 합병증으로 발생한 고혈압으로 심장병, 신장질환, 내분비질환, 임신중독증과 같은 질병이 원인이 되어 혈압이 올라간 것으로원인이 되는 질병이 치료되면 혈압도 저하될 수 있다(5~10%차지).

27 ③ 　표준교재　149p

① 동맥의 내부가 막힌 것이다.

② 동맥의 내부가 좁아지는 것이다.

④ 동맥혈관의 내부에 지방이 축적되는 것이다.

⑤ 동백의 혈관 벽이 굳어지면서 발생하는 것이다.

28 ③ 　표준교재　167p

① 알코올이 함유되지 않은 피부 보습제를 사용한다.

② 목욕이나 샤워시에는 따뜻한 물과 순한 비누를 사용한다.

④ 목욕이나 샤워시에는 따뜻한 물을 사용한다.

⑤ 건조증은 완치되지 않는다

29 ② 표준교재 193p

흔히 중풍이라 부르는 뇌졸중은 뇌에 혈액을 공급하는 혈관이 막히거나터져서 뇌 손상이 오고 그에 따른 신체장애가 나타나는 뇌혈관 질환이다. 뇌졸중은 뇌경색과 뇌출혈로 구분되며, 뇌혈관이 막힌 경우를 뇌경색이라고 하며 뇌혈관이 터진 경우를 뇌출혈이라고 한다.

30 ② 표준교재 174p

① 돌기와 미뢰의 개수와 기능이 감소한다.
③ 혀 뒤쪽의 신맛과 쓴맛을 감지하는 미뢰의 기능은 더 잘한다.
④ 혀 앞쪽의 단맛과 짠맛을 감지하는 미뢰는 기능은 점차 떨어진다.
⑤ 구강 점막의 재생이나 생성이 어렵고 침의 분비량을 줄어든다.

31 ② 표준교재 117p

① 동작과 동작 사이에 5~10초 정도 쉰다.
③ 통증을 느끼지 않고 시원하다고 느낄 때까지 계속한다.
④ 천천히 안정되게 한다.
⑤ 상하좌우 균형 있게 교대로 한다.

32 ⑤ 표준교재 109~110p

수근관증후군 자가진단법
수근관이 좁아지거나 내부 압력이 증가하여 신경이 자극되는 것. 양측의 손등을 맞대고 미는 동작을 유지한 채 최소한 1분 정도 손목을 구부릴 때 손바닥과 손가락의 저린 증상이 심해지면 수근관증후군임.

33 ② 표준교재 330p

휠체어, 보조기구, 보행기, 바퀴 달린 탁자 사용

34 ① 표준교재 329p

② 의료진이 오기 전에 골절된 뼈를 맞추지 않는다.
③~⑤ 대상자를 이동시키거나 움직이지 않는다.

35 ③ 표준교재 337p

① 정전에 대비해 손전등을 미리 준비해 둔다.
② 전기기기를 동시 사용을 자제한다.
④ 정전이 복구된 후에는 가전제품을 플러그에 하나하나 순서대로 꽂는다.
⑤ 냉동식품을 점검한다. 식품이 얼어있는 상태라면 재냉동이 가능하지만 고기 등의 빛깔이 변했거나 냄새가 난다고 판단되면 버린다.

제7회 요양보호사 적중모의고사(실기) 정답 및 해설

01	02	03	04	05	06	07	08	09	10
③	④	①	③	⑤	①	②	②	⑤	③
11	12	13	14	15	16	17	18	19	20
③	②	③	③	④	①	③	④	③	①
21	22	23	24	25	26	27	28	29	30
⑤	②	③	④	①	⑤	③	③	⑤	③
31	32	33	34	35	36	37	38	39	40
⑤	②	⑤	③	①	③	⑤	①	④	①
41	42	43	44	45					
④	⑤	①	①	③					

01 ③ 표준교재 208~209p

① 분할선이 있는 약만 쪼개서 복용할 수 있다.
② 약 복용 시간을 잊어버린 경우 생각난 즉시 복용하거나 다음 복용 시간이 가까워진 때는 다음 복용 시간에 복용한다. 절대 2배로 복용해서는 안 된다 .
④ 고혈압 약을 자몽주스와 함께 복용하면 부작용이 증가한다.
⑤ 질병 상태에 맞추어 약을 조절했을 가능성이 높으므로 반드시 최근의 처방약을 복용해야 한다.

02 ④ 표준교재 287p

03 ① 표준교재 231p

- 스스로 식사할 수 있는 대상자라도 식사 하는 동안 사레가 들리지 않는지, 불편한 점은 없는지 관찰해야 한다.
- 대상자가 음식을 먹을 때 한 입에 너무 많이 넣는지 살펴 본다.
- 너무 빨리 먹거나 조급하게 먹는지 살펴보고 천천히 식사할 수 있도록 환경을 조성한다.
- 편식하는 대상자는 반찬을 골고루 먹도록 격려한다.
- 식사 중 대상자가 요구하는 것이 있으면 옆에 지켜보고 있다가 도와 준다.

04 ③ 표준교재 255p

식전 입안 헹구기는 구강 건조를 막고, 타액이나 위액 분비를 촉진하여 식욕을 증진한다.

05 ⑤ 표준교재 51p

대상자가 세면 자체를 거부하는 경우 즐거운 세면을 위해 궁리하고 다양한 방법을 시도해 보거나, 따뜻한 물수건으로 닦아주는 등 거부감이 없는 다른 방법을 강구한다.

06 ① 표준교재 285p

② 마비된 양손은 가슴 위에 올려 놓는다.
③ 먼저 돌아눕힌 후에 앉힐 수도 있다.
④ 두 다리를 편 상태에서 무리하게 똑바로 앉히고자 시도하면 넙다리뼈가 골절될 수 있다.
⑤ 대상자를 향하여 가까이 선다.

07 ② 표준교재 289p

08 ② 표준교재 208p

편의점에서 구입 가능한 비상약
해열진통제, 감기약, 소화제, 파스

09 ⑤ 표준교재 246p

배설물 상태를 보고해야 하는 경우
- 대상자의 소변이 탁하 거나 뿌연 경우
- 거품이 많이 나는 경우
- 소변의 색이 진한 경우
- 소변 냄새가 심하게 나는 경우
- 소변에 피가 섞여 나오거나 푸른빛의 소변이 나오는 경우
- 대변에 피가 섞여 나와 선홍빛이거나 검붉은 경우
- 대변이 심하게 묽거나, 대변에 점액질이 섞여 나오는 경우

10 ③ 표준교재 290p

① 등받침 ② 팔걸이 ④ 발 받침대 ⑤ 바퀴 손잡이

11 ③ 표준교재 251~252p

금기 사항이 없는 한 수분섭취를 권장한다.

12 ② 표준교재 255p

식전 입안 헹구기는 구강 건조를 막고, 타액이나 위액분비를 촉진하여 식욕을 증진한다.
식후 입안 헹구기는 구강 내 음식물을 제거하여 구강을 청결히 하고, 음식물로 인한 질식을 예방한다.

13 ③ 표준교재 258p

칫솔에 의치 세정제를 묻혀 미온수로 의치를 닦는다.

14 ③ 표준교재 257p

위쪽 의치를 먼저 빼서 의치 용기에 넣는다.

15 ④ 표준교재 259~260p

- 침대모서리에 머리가 오도록 몸을 비스듬히 한다.
- 솜으로 귀를 막고, 눈은 수건으로 덮어 보호한다.
- 침대보를 보호하기 위해 방수포를 어깨 밑까지 깐다.

• 머리 밑에 패드를 대고 패드 끝을 물받이 양동이에 넣는다.

16 ① 표준교재 263p
손톱은 둥글게 자른다.

17 ③ 표준교재 271p
어지러움, 피로감이 없는지 대상자의 상태를 확인하고 따뜻한 우유, 차 등으로 수분을 섭취하고 휴식을 취하도록 한다.

18 ③ 표준교재 272p
• 손목 쪽에서 팔 쪽으로 닦는다.
• 발끝에 서 허벅지 쪽으로 닦는다.
• 유방은 원을 그리듯이 닦는다.
• 복부는 배꼽을 중심으로 시계방향으로 닦는다.
• 등과 둔부는 옆으로 눕게 하여 목 뒤에서 둔부까지 닦는다.

19 ④ 표준교재 282p
• 침대 매트를 수평으로 눕히고 베개를 머리 쪽에 옮긴다.
• 대상자의 무릎을 세워 발바닥이 침대바닥에 닿게 한다.

20 ① 표준교재 276p
옷을 입힐 때는 마비된 쪽 → 머리 → 건강한 쪽 순서로 입힌다.

21 ⑤ 표준교재 281p
체위변경과 이동은 장기간 누워지내는 대상자에게 나타날 수 있는 관절의 굳어짐과 변형을 예방하고 편안함을 제공한다.

22 ② 표준교재 290p
앉은 자세에서 욕창이 발생하기 쉬운 부위
궁둥뼈결절, 넙다리뒷면, 척추뼈가시돌기

23 ③ 표준교재 292p
요양보호사가 뒤에 서서 뒷바퀴를 내려놓고, 앞바퀴를 들어 올린 상태로 뒷바퀴를 천천히 뒤로 빼면서 앞바퀴를 조심히 내려놓는다.

24 ④ 표준교재 301p
보행기는 대상자의 팔꿈치가 약 30°로 구부러지도록 대상자 둔부 높이로 조절한다.

25 ① 표준교재 304p
평지와 계단을 내려갈 때
지팡이 – 마비된 다리 – 건강한 다리

26 ⑤ 표준교재 321p
이동변기는 의자처럼 사용하고 사용한 변기통은 소독 또는 뜨거운 물로 세척 후 건조시킨 다음 본체와 함께 선선한 곳에 보관한다.

27 ③ 표준교재 339p
요양보호사의 판단으로 결정하지 않으며 반드시 대상자에게 충분히 설명하고 동의를 얻도록 한다.

28 ③ 표준교재 377p
유리컵 → 수저류 → 밥그릇, 국그릇 → 반찬 그릇 → 프라이팬 순으로 설거지한다.

29 ⑤ 표준교재 363p
① 소금섭취를 줄인다.
② 칼륨을 충분히 섭취한다.
③ 동물성지방 섭취를 줄인다.
④ 피토케미컬이 함유된 채소, 과일 섭취를 늘린다.

30 ③ 표준교재 363p
칼륨은 나트륨을 체외로 배설하게 하여 혈압을 낮추는 효과가 있으므로 고혈압 대상 자가 충분히 섭취하도록 한다. 칼륨이 많은 식품은 통밀, 고구마, 돼지고기, 고등어, 바나나, 오렌지, 사과, 시금치, 버섯, 우유, 땅콩, 호두 등이다.

31 ⑤ 표준교재 460p
• 치매 대상자가 활기찬 활동으로 바쁘게 생활하도록 한다.
• 신체적 손상을 방지하기 위해 안전한 환경을 제공한다.
• 단순한 일거리를 주어 배회 증상을 줄인다.

32 ② 표준교재 458p
음식을 잘게 썰어 목이 막히지 않도록 하고, 치매 말기에는 음식을 으깨거나 주스로 만들어 준다.

33 ⑤ 표준교재 463p
• 치매 대상자가 당황하고 흥분되어 있음을 이해한다는 표현을 한다.
• 온화한 표현을 유지하고, 불안해하지 않는다. 또한, 갑자기 움직여 대상자가 놀라게 하지 않는다.

34 ③ 표준교재 186p
야간섬망
치매 대상자가 늦은 밤에 성격이 180도 달라져서 흥분하거나 환각 증상을 보이는 것이다.

35 ① 표준교재 483p

빈칸에 적당한 글자를 넣어 단어나 문장을 완성하거나, 여러 가지 단어를 만들어 내도록 하여 언어 및 단어 유창성을 훈련한다.

36 ③ 표준교재 473p
- 일관성 및 연결성이 손상되어 자주 확인하고, 설명을 요청한다.
- 대화의 주제가 자주 바뀐다.
- 사용하는 어휘의 수가 점차적으로 제한된다.
- 물건이나 사람의 이름을 부르는 것이 어렵다.
- 과거, 현재, 미래 시제의 올바른 사용이 어렵다.

37 ⑤ 표준교재 269p

체온이 떨어지지 않도록 목욕 중에는 자주 따뜻한 물을 뿌려준다.

38 ① 표준교재 476p

대상자는 체험한 것을 잊어버리고 있다. 그럴 때는 대상자 입장에서 납득이 가는 언행이 무엇일지 생각해 본다. 위의 경우에는 "점심을 준비하고 있으니까 잠시 기다려주세요"라고 말하는 편이 훨씬 효과적이다. 또한 대상자가 계속 납득을 하지 못하는 경우에는 조금 시간을 두었다가 반응하거나 사람들이 교대하여 이야기하는 것이 좋다.

39 ④ 표준교재 517p

열사병
고온 다습한 곳에서 몸의 열을 발산하지 못하여 체온이 높아지고, 어지러움과 피로를 느끼다가 갑자기 의식을 잃고 쓰러진다.

40 ① 표준교재 412p
- 대상자와 이야기 할 때는 얼굴과 눈을 응시하며 천천히 말한다.
- 질문에 대한 답변이 끝나기 전에 다음 질문을 하지 않는다
- 끝날 때 까지 기다리면서 고개를 끄덕여 듣고 있음을 알린다.
- 알아듣고 이해가 된 경우에는 예, 아니오 라고 짧게 대답한다.
- 실물, 그림판, 문자판 등을 이용한다.

41 ④ 표준교재 521p
- 담요 등을 덮어 주어 대상자를 따뜻하게 한다.
- 손상 부위의 장신구를 제거한다.
- 튀어나온 뼈는 직접 압박하지 않는다.

42 ⑤ 표준교재 515p
- 대상자의 상태를 파악하고, 119 등에 신속히 신고한다.
- 대상자에게 처치를 하고자 시간을 소비해서는 안 된다.
- 대상자 주위에 여러 사람이 있을 때는 응급처치 교육을 가장 많이 받은 사람의 지시에 따라 응급처치를 시행한다.

43 ① 표준교재 516p

하임리히법에 대한 설명이다.

44 ① 표준교재 534p

오른쪽 패드는 오른쪽 빗장뼈 밑에, 왼쪽 패드는 왼쪽 중간 겨드랑선에 붙인다.

45 ③ 표준교재 527~530p

인공호흡 시 유의할 점
- 과도한 환기가 발생하지 않도록 주의한다.
- 위가 팽창하지 않도록 주의한다.

제8회 요양보호사 적중모의고사(필기) 정답 및 해설

01	02	03	04	05	06	07	08	09	10
④	①	④	⑤	④	③	④	②	⑤	③

11	12	13	14	15	16	17	18	19	20
⑤	①	⑤	⑤	②	⑤	②	①	②	④

21	22	23	24	25	26	27	28	29	30
④	③	①	③	①	⑤	④	③	④	①

31	32	33	34	35	36	37	38	39	40
③	④	⑤	③	①					

01 ④ 표준교재 ▶ 32p

노인보호 전문기관

노인학대행위자에 대한 상담 및 교육, 학대받은 노인의 발견·상담·보호, 노인학대예방 및 방지를 위한 홍보를 담당하는 기관.

02 ① 표준교재 ▶ 25p

자아실현의 원칙

• 노인의 잠재력을 완전히 계발할 수 있는 기회가 있어야 한다.
• 사회의 교육적, 문화적, 정신적 자원과 여가서비스를 이용할 수 있어야 한다.

03 ④ 표준교재 ▶ 48p

기능회복훈련서비스

신체기능의 훈련, 기본동작 훈련, 일상생활동작 훈련, 물리치료, 언어치료, 작업치료

04 ⑤ 표준교재 ▶ 60p

① 대상자로부터 서비스에 대한 물질적 보상을 받지 않는다.
② 맥박, 호흡, 체온, 혈압 측정, 흡인, 위관영양, 관장, 도뇨, 욕창관리 및 투약(경구약 및 외용약 제외) 등을 포함하는 모든 의료 행위를 하지 않는다.
③ 요양보호사는 서비스 제공 중 대상자에게 응급상황이 발생한 경우 응급처치 우선순위에 따라 응급처치하고, 응급처치를 할 수 없거나 의사에게 보고할 수 없는 상황인 경우에는 가장 가까운 의료기관으로 대상자를 옮긴다.
④ 치매 대상자에게 서비스 제공 시 발생하는 여러 돌발 상황에 대해서는 시설장 또는 관리책임자와 의논하에 처리한다.

05 ④ 표준교재 ▶ 52p

• 대상자의 요구를 가능한 한 수용하면서 요양보호사의 의견을 강요하지 않는다.

• 입고 싶어 하는 옷을 안에 입히고 겉옷을 상황에 맞게 입도록 한다.

06 ③ 표준교재 ▶ 98p

요양보호사는 대상자의 호감을 받고 상호 신뢰감을 형성하기 위해 친절하고 예의바른 태도, 바른 몸가짐과 언어생활을 하려고 노력해야 한다.

• 대상자와 약속한 내용, 방문시간 등을 반드시 지키며 사정이 있어 늦거나 방문 일을 변경해야 할 경우에는 반드시 사전에 연락하여 양해를 구해야 한다.
• 대상자를 방문하였을 때 대상자가 없으면 방에 들어가지 말고, 다음 방문 일을 적어 메모를 남겨둔다.
• 대상자 앞에서는 피로하거나 나태한 모습을 보이지 않도록 한다.

07 ④ 표준교재 ▶ 98p

요양보호사는 요양보호 업무와 관련된 모든 직업인과 상호협조 하는 태도 및 조화를 이루려는 자세를 가져야 한다.

08 ② 표준교재 ▶ 85p

유기 : 스스로 독립할 수 없는 노인을 격리하거나 방치하는 행위

09 ⑤ 표준교재 ▶ 72p

정치, 문화, 종교적 신념의 자유에 대한 권리

다른 생활노인의 권리를 침해하지 않는 범위 내에서 자신의 의사에 따라 시설 내부의 다양한 서비스, 여가, 문화 활동에 참여할 수 있는 기회를 부여해야 한다.

10 ③ 표준교재 ▶ 120p

결핵 의심증상

• 호흡기 증상 : 2주 이상의 기침, 가래(피가 섞일 수도 있음), 호흡곤란, 흉통
• 전신 증상 : 발열, 야간에 땀 흘림, 식욕부진, 체중감소, 전신피로, 무기력감

11 ⑤ 표준교재 ▶ 43p

국민건강보험공단은 등급판정을 받은 대상자에게 장기요양인정서를 발급한다. 장기요양서비스를 받으려면 대상자와 그 가족이 기관에 제출해야 한다.

12 ① 표준교재 ▶ 13p

• 나이가 들수록 조심성이 증가한다.
• 나이가 들수록 질문이나 문제에 대해 대답을 할지 망설이거나 하지 못하며, 때로는 중립을 지키곤 한다.
• 결단이나 행동이 느려지고 매사에 신중해진다.

13 ⑤　표준교재 414p

- 대상자에게 충분히 설명하고 동의를 얻어 실시한다.
- 개개인이 적극적으로 여가 활동에 참여할 수 있도록 동기를 부여한다.
- 단체보다는 개개인의 욕구에 맞게 프로그램을 선택할 수 있도록 배려한다.
- 여가활동프로그램은 어렵지 않고 대상자가 흥미를 느낄 수 있는 것이어야 한다.
- 대상자가 어떤 여가 활동에 흥미를 가지고 있는지 파악한다.

14 ⑤　표준교재 46p

만성질환자사례관리사업
등급외 A형, B형, C형 중에서 고혈압, 당뇨, 관절염 등 만성질환이 있는 노인을 대상으로 건강관리 및 의료이용에 관한 정보 제공, 생활습관 개선 등의 상담서비스를 제공

15 ②　표준교재 424p

상태기록지(체크표)
배설, 목욕, 식사섭취, 수분섭취, 체위변경, 외출 등의 상태 및 제공 내용을 기록하는 것이다. 장기요양기관에 따라 양식과 명칭, 내용은 조금씩 다르다.

16 ⑤　표준교재 17p

빈둥지증후군
자녀가 독립하여 집을 떠난 뒤에 부모가 경험하게 되는 슬픔으로 외로움과 상실감을 의미함

17 ②　표준교재 504p

타협
세 번째 단계에서 대상자는 타협을 시도한다. 자신이 아무리 죽음을 부정하고 부인해도 피할 수 없는 상황에 처해 있음을 알고, 제 3의 길을 선택한다. 자신에게 불가피한 사실을 어떻게든 연기하기 위해 "그래, 내게 이런 일이 벌어졌어. 인정해. 그렇지만 우리 아이가 시집갈 때 까지만 살게 해 주세요." 등으로 말하며, 삶이 얼마 간이라도 연장되기를 바란다.

18 ①　표준교재 509p

- 고통이 없는 가운데 편안히 임종을 맞이할 수 있도록 돕는다.
- 대상자에게 관심을 가진다.
- 대상자가 만나고 싶은 사람을 만날 수 있도록 돕는다.

19 ②　표준교재 136p

① 복부 근육의 힘 약화

③ 수분과 섬유질을 포함한 음식섭취의 감소
④ 위, 대장반사 감소 및 약화에 따른 장운동 저하
⑤ 저작능력 저하와 관련된 지나친 저잔여식이 섭취

20 ④　표준교재 148p

고혈압 증상
- 뇌동맥의 파열로 뇌졸중 혹은 사망
- 뒷머리가 뻐근하게 아프고 어지럽거나 흐리게 보임
- 이른 아침의 두통
- 이명, 팔다리 저림
- 심장 및 신장 기능 장애
- 코피, 가슴이 답답하거나 숨이 참

21 ④　표준교재 141p

천식 증상
기침, 호기성 천명음(숨을 내쉴 때 쌕쌕거리는 호흡음), 호흡곤란, 흉부압박감. 기도경련, 점액분비량의 증가, 알레르기성 비염

22 ③　표준교재 143p

폐결핵 치료를 위한 약물 복용(항결핵제) 특징
- 불규칙적으로 먹거나 임의로 중단하면 안된다.
- 양이 많다.
- 복용기간이 비교적 길다.
- 자의로 중단하면 안 된다.

23 ①　표준교재 149p

- 지방대사 이상
- 콜레스테롤이나 지방 섭취 과다
- 스트레스, 비만, 흡연, 과음, 폐경
- 운동부족

24 ③　표준교재 109p

수근관증후군에 대한 설명이다.

25 ①　표준교재 156p

② 비타민 D를 섭취한다.
③ 적당한 체중을 유지한다.
④ 칼슘이 풍부한 식사를 한다
⑤ 근육과 뼈에 힘을 주는 체중부하운동을 한다.

26 ⑤　표준교재 159p

- 테스토스테론 생산이 점점 줄어들고 동맥 혈관에 변화가 일어나, 음경이 발기 되는데 더 많은 자극과 자극시간이 요구된다.
- 대부분의 남성 노인은 전립선 비대를 경험한다.

• 잔뇨량이 늘어나고, 방광용적이 250㎖ 정도로 감소
되어 자주 소변을 보게 된다. 또한 방광 근력이 저하
되어 방광이 완전히 비워지지 않게 되고 요류의 힘
이 감소된다.

27 ④　표준교재 172p
① 감각이 둔화된다.
② 신경세포의 기능이 저하된다.
③ 단기기억은 감퇴되나 장기기억은 대체로 유지된다.
⑤ 신체적인 운동부족으로 불면증이나 수면장애가 올
수 있다.

28 ③　표준교재 190p
• 물건을 둔 장소를 기억하지 못하며 자주 잃어버린다.
• 전화 통화 후 내용을 기억하지 못하고 반복해서 질
문한다.
• 자신의 물건을 잃어버리고는 '남이 훔쳐 갔다'고 의
심한다.
• 공휴일, 납세일 등 연, 월, 일을 잊어버린다.
• 요리, 빨래, 청소, 은행가기, 병원방문 등 하던 일의
수행기능이 저하된다.

29 ④　표준교재 193p
• 반신마비 : 손상된 뇌의 반대쪽 팔다리, 안면하부에
갑작스런 마비 증상
• 전신마비 : 뇌간 손상 시 전신마비와 함께 의식 저
하가 발생함
• 반신감각장애 : 흔히 얼얼한 느낌을 호소함
• 언어장애 : 좌측뇌가 손상된 경우 우측마비와 함께
말을 못함.

30 ①　표준교재 179p
• 혈액순환을 촉진한다.
• 육체적 스트레스를 해소시킨다.
• 포도당을 산화시켜 혈당을 낮춘다.
• 인슐린의 저항성을 감소시켜준다.

31 ③　표준교재 164p
• 욕창은 일단 발생하면 치료가 어려우므로 예방하는
것이 최우선이다.
• 자세를 변경해도 붉은 빛이 계속되면 욕창일 가능
성이 높다.
• 의자에서는 침대보다 두 배 정도 자주 자세를 바꾸
어준다.

32 ④　표준교재 165p
• 약간 미지근한 물수건으로 찜질하고 마른수건으로
물기를 닦아낸다.
• 주위를 나선형을 그리듯 마사지 하고 가볍게 두드
린다.
• 미지근한 바람으로 건조시킨다.
• 춥지 않을 때에는 30분 정도 햇볕을 쪼인다.

33 ⑤　표준교재 330p
고정되지 않은 매트, 물기 있는 마룻바닥, 평평하지 않
은 바닥, 문턱, 바닥에 어질러진 물건, 미끄러운 보도,
경사가 급한 장소

34 ③　표준교재 329p
①, ② 대상자가 낙상한 것을 발견하면, 절대 움직이지
못하게 해야 한다.
④ 대상자가 낙상한 상황을 요양보호사가 확인하지 못
했다면 대상자가 침착하게 기억을 더듬어 대답할 수
있도록 유도한다.
⑤ 사지를 움직이지 못하는 경우 골절일수 있으니 시설
장이나 관리책임자, 간호사에게 보고한다.

35 ①　표준교재 338p
② 습기가 없는 곳에서 전기기기를 사용해야 안전하다.
③ 만일 전기 쇼크를 입으면 전류가 차단될 때까지 다
른 사람이 닿지 않도록 해야 한다.
④ 전기기구 물품 세척 시나 수선 시에는 절대 전기를
연결하지 않는다.
⑤ 콘센트로부터 플러그를 뺄 때는 플러그를 꼭 잡고
똑바로 빼야 코드와 플러그가 손상 되지 않는다.

제8회 요양보호사 적중모의고사(실기) 정답 및 해설

01	02	03	04	05	06	07	08	09	10
②	③	②	③	④	④	②	②	①	②
11	12	13	14	15	16	17	18	19	20
③	④	②	③	③	④	③	⑤	④	②
21	22	23	24	25	26	27	28	29	30
④	①	④	③	④	②	⑤	②	③	④
31	32	33	34	35	36	37	38	39	40
③	①	⑤	③	④	⑤	④	③	②	③
41	42	43	44	45					
⑤	①	⑤	③	②					

01 ② **표준교재** 224~225p
- 일반식 – 치아에 문제가 없고 소화를 잘 시킬 수 있는 대상자
- 잘게 썬 음식 – 치아가 적어 씹기 어렵지만, 삼키는 데 문제가 없는 대상자
- 갈아서 만든 음식 – 아주 잘게 썰어도 삼키기 힘든 대상자
- 경구유동식 – 수분이 많은 미음 형태의 삼키기 쉬운 음식
- 경관유동식 – 삼키는 능력이 없고 의식장애가 있는 대상자

02 ③ **표준교재** 224p
잘게 썬 음식
치아가 적어 씹기 어렵지만, 삼키는데 문제가 없는 대상자에게 치아상태에 따라 잘게 썰어 제공한다.

03 ② **표준교재** 230p
노인들이 찹쌀떡이나 떡국 같은 음식을 먹다가 목에 걸려 숨을 쉬지 못하는 경우 응급조치한다.

04 ③ **표준교재** 233p
정확한 약물, 정확한 대상자, 정확한 용량, 정확한 경로, 정확한 시간에 투약을 돕는다.

05 ④ **표준교재** 236p
안약 투여시 대상자에게 천장을 보도록 하고 약물 명, 점적 방울 수를 확인하여 눈의 측면에서 하부 결막 낭의 바깥쪽 3분의 1 부위에 안약을 투여한다.

06 ④ **표준교재** 238p
수액 병은 항상 대상자의 심장보다 높게 유지한다.

07 ② **표준교재** 241p
배설 후 관찰내용
색깔, 혼탁의 유무, 배설시간, 잔뇨감, 잔변감, 배설량

08 ② **표준교재** 242~243p
① 건강한 쪽에 휠체어를 둔다.
③ 휠체어를 타고 내릴 때는 잠금장치를 잠근다.
④ 화장실 밖에서 기다릴 때는 중간중간 말을 걸어 상태를 살핀다.
⑤ 대상자가 스스로 할 수 없을 때만 뒤처리를 돕는다.

09 ① **표준교재** 245p
- 대상자가 협조를 할 수 있는 경우 – 대상자를 바로 눕힌 상태로 무릎을 세우고 발에 힘을 주도록 한다.

10 ② **표준교재** 247p
배설물에 이상이 있는 경우
건강상의 중요한 이상징후이므로 배설물을 버리지 말고 시설장이나 관리책임자, 간호사 등에게 직접 보여주거나, 그 양상(색깔, 냄새, 특성 등)을 정확히 기록하여 보고해야 한다.

11 ③ **표준교재** 249p
기저귀를 쓰게 되면 대상자가 기저귀에 의존하게 되어 스스로 배설하던 경향이 사라지고 치매증상 및 와상상태가 더욱 심해질 수 있다.

12 ④ **표준교재** 252p
유치도뇨관이 막히거나 꼬여서 소변이 제대로 배출되지 않으면 방광에 소변이 차서 아랫배가 불편하고 아플 수 있다.

13 ② **표준교재** 255p
컵을 사용하기 어려울 때 빨대가 달린 컵을 사용하도록 한다.

14 ③ **표준교재** 258p
잇몸에 대한 압박자극을 해소하기 위해 자기 전에는 의치를 빼서 보관한다.

15 ③ **표준교재** 262p
빗질은 매일 하는 것이 좋으며, 머리카락이 엉켰을 경우에는 물을 적신 후에 손질한다. 너무 세게 잡아당겨 대상자가 불편하지 않도록 한다. 머리 손질 중간, 머리 손질 후 대상자가 거울을 통해 확인할 수있도록 하여 기호를 최대한 반영한다.

16 ④ **표준교재** 268p
①, ③ 귀밑에서 턱 쪽으로, 코밑에서 입 주위 순서로 진행한다.
② 짧게 나누어 일정한 속도로 면도한다.
⑤ 피부가 주름져 있다면 아래 방향으로 부드럽게 잡아 당겨 면도한다.

17 ③ 표준교재 270p

① 대상자를 목욕의자에 앉히고 발 끝에 물을 묻혀 미리 온도를 느껴보게 한다.

②, ④ 요양보호사는 대상자의 마비된 쪽 겨드랑이를 잡고 건강한 쪽 다리, 마비된 쪽 다리 순으로 옮겨 놓게 한다.

⑤ 욕조에 있는 시간은 5분 정도로 한다.

18 ⑤ 표준교재 275p

옷의 색상, 개인의 생활 리듬을 고려하고 상, 하의가 분리되어 입고 벗기 쉬우며 가볍고 신축성이 좋은 옷을 선택하는 것이 좋다.

19 ④ 표준교재 275p

편마비나 장애가 있는 경우, 옷을 벗을 때는 건강한 쪽부터 벗고 옷을 입을 때는 불편한 쪽부터 입힌다.

20 ② 표준교재 284p

돌아눕는 동작과 함께 앉을 수 있다. 몸통을 돌려 어깨와 상체를 일으켜 세울 때 배 근육이 수축하고 손을 짚어 팔은 펴고 무릎을 굽혀진다.

21 ④ 표준교재 289p

반좌위는 숨차거나 얼굴을 씻을 때, 식사 시나 위관 영양을 할 때 자세이다.

22 ① 표준교재 289p

엎드린 자세에서의 욕창발생 가능 부위

위팔뼈 앞머리, 복장뼈, 위앞엉덩뼈가시, 무릎뼈, 발등

23 ④ 표준교재 292p

대상자의 체중이 무겁거나 경사도가 높은 경우 지그재그로 밀고 올라가는 것도 방법이 될 수 있다.

24 ③ 표준교재 302p

• 약한 다리와 보행기를 함께 앞으로 한 걸음 정도 옮긴다.

• 일단 체중을 보행기와 손상된 다리 쪽에 의지하면서 건강한 다리를 앞으로 옮긴다.

25 ④ 표준교재 302p

지팡이를 사용하는 쪽 발의 새끼발가락으로부터 앞 15cm, 옆 15cm 지점에 지팡이 끝을 놓는다.

26 ② 표준교재 294p

대상자의 건강한 쪽 침대난간에 붙도록 평행 또는 30~45° 비스듬히 휠체어를 두고 잠금 장치를 잠그고 이동시킨다 .

27 ⑤ 표준교재 342~343p

① 야채는 살짝 데쳐서 볶으면 기름도 적게 들고 색깔도 선명하게 유지할 수 있다.

② 삶으면 부드러워져 먹기 쉽다. 육류는 오래 삶으면 부드러워지나 생선은 반대로 너무 오래 삶으면 질기고 딱딱해진다.

③ 기름이 많은 음식보다는 기름기가 적은 조리 방법을 선택하는 것이 바람직하다.

④ 노인의 식욕을 돋우기 위해 식초나 소스로 무침을 하면 미각에 변화를 주어 입맛을 찾는데 도움이 된다.

28 ② 표준교재 380p

베개 높이는 척추와 머리가 수평이 되는 것이 좋다. 폭은 어깨 폭에 20~30cm를 더하고, 딱딱한 정도는 기호에 따라 다르다.

29 ③ 표준교재 310p

①, ② 한 번 사용한 카테터는 분비물이 빠질 수 있게 물에 담가 놓는다.

④ 소독한 컵은 냄비 뚜껑을 닫은 채 물을 버린 후 건져서 자연 건조한다.

⑤ 카테터 등 고무 제품은 15분 이상 끓인 후 쟁반에 널어서 그늘에서 말린다.

30 ④ 표준교재 386p

① 눅눅해진 의류나 침구는 건조하고 맑게 갠 날 바람이 잘 통하는 그늘에서 바람을 쐬인다.

② 2시간 이상 직사광선에 쏘인다.

③ 실리카겔은 흡수하면 분홍색으로 바뀐다.

⑤ 비가 막 그친 맑은 날은 습기가 올라오므로 바람을 쏘이는 데 적합하지 않다.

31 ③ 표준교재 454p

치매 대상자가 놀라지 않도록 거울이나 비치는 물건은 없애거나 덮개를 씌운다.

32 ① 표준교재 459p

• 치매 대상자의 수면상태를 관찰한다.

• 치매 대상자에게 알맞은 하루 일정을 만들어, 규칙적인 생활을 하도록 배려한다.

• 하루 일과 안에 휴식시간을 포함하며, 가능하면 집 밖에서의 운동을 포함시킨다.

• 수면환경을 만든다.

33 ⑤ 표준교재 464p

일상적인 생활에 대하여 자상하게 설명을 반복하고 신

체적인 요양보호기술을 적용할 때마다 도와주는 행동을 말로 표현한다.

34 ③ 표준교재 461p
- 치매 대상자가 초조한 표정으로 집안을 이리저리 돌아다니는 경우, 곧 밖으로 나가려고 하는 것임을 염두해 둔다.
- 신체적 손상을 방지하기 위해 안전한 환경을 제공한다.
- 규칙적으로 시간과 장소를 알려주어 현실감을 유지하도록 한다.
- 치매 대상자가 활기찬 활동으로 바쁘게 생활하도록 한다.
- 안전한 환경을 조성하며 소음이 없도록 유지한다.
- 배회가능성이 있는 치매 대상자는 관련 기관에 미리 협조를 구한다.

35 ④ 표준교재 406p
나-전달법의 유의사항
- 부정적 정서를 강조하지 않는다.
- 상대방에게 교훈을 주는 데 열중하여 말하는 사람의 본심을 전달할 기회를 놓치지 말아야 한다.
- 감정을 폭발적으로 드러내지 않는다.
- 상대를 평가하지 않는 태도가 필요하다.

36 ⑤ 표준교재 473p
올바른 이름을 지칭하지 못하는 '명칭 실어증'을 보인다.

37 ④ 표준교재 480p
치매 대상자와 대화할 경우 적어도 1m 이내 가까이 다가서서 대상자의 눈을 보면서 말을 걸어야 한다. 치매의 정도, 이해력, 시각, 청각, 언어의 정도와 의사소통 장애를 올바로 평가하여 가장 효과적인 위치에서 대화를 시도하는 것은 갑작스럽게 발생할 수 있는 사고 위험을 줄이는 방법이다.

38 ③ 표준교재 472p
치매 대상자에게 신체적 언어를 사용할 때 유의사항
- 정면으로 마주보며 이야기 한다.
- 눈높이를 맞추고 이야기한다.
- 치매 대상자가 위협적으로 느끼는 자세를 취하지 않는다.
- 치매 대상자에게 관심을 보인다.
- 치매 대상자에게 접근할 때 앞에서 다가간다. 뒤에서 다가가면 대상자가 놀랄 수 있다.

39 ② 표준교재 411p
- 대상자의 정면에서 이야기한다.
- 여기, 이쪽 등의 지시대명사를 사용하지 않고 사물의 위치를 정확히 시계방향으로 설명한다.
- 대상자를 중심으로 오른쪽, 왼쪽을 설명하여 원칙을 정하여 두는 것이 좋다.
- 대상자를 만나면 먼저 말을 건네고 악수를 청하고 헤어질 때도 먼저 말을 건넨다.
- 자신의 건강문제에 스스로 책임감을 가질 수 있도록 교육과 훈련을 반복하는 것이 바람직하다.
- 대상자가 이해할 수 있는 언어를 사용하고 천천히 정확하게 말한다.

40 ③ 표준교재 413p
- 대상자와 눈을 맞춘다.
- 명확하고 간단하게 단계적으로 제시한다.
- 구체적이고 익숙한 사물에 대하여 대화한다.
- 목표를 인식하고 단순한 활동을 먼저 제시한다.
- 주의력에 영향을 주는 환경적 자극을 최대한 줄인다.
- 대상자의 특성에 대하여 주위 사람들을 이해시킨다.
- 메시지를 천천히, 조용히 반복한다.

41 ⑤ 표준교재 414p
소일 활동
텃밭 야채 가꾸기, 식물가꾸기, 신문 보기, 텔레비전 시청, 산책, 종이접기, 퍼즐놀이

42 ① 표준교재 515p
- 대상자의 상태를 파악하고, 119 등에 신속히 신고한다.
- 대상자에게 처치를 하고자 시간을 소비해서는 안 된다.
- 대상자 주위에 여러 사람이 있을 때는 응급처치 교육을 가장 많이 받은 사람의 지시에 따라 응급처치를 시행한다.
- 본인과 주위 사람의 안전에 주의를 기울인다.
- 긴급을 요하는 대상자 순으로 처치한다.
- 증상 별로 적절한 응급처치를 시행한다.

43 ⑤ 표준교재 516p
질식 시 대상자의 주요 증상
- 목을 조르는 듯한 자세를 한다.
- 갑자기 기침을 하며, 괴로운 얼굴표정을 한다.
- 숨을 쉴 때 목에서 이상한 소리가 들린다.
- 가슴부위의 호흡운동이 보이지만, 공기의 흐름이 적거나 없다.

44 ③ 표준교재 528~529p

- 100~120회/분의 속도로 가슴을 압박한다.
- 어깨를 가볍게 두드리면서 의식을 확인한다.
- 턱을 위쪽으로 당겨 기도를 개방한다.
- 칼돌기를 압박하지 않도록 주의한다.
- 구조자의 어깨와 대상자의 가슴이 수직이 되게 한다.

45 ② 표준교재 534~535p

제9회 요양보호사 적중모의고사(필기) 정답 및 해설

01	02	03	04	05	06	07	08	09	10
⑤	②	①	④	④	②	⑤	⑤	④	②
11	12	13	14	15	16	17	18	19	20
④	②	③	②	④	②	④	④	①	④
21	22	23	24	25	26	27	28	29	30
④	④	③	④	⑤	④	①	④	④	②
31	32	33	34	35	36	37	38	39	40
⑤	⑤	④	②	④					

01 ⑤ 표준교재 33p

노인장기요양보험제도의 목적
고령이나 노인성 질병 등의 사유로 일상생활을 혼자서 수행하기 어려운 노인 등에게 신체활동 또는 가사활동 지원 등의 장기요양급여를 제공하여 노후의 건강증진 및 생활안정을 도모하고 그 가족의 부담을 덜어줌으로써 국민의 삶의 질을 향상하기 위함이다

02 ② 표준교재 38p

유효기간을 갱신할 때 갱신 직전 등급과 같은 등급으로 판정을 받는 경우
• 1등급의 경우 : 4년
• 2등급~4등급의 경우 : 3년
• 5등급, 인지지원등급의 경우 : 2년

03 ① 표준교재 48p

신체활동지원서비스
세면 도움, 구강관리, 머리 감기기, 몸 단장, 옷 갈아입히기, 목욕 도움, 식사 도움, 체위변경, 이동 도움, 신체기능의 유지증진, 화장실 이용하기

04 ④ 표준교재 60p

① 대상자로부터 서비스에 대한 물질적 보상을 받지 않는다.
② 대상자에게 일방적으로 도움을 제공하는 수직적인 관계가 아닌 함께 하는 상호대등한 관계임을 인식해야 한다.
③ 맥박, 호흡, 체온, 혈압 측정, 흡인, 위관영양, 관장, 도뇨, 욕창관리 및 투약(경구약 및 외용약 제외) 등을 포함하는 모든 의료 행위를 하지 않는다.
⑤ 서비스를 제공하기 전에 대상자에게 충분히 설명한 후, 대상자가 동 의한 경우 서비스를 제공하도록 한다

05 ④ 표준교재 53p

거부하는 이유가 타인의 보살핌을 받고 싶지 않거나, 속옷이 더러워진 것을 보이고 싶지 않거나, 혹은 수치심이나 부끄러움을 느껴 자존심 상한 적이 있거나, 요양보호사와 케어서비스에 대한 신뢰관계가 형성되어 있지 않은 등의 이유를 파악한다. 대상자의 자존심을 고려하여 산책을 하는 길에 화장실에 들르는 등의 다른 유도 방식을 취한다.

06 ② 표준교재 98p

• 비도덕적이고 정직하지 못한 행위
• 알코올을 복용하고 근무하는 행위
• 복지용구를 직접 판매 또는 대여하거나 이를 알선하는 행위
• 대상자, 가족, 타 직원에 대한 언어적, 신체적 폭력
• 타인의 근무를 대신하거나 자신의 근무를 대신 해달라고 요구하는 행위

07 ⑤ 표준교재 98p

요양보호사는 대상자의 호감을 받고 상호 신뢰감을 형성하기 위해 친절하고 예의바른 태도, 바른 몸가짐과 언어생활을 하려고 노력해야 한다.
① 대상자와 약속한 내용, 방문시간 등을 반드시 지키며 사정이 있어 늦거나 방문 일을 변경해야 할 경우에는 반드시 사전에 연락하여 양해를 구해야 한다.

08 ⑤ 표준교재 70p

차별 및 노인학대를 받지 않을 권리
• 성별, 종교, 신분, 경제력, 장애 등 신체조건 및 사회적 신분 등을 이유로 차별해서는 안 된다.
• 어떠한 이유로도 신체적 · 정신적 · 정서적 · 경제적 착취 또는 가혹 행위, 성적 폭력, 유기 및 방임 등의 학대를 해서는 안 되며, 학대 행위가 발생했을 경우 관련 법률과 지침에 따라 학대 피해노인에 대한 보호조치를 신속하게 취해야 한다.
• 노인의 의사에 반하는 어떠한 노동행위도 시켜서는 안 된다.

09 ④ 표준교재 83p

경제적 학대
노인의 자산을 당사자의 동의 없이 사용하거나 부당하게 착취하여 이용하는 행위 및 노동에 대해 합당한 보상을 하지 않는 행위를 말한다.

10 ② 표준교재 116p

근골격계 질환 초기 치료 : 손상 후 24~72시간 내에 초기 치료해야 한다.

11 ④ 표준교재 120~121p

독감(인플루엔자)

• 요양보호사가 관리하는 대상자는 독감(인플루엔자)의 감염 위험이 높으므로 늦어도 독감 유행 2주 전에 예방접종을 한다.

• 병이 회복될 즈음에 다시 열이 나고 기침, 누런 가래가 생기면 폐렴이 의심되므로 반드시 병원에 방문하여 진료를 받는다.

• 독감은 증상이 생기기 하루 전부터 감염이 시작되며, 증상이 생긴 후 5일 이상 병을 퍼뜨릴 수 있기 때문에 인플루엔자에 걸린 요양보호사는 1주일 정도 쉬는 것이 좋다.

12 ② 표준교재 13p

경직성의 증가

• 노인은 자신에게 익숙한 습관적인 태도나 방법을 고수한다.

• 매사에 융통성이 없어지고, 새로운 변화를 싫어하며, 도전적인 일을 꺼리는 경향을 보인다.

• 새로운 기구 사용이나 새로운 방식으로 일을 처리하는데 저항한다.

13 ③ 표준교재 403p

경청을 방해하는 것

• 대충 미루어 짐작하고, 충분히 듣지 않은 상태에서 조언한다.

• 끊임없이 비교한다.

• 미리 대답을 준비한다.

• 듣고 싶지 않은 말을 걸러낸다.

• 상대방의 말을 반박하고 논쟁하기 위해서 듣는다.

• 상대방의 말을 나 자신의 경험에 맞춘다.

• 마음에 들지 않을 때는 슬쩍 넘어가며 대화의 본질을 회피한다.

14 ② 표준교재 44p

표준장기요양이용계획서

대상자의 등급에 따라 이용가능한 한도액과 본인부담율을 포함하며, 국민건강보험공단에서 제시하는 급여의 종류와 횟수, 이에 따른 비용이 기재되어 있어 대상자 및 가족들이 장기요양서비스를 이용하는 데 이해를 돕는다.

15 ④ 표준교재 424p

인수인계서

요양보호사가 퇴직, 휴직 등으로 인하여 업무를 그만둘 때는 직원 간의 업무인수인계가 이루어진다. 인수인계서는 수급자명, 급여제공내용, 유의 사항 등이 포함된다.

16 ② 표준교재 439p

서면보고

• 정확성을 필요로 할 때

• 자료를 보존할 필요가 있을 때

• 서면보고를 지시받았을 때

• 정기보고 (일일보고, 주간보고, 월간보고)

17 ④ 표준교재 508p

소변배출을 목적으로 소변줄 삽입 여부 결정해야 하며, 필요시에는 의료팀에게 의뢰한다.

18 ④ 표준교재 509p

• 임종이 임박한 대상자의 곁에 머무르며, 계속 함께 있을 것임을 알림으로써 편한 마음을 가지도록 돕는다.

• 고통이 없는 가운데 편안히 임종을 맞이할 수 있도록 돕는다.

• 대상자에게 관심을 가진다.

• 대상자가 만나고 싶은 사람을 만날 수 있도록 돕는다.

• 임종 대상자를 존중한다.

• 대상자가 임종하기를 원했던 장소나 희망하는 종교의식을 알아본다.

19 ① 표준교재 128p

과식 등 무절제한 식습관

20 ④ 표준교재 133p

저잔여식이

섬유소가 적어 빨리 소화되고 흡수되어 장에는 별로 남지 않는 음식물

21 ④ 표준교재 136~137p

• 식물성 식이섬유, 유산균이 다량 함유된 음식물과 다량의 물을 섭취함으로써 변비를 예방하도록 한다.

• 우유는 장의 운동력을 높이고 변의를 느끼게 하므로 적극적으로 섭취한다.

22 ④ 표준교재 134p

설사 원인

장의 감염, 신경성 자극, 장 내용물에 의한 자극, 장벽의 병변, 소화기능의 저하, 변비 시 부적절한 하제 사용

23 ③　표준교재 140p

① 습기가 많은 기후의 노출을 피함으로 기관지 자극을 감소시킨다.

② 자극적인 음식은 기관지경련을 일으킬 수 있으므로 피한다.

④ 처방받은 거담제를 사용하여 가래를 묽게 한다.

⑤ 심호흡과 기침을 하여 기관지 내 가래 배출을 용이하게 한다.

24 ④　표준교재 156p

음식으로 비타민 D를 섭취한다. 햇볕을 쬐면 비타민 D가 생성되는데, 약물을 복용하기도 한다.

25 ⑤　표준교재 164p

① 노인성 반점이라 불리는 갈색 반점이 생긴다.

② 여성노인의 경우 입가와 뺨의 수염이 줄고 머리털은 많아진다.

③ 노인은 모근의 멜라닌생성 세포가 소실되어 탈색이 된다.

④ 소양증은 밤과 겨울 철에 더욱 심해진다.

26 ④　표준교재 191p

① 공휴일, 납세일 등 연, 월, 일을 잊어버린다. - 초기(경도)

② 전화통화 후 내용을 기억하지 못하고 반복 질문을 한다. - 초기(경도)

③ 물건을 둔 장소를 기억하지 못하며 자주 잃어버린다. - 초기(경도)

⑤ 자신의 물건을 잊어버리고는 남이 훔쳐갔다고 의심한다.- 초기(경도)

27 ①　표준교재 194p

뇌간 부위에 뇌졸중이 발생하면 의식이 저하된다.

28 ④　표준교재 161p

① 충분한 수분 섭취로 방광의 기능을 유지한다.

②, ③ 식이섬유소가 풍부한 채소와 과일 섭취로 변비를 예방한다.

⑤ 비만은 복부 내 압력을 증가시켜 복압성 요실금을 유발하기 때문에 체중을 조절한다.

29 ④　표준교재 201p

① 심부전 환자는 물을 하루 1L 이내로 마셔야 한다.

② 심한 갑상선기능저하증을 앓고 있는 노인은 물을 많이 마시면 수분 배출이 잘 안 된다.

③ 호흡기질환에 걸리면 열이 오르고 호흡이 가빠져서 피부와 호흡기를 통한 수분 배출이 늘어나므로 물을 충분히 마셔야 한다.

⑤ 간 기능이 떨어지면 수분이 각 장기에 고루 배분되지 못하고 혈액에 남아 혈액 속수분 함량이 높아지므로 수분을 제한해야 한다.

30 ②　표준교재 170p

① 증상에 상관없이 즉시 바로 치료해야 한다

③ 내복과 침구는 뜨거운 물로 세탁하고 3일 이상 사용하지 않는다.

④ 완치 여부를 확인하기 위해 2 주 후에 병원을 방문한다.

⑤ 장갑과 가운을 착용하고 목에서 발끝까지 전신에 치료용 연고를 바른다.

31 ⑤　표준교재 171p

머릿니가 물어 흡혈하므로 출혈과 가려움증이 있고, 심한 경우 수면장애나 긁는 부위에 피부염이 생긴다.

32 ⑤　표준교재 166p

피부를 주무르는 것은 삼간다. 신체의 약한 부위에 압력이 가는 것을 덜어줄 특수 매트리스와 베개를 대어준다. 뼈 주위를 보호하고 무릎 사이에는 베개를 끼워 마찰을 방지한다.

33 ④　표준교재 326~327p

① 침대 위나 거실 등에서 목욕할 때 사용한다.

② 시각적 손상이 있는 사람이나 일반적인 움직임이 어려운 대상자를 위해 미끄럼방지가 되어 있어야 한다.

③ 욕조를 잡고 일어나거나 앉지 않는다.

⑤ 사용한 후에는 세제 또는 소독제를 사용하여 흐르는 물로 깨끗이 씻어 말린다.

34 ②　표준교재 329p

• 대상자가 낙상한 것을 발견하면, 절대 움직이지 못하게 해야 한다.

• 대상자가 낙상한 상황을 요양보호사가 확인하지 못했다면 대상자가 침착하게 기억을 더듬어 대답할 수 있도록 유도한다.

• 의료진이 오기 전에 골절된 뼈를 맞추지 않는다.

35 ④　표준교재 337p

• 냉동식품을 점검한다.

• 식품이 얼어있는 상태라면 재냉동이 가능하다

• 고기 등의 빛깔이 변했거나 냄새가 난다고 판단되면 버린다.

• 정전에 대비해 손전등을 미리 준비해 둔다.

제9회 요양보호사 적중모의고사(실기) 정답 및 해설

01	02	03	04	05	06	07	08	09	10
②	①	③	⑤	④	②	②	⑤	①	⑤

11	12	13	14	15	16	17	18	19	20
①	④	④	②	③	③	①	①	⑤	①

21	22	23	24	25	26	27	28	29	30
①	③	①	④	④	④	⑤	②	①	①

31	32	33	34	35	36	37	38	39	40
③	⑤	②	②	①	②	②	②	②	②

41	42	43	44	45
①	④	⑤	③	②

01 ② 표준교재 226p

턱을 앞으로 숙여야 입이 목보다 아래쪽에 있게 되어 음식물이 기도로 넘어가는 것을 막는다.

02 ① 표준교재 221p

② 대상자가 졸고 있을 때는 침대판을 두드리고, 대답이 없으면 약 3초간 잠시 기다렸다가 다시 두드려 대상자를 깨운 뒤 말을 시작한다.

③ 항상 긍정형 문장으로 이야기한다.

④ 한 가지 표현을 이해하지 못하면 표현을 바꾸어 다시 이야기한다.

⑤ 밥을 먹일 때 "입을 벌리세요"라고 말하기보다는 "싱싱한 나물이 아삭하게 보여요"라고 말하면 대상자가 훨씬 기분 좋게 식사할 수 있을 것이다.

03 ③ 표준교재 230p

음식물을 삼키기 쉽게 식사 전에 물을 한 모금 마시게 한다.

04 ⑤ 표준교재 227p

건강한 쪽을 밑으로 하여 약간 옆으로 누운 자세를 취한다. 마비된 쪽을 베개나 쿠션으로 지지하고 안정된 자세를 취하게 한 후 음식을 제공한다. 편마비 대상자는 건강한 쪽에서 넣어준다.

05 ④ 표준교재 234p

입을 벌리게 하거나 질문을 하여 전부 투약되었는지 확인한다.

06 ② 표준교재 236p

멸균수나 생리식염수에 적신 멸균 솜으로 눈의 안쪽에서 바깥쪽으로 닦아 준다.

07 ② 표준교재 241p

화장실까지 가는 길에 불필요한 물건이나 발에 걸려 넘어질 우려가 있는 물건을 치워 넘어지지 않게 한다.

08 ⑤ 표준교재 235p

약의 용량이 적을 때는 바늘을 제거한 주사기(무침 주사기)를 이용하여 정확한 양을 복용하게 한다.

09 ① 표준교재 247p

이동변기는 서거나 앉는 것은 가능하나 화장실까지 걷기는 어려운 대상자의 배설을 도울 때 사용한다.

10 ⑤ 표준교재 240p

배설 시에 대상자를 관찰하는 것은 건강에 이상이 있는지 판단할 좋은 기회이므로 배설 전·중·후를 빠짐없이 관찰한다.

11 ① 표준교재 249p

스스로 배설하는 대상자를 지켜보는 방법

• 대상자가 불쾌하지 않도록 배려하면서 배설시 불편하지 않는지 살펴 본다.

• 조급하지 않고 느긋하게 편안히 배설 할 수 있는 환경을 조성한다.

• 배설 도중 혈압이 오르거나 쓰러지는 경우도 있으므로 잘 관찰한다.

• 배설 중 대상자가 요구하는 것이 있으면 옆에서 대기하고 있다가 도와 준다.

12 ④ 표준교재 269p

체온이 떨어지지 않도록 목욕 중에는 자주 따뜻한 물을 뿌려준다.

13 ④ 표준교재 255p

거즈를 감은 설압자 또는 일회용 스폰지 브러쉬를 물에 적셔 사용한다.

14 ② 표준교재 258p

잇몸에 대한 압박자극을 해소하기 위해 자기 전에는 의치를 빼서 보관한다.

15 ③ 표준교재 262p

대상자에게 거울을 제공하여 자신의 머리 스타일을 확인할 수 있게 한다.

16 ③ 표준교재 267~268p

면도 전 따뜻한 물수건으로 덮어 건조함을 완화시키고 폼클린징으로 먼저 거품을 낸 뒤 면도하도록 한다.

17 ① 표준교재 271~272p

• 유방은 원을 그리듯이 닦는다.

• 복부는 배꼽을 중심으로 시계방향으로 닦는다. 이는 장운동을 활발하게 하여 배변에 도움이 된다.

18 ① 표준교재 276p

요양보호사는 대상자의 마비된 쪽에 서서 상의의 한쪽 소매 끝에서 어깨선, 목선까지 모아 쥐고 악수하듯 대상자의 마비된 쪽 손을 잡는다.

19 ⑤ 표준교재 282p

오랜 시간 누워있는 대상자가 좌우한쪽으로 쏠려있을 때 침대 중앙으로 이동하여 체위를 안락하게 유지하기 위함이다.

20 ① 표준교재 285p

두 다리를 편 상태에서 무리하게 똑바로 앉히고자 시도하면 넙다리 뼈가 골절될 수 있다.

21 ① 표준교재 288p

체위변경 시 고려할 점
• 대상자의 몸을 잡고 체위변경을 할 경우 관절 밑 부분을 지지해야 한다.
• 체위에 따라 들어간 부분이나 다리 사이를 베개나 수건으로 지지해주면 편안하다.
• 보통 2시간마다 체위를 변경하며, 욕창이 이미 발생한 경우 더 자주 변경해야 한다.

22 ③ 표준교재 289p

엎드린 자세(복위)
등에 상처가 있거나 등의 근육을 쉬게 해줄 때 자세

23 ① 표준교재 293p

• 요양보호사는 지지면을 유지하면서 휠체어를 뒤로 돌려 뒷걸음으로 내려간다.
• 대상자의 체중이 무겁거나 경사도가 심한 경우 지그재그로 내려간다.

24 ④ 표준교재 305p

• 순환평가, 기도확보, 호흡평가를 실시하고 들것이나 기타 응급장비를 사용한다.
• 이차손상과 기존상태 악화방지를 위해 이송순서와 계획을 수립한다.
• 대상자에게 설명하여 가능하면 대상자 이송 시 협조하게 한다.
• 무리하여 혼자서 대상자를 옮기려 하지 말고, 필요시 주변사람에게 요청하여 도움을 받는다.
• 대상자의 움직임을 최소로 하여 이송한다.

25 ④ 표준교재 302p

지팡이 길이는 평소 신는 신발을 신고 똑바로 섰을 때 손목 높이 정도로 오는 것으로 결정한다.

26 ④ 표준교재 323~324p

목욕의자는 앉는 면이 높지 않고, 등받이가 높고, 팔걸이가 있으며, 기대어 앉아도 넘어지지 않는 안정적인 것이 좋다. 물에 녹슬지 않은 소재로서 엉덩이 부위는 미끄러지지 않는 재질로 되어 있어야 한다.

27 ⑤ 표준교재 324p

식재료 구매
• 식단을 작성한다.
• 필요한 식재료의 종류와 양을 결정하여 구매목록을 만든다.
• 현재 있는 식재료의 종류와 양을 확인하여 구매목록을 조정한다.
• 대상자와 구매목록에 대해 상의한다.
• 품목별로 구매 장소를 결정한다.
• 필요량만 구매한다.
• 식재료 구매 시 반드시 유통기한을 확인한다.
• 식재료 구매 시 영양표시를 확인한다.
• 식재료 구매 시 보관방법 및 보관상태를 확인한다.
• 식재료 구입 후 냉장이나 냉동보관 물품은 즉시 냉장, 냉동보관 한다.

28 ② 표준교재 382p

불리기
제품 전체에 오염이 심한 경우는 분해 효소나 바이오 세정 성분이 들어있는 세제나 고형비누로 가볍게 문지른 후에 불린다.

29 ① 표준교재 382p

② 땀 – 얼룩이 심한 경우 과탄산소다와 주방세제를 넣어 2~3시간 담가둔 후 헹군다.
③ 혈액 – 찬물로 닦고 더운물로 헹군다.
④ 파운데이션 – 알코올이 함유된 화장수를 화장솜에 적셔 얼룩을 톡톡 두드려 준다.
⑤ 튀김기름 – 얼룩이 묻은 부위에 주방용 세제를 몇 방울 떨어뜨리고 비벼서 제거한다.

30 ① 표준교재 449p

• 치매 대상자의 목욕을 도와줄 경우에는 조용히 부드럽게 대한다.
• 치매 대상자에게 목욕을 강요하지 말고 목욕과정을 단순화시킨다.
• 일정한 시간에 정해진 방법에 따라 목욕을 하여 치매 대상자의 거부감을 줄인다.

- 치매 대상자는 뜨겁거나 차가운 것에 대한 판단력이 떨어지기 때문에 미리 목욕 물의 온도를 확인한다.
- 목욕탕 바닥이나 욕조가 미끄럽지 않도록 욕조바닥과 욕실바닥에는 매트를 깔아준다.
- 치매 대상자를 욕실 내에 혼자 머무르게 하지 않는다. 치매 대상자를 혼자 두지 않기 위하여, 목욕에 필요한 모든 물품을 준비한 후 목욕을 시작한다.
- 치매 대상자가 욕조에 들어갈 때는 반드시 옆에서 부축을 한다.

31 ③ [표준교재] 453~454p
- 치매 대상자가 안전띠를 반드시 착용하도록 한다.
- 치매 대상자가 차가 달리는 도중 안에서 문을 열지 못하도록 잠금장치를 한다.

32 ⑤ [표준교재] 459p
- 소음을 최대한 없애고 적정 실내온도를 유지한다.
- 오후와 저녁에는 커피나 술과 같은 음료를 주지 않는다.
- 잠에서 깨어나 외출하려고 하면 요양보호사가 함께 동행한다.
- 낮에 조는 경우 말을 걸어 자극을 준다.

33 ② [표준교재] 464~465p
- 해질녘에는 요양보호사가 충분한 시간을 가지고 치매 대상자와 함께 있도록 한다.
- 치매 대상자가 좋아하는 소일거리를 주거나 애완동물과 함께 즐거운 시간을 갖게 한다.
- 낮 시간동안 움직이거나 활동하게 한다.
- 신체적인 제한을 하지 않는다. 신체적 제한은 치매 대상자가 소리를 지르거나, 몸부림치거나, 화내고, 고집부리는 행동을 더욱 악화시킨다.

34 ② [표준교재] 463p
- 파괴적 행동반응을 유발하는 사건을 사전에 예방한다.
- 규칙적인 일상생활을 하도록 활동을 구성하여 대상자가 자신의 활동을 예측할 수 있도록 한다.
- 치매 대상자의 수준에 맞는 의사결정권을 준다.

35 ① [표준교재] 305p
척추고정판 중앙에 대상자를 놓고, 무릎, 손목과 엉덩이, 위팔 순서로 고정한 뒤, 2인 이상이 힘을 합쳐 들어올린다.

36 ② [표준교재] 473p
치매중기의 의사소통
- 애매모호한 내용을 이야기한다.

- 일관성의 결여와 혼동이 증가한다.
- 대화의 주제가 제한된다.
- 불특정 다수를 지칭하는 용어(이것, 그들, 그것)의 사용이 증가한다.
- 사용하는 어휘의 수가 초기 치매 단계보다 줄어든다.
- 올바른 이름을 지칭하지 못하는 '명칭 실어증'을 보인다.
- 대화중에 말이 끊기는 횟수가 증가한다.
- 적절한 어구 사용의 결여가 자주 일어난다.
- 부적절한 명사 선택과 부정확한 시제를 사용한다.

37 ② [표준교재] 477p
치매 대상자의 자존심을 상하게 하지 않으려면 잘못된 행동을 하였더라도 위험하지 않은 상황이면 수용하는 것이 좋다. 비난하거나 부정하고, 정정하려 들고, 이론적으로 설명하고, 설득하고, 강제적으로 지도하는 것은 효과가 없을 뿐 아니라 또 다른 문제를 유발할 수 있다.

38 ② [표준교재] 412p
- 어려운 표현을 사용하지 않고 짧은 문장으로 천천히 이야기한다.
- 몸짓, 손짓을 이용해 천천히 상대의 속도에 맞추어 이야기 한다.
- 실물, 그림판, 문자판 등을 이용하여 이해를 돕는다.
- 불쾌감을 주는 언어나 아이처럼 취급하여 반말을 하지 않도록 한다.

39 ② [표준교재] 362p
① 닭고기는 껍질을 벗기고 조리한다.
③ 보리밥, 우유, 사과, 당면 등의 혈당지수가 낮은 식품을 선택하여 섭취한다.
④ 흰밥보다는 잡곡밥을 선택한다.
⑤ 일정한 시간에 식사를 규칙적으로 한다.

40 ② [표준교재] 370p
① 대부분의 과일은 냉장실의 채소실에 보관한다.
③ 수박은 적당한 크기로 잘라서 밀폐용기에 넣어 냉장보관 한다.
④ 포도는 상한 알을 떼어낸 다음 깨끗이 씻어 남은 물기를 제거한 후 신문지 등으로 싸서 밀폐용기에 넣어 냉장보관 한다.

41 ① [표준교재] 414p
자기계발 활동
책읽기, 독서교실, 그림그리기, 서예교실, 시낭송, 악기연주, 백일장, 판소리교실, 창작활동

42 ④ 표준교재 ▶ 517p

고온 다습한 곳에서 몸의 열을 발산하지 못하여 생기는 병. 체온이 높아져서 어지러움과 피로를 느끼다가 갑자기 의식을 잃고 쓰러진다.

43 ⑤ 표준교재 ▶ 516p

이물이 육안으로 보이면 큰기침을 하여서 이물을 뱉어내도록 한다. 이 경우 손을 넣어 빼려고 하거나 구토를 유발시키려고 하는 행위는 시간이 지체되고, 이물이 기관지로 더 내려가도록 할 위험이 있으므로 시도하지 않는다.

44 ③ 표준교재 ▶ 520p

약품이 묻은 옷과 장신구는 제거하고, 화상부위를 흐르는 찬물에 15~30분 정도 통증이 사라질 때까지 담근 후 건조한 소독거즈로 화상부위를 덮어주고 병원으로 이송한다.

45 ② 표준교재 ▶ 534p

• 오른쪽 패드는 오른쪽 빗장뼈(쇄골) 바로 아래에 부착한다.
• 왼쪽 패드는 왼쪽 젖꼭지 아래 중간 겨드랑이 선에 부착한다.

제10회 요양보호사 적중모의고사(필기) 정답 및 해설

01	02	03	04	05	06	07	08	09	10
⑤	⑤	④	④	⑤	⑤	①	④	③	⑤
11	12	13	14	15	16	17	18	19	20
⑤	⑤	⑤	①	①	④	③	⑤	④	④
21	22	23	24	25	26	27	28	29	30
④	⑤	②	②	①	②	③	④	①	②
31	32	33	34	35	36	37	38	39	40
④	②	③	①	⑤					

01 ⑤ `표준교재` 33p

노인장기요양보험사업의 보험자 및 가입자
- 장기요양보험사업의 보험자는 국민건강보험공단이다.
- 장기요양보험의 가입자는 국민건강보험법 제5조 및 제109조에 따른 가입자이다. 〈노인장기요양보험법 제7조〉

02 ⑤ `표준교재` 42p
- 장기요양보험료 : 60~65%
- 국가지원 : 20%
- 본인일부부담 : 15~20%

03 ④ `표준교재` 48p
- 정서지원서비스 : 말벗, 격려, 위로
- 방문목욕서비스 : 방문목욕
- 신체활동지원서비스 : 목욕도움
- 개인활동지원서비스 : 외출 시 동행, 일상 업무 대행
- 일상생활지원서비스 : 주변정돈

04 ④ `표준교재` 47p
존경의 욕구 - 타인으로부터 지위, 명예 등을 존중받고 싶어 하는 단계

05 ⑤ `표준교재` 60p
① 요양보호사가 제공하는 모든 서비스는 대상자에게 만 제한하여 제공한다.
② 대상자의 개인정보 및 서비스 제공 중 알게 된 비밀을 누설하여서는 안 되며, 대상자의 사생활을 보호하고 자유로운 의사표현을 보장하여야 한다.
③ 서비스 제공 중 예기치 못한 사고가 발생한 경우 소속된 시설장, 간호사 등에게 신속하게 보고를 하여야 한다
④ 대상자의 상태 변화 등으로 계획된 서비스 외에 서비스를 추가하거나 변경, 의료적 진단 등이 필요하다고 판단되는 경우 시설장 또는 관리책임자에게 신속하게 보고한다.

06 ⑤ `표준교재` 98~99p
- 장기요양서비스 제공에 따른 본인 부담금을 할인하거나 추가로 부담 하게 하는 행위
- 많은 업무를 비효율적으로 수행, 무능력, 태만
- 비도덕적이고 정직하지 못한 행위
- 할당된 장소에서 근무를 거부하는 행위
- 대상자나 가족에게 돈을 빌리는 행위

07 ① `표준교재` 98p
요양보호사는 요양보호 업무 수행에 필요한 교육훈련 프로그램에 적극적으로 참여하는 등 지속적으로 학습하고 자신을 계발해야 한다.
- 직무를 수행하는 데 필요한 전문적 지식과 기술을 갖춰야 한다.
- 보수교육에 적극적으로 참여하여 자기계발의 기회로 삼는다.

08 ④ `표준교재` 73~74p
노인의 의견이나 불평을 수렴하기 위한 공식적 절차(예 : 건의함, 운영위원회 등)를 마련하여 시행하여야 한다. 노인이나 가족이 제기한 불평을 즉각적으로 해결하기 위한 조치를 취해야 한다.

09 ③ `표준교재` 17p
수십 년 동안 결혼 생활을 했던 사람들에게 배우자의 상실은 가장 적응하기 어려운 사건이다.

10 ⑤ `표준교재` 107p

근골격계 질환이 발생되는 환경
- 미끄럽거나 물기로 젖은 바닥
- 평평하게 고르지 않은 바닥
- 매우 어지럽혀져 있거나 물체가 바닥에 많이 있는 작업장이나 통로
- 정비·수리가 되지 않은 보행로 또는 고장난 장비
- 적절하지 않은 계단높이
- 밤 근무 시 어두운 조명

11 ⑤ `표준교재` 93p
① 직원들 사이에 성희롱이 발생하였을 경우에는 행위자를 징계해야 한다.
②, ③ 서비스 이용자에게는 재발 방지 약속이나 서비스 중단 등의 조치를 취한다.
④ 성희롱으로 인한 피해가 있을 때 그 피해자에게 불이익한 조치를 해서는 안 된다.

12 ⑤　표준교재 14p

친근한 사물에 대한 애착심
- 친근한 사물에 대해 애착을 보이는 이유는 자기 자신과 주변이 변하지 않고 일정한 방향을 유지하고 있다는 안도감, 정서적 안정감, 세월의 흐름 속에서 자아 정체감을 유지하려는 것이다.
- 오랫동안 자신이 사용해 오던 친근한 사물에 대해 애착이 강하다.
- 애착은 지나온 과거를 회상하거나 마음의 안락을 찾는데 도움을 준다.

13 ⑤　표준교재 403p

공감
상대방이 하는 말을 상대방의 관점에서 이해하고 상대방의 감정을 함께 느끼며 자신이 느낀 바를 상대방에게 전달하는 것을 의미한다.

14 ①　표준교재 30p

② 양로시설, 노인공동생활가정, 노인복지 주택은 노인주거복지시설에 해당한다.
③ 노인요양시설은 입소자 10인 이상의 입소시설이다.
④ 노인요양공동생활가정은 입소자 9인 이내 시설이다.
⑤ 가정과 같은 주거여건은 노인요양공동 생활가정에서 제공된다.

15 ①　표준교재 51p

대상자가 세면 자체를 거부하는 경우 즐거운 세면을 위해 궁리하고 다양한 방법을 시도해 보거나, 따뜻한 물수건으로 닦아주는 등 거부감이 없는 다른 수단을 취한다.

16 ④　표준교재 30p

노인요양시설에 대한 설명이다.

17 ③　표준교재 506p

대상자 옆에서 손을 잡은 채 흔들거나 큰소리로 말하지 말고 부드럽고 자연스럽게 이야기하는 것이 바람직하다.

18 ⑤　표준교재 54p

대상자가 기저귀 교환을 거부하는 경우 "기저귀 갑시다"라는 말 대신에 기저귀가 "더러워졌으니 깨끗하게 갈아요", "개운할 거예요" 등의 긍정적인 표현을 한다.

19 ④　표준교재 128p

- 급성 위염의 경우 식사 후 위가 무겁거나 부푼 듯한 느낌
- 명치의 통증, 트림, 구토
- 식사 후 3~4시간 지나 배가 고프기 시작할 때 발생하는 명치부위의 심한 통증

20 ④　표준교재 136p

- 변비를 유발하는 약물 사용
- 운동량 감소에 따른 장운동 저하
- 스트레스, 우울과 같은 심리적 요인
- 요실금과 관련된 염려로 수분 섭취 부족

21 ④　표준교재 142p

① 사용 전에 뚜껑을 열고 흔든다.
② 3~5초간 천천히 깊게 숨을 들이쉰다.
③ 다음 투약까지 적어도 1분간 기다린다.
⑤ 약이 폐에 도달할 수 있도록 적어도 10초간 숨을 참는다.

22 ⑤　표준교재 148p

① 혈압을 규칙적으로 측정하여 변화를 주의깊게 관찰한다.
② 합병증을 예방하는 것이다.
③ 혈압을 떨어뜨리고 합병증을 예방하는 것이다.
④ 고혈압의 치료 목적은 혈압을 정상으로 유지하는 것이다.

23 ②　표준교재 195p

뇌졸중의 전조증상이다.

24 ②　표준교재 153p

① 척추간판이 오그라들어 키가 줄어든다.
③ 하악골의 쇠약은 치아의 상실을 가져온다.
④ 호르몬의 변화로 근긴장도와 근육량이 저하된다.
⑤ 이산화탄소와 같은 노폐물이 과량 생산되어 근육경련이 잦게 발생한다.

25 ①　표준교재 157p

고관절 골절은 강한 외부힘이 작용해서 고관절 뼈의 연결이 절단되는 것을 말한다. 노인의 골절은 주로 골다공증을 기반으로 한 낙상에 의해 발생한다.

26 ②　표준교재 160p

절박성 요실금
소변을 보고 싶다고 느끼자마자 바로 소변이 배출 되는 것

27 ③　표준교재 77p

노인복지법 제61조의2 제2항 개정에 의해 500만 원 이하의 과태료가 부과된다.

28 ④ 표준교재 191p

- 의사소통이 거의 불가능해지고 판단을 하거나 지시를 따르지 못한다.
- 소리를 지르거나 심하게 화를 내는 등의 증세와 대변을 만지는 등의 심한 행동문제가 나타난다.
- 보행 장애와 대소변 실금, 욕창, 낙상 등이 반복되면서 와상상태가 된다.

29 ① 표준교재 175p

녹내장 증상
- 좁은 시야, 눈에 이물감
- 색깔변화 인식장애
- 안구통증
- 실명
- 어두움에 적응장애
- 뿌옇게 혼탁한 각막
- 두통, 구역질

30 ② 표준교재 184p

- 소인적 요인 : 인지손상, 치매, 고령, 심한 기저 질환, 기능 손상, 우울, 만성 신기능 부전, 탈수, 영양부족, 알코올 남용, 시력 손상, 남성 등
- 촉진적 요인 : 약물 사용, 부동, 유치도뇨관 사용, 억제대 사용, 탈수, 영양부족, 기동성 저하 등

31 ④ 표준교재 166~167p

- 도넛모양의 베개는 순환을 저해할 수 있으므로 사용하지 않는다.
- 단백질 등의 풍부한 영양공급을 한다.
- 뜨거운 물주머니는 피부에 화상을 입힐 수 있으므로 조심한다.

32 ② 표준교재 179p

저혈당 증상 : 땀을 많이 흘림, 두통, 시야 몽롱, 배고픔, 어지럼 등

33 ③ 표준교재 310p

흡인은 의료인이 실시하는 것이 원칙이다.

34 ① 표준교재 332p

② 모든 전열기구와 화기는 사용시 취급상의 안전수칙을 반드시 준수한다.
③ 일을 마치고 떠날 때는 전기, 가스, 석유, 전기기구 등이 꺼졌는지 확인한다.
④ 소화기가 비치된 장소를 알아 두고 사용법을 익힌다.
⑤ 평소 화재 예방 및 진화요령, 대피 경로, 화재시 본인의 역할 등을 명확히 숙지하고 있어야 한다.

35 ⑤ 표준교재 337p

① 전기기기는 동시 사용을 자제하고 별도의 전용 콘센트를 사용한다.
② 정전이 되었을 때는 원인을 파악하여 대상자 가족과 상의한다.
③ 정전이 복구된 후에는 가전제품을 플러그에 하나하나 순서대로 꽂는다.
④ 시간간격을 조금씩 두고 실시하는 것이 과전류에 의한 손상을 일으키지 않는다.

제10회 요양보호사 적중모의고사(실기) 정답 및 해설

01	02	03	04	05	06	07	08	09	10
③	④	①	⑤	⑤	③	②	⑤	②	③
11	12	13	14	15	16	17	18	19	20
①	⑤	①	①	④	⑤	③	④	①	②
21	22	23	24	25	26	27	28	29	30
①	②	④	②	②	③	③	③	①	⑤
31	32	33	34	35	36	37	38	39	40
③	②	④	①	③	②	①	④	③	④
41	42	43	44	45					
④	④	③	③	②					

01 ③ 　표준교재 232p

위의 모양이 왼쪽으로 기울어져 있어서 오른쪽으로 누우면 기도로의 역류 가능성이 줄어들고, 중력에 의해 영양액이 잘 흘러 내려간다.

02 ④ 　표준교재 221p

• 붙잡지 않고 천천히 밑에서부터 받쳐 살짝 힘을 주는 것이 좋다.
• 손끝이 아니라 손바닥 전체를 이용해 접촉한다.
• 절대 급격한 행동으로 붙잡거나 할퀴거나 꼬집거나 때리거나 하면 안 된다.

03 ① 　표준교재 231p

대상자의 의식이 없더라도 식사를 시작할 때와 마칠 때 반드시 대상자에게 이야기한다. 의식이 없는 대상자도 청각기능이 남아 있어 들을 수 있기 때문

04 ⑤ 　표준교재 234p

침상머리를 높이고 반좌위를 취해 준다.

05 ⑤ 　표준교재 238p

간호사가 바늘을 제거한 후에는 1~2분간 알코올 솜으로 지그시 누르고, 절대 비비지 않는다.

06 ③ 　표준교재 239p

약이 변질되지 않고, 효과가 유지되도록 제품 용기에 명시된 보관법에 따라 안전하게 보관한다.

07 ② 　표준교재 244p

휠체어를 사용하는 대상자는 휠체어에서 타고 내릴 때나 움직이지 않고 있을 때 반드시 휠체어 잠금장치를 걸어 둔다. 잠금장치를 하지 않으면 휠체어가 미끄러져 다칠 수 있다. 발이 걸리지 않도록 발 받침대는 접어 올린다.

08 ⑤ 　표준교재 245p

휠체어를 사용하는 대상자는 휠체어에서 타고 내릴 때나 움직이지 않고 있을 때 반드시 휠체어 잠금장치를 걸어 둔다. 잠금장치를 하지 않으면 휠체어가 미끄러져 다칠 수 있다. 발이 걸리지 않도록 발 받침대는 접어 올린다.

09 ② 　표준교재 328p

10 ③ 　표준교재 246p

배설물에 특이사항이 있는 경우 시설장이나 관리책임자, 간호사 등에게 보고한다.

11 ① 　표준교재 222p

일어서기의 장점
• 골격근의 근력 유지에 좋다.
• 뼈와 관절에 힘을 가해 골다공증에 도움이 된다.
• 순환기를 자극하여 혈액 순환에 도움이 된다.
• 호흡기를 자극하여 폐활량에 도움이 된다.

12 ⑤ 　표준교재 252p

요양보호사는 유치도뇨관의 교환 또는 삽입, 방광 세척 등은 절대로 하지 않는다. 방문간호사나 의료기관을 이용하도록 연계한다.

13 ① 　표준교재 320p

보행보조차는 사용 전에 가장 먼저 잠금장치(손잡이 브레이크)를 점검해야 한다.

14 ① 　표준교재 258p

의치를 빼어 둘 때에는 물을 넣어둔 보관용기에 담아 보관해야 의치의 변형을 막을 수 있다.

15 ④ 　표준교재 263p

손톱이나 발톱이 살 안쪽으로 심하게 파고들었거나 발톱 주위의 염증이나 피부 감염 등의 이상부위가 있을 경우 시설장이나 관리책임자 등에게 보고한다.

16 ⑤ 　표준교재 309p

배설물 처리 후에는 장갑을 착용하였더라도 물과 비누로 손을 씻는다.

17 ③ 　표준교재 234~235p

안연고 투여 시 하부 결막낭 위에 튜브를 놓고 안쪽에서 바깥쪽으로 안연고를 2cm 정도 짜 넣는다.

18 ④ 　표준교재 264p

① 감염 예방을 위해 뒤쪽에서 앞쪽으로 닦도록 한다.
② 전용수건, 거즈나 솜을 사용해야 한다.

③ 요도, 질, 항문 순서로 닦는다.

⑤ 수치심을 느낄 수 있으므로 최대한 대상자 스스로 하도록 돕는다.

19 ① **표준교재** 267p

면도를 시행하기 전 상처가 있거나, 시행하면서 상처가 생겨 피가 날 경우 직접 접촉하지 않도록 주의한다.

20 ② **표준교재** 286p

발목을 무릎보다 뒤쪽으로 가져가고 상체를 숙여 얼굴이 무릎보다 앞쪽으로 움직이며, 처음에는 상체가 숙여지지만 중간 이상에서는 펴진다.

21 ① **표준교재** 286p

대상자를 침대 끝에 앉혀 양발을 무릎보다 조금 뒤쪽에 놓는다.

22 ② **표준교재** 290p

옆으로 누운 자세에서의 욕창발생 부위

아래쪽 귀, 봉우리돌기, 넙다리뼈큰돌기, 넙다리뼈안쪽 관절융기, 넙다리뼈 아래쪽 관절융기, 정강뼈위쪽, 종아리뼈아래

23 ④ **표준교재** 302p

보행기는 대상자의 팔꿈치가 약 30°로 구부러지도록 대상자 둔부 높이로 조절한다.

24 ② **표준교재** 303p

• 지팡이를 한 걸음 앞에 놓았을 때 팔꿈치가 약 30° 구부러지는 정도

• 지팡이의 손잡이가 대상자의 둔부 높이

• 평소 신는 신발을 신고 똑바로 섰을 때 손목 높이

25 ② **표준교재** 305p

• 순환평가, 기도확보, 호흡평가를 실시하고 들것이나 기타 응급장비를 사용한다.

• 이차손상과 기존상태 악화방지를 위해 이송순서와 계획을 수립한다.

• 대상자에게 설명하여 가능하면 대상자 이송 시 협조하게 한다.

• 무리하여 혼자서 대상자를 옮기려 하지 말고, 필요시 주변사람에게 요청하여 도움을 받는다.

• 대상자의 움직임을 최소로 하여 이송한다.

26 ③ **표준교재** 324p

고혈압 대상자가 가급적 먹지 않는 것이 좋은 식품

• 젓갈류, 장아찌류, 된장, 간장류

• 기름이 많은 쇠고기, 돼지고기, 동물내장

• 가공식품(햄, 베이컨)

• 조개류, 새우, 오징어, 젓어리

• 카페인 음료, 술

27 ③ **표준교재** 341~342p

① 타이어 뒷바퀴 공기압이 너무 낮으면 잠금장치 기능이 약해진다.

② 휠체어 타이어의 적정공기압은 엄지손가락으로 힘껏 눌렀을 때 0.5cm 정도 들어가는 상태이다.

④ 항상 적당한 공기압을 유지해야 한다.

⑤ 공기압이 높으면 진동 흡수가 잘 안 된다.

28 ③ **표준교재** 383p

• 95℃ 물로 세탁

• 세탁기, 손세탁 가능

• 삶을 수 있음

• 세제 종류 제한 없음

29 ① **표준교재** 394p

습도는 40~60%가 적합하다. 습도가 너무 낮으면 호흡기 점막과 피부를 건조시키고 땀 증발을 가속시켜 오한이 생기고, 습도가 너무 높으면 불쾌감을 느끼게 한다.

30 ⑤ **표준교재** 449p

목욕을 한 후에는 물기를 잘 닦아주고 건조시킨다.
목욕 후 피부상태를 관찰한다.

31 ③ **표준교재** 375p

• 손 씻기를 철저히 한다.

• 고기, 생선류는 충분히 가열, 조리한다.

• 조리된 음식은 장시간 실온에서 방치하지 않는다.

32 ② **표준교재** 459p

• 낮에 방안에서 졸게 되면 밤에 수면장애가 더 심해지므로, 산책과 같은 야외활동을 통해 신선한 공기를 접하면서 운동하도록 돕는다.

• 밤낮이 바뀌어 낮에 꾸벅꾸벅 조는 경우, 말을 걸어 자극을 준다.

• 소음을 최대한 없애고 적정 실내온도를 유지한다.

• 오후와 저녁에는 커피나 술과 같은 음료를 주지 않는다.

• 잠에서 깨어나 외출하려고 하면 요양보호사는 같이 함께 걷는다.

33 ④ **표준교재** 464p

• 치매 대상자들은 인형, 애완동물, 낮익은 소리를 듣거나 옛날에 매우 좋아했던 일을 함으로써 위안을 받을 수 있으므로 이를 돕는다.

- 요양보호사는 치매 대상자를 관찰할 수 있는 곳에서 활동을 하도록 하고, 친구가 되어 준다.
- 대상자를 밖으로 데려가 산책을 한다. 맑은 공기는 정신을 맑게 하고 치매 대상자의 들뜬 마음을 가라앉힌다.
- 따뜻한 음료수, 등 마사지, 음악듣기 등이 잠드는데 도움이 된다.
- TV를 켜놓거나 밝은 조명이 도움이 된다.

34 ① 표준교재 465p
- 치매 대상자는 보통 성 자체에는 관심이 없음을 인식한다.
- 부적절한 성적 행동관련 요인을 관찰한다.
- 때때로 행동교정이 도움이 된다.
- 노출증을 감소시키기 위해 벌과 보상을 적절히 사용한다.
- 이상한 성행위가 약물복용 때문에 유발될 수 있음을 이해한다.

35 ② 표준교재 471p
가까운 곳에서 얼굴을 마주보고 말한다.
치매 대상자는 시력과 청력에 장애가 있는 경우가 많으므로 가까운 곳(1m 이내)에서 말하는 것이 좋다. 또한 대화에 집중하고 있다는 것을 보여주기 위해 얼굴을 마주보고 말하는 것이 좋다. 대상자를 뒤에서 부르거나, 걷고 있을 때 말을 걸게 되면 신체의 균형을 잃어 넘어질 우려가 있다. 또한 무언가 다른 것에 관심을 보이고 있을 때 말을 걸면, 대상자가 듣지 못할 수도 있다.

36 ② 표준교재 473p
- 의사소통을 유지하는 데 어려움이 있다.
- 말이 없어진다(무언증).
- 대화 시 시선을 맞추는 데 어려움이 있다.
- 사용하는 어휘의 수가 현저하게 제한된다.
- 올바른 이름을 사용하는 것이 더욱 어려워진다.
- 자발적인 언어표현이 감소되어 말수가 크게 줄어들게 된다. 심하면 스스로는 말을 안 하고, 앵무새처럼 상대방의 말을 그대로 따라한다.

37 ① 표준교재 409p
어르신이 무리한 요구를 한다고 해서 바로 거절하지 말고, 먼저 공감을 표시한다. 열이 있음을 전달하여 관심을 표현하고, 대신 다녀오겠다고 전함으로써 어르신의 뜻을 존중하고 안심과 신뢰감을 줄 수 있다.

38 ④ 표준교재 412p
- 대상자와 이야기 할 때는 얼굴과 눈을 응시하며 천천히 말한다.
- 대화에 주의를 기울여야 하며 소음이 있는 곳을 피한다.기본요양보호각론
- 면담을 할 때는 앉아서 하고, 질문에 대한 답변이 끝나기 전에 다음 질문을 하지 않는다.
- 대상자의 말이 확실히 끝날 때 까지 기다리면서 고개를 끄덕여 듣고 있음을 알린다.
- 알아듣고 이해가 된 경우에는 예, 아니오 라고 짧게 대답한다.
- 눈을 깜빡이거나, 손짓, 손에 힘을 주거나 고개를 끄덕이는 등으로 표현하게 한다.
- 실물, 그림판, 문자판 등을 이용한다.
- 잘 표현하였을 때는 칭찬과 더불어 비언어적 긍정적 공감을 표현해 준다.

39 ③ 표준교재 413p
- 대상자의 이름과 존칭을 함께 사용한다.
- 낮 동안에 기본적인 정보를 자주 반복한다.
- 대상자를 대하는데 일관성을 갖도록 최대한 노력한다.
- 시간, 장소, 사람, 날짜, 달력, 시계 등을 자주 인식시킨다.
- 모든 물품에 이름표를 붙이고 주의 사항을 문서화시킨다.

40 ④ 표준교재 293p
뒤로 들어가서 앞으로 밀고 나오는 이유는 엘리베이터 층 버튼에 쉽게 접근할 수 있고, 엘리베이터를 나갈 때 돌려야 하는 불편함을 피할 수 있기 때문이다.

41 ④ 표준교재 304p
지팡이를 이용하여 계단을 내려갈 때
지팡이 → 마비된 다리 → 건강한 다리 순서로 이동한다.

42 ④ 표준교재 515p
응급처치
- 대상자의 상태를 파악하고, 119 등에 신속히 신고한다.
- 대상자에게 처치를 하고자 시간을 소비해서는 안 된다.
- 대상자 주위에 여러 사람이 있을 때는 응급처치 교육을 가장 많이 받은 사람의 지시에 따라 응급처치를 시행한다.
- 본인과 주위 사람의 안전에 주의를 기울인다.
- 긴급을 요하는 대상자 순으로 처치한다.
- 증상 별로 적절한 응급처치를 시행한다.

- 대상자를 가급적 옮기지 말고, 옮길 때는 적절한 운반법을 따른다.
- 요양보호사는 의약품을 사용할 수 없다. 다만, 외용약품 또는 대상자가 평소에 사용하는 상비약품은 사용 가능하다. 전문 의료인에게 인계할 때까지 절대 응급처치를 중단해서는 안 된다.
- 대상자에게 손상을 입힌 화학약품, 약물, 잘못 먹은 음식뿐만 아니라 구토물 등도 병원으로 함께 가져간다.
- 대상자의 증거물이나 소지품을 보존한다.
- 침착하고 신속하게 적절한 대처한다.

43 ③ 표준교재 516p

하임리히법은 이물질로 인한 질식 증상을 보일 때 사용하는 응급처치법이다.

44 ③ 표준교재 521p

- 대상자를 안정시키고 절대로 스스로 움직이게 해서는 안 된다.
- 손상 부위의 장신구를 제거한다.
- 담요 등을 덮어 주어 대상자를 따뜻하게 한다.
- 상처 부위에 냉찜질을 하면 부풀어 오르거나 염증이 생기는 것을 줄일 수 있다.
- 개방된 상처가 있거나 출혈이 있는 경우 멸균거즈를 이용하여 상처를 덮고, 지혈한다.
- 튀어나온 뼈는 직접 압박하지 않는다.
- 손상 부위를 부목을 이용하여 고정한 후 병원으로 이송한다.

45 ② 표준교재 528~529p

- 가슴압박은 최대 6㎝가 넘지 않도록 한다.
- 호흡이 없거나 비정상적이면 가슴압박을 시작한다.

memo

혼자서도 합격하는
요양보호사
파이널 적중모의고사 10회분

2020. 1. 2. 초 판 1쇄 인쇄
2020. 1. 6. 초 판 1쇄 발행

저작권
본 사
소 유

지은이 │ 박종육, 신지연, 김명근
펴낸이 │ 이종춘
펴낸곳 │ BM (주)도서출판 성안당

주소 │ 04032 서울시 마포구 양화로 127 첨단빌딩 3층(출판기획 R&D 센터)
     10881 경기도 파주시 문발로 112 출판문화정보산업단지(제작 및 물류)

전화 │ 02) 3142-0036
     031) 950-6300

팩스 │ 031) 955-0510
등록 │ 1973. 2. 1. 제406-2005-000046호
출판사 홈페이지 │ www.cyber.co.kr
ISBN │ 978-89-315-8840-8 (13330)
정가 │ 18,000원

이 책을 만든 사람들
책임 │ 최옥현
기획·진행 │ 박남균
교정·교열 │ 디엔터
본문·표지 디자인 │ 박원석, 디엔터
홍보 │ 김계향
국제부 │ 이선민, 조혜란, 김혜숙
마케팅 │ 구본철, 차정욱, 나진호, 이동후, 강호묵
제작 │ 김유석

■ **도서 A/S 안내**

성안당에서 발행하는 모든 도서는 저자와 출판사, 그리고 독자가 함께 만들어 나갑니다.
좋은 책을 펴내기 위해 많은 노력을 기울이고 있습니다. 혹시라도 내용상의 오류나 오탈자 등이 발견되면 "좋은 책은 나라의 보배"로서 우리 모두가 함께 만들어 간다는 마음으로 연락주시기 바랍니다. 수정 보완하여 더 나은 책이 되도록 최선을 다하겠습니다.
성안당은 늘 독자 여러분들의 소중한 의견을 기다리고 있습니다. 좋은 의견을 보내주시는 분께는 성안당 쇼핑몰의 포인트(3,000포인트)를 적립해 드립니다.

잘못 만들어진 책이나 부록 등이 파손된 경우에는 교환해 드립니다.

혼자서도 합격하는
요양보호사
파이널 적중모의고사 10회분

혼자서도 합격하는
요양보호사
파이널 적중모의고사 10회분

요양보호사 직종 모의고사 답안카드 〈1교시〉

※ 답안카드 작성(표기)은 반드시 "컴퓨터용 흑색 수성 사인펜"만을 사용하며, 연필 등을 사용하지 않습니다.
※ 답란 수정은 OMR답안지를 교체하여 작성하거나, "수정테이프"만을 사용하여 답란을 수정합니다.
※ 답안카드는 반드시 시험시간 내에 작성을 완료합니다[시험 종료 후 작성 시 해당 교시 "0점" 처리].

1	①	②	③	④	⑤
2	①	②	③	④	⑤
3	①	②	③	④	⑤
4	①	②	③	④	⑤
5	①	②	③	④	⑤
6	①	②	③	④	⑤
7	①	②	③	④	⑤
8	①	②	③	④	⑤
9	①	②	③	④	⑤
10	①	②	③	④	⑤
11	①	②	③	④	⑤
12	①	②	③	④	⑤
13	①	②	③	④	⑤
14	①	②	③	④	⑤
15	①	②	③	④	⑤
16	①	②	③	④	⑤
17	①	②	③	④	⑤
18	①	②	③	④	⑤
19	①	②	③	④	⑤
20	①	②	③	④	⑤

21	①	②	③	④	⑤
22	①	②	③	④	⑤
23	①	②	③	④	⑤
24	①	②	③	④	⑤
25	①	②	③	④	⑤
26	①	②	③	④	⑤
27	①	②	③	④	⑤
28	①	②	③	④	⑤
29	①	②	③	④	⑤
30	①	②	③	④	⑤
31	①	②	③	④	⑤
32	①	②	③	④	⑤
33	①	②	③	④	⑤
34	①	②	③	④	⑤
35	①	②	③	④	⑤

시험 직종

요양보호사

교시	1교시	2교시
	●	○

문야	홀수형 ○	짝수형 ○
제형		

성명

어	번	시	응
⓪	⓪	⓪	⓪
①	①	①	①
②	②	②	②
③	③	③	③
④	④	④	④
⑤	⑤	⑤	⑤
⑥	⑥	⑥	⑥
⑦	⑦	⑦	⑦
⑧	⑧	⑧	⑧
⑨	⑨	⑨	⑨

감독관 성명

* 정자기재

요 양 보 호 사

시험직종

교시 · 1교시 · 2교시

문제유형 · 홀수형 · 짝수형

성명

수험번호

⓪①②③④⑤⑥⑦⑧⑨

요양보호사 적중모의고사 답안카드 〈2교시〉

※ 답안카드는 작성(표기)은 반드시 "컴퓨터용 흑색 수성 사인펜"만을 사용하며, 연필 등을 사용하지 않습니다.
※ 답란 수정은 OMR답안지를 교체하여 작성하거나, "수정테이프"만을 사용하여 답란을 수정합니다.
※ 답안카드는 반드시 시험시간 내에 작성을 완료합니다[시험 종료 후 작성 시 해당 교시 "0점" 처리].

	①	②	③	④	⑤
1	①	②	③	④	⑤
2	①	②	③	④	⑤
3	①	②	③	④	⑤
4	①	②	③	④	⑤
5	①	②	③	④	⑤
6	①	②	③	④	⑤
7	①	②	③	④	⑤
8	①	②	③	④	⑤
9	①	②	③	④	⑤
10	①	②	③	④	⑤
11	①	②	③	④	⑤
12	①	②	③	④	⑤
13	①	②	③	④	⑤
14	①	②	③	④	⑤
15	①	②	③	④	⑤
16	①	②	③	④	⑤
17	①	②	③	④	⑤
18	①	②	③	④	⑤
19	①	②	③	④	⑤
20	①	②	③	④	⑤
21	①	②	③	④	⑤
22	①	②	③	④	⑤
23	①	②	③	④	⑤
24	①	②	③	④	⑤
25	①	②	③	④	⑤
26	①	②	③	④	⑤
27	①	②	③	④	⑤
28	①	②	③	④	⑤
29	①	②	③	④	⑤
30	①	②	③	④	⑤
31	①	②	③	④	⑤
32	①	②	③	④	⑤
33	①	②	③	④	⑤
34	①	②	③	④	⑤
35	①	②	③	④	⑤
36	①	②	③	④	⑤
37	①	②	③	④	⑤
38	①	②	③	④	⑤
39	①	②	③	④	⑤
40	①	②	③	④	⑤
41	①	②	③	④	⑤
42	①	②	③	④	⑤
43	①	②	③	④	⑤
44	①	②	③	④	⑤
45	①	②	③	④	⑤

영양보충사 직종모의고사 답안카드 〈1교시〉

※ 답안카드 작성(표기)은 반드시 "컴퓨터용 흑색 수성 사인펜"만을 사용하며, 연필 등을 사용하지 않습니다.
※ 답란 수정은 OMR답안지를 교체하여 작성하거나, "수정테이프"만을 사용하여 답란을 수정합니다.
※ 답안카드는 반드시 시험시간 내에 작성을 완료합니다[시험 종료 후 작성 시 해당 교시 "0점" 처리].

번호	①	②	③	④	⑤	번호	①	②	③	④	⑤
1	①	②	③	④	⑤	21	①	②	③	④	⑤
2	①	②	③	④	⑤	22	①	②	③	④	⑤
3	①	②	③	④	⑤	23	①	②	③	④	⑤
4	①	②	③	④	⑤	24	①	②	③	④	⑤
5	①	②	③	④	⑤	25	①	②	③	④	⑤
6	①	②	③	④	⑤	26	①	②	③	④	⑤
7	①	②	③	④	⑤	27	①	②	③	④	⑤
8	①	②	③	④	⑤	28	①	②	③	④	⑤
9	①	②	③	④	⑤	29	①	②	③	④	⑤
10	①	②	③	④	⑤	30	①	②	③	④	⑤
11	①	②	③	④	⑤	31	①	②	③	④	⑤
12	①	②	③	④	⑤	32	①	②	③	④	⑤
13	①	②	③	④	⑤	33	①	②	③	④	⑤
14	①	②	③	④	⑤	34	①	②	③	④	⑤
15	①	②	③	④	⑤	35	①	②	③	④	⑤
16	①	②	③	④	⑤						
17	①	②	③	④	⑤						
18	①	②	③	④	⑤						
19	①	②	③	④	⑤						
20	①	②	③	④	⑤						

시 험 직 종
영 양 보 충 사

교 시	1교시 ●	2교시 ○
문 야	홀수형 ○	짝수형 ○

성 명

수험번호

0	0	0	0	0	0	0	0	0
①	①	①	①	①	①	①	①	①
②	②	②	②	②	②	②	②	②
③	③	③	③	③	③	③	③	③
④	④	④	④	④	④	④	④	④
⑤	⑤	⑤	⑤	⑤	⑤	⑤	⑤	⑤
⑥	⑥	⑥	⑥	⑥	⑥	⑥	⑥	⑥
⑦	⑦	⑦	⑦	⑦	⑦	⑦	⑦	⑦
⑧	⑧	⑧	⑧	⑧	⑧	⑧	⑧	⑧
⑨	⑨	⑨	⑨	⑨	⑨	⑨	⑨	⑨

감독관 성명

* 정자기기재

요양보호사 직종모의고사 답안카드 〈2교시〉

번호	1	2	3	4	5
1	①	②	③	④	⑤
2	①	②	③	④	⑤
3	①	②	③	④	⑤
4	①	②	③	④	⑤
5	①	②	③	④	⑤
6	①	②	③	④	⑤
7	①	②	③	④	⑤
8	①	②	③	④	⑤
9	①	②	③	④	⑤
10	①	②	③	④	⑤
11	①	②	③	④	⑤
12	①	②	③	④	⑤
13	①	②	③	④	⑤
14	①	②	③	④	⑤
15	①	②	③	④	⑤
16	①	②	③	④	⑤
17	①	②	③	④	⑤
18	①	②	③	④	⑤
19	①	②	③	④	⑤
20	①	②	③	④	⑤

번호	1	2	3	4	5
21	①	②	③	④	⑤
22	①	②	③	④	⑤
23	①	②	③	④	⑤
24	①	②	③	④	⑤
25	①	②	③	④	⑤
26	①	②	③	④	⑤
27	①	②	③	④	⑤
28	①	②	③	④	⑤
29	①	②	③	④	⑤
30	①	②	③	④	⑤
31	①	②	③	④	⑤
32	①	②	③	④	⑤
33	①	②	③	④	⑤
34	①	②	③	④	⑤
35	①	②	③	④	⑤
36	①	②	③	④	⑤
37	①	②	③	④	⑤
38	①	②	③	④	⑤
39	①	②	③	④	⑤
40	①	②	③	④	⑤

번호	1	2	3	4	5
41	①	②	③	④	⑤
42	①	②	③	④	⑤
43	①	②	③	④	⑤
44	①	②	③	④	⑤
45	①	②	③	④	⑤

요양보호사

시험직종

1교시 ◯ 2교시 ●

교시	선택	홀수형	짝수형
제( )교시	수험	◯	
	선택		
응시직종			◯

성 명

응시번호

| 0 1 2 3 4 5 6 7 8 9 |

감독관 성명

* 정자기재

BM 성안당

※ 답안카드 작성(표기)은 반드시 "컴퓨터용 흑색 수성 사인펜"만을 사용하며, 연필 등을 사용하지 않습니다.
※ 답란 수정은 OMR답안지를 교체하여 작성하거나, "수정테이프"만을 사용하여 답란을 수정합니다.
※ 답안카드는 반드시 시험시간 내에 작성을 완료합니다[시험 종료 후 작성 시 해당 교시 "0점" 처리].

요양보호사 적중 모의고사 답안카드 〈1교시〉

1	① ② ③ ④ ⑤	21	① ② ③ ④ ⑤
2	① ② ③ ④ ⑤	22	① ② ③ ④ ⑤
3	① ② ③ ④ ⑤	23	① ② ③ ④ ⑤
4	① ② ③ ④ ⑤	24	① ② ③ ④ ⑤
5	① ② ③ ④ ⑤	25	① ② ③ ④ ⑤
6	① ② ③ ④ ⑤	26	① ② ③ ④ ⑤
7	① ② ③ ④ ⑤	27	① ② ③ ④ ⑤
8	① ② ③ ④ ⑤	28	① ② ③ ④ ⑤
9	① ② ③ ④ ⑤	29	① ② ③ ④ ⑤
10	① ② ③ ④ ⑤	30	① ② ③ ④ ⑤
11	① ② ③ ④ ⑤	31	① ② ③ ④ ⑤
12	① ② ③ ④ ⑤	32	① ② ③ ④ ⑤
13	① ② ③ ④ ⑤	33	① ② ③ ④ ⑤
14	① ② ③ ④ ⑤	34	① ② ③ ④ ⑤
15	① ② ③ ④ ⑤	35	① ② ③ ④ ⑤
16	① ② ③ ④ ⑤		
17	① ② ③ ④ ⑤		
18	① ② ③ ④ ⑤		
19	① ② ③ ④ ⑤		
20	① ② ③ ④ ⑤		

BM 성안당

시험 종 직 시
요 양 보 호 사

교 시	1교시 ●	2교시 ○
문 형	홀수형 ○	짝수형 ○
제 형		

성 명

번 호

시 험 장 번 호

	⓪ ① ② ③ ④ ⑤ ⑥ ⑦ ⑧ ⑨
	⓪ ① ② ③ ④ ⑤ ⑥ ⑦ ⑧ ⑨
	⓪ ① ② ③ ④ ⑤ ⑥ ⑦ ⑧ ⑨
	⓪ ① ② ③ ④ ⑤ ⑥ ⑦ ⑧ ⑨
	⓪ ① ② ③ ④ ⑤ ⑥ ⑦ ⑧ ⑨
	⓪ ① ② ③ ④ ⑤ ⑥ ⑦ ⑧ ⑨
	⓪ ① ② ③ ④ ⑤ ⑥ ⑦ ⑧ ⑨
	⓪ ① ② ③ ④ ⑤ ⑥ ⑦ ⑧ ⑨
	⓪ ① ② ③ ④ ⑤ ⑥ ⑦ ⑧ ⑨
	⓪ ① ② ③ ④ ⑤ ⑥ ⑦ ⑧ ⑨

감 독 관 성 명

* 정자기재

	⑨	⑧	⑦	⑥	⑤	④	③	②	①	⓪
	⑨	⑧	⑦	⑥	⑤	④	③	②	①	⓪
	⑨	⑧	⑦	⑥	⑤	④	③	②	①	⓪
	⑨	⑧	⑦	⑥	⑤	④	③	②	①	⓪
	⑨	⑧	⑦	⑥	⑤	④	③	②	①	⓪
	⑨	⑧	⑦	⑥	⑤	④	③	②	①	⓪
	⑨	⑧	⑦	⑥	⑤	④	③	②	①	⓪
	⑨	⑧	⑦	⑥	⑤	④	③	②	①	⓪
	⑨	⑧	⑦	⑥	⑤	④	③	②	①	⓪

시 험 직 종

응 시 번 호

교 시 1 교 시 ○ 2 교 시 ●

문 제 유 형 홀수형 ○ 짝수형 ○

성 명

	①	②	③	④	⑤			①	②	③	④	⑤			①	②	③	④	⑤			①	②	③	④	⑤
1	①	②	③	④	⑤	21	①	②	③	④	⑤	41	①	②	③	④	⑤
2	①	②	③	④	⑤	22	①	②	③	④	⑤	42	①	②	③	④	⑤
3	①	②	③	④	⑤	23	①	②	③	④	⑤	43	①	②	③	④	⑤
4	①	②	③	④	⑤	24	①	②	③	④	⑤	44	①	②	③	④	⑤
5	①	②	③	④	⑤	25	①	②	③	④	⑤	45	①	②	③	④	⑤
6	①	②	③	④	⑤	26	①	②	③	④	⑤						
7	①	②	③	④	⑤	27	①	②	③	④	⑤						
8	①	②	③	④	⑤	28	①	②	③	④	⑤						
9	①	②	③	④	⑤	29	①	②	③	④	⑤						
10	①	②	③	④	⑤	30	①	②	③	④	⑤						
11	①	②	③	④	⑤	31	①	②	③	④	⑤						
12	①	②	③	④	⑤	32	①	②	③	④	⑤						
13	①	②	③	④	⑤	33	①	②	③	④	⑤						
14	①	②	③	④	⑤	34	①	②	③	④	⑤						
15	①	②	③	④	⑤	35	①	②	③	④	⑤						
16	①	②	③	④	⑤	36	①	②	③	④	⑤						
17	①	②	③	④	⑤	37	①	②	③	④	⑤						
18	①	②	③	④	⑤	38	①	②	③	④	⑤						
19	①	②	③	④	⑤	39	①	②	③	④	⑤						
20	①	②	③	④	⑤	40	①	②	③	④	⑤						

요양보호사 적중모의고사 답안카드 〈1교시〉

※ 답안카드 작성(표기)은 반드시 "컴퓨터용 흑색 수성 사인펜"만을 사용하며, 연필 등을 사용하지 않습니다.
※ 답란 수정은 OMR답안지를 교체하여 작성하거나, "수정테이프"만을 사용하여 답란을 수정합니다.
※ 답안카드는 반드시 시험시간 내에 작성을 완료합니다[시험 종료 후 작성 시 해당 교시 "0점" 처리].

1	①	②	③	④	⑤	21	①	②	③	④	⑤
2	①	②	③	④	⑤	22	①	②	③	④	⑤
3	①	②	③	④	⑤	23	①	②	③	④	⑤
4	①	②	③	④	⑤	24	①	②	③	④	⑤
5	①	②	③	④	⑤	25	①	②	③	④	⑤
6	①	②	③	④	⑤	26	①	②	③	④	⑤
7	①	②	③	④	⑤	27	①	②	③	④	⑤
8	①	②	③	④	⑤	28	①	②	③	④	⑤
9	①	②	③	④	⑤	29	①	②	③	④	⑤
10	①	②	③	④	⑤	30	①	②	③	④	⑤
11	①	②	③	④	⑤	31	①	②	③	④	⑤
12	①	②	③	④	⑤	32	①	②	③	④	⑤
13	①	②	③	④	⑤	33	①	②	③	④	⑤
14	①	②	③	④	⑤	34	①	②	③	④	⑤
15	①	②	③	④	⑤	35	①	②	③	④	⑤
16	①	②	③	④	⑤						
17	①	②	③	④	⑤						
18	①	②	③	④	⑤						
19	①	②	③	④	⑤						
20	①	②	③	④	⑤						

시 험 직 종

요 양 보 호 사

교 시	1 교 시	2 교 시
	●	○

문 야	홀수형	짝수형
제 형	○	○

성 명

수 험 번 호								
⓪	⓪	⓪	⓪	⓪	⓪	⓪	⓪	⓪
①	①	①	①	①	①	①	①	①
②	②	②	②	②	②	②	②	②
③	③	③	③	③	③	③	③	③
④	④	④	④	④	④	④	④	④
⑤	⑤	⑤	⑤	⑤	⑤	⑤	⑤	⑤
⑥	⑥	⑥	⑥	⑥	⑥	⑥	⑥	⑥
⑦	⑦	⑦	⑦	⑦	⑦	⑦	⑦	⑦
⑧	⑧	⑧	⑧	⑧	⑧	⑧	⑧	⑧
⑨	⑨	⑨	⑨	⑨	⑨	⑨	⑨	⑨

감 독 관 성 명

* 정자기재

음악보충고사 적중모의고사 답안카드 〈2교시〉

문항	①	②	③	④	⑤
1	①	②	③	④	⑤
2	①	②	③	④	⑤
3	①	②	③	④	⑤
4	①	②	③	④	⑤
5	①	②	③	④	⑤
6	①	②	③	④	⑤
7	①	②	③	④	⑤
8	①	②	③	④	⑤
9	①	②	③	④	⑤
10	①	②	③	④	⑤
11	①	②	③	④	⑤
12	①	②	③	④	⑤
13	①	②	③	④	⑤
14	①	②	③	④	⑤
15	①	②	③	④	⑤
16	①	②	③	④	⑤
17	①	②	③	④	⑤
18	①	②	③	④	⑤
19	①	②	③	④	⑤
20	①	②	③	④	⑤
21	①	②	③	④	⑤
22	①	②	③	④	⑤
23	①	②	③	④	⑤
24	①	②	③	④	⑤
25	①	②	③	④	⑤
26	①	②	③	④	⑤
27	①	②	③	④	⑤
28	①	②	③	④	⑤
29	①	②	③	④	⑤
30	①	②	③	④	⑤
31	①	②	③	④	⑤
32	①	②	③	④	⑤
33	①	②	③	④	⑤
34	①	②	③	④	⑤
35	①	②	③	④	⑤
36	①	②	③	④	⑤
37	①	②	③	④	⑤
38	①	②	③	④	⑤
39	①	②	③	④	⑤
40	①	②	③	④	⑤
41	①	②	③	④	⑤
42	①	②	③	④	⑤
43	①	②	③	④	⑤
44	①	②	③	④	⑤
45	①	②	③	④	⑤

음 악 보 흥 사

시 험 직 종

교 시
1 교 시 ○
2 교 시 ●

	홀수형	짝수형
문제유형	○	○

성 명

응 시 번 호

0	①	②	③	④	⑤	⑥	⑦	⑧	⑨
0	①	②	③	④	⑤	⑥	⑦	⑧	⑨
0	①	②	③	④	⑤	⑥	⑦	⑧	⑨
0	①	②	③	④	⑤	⑥	⑦	⑧	⑨
0	①	②	③	④	⑤	⑥	⑦	⑧	⑨
0	①	②	③	④	⑤	⑥	⑦	⑧	⑨
0	①	②	③	④	⑤	⑥	⑦	⑧	⑨
0	①	②	③	④	⑤	⑥	⑦	⑧	⑨
0	①	②	③	④	⑤	⑥	⑦	⑧	⑨

감 독 관 성 명

* 절취선